交通版高等学校交通工程专业规划教材

DAOLU JIAOTONG ANQUAN
道 路 交 通 安 全

张卫华 **主 编**

冯忠祥 沈旅欧 刘 伟 **副主编**

裴玉龙 **主 审**

人民交通出版社股份有限公司
China Communications Press Co.,Ltd.

内 容 提 要

本书吸收国内外有关道路交通安全的最新研究成果和政策法规,系统全面地介绍了交通参与者、车辆、道路、环境与交通安全之间的关系,阐述了道路交通事故统计分析手段与事故机理分析方法、道路交通事故鉴定手段与再现技术、道路交通安全评价与事故预测、道路交通安全设计优化方法、道路交通安全审计以及道路交通安全管理法规与安全教育的基本理论与方法。

本书可作为高等院校交通工程、交通运输、安全工程等相关专业师生的教学参考书,也可供交通、公安、城建等部门的技术人员参考使用。

图书在版编目(CIP)数据

道路交通安全 / 张卫华主编. — 北京:人民交通
出版社股份有限公司, 2016.8
  ISBN 978-7-114-13187-5

Ⅰ.①道⋯ Ⅱ.①张⋯ Ⅲ.①公路运输–交通运输安
全 Ⅳ.①U492.8

中国版本图书馆 CIP 数据核字(2016)第 161345 号

交通版高等学校交通工程专业规划教材

书　　名	道路交通安全
著 作 者	张卫华
责任编辑	闫吉维　郭红蕊
出版发行	人民交通出版社股份有限公司
地　　址	(100011)北京市朝阳区安定门外外馆斜街 3 号
网　　址	http://www.ccpress.com.cn
销售电话	(010)59757973
总 经 销	人民交通出版社股份有限公司发行部
经　　销	各地新华书店
印　　刷	北京武英文博科技有限公司
开　　本	787×1092　1/16
印　　张	20
字　　数	460 千
版　　次	2016 年 8 月　第 1 版
印　　次	2019 年 12 月　第 2 次印刷
书　　号	ISBN 978-7-114-13187-5
印　　数	3001—5000 册
定　　价	39.00 元

(有印刷、装订质量问题的图书由本公司负责调换)

交通版高等学校交通工程专业规划教材

编审委员会

前 言

　　社会经济的快速发展推动了道路交通机动化进程的加快,也带动了交通基础设施建设规模的不断扩大和服务质量的逐步提升,人们出行变得更加方便、快捷、舒适。但与此同时,道路交通事故频发,人、车、路、环境矛盾日益加剧,交通安全形势依然严峻,交通安全仍然是严重威胁人们生命财产安全的社会问题。因此,对道路交通安全进行深入研究,探讨道路交通系统构成要素与交通安全的内在联系、交通事故发生的机理、分布规律以及防治措施是十分必要的。

　　本教材在广泛吸收既有同类教材的优点以及国内外道路交通安全领域的最新理念、方法技术、研究成果、法规与技术标准等基础上,对交通参与者、车辆、道路、环境四个组成要素与交通安全之间的关联性进行了系统的介绍,全面详细地阐述了道路交通事故统计、鉴定与再现、预测与安全评价的理论和方法。与既有教材不同之处,在于补充完善了桥梁隧道与交通安全、夜间行车与交通安全、道路交通事故鉴定、道路交通安全设计等内容,力求反映理论和方法的系统性与前瞻性、统计数据和案例的实践性与时效性。本教材可作为高等院校交通工程、交通运输、安全工程等相关专业师生的教学参考书,也可供交通、公安、城建等部门的技术人员参考使用。

　　全书共 11 章。其中,第一章为绪论,主要介绍道路交通安全的基本概念,国内外道路交通安全的发展概况以及道路交通安全研究的内容、意义等;第二章介绍不同交通参与者的交通特性与交通安全之间的联系;第三章通过对汽车的行驶安全特性进行介绍,介绍汽车的主被动安全技术以及其他装置与交通安全的联系;第四章介绍道路线形、道路横断面、道路路面、道路交叉以及道路桥隧与交通安全的关联;第五章针对道路交通所处环境的不同,介绍道路交通条件、道路景观以及作业区的交通安全;第六章介绍道路交通事故的统计指标、分析方法、道路交通事故的分布规律以及影响因素;第七章介绍道路交通事故的分析处理方法,包括事故的现场勘查、事故鉴定以及事故再现等;第八章介绍道路事故预测方法以及对道路交通安全进行评价的指标、方法等内容;第九章介绍道路接入安全、路侧安全、交通控制安全以及宁静化安全设计;第十章介绍道路交通安全审计的相关内容,包括道路规划及可行性研究阶段、道路设计阶段、道路施工阶段、道路运营阶段的交通安全审计以及效益分析;第十一章介绍涉及人、车辆、道路交通秩序、交通事故处理的相关法律法规,并普及道路安全教育的重要性等内容。

　　本教材由张卫华担任主编。具体编写分工如下:合肥工业大学张卫华(第一章、第三章、第九章、第十一章);合肥工业大学王锟和兰州交通大学马昌喜(第二章、第八章);

1

西南交通大学沈旅欧(第四章);合肥工业大学冯忠祥(第五章、第六章、第七章);重庆交通大学刘伟(第十章)。全书由张卫华总纂和定稿,由裴玉龙教授主审。研究生王锟、陈俊杰、卫立阳、信磊、卢世生、李嫚、谷锦彪、雷昆峰、陈森在资料收集、初稿撰写、插图处理等方面做了大量的工作,在此对他们的辛勤工作和贡献表示真诚的感谢。教材编写过程中,参考了国内外大量的文献资料,谨向文献作者表示崇高的敬意和衷心的感谢。

由于编者水平有限,书中难免存在错误和疏漏之处,恳请广大读者批评指正。

编　者
2016 年 5 月

目 录

DAOLU JIAOTONG ANQUAN

第一章 绪 论

随着我国社会经济持续快速发展,道路交通建设日新月异,人们与道路交通的关系日益密切,城市道路更是与人们出行息息相关。但与此同时,机动化水平的提高和城市化进程的加快,导致道路交通事故频繁发生,严重威胁着人们的生命财产安全。

➡第一节 概 述

一、道路交通安全

1.定义

道路交通安全是指在交通活动过程中,能将人身伤亡或财产损失控制在可接受水平的状态。交通安全意味着人或物遭受损失的可能性是可以接受的;若这种可能性超过了可接受的水平,即为不安全。道路交通系统作为动态的开放系统,其安全既受系统内部因素事物制约,又受系统外部环境事物干扰,并与人、车辆及道路环境等因素密切相关。系统内任何因素事物不可靠、不平衡、不稳定,都可能导致冲突与矛盾,产生不安全因素或不安全状态。

2.交通安全的特点

(1)交通安全是在一定危险条件下的状态,并非绝对无事故,而只是将其危险性限定在所允许的范围内。

(2)对于道路交通系统而言,安全并不是系统状态的瞬间结果,而是对该系统一定时期、一定阶段过程或状态的描述。

(3)道路交通系统是一个动态的系统,不可能做到绝对的安全。它是一个相对的概念,是在特定时期内,社会大众及政府可接受安全程度的一个量度。

(4)对于不同的时期和地域,人们可接受的损失水平以及对交通安全的评价标准是不相同的,因而对交通系统是否安全的衡量标准也是不同的。

二、道路交通事故

1.定义

尽管道路交通事故危害的严重性已得到人们的普遍认可,但从世界范围来看,由于各国国情、交通规则以及交通法规等的不同,对交通事故的定义也存在差异。

美国国家安全委员会(United States National Security Council,简称NSC)对道路交通事故

的定义为:车辆或其他交通物体在道路上所发生的意料不到的、有害的或危险的事件。这些事件妨碍着交通行为的完成,其原因常常是由于不安全的行动或不安全的因素,或者是两者的结合所造成的。

英国对道路交通事故的定义为:发生在公共道路上,涉及至少一辆车,并且造成人员伤亡的事件,不包括仅造成财产损失的事故。

德国对道路交通事故的定义为:发生在公共道路或广场上,涉及至少一辆运动的车辆,并且造成了人员伤亡以及(或)财产损失的事件。

意大利对道路交通事故的定义为:由至少一辆运动的车辆造成人员伤亡的事件。

联合国和欧洲经济委员会对道路交通事故的定义为:发生在或者来源于开放交通的道路或街巷,涉及至少一辆运动的车辆,造成一个或一个以上人员死亡或受伤的事件。

综上所述,各个国家、组织对道路交通事故的定义均涉及车辆并且造成人员伤亡。但是对于事故车辆是否必须处于运动状态,事故是否必须发生于公共道路上,以及单纯造成财产损失的事件是否属于道路交通事故的规定却不尽相同。

我国对道路交通事故的定义,是根据现阶段我国的国情、民情和道路交通发展状况而确定的。《中华人民共和国道路交通安全法(2011年修正)》对道路交通事故的内涵给予了明确的定义:道路交通事故是指车辆在道路上因过错或者意外造成的人身伤亡或者财产损失的事件。

2.构成要素

从上述道路交通事故的定义中可以看出,构成道路交通事故应具备以下5个要素,缺一不可。

1)车辆

车辆是产生交通事故的主体和前提条件,即交通事故各方当事人中,必须至少有一方使用车辆,包括机动车和非机动车,无车辆参与则不能称其为交通事故。如行人在道路上行走,发生与车辆无关的意外碰撞或自行跌倒致伤或致死等,不属于道路交通事故。

2)道路

道路是产生交通事故的承载体和基本条件,是指公用的道路,即《中华人民共和国道路交通安全法(2011年修正)》规定的"公路、城市道路和虽在单位管辖范围但允许社会机动车通行的地方,包括广场、公共停车场等用于公众通行的场所"。从该定义可以看出,这里的道路具备社会性和公开性两大特性,它必须是通常情况下对社会公众开放使用的地方,而厂矿、机关、学校及其他事业单位大院内部和居民小区内不具有公共使用性质、不向社会公众开放使用的道路上发生的交通事故,我国相关管理部门不将其列入统计范畴。但与道路相毗连的,供社会公众开放通行的广场、公共停车场等场所发生的交通事故则列入交通事故统计范畴。此外,还应以事态发生时车辆所在的位置,而不是事故发生后车辆所在的位置,来判断其是否在道路上。

3)在运动中

在运动中是指定义中的行驶过程,即发生交通事故的瞬间,车辆必须处于运动状态,包括车辆在道路上正常行驶、停车以及倒车等运动状态。停车后溜车所发生的事故,在道路上属于交通事故,在货场里则不属于交通事故。所以,关键在于交通事故各当事方中是否至少有一方车辆处于运动状态。

4）原因

事态原因包括违章和过失，是指车辆在道路上运动时因违章或者因意外事态产生过失，处置不当而产生的事件方称为交通事故。造成事态的原因是人为的而不是人力无法抗拒的自然原因，如地震、台风、山崩、流石、泥石流、雪崩等原因造成的事故，行人自杀以及驾驶人利用车辆有意制造事件也不计入交通事故。

5）后果

后果是道路交通事故的本质特征，道路交通事故必须是有人身伤亡、财物损失的后果，即人、畜伤亡或车、物损坏，若没有损害后果则不能称为交通事故。

以上 5 种要素可以作为鉴别道路交通事故的依据和必要条件，在实际工作中加以运用。

3.道路交通事故的现象

道路交通事故的现象，也称交通事故的形式，即交通参与者之间发生冲突或自身失控造成交通事故所表现出来的具体形态，基本上可分为碰撞、碾压、刮擦、翻车、坠车、爆炸和失火 7 种。

1）碰撞

碰撞是指车辆的正面部分与他方接触，或同类车的正面部分相互接触。碰撞主要发生在机动车之间、机动车与非机动车之间、机动车与行人之间、机动车与其他物体之间、非机动车之间及非机动车与行人之间。

2）碾压

碾压是指车辆对非机动车或行人的推碾或压过。尽管在碾压之前，大部分均有碰撞现象，但如果事故主要危害来源于碾压，则称为碾压事故，反之则称为碰撞事故。

3）刮擦

刮擦是指车辆的侧面部分与他方接触，造成自身或他方损坏。主要表现为车刮车、车刮物、车刮人。

4）翻车

翻车通常是指车辆没有发生其他形态，部分或全部车轮悬空而车身着地的现象。一般可分为侧翻和滚翻两种。车辆的一侧轮胎离开地面称为侧翻；所有的车轮都离开地面称为滚翻。为了准确地描述翻车过程和最后的静止状态，也可用 90°翻车、180°翻车、270°翻车、360°翻车、720°翻车等概念。

5）坠车

坠车即车辆的坠落，且在坠落的过程中有一个离开地面的落体过程。通常是指车辆跌落到与路面有一定高差的路外，如坠落桥下、坠入山涧等。

6）爆炸

爆炸是指由于有爆炸物品带入车内，在行驶过程中由于振动等原因引起突然爆炸造成的事故。若无违章行为，则不算是交通事故。

7）失火

失火是指车辆在行驶过程中，由于人为或技术上的原因引起的火灾。常见的原因有乘员使用明火、违章直流供油、发动机回火、电路系统短路及漏电等。

交通事故发生的现象有的是单一的，有的是两种以上并存的。对两种以上并存的现象，一般按现象发生时间的先后顺序加以认定,如刮擦后翻车认定为刮擦,碰撞后失火认定为碰撞等;也有按主要现象认定的,如碰撞后碾压认定为碾压。

4.交通安全与交通事故的关系

保障交通系统安全的前提,是最大限度地防止道路交通事故的发生。当发生道路交通事故的危险性降低到"可以接受"的程度时,道路交通系统就处于安全的状态。交通安全与交通事故间的关系如下:

(1)交通安全与交通事故是对立的,但交通事故并不是交通不安全的全部内容,而是在安全与不安全的矛盾斗争过程中某些瞬间突变结果的外在表现。

(2)交通系统处于安全状态,并不一定不发生事故;交通系统处于不安全状态,也未必完全是由事故引起的。

三、道路交通事故分类

对道路交通事故进行分类,目的在于分析、研究、预防和处理道路交通事故,同时也便于统计和从各个角度寻找对策。根据分析的角度、方法不同,对道路交通事故的分类也不同。通常,道路交通事故分类方法主要有以下5种。

1.按事故责任分类

根据交通事故处置时当事各方应承担事故主要责任以及涉及车种和人员的不同,我国将交通事故分为3类。

1)机动车事故

机动车事故是指事故当事方中,汽车、摩托车和拖拉机等机动车负主要责任以上的事故。在机动车与非机动车或行人发生的事故中,如果机动车与非机动车或行人负同等责任,由于机动车相对为交通强者,而非机动车或行人则属于交通弱者,也应视为机动车事故。

2)非机动车事故

非机动车事故是指自行车、人力车、三轮车和畜力车等按非机动车管理的车辆负主要责任以上的事故。在非机动车与行人发生的事故中,如果非机动车一方负同等责任,由于非机动车相对为交通强者,而行人则属于交通弱者,应视为非机动车事故。

3)行人事故

行人事故是指在事故当事方中,行人负主要责任以上的事故。

2.按事故后果分类

根据人身伤亡或者财产损失的程度或数额,道路交通事故可分为轻微事故、一般事故、重大事故和特大事故。

1)轻微事故

轻微事故是指一次造成轻伤1~2人,或机动车财产损失不足1 000元,非机动车事故不足200元的事故。

2)一般事故

一般事故是指一次造成重伤1~2人,或轻伤3人以上,或财产损失不足3万元的事故。

3)重大事故

重大事故是指一次造成死亡1~2人,或重伤3人以上10人以下,或财产损失3万元以上但不足 6 万元的事故。

4）特大事故

特大事故是指一次造成死亡 3 人以上；或重伤 11 人以上；或死亡 1 人，同时重伤 8 人以上；或死亡 2 人，同时重伤 5 人以上；或财产损失 6 万元以上的事故。

3.按事故原因分类

根据原因不同，可以把交通事故分为主观原因造成的事故和客观原因造成的事故两类。

1）主观原因

主观原因是指造成交通事故的当事人本身内在的因素，主要表现为违反规定、疏忽大意或操作不当，分别对应思想方面的原因、心理或生理方面的原因以及技术生疏、经验不足的原因。

（1）违反规定是指当事人由于思想方面的原因，不遵守交通法规和其他交通安全规定，导致交通秩序紊乱，发生事故。如酒后驾车、超速行驶、争道抢行、故意不避让其他车辆、违法超车、违法超载等原因造成的交通事故。

（2）疏忽大意是指当事人由于心理或生理方面的原因，如心情烦躁、身体疲劳造成的精力分散、反应迟钝，表现出瞭望不周、采取措施不当或不及时，没有正确地观察和判断外界事物而造成的失误。也有当事人凭主观想象判断事物，或过高地估计自己的技术，引起行为不当而造成的事故。

（3）操作不当是指驾驶车辆的人员技术生疏、经验不足，对车辆、道路情况不熟悉，遇到突然情况惊慌失措引起的操作错误，如有的驾驶人制动时却踩下加速踏板，有的骑自行车的人遇到紧急情况不知停车等。

2）客观原因

客观原因造成的事故是指由于道路条件、车辆条件、环境条件等不利因素而引发的交通事故，事故分析中往往会忽视这些因素。这类事故虽然没有因驾驶人员主观原因发生的事故所占比例高，但在某种情况下，都是导致交通事故的诱因。

4.按事故的对象分类

按事故的对象，可将交通事故分为 5 类：

1）车辆间的交通事故

车辆间的交通事故是指车辆之间发生刮擦、碰撞等而引起的事故。碰撞可分为正面碰撞、侧面碰撞和追尾碰撞等；刮擦可分为超车刮擦、会车刮擦等。

2）车辆与行人的交通事故

车辆与行人的交通事故是指机动车对行人的碰撞、碾压和刮擦等事故，包括机动车闯入人行道及行人横穿道路时发生的交通事故。其中，碰撞和碾压常导致行人重伤、致残或死亡；刮擦相对前两者后果一般比较轻，但有时也会造成严重后果。

3）机动车与非机动车的交通事故

由于我国的交通组成主要是混合交通，因而这类事故在我国主要表现为机动车碾压骑自行车人的事故。

4）车辆自身事故

车辆自身事故是指机动车没有发生碰撞、刮擦情况下由于自身原因导致的事故。例如，车辆由于行驶速度太快,或车辆在转弯及掉头时所发生的翻车事故,以及在桥上因大雾天气或因机器失灵而产生的机动车坠落的事故等。

5）车辆对固定物的事故

车辆对固定物的事故是指机动车与道路两侧的固定物相撞的事故。其中,固定物包括道路上的工程结构物、护栏、路肩上灯杆、交通标志等。

5.按事故发生地点分类

按照事故发生地点,我国常把交通事故分为公路交通事故和城市道路交通事故两类。在我国,公路可分为高速公路、一级公路、二级公路、三级公路和四级公路共 5 个等级,近年还增加了农村公路的分类;城市道路可分为快速路、主干路、次干路、支路和其他道路等。另外,我国还按事故发生在道路交叉口和路段来进行分类。

6.其他分类方法

除上述分类方法外,出于不同的研究需要,交通事故按发生时间可分为白天、夜间、黄昏、凌晨和高峰时段等;按车辆所属单位可分为专业运输车辆事故、公共交通车辆事故、军车事故、个体车辆事故等;还可以按伤亡人员和驾驶人的年龄、性别以及驾驶证种类、驾龄等标准分类。

四、道路交通事故特点

道路交通事故具有随机性、突发性、频发性、社会性及不可逆性等特点。

1.随机性

交通运输系统与周围环境相互作用构成一个复杂的动态大系统,在整个系统中,每个环节的不协调都可能引发危及整个系统的事故,而这些不协调绝大多数是随机的,因此引发的事故也是随机的。

道路交通事故往往是多种因素共同作用或相互引发的结果,其中有许多因素本身就是随机的(如天气因素等),而多种因素组合在一起或互相引发则具有更大的随机性,因此道路事故的发生必定带有极大的随机性。

2.突发性

道路交通事故的发生通常没有任何征兆,即具有突发性。驾驶人从感知到危险至交通事故发生这段时间极为短暂,往往驾驶人没有足够的时间反应。或者即使有足够的时间反应,也会由于驾驶人反应不正确、不准确而操作错误或不适宜,从而导致交通事故的发生。

3.频发性

由于汽车工业的高速发展,汽车保有量急剧增加,交通量增多,造成车辆与道路比例严重失调,加之道路交通管理不完善,造成道路交通事故频发,伤亡人数增多,道路交通事故已然成为一大公害。因此,人们常说道路交通事故是"无休止的交通战争"。

4.社会性

道路交通是随着社会和经济的发展而发展的客观社会现象,是人们客观需要的一种社会活动,这种活动是人们生活中必不可少的。道路交通事故是伴随着道路交通的发展而产生的一种现象,因此无论何时何地,只要有人参与交通,就存在涉及交通事故的危险性。道路交通随着社会的发展不断进行演变,这反映了人们对道路交通的追求意识和发展意识,也证明了道路交通事故是随着社会经济发展而发展并且客观存在的社会现象,即道路交通事故具有社会性。

5.不可逆性

道路交通事故的不可逆性是指不可重现性。事故是由人、车、路组成的系统内部发展的产物,与该系统的变量有关,并受一些外部因素的影响。交通事故是人类行为的结果,但却不是人类行为的期望结果。从行为科学观点看,社会上没有哪种行为与事故发生的行为相类似,无论如何研究事故发生的机理和防治对策,也不能预测何时何地何人发生何种事故。因此,道路交通事故是不可重现的,其过程是不可逆的。

➡第二节　国内外道路交通安全概况

安全、能源、资源与环境,构成了全世界共同关注的、人类可持续发展的四大支柱和热点问题。据世界卫生组织统计,全世界每年约有124万人死于交通事故,其中约有46%是相对处于弱势的道路使用者,包括行人、骑自行车和两轮摩托车者及乘坐者等,并有2 000万~5 000万人因被碰撞而遭受非致命伤害。因此,人们称交通事故为"无休止的交通战争"、"文明世界的第一大社会公害"、"交通地狱"。世界卫生组织发表的道路安全"事实档案"指出,道路交通安全是全球问题,而低收入和中等收入国家的问题尤为严重,90%以上的道路交通事故死亡发生在这些国家,而这些国家仅拥有全世界注册车辆的48%;但如采取必要措施,全球道路安全水平将大幅提升。

一、国外道路交通事故概况

由于世界各个国家和地区在交通发展状况、文化素质和汽车保有量等方面的差异,各国道路安全状况相差很大。

据欧盟国家道路安全报告统计,2012年欧盟27国道路交通事故死亡总数是2.8万人,还有25万人严重受伤。从国别来看,欧盟27个国家中道路交通死亡比例最低的是英国、瑞典、荷兰和丹麦,每100万人口中只有30人死于道路交通事故;死亡比例最高的是拉脱维亚、罗马尼亚和波兰,每1万人中有1人死亡。

美国汽车拥有量和公路总里程均居世界各国之首,同时,美国的年道路交通事故数量在世界各国中也居第一位。近几十年来,随着美国交通安全水平不断提升,相关规定日益深化和细化,交通事故死亡人数、车公里伤亡人数以及车均死亡率已经度过了最高峰期,并且已基本呈现逐年下降的趋势。据美国国家公路交通安全管理局(National Highway Traffic Safety Administration,简称NHTSA)统计,2012年美国交通事故死亡人数达到33 561人,是自2005年以来的首次增长。

根据世界银行的统计,发展中国家每年因机动车交通事故死亡的人数高达35万人,其中2/3与行人有关,且大部分为儿童,导致发展中国家的经济损失达14亿~20亿美元,占GNP(国民生产总值)的1%~2%。

据统计,中欧和东欧国家每年死于道路交通事故的人数约为7.5万人。自1986年起,这些国家的事故数量急剧增加。由于其经济、政治和社会的变化,导致各类道路交通事故的影响因素也都在增加。

澳大利亚在降低道路交通事故方面,为国际上其他国家提供了成功的经验。该国最早采取了许多有效的道路交通安全措施,并于1992年制定了国家道路交通安全战略,制定了3个总体目标、4个特殊目标和8个优先解决的关键问题。根据这一战略,制定了国家道路交通安全行动计划,在道路交通安全方面进行了大量的研究工作。

日本的公路网密度居世界之首,达303km/100km²。第二次世界大战后的日本经济快速发展,车辆以每年10%的速度递增,道路交通事故数也随之迅速增加。为了遏制急速上升的交通事故数,1966年日本开始制定和实施《交通安全综合计划》,经过多年的努力,终于使日本的道路交通事故死亡人数从1970年的最高峰16 765人,降至2012年的4 411人,而万车死亡率降到0.57。

国际道路交通和事故数据库(IRTAD)统计显示,2009年加拿大有2 130人死于机动车交通事故,比1985年减少2 232人。这归功于持续的道路安全计划和各级政府部门、安全机构和一些强制性组织的参与。最成功的是国家居民强制性计划,如到1995年,实现了95%以上的驾驶人使用安全带的目标,各级政府部门、安全机构和一些强制性组织积极参与,成功地将机动车交通事故死亡人数控制在3 000人以下。

表1-1列出了2012年世界部分国家道路交通事故统计情况。一般认为,以国家拥有人口数作为社会指标或以机动车拥有量作为交通指标来计算事故率,可以反映出道路交通安全的实际水平。2012年世界部分国家道路交通事故统计,如图1-1所示。

2012年世界部分国家道路交通事故统计　　　　　　　　　　表1-1

国　家	事故次数 (起)	死亡人数 (人)	万车死亡率 (人/万车)	10万人口死亡率 (人/10万人)
中国	204 196	59 997	2.5	4.4
美国	5 615 000	33 561	2.69	11.43
德国	258 321	4 152	0.80	5.07
西班牙	83 115	1 688	0.53	3.60
英国	195 723	1 754	0.49	2.83
日本	664 907	4 411	0.57	3.49

二、我国道路交通事故概况

1.我国道路交通事故现状

随着交通需求和汽车保有量的不断增加,交通事故已成为危害人类健康和发展的重大问题。多年来,我国相关政府部门对道路交通安全长抓不懈,持续开展了超速驾驶、疲劳驾驶、超载、超限、酒后驾驶等多方面专项治理工作,效果显著。从2004年到2014年,交通事故起数由46.5万减少到19.6万,死亡人数从9.4万人下降到5.8万人,分别降低了57.8%和38.3%。近年来,我国重大以上道路交通事故由1996年全国最高的年份的80起下降到2013年的11起。但与美、日、欧等国家和地区相比,我国道路交通安全形势依然十分严峻。

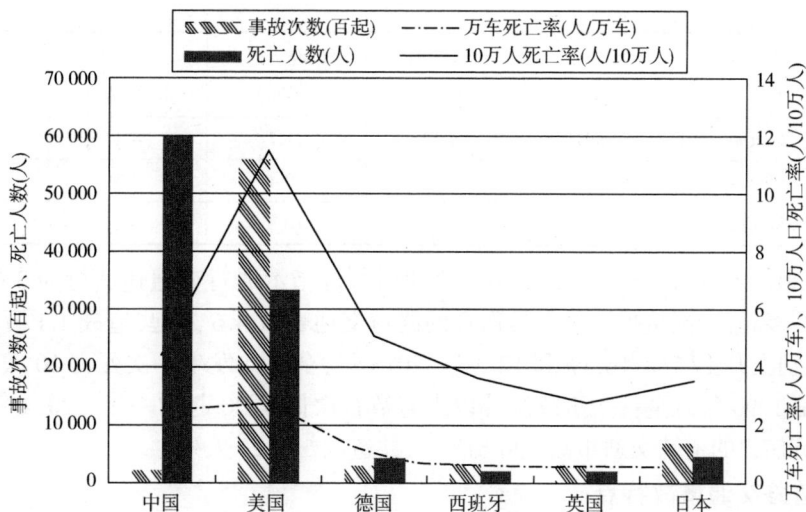

图 1-1　2012 年世界部分国家道路交通事故四项数据对比

自 1949 年新中国成立以来,每年全国道路交通事故死亡人数在 20 世纪 50、60 年代为几百至几千人;70 年代发展至 1 万~2 万人;改革开放后事故死亡人数急剧上升,这期间有一定的波动,2002 年事故死亡人数超过了 10 万人;随后呈逐年下降的态势。近年来,全国道路交通安全形势基本保持了总体平稳,道路交通事故高发态势得到了有力遏制,但仍然存在一些突出问题。我国近年来的道路交通事故统计结果如表 1-2 所示。

我国近年来道路交通事故统计结果　　　　　　　　　　　　　　表 1-2

年份 (年)	事故次数 (起)	死亡人数 (人)	受伤人数 (人)	直接经济损失 (亿元)	10万人口死亡率 (人/10万人)	万车死亡率 (人/万车)
1997	300 000	73 861	190 128	18.46	6	17.5
1998	346 192	78 068	222 721	19.30	6.3	17.3
1999	412 860	83 529	286 080	21.24	6.6	15.5
2000	616 974	93 493	418 721	26.69	7.4	15.6
2001	760 000	106 000	549 000	30.88	8.3	15.5
2002	773 137	109 381	562 074	33.23	8.5	13.7
2003	667 507	104 372	494 174	33.69	8.1	10.8
2004	517 889	107 077	480 864	23.9	8.2	9.9
2005	450 254	98 738	469 911	19.8	7.6	7.6
2006	372 781	89 455	431 139	15	6.8	6.2
2007	327 209	81 649	380 442	12	6.2	5.1
2008	265 204	73 484	304 919	10.1	5.6	4.3
2009	238 351	67 759	275 125	9.1	5.1	3.6
2010	219 521	65 225	254 075	9.3	4.9	3.1
2011	210 812	62 387	237 421	10.7	4.6	2.8

续上表

年份 （年）	事故次数 （起）	死亡人数 （人）	受伤人数 （人）	直接经济损失 （亿元）	10万人口死亡率 （人/10万人）	万车死亡率 （人/万车）
2012	204 196	59 997	224 327	11.7	4.4	2.5
2013	198 394	58 539	213 724	10.4	4.3	2.3
2014	196 812	58 523	211 882	10.8	4.3	2.2

据统计，2012年全年，全国共查处不按交通信号灯指示通行交通违法行为2 649万起，平均每天7万多起；全国接报涉及人员伤亡的路口交通事故4.6万起，造成1.1万人死亡、5万人受伤，分别上升17.7%、16.5%和12.3%。2013年，全国共发生一次死亡10人以上重大事故16起，是1990年有重特大事故统计以来起数首次低于20起的一年。2014年，全国共接报涉及人员伤亡的道路交通事故196 812起，共造成58 523人死亡。

2.我国道路交通事故特点

与道路安全状况较好的国家相比，我国的道路交通事故有以下特点：

1）事故数及伤亡人数呈稳定下降趋势，但安全形势依然严峻

我国的道路交通事故死亡人数多，不仅表现在绝对数量较多，而且单位事故的死亡人数也多。资料显示，虽然我国的年交通事故绝对数不是很多，但单位事故死亡人数在各国中却是最多的。日本2012年发生道路交通事故66.5万起，死亡4 411人，平均每152起事故死亡1人；德国2012年发生道路交通事故231万起，死亡4 152人，平均每556起事故死亡1人；而我国2012年发生道路交通事故20.4万起，死亡59 997人，平均每3.4起事故就有1人死亡，如图1-2所示为我国近十几年来的道路交通事故发展状况。

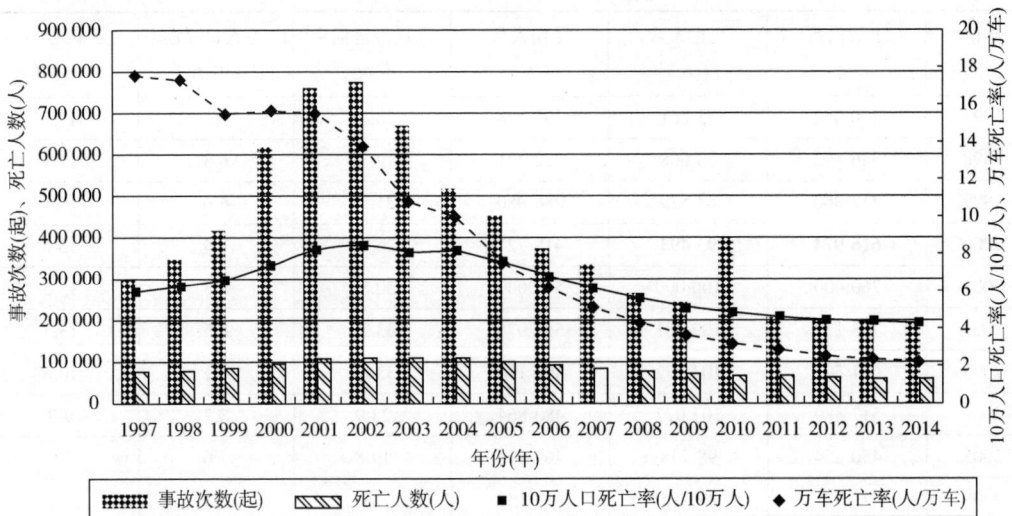

图1-2　我国近十几年来的道路交通事故发展状况

2）道路交通运行和交通安全管理面临诸多新情况、新问题

中国是一个发展中的国家，道路交通的发展起步比较晚，基础比较差。1986年，国家决定城乡统一道路交通管理的时候，全国汽车保有量才362万辆，汽车驾驶人517万人，公路通车里程96.3万km。随着社会经济持续发展，中国迎来了道路交通的大发展，快速进入了

汽车的时代,同时也带来了很多未曾遇到的交通新情况和新问题。到 2012 年年底,我国机动车数量突破 2.5 亿辆,其中汽车保有量达到 1.37 亿辆,是 2003 年汽车数量的 5.7 倍。机动车驾驶人数量近 2.8 亿人,全年新增汽车驾驶人 1 844 万人。公路通车总里程已突破 420 万km,其中高速公路已超过 9.6 万 km。目前,我国每年交警接报事故的总量大概在 470 万起,事故总量巨大,万车死亡率远远高于其他国家,恶性事故多发都表明我国道路交通事故的严峻形势。

3)主要责任主体呈低龄化趋势,伤亡人员多为弱势群体

2009 年,低龄驾驶人肇事导致死亡人数所占比例同比增加 0.1%,低龄驾驶人因违反交通信号灯、违法抢行导致的死亡人数同比分别增加 16.5%和 9.1%,低驾龄驾驶人肇事导致的死亡人数有 73.2%发生在公路上,其中高速公路低龄驾驶肇事死亡人数同比增加 3.9%。2014 年,驾驶摩托车死亡人数占交通事故死亡总数的 17.8%,非机动车死亡人数占 4%,驾驶摩托车、非机动车及步行受伤人数占交通事故死亡总数的 31%。我国每年有超过 1.85 万名14 岁以下儿童死于道路交通事故,儿童因交通事故的死亡率是欧洲的 2.5 倍,是美国的 2.6倍。在所有儿童交通意外中,超过 3/4 的孩子是在道路上受伤的。

4)高速公路事故率大大高于普通公路

相对于普通公路而言,高速公路在设计、建造、交通管理等方面都具有很多的优势,然而,我国的高速公路上发生的交通事故却异常严重。2011 年我国高速公路平均每公里发生事故 0.11 起,而普通公路每公里发生事故 0.046 起,高速公路是普通公路的 2 倍多;2011 年,我国高速公路事故导致 6 448 人死亡,占公路事故总死亡人数的 10.3%,每百公里事故死亡率为 7.59 人,为普通公路每百公里死亡率的 6 倍多。尤其长途客运车事故多发,其中主要是卧铺客车。而欧美国家高速公路事故率平均为普通公路的 30%~50%,事故死亡率为普通公路的 40%~70%。日本高速公路的伤亡事故率只有普通公路的 1/2,事故死亡率为普通公路的 1/3。

3.我国交通安全领域面临的任务

1)建立事故紧急救援系统

发达国家在交通事故急救体系、急救网络建设、急救方案决策及急救技术等方面的研究较为成熟,且得到了广泛应用,已经形成由简单的路面交通事故紧急救援发展到由多个部门参与的陆上、空中联合协作的立体救援体系。完善的交通事故紧急救援体系让这些国家受益匪浅。德国交通事故死伤数量占意外伤亡数量的比例大大降低;法国的实践表明,对于交通事故重伤者:在交通事故发生后 90min 内给予急救,其生存率为 10%以下;在 60min 内获救,其生存率为 40%;在 30min 内获救,其生存率高达 80%。交通事故紧急救援为这些国家挽救了大量的生命,减轻了财务损失、交通拥堵等,社会效益非常显著。

我国对交通事故紧急救援的研究起步较晚,加之我国特有的交通现状,如管理体制、交通流状况、城市道路情况等,因而不能直接沿用国外已经成型的先进交通事故紧急救援体系模式,整个救援系统仍处于较低水平。所以,与国外侧重于模型细节方面的研究相比,国内研究大多还停留在交通事故紧急救援体系的构建阶段。随着社会的发展,我国道路结构日益立体化,交通拥堵日趋严重,对具有快速反应能力的交通事故紧急救援提出了新的挑战,交通事故紧急救援体系应根据我国道路交通的实际情况不断完善与发展,以适应新时期交

通安全的迫切需要。

2）加强新技术运用和制定相配套的法规及标准

安全带的使用对减少交通事故的伤亡程度有良好的保证作用，但国内车辆安全带的使用情况不容乐观。行驶记录仪的使用，对规范驾驶人的安全行为、减少疲劳驾驶能起到较好的效果。国内建设的高速公路均布置有监控系统，但这些系统监控监而不控，或控制不力，没有最大程度地发挥监控系统的效能来为交通安全服务。其他有利于交通安全的技术装备，包括先进紧急制动系统、车道偏离预警系统、侧面视觉死角检测系统、轮胎气压报警技术、防止驾驶人打瞌睡装置等。随着交通安全技术的提高和对非现场执法研究的深化，将非现场执法的规划、建设和管理3者同步纳入法制轨道，使非现场执法工作真正做到有科学完备的法规可依，在完善立法的同时要强化执法，坚决杜绝随意执法以及在执法活动中受利益驱动等不良现象。

3）建立"点—线—面"立体防治机制

根据对道路交通事故的诱因和机制的分析，为提高交通系统的安全性能，未来将加强对道路事故采取"点—线—面"立体控制的方法。鉴于事故多发点"不可移动性"的特点，对事故多发点实行"点控"；鉴于事故在道路路段上具有"移动性"的特点，开展道路路段安全"线控"；鉴于交通事故的发生量与交通流量、车辆的混入率等交通状态有较大的关系，而交通量、混入率等交通状态参数与道路路网的规划设置具有较大的关联，因此应该开展针对道路路网的"网控"。通过"点—线—面"控制工程的实施，达到有效地降低道路交通事故、提高道路交通系统安全性能和通行能力的目的。

4）理顺道路交通管理体制，成立统一的管理机构

道路交通是一个内涵十分丰富的范畴，它包括道路规划、建设、维护、运营，包括客货物运输（客流、物流）即车辆的组织配置、安全监测、环保措施，也包括驾驶人的培训、检验、考核、教育，还包括配套法律和法规的制定、宣传、教育等。简而言之，道路交通包括道路规划、道路建设、路政管理、运政管理、稽查管理和交通安全管理等方面。因此，为保障道路交通管理的高效，应加快推进成立统一的管理机构。

5）推行道路安全审计制度

目前，约1/4的交通事故是因"人"与"道路、环境"不协调引发的，这个数字在发展中国家还要高一些。道路安全审计是从预防交通事故、降低事故发生的可能性和严重性入手，对道路项目建设及运营的全过程，即规划、设计、施工和服务期进行全方位的安全审核，从而揭示道路发生交通事故的潜在危险因素及安全性能，是国际上近期兴起的以预防交通事故和提高道路交通安全为目的的一项新技术手段。道路安全审计是由公正独立、有资质的人员对涉及使用者的道路项目（已建和将建）进行正式审查，以确定对道路使用者任何潜在的不安全特性或构成威胁的运营安排。其目标是：确定项目潜在的安全隐患；确保考虑了合适的安全对策；使安全隐患得以消除或以较低的代价降低其负面影响，避免道路成为事故多发路段；保障道路项目在规划、设计、施工和运营各阶段都考虑使用者的安全需求，从而保证现已运营或将建设的道路项目能为使用者提供最高实用标准的交通安全服务。

国外研究表明，道路安全审计可有效地预防交通事故，降低交通事故数量及其严重度，减少道路开通后改建完善和运营管理费用，提升交通安全文化。

6）加强全民交通安全教育，提高交通道德水平

与道路交通法律、法规不完善相应的是我国全民道路交通法制观念薄弱，不理解或不尊重道路交通运行规律和规章，违章行车，侵占交通设施，这也是交通事故数逐年上升的原因之一。因而抓住交通活动中的主体——人的主观能动作用，是治理道路交通安全的关键。限于我国现阶段的经济条件和刚刚开始实施依法治国的方略，加强全民道路交通与交通安全的教育，规范全民交通行为，提高全社会交通道德水平，使之尽快适应现代化的快速交通运输系统，是一项长期而艰巨的任务。

7）加强交通安全设施的配套设置

近年来我国的公路建设有了很大发展，但等级在二级以上的公路仅占全国公路里程的12.2%。如果说这些主要干线，尤其是高速公路上的交通安全设施还较为齐全的话，其余低等级公路和等外公路交通安全设施的配置情况就不尽人意了。比如，在危险路段仅有一些简易的防护设施，许多低等级公路上甚至连最基本的交通标志和标线都缺乏。行车难、识路难、安全状况差，是我国普通公路的一个缩影。交通安全设施的配置，不论是量或质上，与实际需求或与发达国家相比都有较大的差距。因而针对具体的道路情况，从"安全第一"和"预防为主"的观点出发，加强道路交通安全设施的配套设置，提高交通安全设施的技术水平和设置水准，是积极改善道路交通安全状况的主要手段之一。

第三节　道路交通安全研究内容

一、道路交通安全研究目的和意义

1.道路交通安全研究的目的

道路交通安全研究的目的就是对道路交通安全作比较系统的研究，将影响交通安全的人、车、路以及交通环境因素作为一个系统，深入探寻道路交通事故的发生、发展规律，对人、物流通过程中系统质点的冲突与矛盾事先形成对策，实现有效控制，维持道路交通系统安全的动态平衡。

2.道路交通安全研究的意义

无论是在发展中国家进行的汽车化过程中，还是在发达国家面临的后汽车化发展中，保证汽车行驶安全都应作为人们追求的根本目标。而发展中国家的道路交通安全形势尤为严峻，道路交通安全研究更加任重道远，开展道路交通事故研究更具有一定的重要性和紧迫性。在推广交通安全新技术以及加强公路设计与使用管理的同时，应大力推行改变用户行为的执法措施和道路交通安全技术的宣传和教育。事在人为，只要科学、有效地采取道路交通安全措施，道路交通事故是可以得到控制和预防的。

二、道路交通安全研究内容

1.道路交通安全技术研究

道路交通系统是一个由人、车、路和环境构成的动态系统，因此道路交通安全技术研究包括人、车、路和环境等诸方面的安全技术问题，一般均通过事故分析与对策进行研究。

1) 人的研究

人在交通活动中安全行为的研究较为复杂,对人的研究主要包括交通参与者的生理特征、心理特征、交通行为特性、不安全行为特性等方面,并且针对不同交通参与者的不安全交通行为制定相应的管理对策,以达到消除和控制人的不安全因素的目的。

2) 车的研究

车的研究对象包括机动车和非机动车两类,研究内容包括车辆安全行驶特性、主动与被动安全技术等。其中,主动安全技术是预防和避免发生交通事故的技术措施,如制动防抱死装置、电子制动力分配系统以及汽车主动前轮转向系统等;被动安全技术是指发生交通事故时和发生交通事故后减轻伤害的技术措施,如安全气囊、安全带等装置。

3) 道路和环境的研究

道路及环境是交通活动的基础条件和关键要素,对交通安全有明显的影响。其研究内容主要包括道路与人相适应的道路几何条件、道路结构、路面质量、桥梁隧道、交通条件以及景观条件等,并结合交通工程学、系统工程学等基本理论与原理对道路参数进行设计,以达到预防交通事故、减少交通伤害与损失的目的。

4) 交通事故分析与事故对策的研究

道路交通事故分析包括事故成因分析、事故特征分析、事故分析技术等。事故对策包括事故勘察技术、事故鉴定与处理方法以及事故对策技术研究等。

2. 道路交通事故学研究

1) 交通事故的统计分析技术研究

道路交通事故统计分析是对交通事故总体进行的调查研究活动,目的是查明交通事故总体的分布状况、发展动向及各种影响因素对交通事故总体的作用和相互关系,以便从宏观上定量地认识交通事故的本质和内在的规律性。

2) 交通事故再现与鉴定技术研究

道路交通事故再现分析是指在交通事故现场勘查的基础上,综合运用数学、力学和工程学等学科的原理和方法,综合分析推断出发生交通事故的原因和事故发生经过的全部过程。正确的事故再现分析是合理划分当事人的交通事故责任,依法公正处理交通事故的基础。

3) 交通事故分析预测与安全评价技术研究

交通事故预测是指根据以往交通事故的相关资料,运用一定的分析预测方法,选取合适的事故预测模型,利用计算机处理技术对未来事故的危险程度和发展趋势进行预测分析。准确的交通事故预测结果有助于道路交通安全管理部门进行科学决策,制定切实可行的预防管理对策。

道路交通安全评价是借助安全系统工程的相关理论,对道路交通系统的安全状态进行定性与定量分析,得出关于某一地区、线路或地段安全程度的评估结论,用以指导本地区的道路交通安全管理工作,或者对道路工程设计等方面提出指导性的改进意见。依据评价对象的不同,道路交通安全评价可分为宏观评价与微观评价。其中,宏观评价用于较大范围的交通安全水平的评价比较,往往以国家或省、市为对象;微观评价主要是研究局部的具体问题,如一条或一段道路、一个交叉路口等。

4)交通安全管理与事故处理技术研究

交通安全管理主要研究交通安全管理体制、政策、交通安全立法及各种交通安全法规的制定与执行,以及交通安全教育与培训等。交通事故处理技术研究是按照相应的法律规范对交通事故进行调查处理,这不仅关系到事故当事人的切身利益,而且也影响着道路交通的安全、畅通、有序和社会秩序的稳定。因而,对交通事故调查处理过程中的相关法律、技术、手段、技巧等展开研究,有利于确保发生的每一起交通事故都可以得到及时、客观、公正、合法的处理,促进交通事故调查处理的制度化、规范化建设。

3.道路交通安全设计研究

道路交通安全设计是运用交通工程学、系统工程学、交通行为学和交通心理学等基本理论与原理,借助交通事故与交通冲突分析方法,以交通系统及其组成要素为研究对象,解析交通事故形成过程与机理,以预防交通事故、减少交通伤害与损失为目标,最佳地协调交通系统各要素,形成交通安全最佳方案,并进一步实现交通安全、效率、便捷、环境等多目标的最佳化。研究内容包括道路交通接入安全设计、路侧安全设计、交通控制安全设计、宁静化设计等。

4.道路交通安全设施研究

道路交通安全设施的作用是给道路交通参与者提供交通安全防护。道路交通安全设施研究内容包括道路安全设施、车辆安全设施、驾驶人安全设施、行人安全设施、残疾人交通安全设施、交通安全设施环境、交通安全训练、交通安全救援与救护技术等。

1)道路安全设施研究

道路安全设施,按设置时间的长短分为永久性设施和临时性设施两类。

永久性设施研究包括维护正常道路功能使用的各类防护设施,如防落石、防崩塌、防碰撞、防驶出、防进入、防超速、防超长、防超宽、限制、指路、诱导与禁止等,以及一切路上永久性工程设施的设计、形式、材料和技术的研究。

临时性设施则是针对临时需要(如施工便线、临时故障及临时停车安全防护等)设计的,也有的是为了逐步过渡到规划的永久性安全设施的需要而设置的安全设施。

2)车辆安全设施研究

车辆安全设施研究主要针对在车辆行驶过程中的紧急情况、车辆的突发故障保险及特殊地区和场合条件下为保证人车安全而开发设计的相关设施。

3)驾驶人、乘员、行人、残疾人交通安全设施研究

这类设施是为驾驶人、乘员、行人、残疾人等各种不同的交通参与者提供的一种交通过程中的安全服务,具有使用选择性和选择自由性,均不属强制性设施。

4)交通安全救援与救护技术研究

包括交通安全救援与救护的方法、技术及装备,对解决"假死"救护和高速公路事故救援尤为重要。

三、道路交通安全的学科性质及相关学科

1.道路交通安全的学科性质

根据道路交通安全学涉及的内容,有人将道路交通安全学概括为包括法规(Enforcement)、

工程(Engineering)、教育(Education)、环境(Environment)及能源(Energy)的"5E"学科。

1)法规

"法规"包括立法和执法两个方面。法规是指通过制定交通规则、交通违章法则及其他有关交通安全的法律等,从而规范、强化交通行为人的交通安全行为,保障道路交通安全。交通法规的制定必须遵循:科学性、严肃性和适应性三大原则。

2)工程

"工程"是指交通工程,包括道路和车辆两个部分。它的研究内容主要包括三个方面:一是研究和处理车辆在街道和公路上的运动,研究其运动规律;二是研究和处理为使车辆到达目的地的方法、手段和设施,包括道路设计、交通管理和信号控制等;三是研究和处理为使车辆安全运行而需要维持车辆与固定物之间的缓冲空间。通过工程因素的改善,可以适当降低对人的客观要求,并可以在一定程度上减轻事故损失,主要减轻对事故当事人的伤害程度。

3)教育

"教育"是指安全教育,包括学校教育与社会教育两种,它是道路交通安全的核心。学校教育是对在校学生进行交通法规、交通安全和交通知识的教育;社会教育是通过报刊、广播、电视及广告等方式,广泛宣传交通安全的意义和交通法规,同时对驾驶人定期进行专业技术知识、守法思想、职业道德及交通安全等方面的教育。

4)环境

"环境"是指环境保护。在发达国家,80%以上的噪声污染及废气污染是由汽车运行造成的。因此,如何保持道路交通和环境的协调发展,已成为各国道路交通发展进程中面临的一个共同难题。

5)能源

"能源"是指燃料消耗。汽油、柴油的大量使用,造成不可再生资源的大量消耗,给人类发展带来影响。交通事故与能源消耗的关系一直是发达国家研究的热点。

2.道路交通安全研究的相关基础学科

道路交通安全研究是一项系统工程,涉及许多学科和领域,这就要求道路交通安全研究人员具有广泛的知识储备和坚实的理论基础。

1)行为学

在道路交通安全研究中,利用行为学的知识,对不同交通参与者的行为特征进行分析研究,辨析社会群体的行为规律和后果,进而提出合理的预防措施,避免交通事故的发生。

2)车辆工程学

车辆作为交通系统四大要素之一,是道路交通安全研究的重要对象。车辆工程为道路交通安全领域中车辆的安全性研究提供了最基本的知识,如汽车制动性、操纵稳定性、汽车安全装置与结构及汽车安全检测设备等基础知识,它是道路交通安全领域的基础学科之一。

3)道路工程学

道路是交通运输的载体和基础。道路的规划、设计以及路基、路面、桥隧和附属设施等均会对道路交通安全产生影响。为研究道路条件与安全的关系,应具备道路工程中有关几何线形、道路结构、路面、道路景观、交通信号、标志标线及安全设施等基础知识。

4）气象学

气候对行车安全有很大的影响。据统计,恶劣天气下的交通事故率明显高于正常天气条件下的交通事故率。应用气象学有关知识,研究各类天气条件下的交通活动特点、注意事项和一些特殊的操作方法,可以克服恶劣天气对交通的不利影响,保障行车安全。

5）交通心理学

交通心理学是将心理学的基本原理以及研究方法应用于交通运输领域,它是一门应用性学科。交通心理学主要研究驾驶人、乘客、行人以及骑乘者等交通参与者在交通违法、交通事故发生过程中和发生时的心理活动、群体特点以及组织行为规律等,试图发现人的因素与道路违法及事故发生的内在联系,进而从心理学角度干预由不正常心理而导致的不安全交通行为,确保交通安全。

6）统计学

为了预防和正确处理交通事故,必须客观、全面地认识交通事故现象。应用统计学的知识,对道路交通事故进行统计分析,查明交通事故总体的现状、发展动向以及各种影响因素对事故总体的作用和相互作用关系等,以便从宏观上定量地认识交通事故现象的本质和内在规律性。

综上所述,对道路交通安全的研究应充分考虑法规、工程、教育、环境、能源等综合因素,利用系统控制的原理和方法,结合多学科多门类的相关知识,研究影响道路交通安全的诸多因素,揭示交通事故的发生机理和规律,科学地预测、预报交通安全隐患,形成在宏观上控制道路交通安全水平,在微观上指导道路交通事故的预防,探索和建立适合我国道路交通的预防和保障体系。

复习思考题

1.道路交通事故的定义是什么？包括哪些构成条件？

2.简述交通事故与交通安全之间的关系。

3.简述我国交通事故的特点以及发展趋势。

4.试归纳道路交通安全研究的主要内容。

第二章 交通参与者与交通安全

交通参与者是交通安全的主体,在道路交通系统中,参与者既是交通事故的制造者,又是交通事故的受害者。道路交通安全系统中的交通参与者包括驾驶人、行人、骑乘者等,所有交通参与者与交通安全均有关系。本章主要介绍驾驶人、行人和骑乘者的相关特性以及与交通安全之间的相互关联。

➡第一节 驾驶人与交通安全

驾驶人的驾驶操作就是按照车辆所需要的使用方法在道路上正确的使用车辆,保证车辆的运动状态适应交通环境的要求,使人、车、路、环境这一动态系统内部关系协调。而车辆是一种运输机械,是一台运动的机器,道路是静态的人为构筑物,它们之间的空间位置关系,在车辆的运行过程中,瞬息万变,完全依靠人来协调。在整个驾驶过程中,驾驶人作为运输工具的使用者,占据着重要的主导地位,是整个行车系统的中枢。各项研究成果表明,在导致道路交通事故的所有因素中,驾驶人是最重要的影响因素。

一、驾驶人的交通生理特性

1.性别差异

一般而言,男性为外倾型(心理活动表现外在、开朗、活泼、善交际),积极而富有正义感和意志决定能力;女性为内倾型(深沉、文静、反应迟缓、顺应困难),直观、情绪不定。具体表现为:

(1)开车时,男性驾驶人多强行超车,东张西望,而女性驾驶人发生这种现象较少。

(2)男性驾驶人对超车往往采取不在乎的态度,女性驾驶人则很慎重。

(3)男性驾驶人反应时间短,女性驾驶人则长。

(4)连续行车时间较短时,女性驾驶人的肇事率低,若时间一长则恰恰相反。

(5)在达到领执照标准的时间上,女性驾驶人比男性长26%。

(6)从驾驶形态看,女性驾驶人在超速车道上常用低速,充分表现为本位性;一旦发生事故,又以为对方可给予某种协助,表现为依赖性。

(7)遇到紧急情况时差别较大。例如,在遇到正面冲撞之前的一刹那,多数男性驾驶人想方设法摆脱,而女性驾驶人则恐慌、手足无措。

2.年龄差异

年龄差异会影响人的反应时间。一般来讲,在30岁以前,反应时间随年龄的增加而缩短,30 岁以后则逐渐增加;同龄男性比女性反应时间要短。

对驾驶人进行一般情况和紧急情况下的驾驶反应测试表明,在一般情况下驾驶,年龄大者(不超过 45 岁)得分高,事故少;在紧急情况下驾驶,年龄在 22～25 岁者得分高,事故少,年龄大者成绩差。22～25 岁的男性驾驶人,反应时间短。22 岁的青年,学习 22h,可获得驾驶执照;45 岁的男性,需要 35h 方可获得驾驶执照;45 岁以上的男性驾驶人,身体素质、神经感觉和精力等均有衰退,驾驶机能下降。

各年龄组驾驶人的交通事故情况如表 2-1 所示,年龄与交通事故的关系如表 2-2 所示。

各年龄组驾驶人的交通事故情况　表 2-1

年龄组	被调查驾驶人 A(%)	发生事故 B(%)	相对事故率(B/A)
29 岁及以下	15.2	23.9	1.6
30～45 岁	49.3	41.0	0.8
46～65 岁	32.0	31.1	1.0
65 岁以上	3.5	4.0	1.1
合计	100	100	1.0

年龄与交通事故的关系　表 2-2

年龄(岁)	<20	20～24	25～29	30～39	40～49	50～59	60～69	≥70	合计
责任驾驶人人数(人)	1 358	5 628	7 640	17 426	15 513	8 226	3 154	821	59 766
无责任驾驶人人数(人)	1 391	8 037	14 054	35 960	33 225	15 457	4 399	806	113 319
责任率(%)	98	70	54	48	47	53	72	101	53

3. 视觉特性

在人的众多感知通道中,视觉是人获取外界交通信息的第一信道。无论是静态信息还是动态信息,有 80% 以上的交通信息是驾驶人靠视觉获取的。观察迟缓或观察失误,都是产生交通事故的重要因素。

汽车行驶过程中,驾驶人的视觉判断能力与车速有关。车速变化时,驾驶人对于车辆外环境的判别能力也将发生变化。视觉的判断能力在行驶中与静止时完全不同,汽车高速行驶时,驾驶人因注视远方,视野变窄。实验表明:速度为 40km/h 时,视野角度低于 100°;速度为 70km/h 时,视野角度低于 65°;速度为 100km/h 时,视野角度低于 40°。因此,对于设计行驶速度较高的道路,特别是高速公路,道路两旁必须要有隔离措施,而且车行道旁不许行人或自行车通行,以免发生危险。

1)视力

视力也称视敏度,是指分辨细小的或遥远的物体或物体的细微部分的能力。视敏度的基本特征就在于辨别两物体之间距离的大小。视力分为静视力、动视力和夜间视力 3 种。

(1)静视力。

静视力是指在人和视标都不动的状态下检查的视力。视力共分 12 级:用 0.1～1.0 代表,每级差 0.1,共 10 级;此外,还有 1.2 和 1.5 两级。在报考驾驶人时都要进行视力检查,一般认为 1.0 为正常视力。研究表明,驾驶人的静视力与能够安全行驶的速度有密切的关系,静视力越差,驾驶人能安全行驶的速度就越低,如表 2-3 所示。

静视力与安全行驶车速　　　　　　　　　　　　　　　　表2-3

视　力	安全行驶的极限速度(km/h)	安全感
1.0以上	50以上	安全、舒适
0.75~1.0	30~50	产生不安全感
0.5~0.75	20~30	产生危险感
0.27~0.5	20以下	有显著危险感

（2）动视力。

动视力是指人和视标处于运动(其中的一方运动或两方都运动)时检查的视力。驾驶人在行车过程中主要依靠动视力获取外界信息。驾驶人的动视力随车辆行驶速度的变化而变化,速度提高,动视力降低。一般来说,动视力比静视力低10%~20%,特殊情况下比静视力低30%~40%。例如,以60km/h的速度行驶的车辆,驾驶人可看清距离车辆240m处的交通标志;可是当速度提高到80km/h时,则连160m处的交通标志都看不清。

驾驶人的动视力还随客观刺激显露时间的长短而变化,当目标急速移动时,视力会下降。在照明亮度为20Lx条件下,当目标显露时间长达1/10s时,视力为1.0;当目标显露时间为1/25s时,视力下降为0.5。一般来讲,目标作垂直方向移动引起的视力下降比作水平方向移动所引起的视力下降要大得多。

（3）静视力与动视力的关系。

静视力好是动视力好的前提,但静视力好的人不一定动视力都好。一项对365名驾驶人动视力与静视力相关性的研究结果表明:静视力为1.0的276人中,动视力小于等于0.5的有170人,占总人数的61%。许多研究都表明,驾驶人的动视力与交通事故有密切关系,因此,对于报考驾驶人的人,不仅要检查静视力,还应检查其动视力,而且要定期检查。动视力还与年龄有关;年龄越大,动视力与静视力之差就越大。

（4）夜间视力。

夜间视力与光线亮度有关,亮度加大可以增强夜间视力,在照度为0.1~1 000Lx的范围内,两者具有较强的相关性。由于夜晚照度低引起的视力下降,称夜近视。通过研究发现:夜间交通事故往往与夜间光线不足、视力下降有直接关系。

对于驾驶人来说,一天中最危险的时期是黄昏,因为黄昏时光线较暗,不开灯看不清楚,而当打开前照灯时,其亮度与周围环境亮度相差不大,因而也不易看清周围的车辆和行人,往往会因观察失误而发生事故。研究表明:日落前公路上的照度达数千勒克斯,日落后30min降到100Lx,而日落后50min只有1Lx,汽车开近光灯可增至80Lx。

夜间汽车打开前照灯运行时,汽车驾驶人需注意以下几种情况:

①夜间视力与物体大小的关系。在白天,大的物体即使在远处也可以确认;但在夜间,离汽车前照灯的距离越远,照度越低,因此远处大的物体也不易看清。

②夜间视力与物体对比度的关系。在夜间,对比度大的物体比对比度小的物体容易确认。当对比度大时,认知距离与确认距离之差较大,此时驾驶人有较充分的时间应付各种事件,行车比较安全;对比度小时,认知距离与确认距离相差甚微,这时行车是不安全的。由此可见,夜间行车时物体的对比度显得特别重要。对驾驶人夜间行车可能遇到危险的地方要设置对比度大的警告标志,就是这个缘故。

③夜间视力与物体颜色的关系。交通环境中的众多信息,例如:交通信号、交通标志、标线及汽车内部的仪表灯、警告灯、车外的转向灯、示廓灯和制动灯等都是靠色彩来表达和传递的,加之汽车车身的色彩也是交通景观的一个重要组成部分,由此看来色彩与交通有着密切的关系,所以色彩对车辆驾驶人来讲无疑也是很重要的。通过夜间与白天各种气候条件不同颜色的识认性对比可知,在同样的气候条件下,同样一种颜色,夜间的识认性较白天差得多。夜间行车时,驾驶人对于物体的视认能力,是因物体的颜色不同而不同的。红色、白色及黄色是最容易辨认的,绿色次之,而蓝色则是最不容易辨认的。

④夜间驾驶人对路面的观察。车灯直射路面时,凸出处显得明亮,凹陷处很黑,驾驶人在行车中可根据路面明暗来避让凹坑。但由于灯光晃动,有时判断不准,若远处发现的黑影在车辆驶近时消失,可能是小凹坑;若黑影仍然存在,可能凹坑较大、较深。月夜,路面为灰白色,积水的地方为白色,而且反光、发亮;无月亮的夜晚,路面为深灰色。若行驶中前面突然发黑,则是公路的转弯处。

⑤夜间行车驾驶人对行人的辨认。实验发现,在夜间,行人衣服对驾驶人辨认距离影响很大。有些国家规定,夜间在道路上作业的人员必须穿黄色反光衣服,以确保安全。另外,如果驾驶人受到对面来车前照灯的影响,对行人的辨认能力将降低,降低的程度与对方来车的前照灯的光轴方向、对方车辆和本车及行人的相对位置等因素有关。

2)视野

驾驶人在驾驶车辆时,注视前方,两眼能够看到的范围称视野。驾驶人的头部和眼球固定时能够看到的范围称为静视野。当驾驶人的头部固定不动眼球自由转动时能够看到的所有范围称为动视野。动视野比静视野左右方向约宽15°,上方宽10°,下方宽度相同。运动速度越快,动视野范围越小,以至于发生"隧道视"。此时,视野由60°收拢到注视点周围,只有3°~5°。

由于运动速度提高,动视力下降,可视认时间缩短,同时视野变窄,使目标物难以被驾驶人注意和辨识。故高速公路的交通标志要比城市道路的标志大许多,驾驶人可以在很远的距离外即可辨认;而城市道路上考虑到速度与视力、视野的关系,故要规定限速标准。

在交通管理中考虑到车速越快视野下降越多这一特点,一般重要的信息,都用相应的标志设置在车道上方,或用路面标记加以标志,如指路标志、限速标志、车道标志等。

3)色视觉

色视觉是眼睛对颜色的感觉,是一种复杂的物理—心理现象。人看物体颜色之所以不同,是不同波长的光线作用于视网膜后在人脑引起的主观印象的差异。人眼一般可在光谱上区分出红、橙、黄、绿、青、蓝、紫7种颜色,每种颜色都与一定波长的光线相对应;在可见光谱的范围内波长长度只要有3~5nm(纳米)的增减,就可被视觉系统分辨为不同的颜色。

色视觉对驾驶人安全行车非常重要,颜色具有进退性、易见性、对比性和对心理作用的强弱性,在进行交通信号、交通标志、标线颜色选择时也充分利用了驾驶人的色视觉特性。如果驾驶人是色弱或色盲,就很难正常、及时地分辨颜色,进而容易引发交通事故。

4)立体视觉

立体视觉是视觉器官准确判断物体远近、高低、前后、深浅和凹凸等三维空间位置的高级视觉功能,通常人的左眼注视物体的左侧,右眼注视物体的右侧,这样物体在视网膜上出现了像的视差,视差是产生立体视觉的重要因素。

汽车驾驶具有高风险,这就要求驾驶人有高敏锐的立体视觉功能。倘若驾驶人立体感丧失形成立体盲,就会把道路、车辆、行人、树木、房屋等看作平面图像,也就无法准确判断前方车辆、行人等物体的精确速度、距离和位置,只能凭借以往的经验和感觉来估计物体的轮廓形状,在信息感知、分析和判断阶段都容易出现偏差,导致交通事故的发生,如表2-4所示。因此,在目前的驾驶人身体检测中,也应该增加立体视觉检测项目,以减少由于驾驶人立体视觉异常引发的道路交通安全事故。

立体视觉异常与肇事的关系 表2-4

视觉功能	调查人数(人)	肇事人数(人)	肇事率(%)
正常	1 844	274	14.86
立体视觉异常	97	37	38.14

5)适应与眩光

(1)适应。

在实际道路交通中,驾驶人行车时遇到的环境光照度是变化的。当光照度发生变化时,驾驶人的眼睛要通过一系列生理过程进行适应,这种适应能力主要靠瞳孔大小的变化及视网膜感光细胞对光线的敏感程度的变化实现。适应需要经过一段时间,不可能在一瞬间完成,所以当外界光线突然发生变化时,人眼便会出现短时间的视觉障碍,这就是人眼的适应过程。光线突然由亮变暗时的适应过程称为"暗适应",反之,光线突然由暗变亮时的适应过程称为"明适应"。"明适应"过程较快,不过数秒至一分钟,但暗适应却慢得多。暗适应对行车安全影响较大,在进入隧道最初的几秒钟内,驾驶人可能会产生视觉障碍。为了适应人眼的特征,隧道入口处应加强照明,汽车进入隧道后必须打开前照灯。

(2)眩光。

眩光,是由视野中极高的亮度或视野中心与背景间较大的亮度差引起的。眩光使人感到刺眼,引起眼睛酸痛、流泪,使视力瞬时下降,也可以使眼睛对明暗的突然变化不能适应。

眩光一般分为两种,即生理眩光和心理眩光。生理眩光是由于强光入射眼球内,不仅在视网膜上形成很强的亮点,而且在角膜和网膜之间的介质中发生散射,形成一种光幕,致使驾驶人视觉感受到亮度对比度大大降低,因而造成视觉伤害,降低视觉功能;心理眩光则是由于视野内经常出现亮度光源的刺激,使视觉产生不舒适和疲劳感。

影响眩光的因素包括光源的发光强度、光源外观的大小、光源与驾驶人眼睛的相对位置、光源周围的亮度、驾驶人眼部照度、驾驶人眼睛的明暗适应性。夜间行车,驾驶人很容易发生眩光现象,而使视力下降。实验研究表明,眩光可使静视力下降至0.4,如恢复到1.1则需要20s;使动视力下降至0.3,经40s可使视力恢复到0.6左右。但实际上,对向车前照灯光并不一定正射在视网膜中央,同时驾驶人可以转动眼球避开强光,这样造成眩光的程度会有所减弱。一般情况下,眩光可使视力下降25%,而恢复视力的时间需要30~40s。

4.听觉特性

听觉是辨别外界声源特性的感觉。虽然视觉是驾驶人获取交通信息的第一信息通道,但是由于存在各种视觉盲区,使人无法仅靠视觉就感知周围发生的一切情况,需要辅之以其他感觉。视觉可以使人感知到视野范围内发生的情况,而听觉则可以使人感知到周围发生的情况。因为声音是以声源为中心呈波形向球面周围传播的,在小范围空间中很少存在盲区,因此听觉成为获取视觉盲区信息的重要信道。度量声音大小的单位为分贝,即 dB。

人的听觉对外界信息的筛选能力很差,听力正常时,只有声源声比环境声高出 3dB 时,才能正确辨别声源的位置和属性。若单耳听力下降,则无法正常确定声源的位置;若双耳听力下降,则在有环境声的条件下无法辨别声源。

从目前汽车构造来看,高档汽车的透射声很小,车内保持相对安静。但是对于车外噪声的变化,车内很难感受到,使驾驶人依靠听力接受外界信息的功能和作用下降。低档汽车的透射声虽然很大,但由于车内环境的本底噪声很高,对车外透射进来的声源声起了屏蔽作用,也使驾驶人难以感知他车存在。

人对听力的认识是有偏差的,很多人认为听力有障碍同样可以驾驶车辆。其实,听力不好除了隔断了人获取外界信息的一条通道以外,也会引起人的判断错误从而导致事故。

二、驾驶人的交通心理特征

驾驶人的心理素质与驾驶工作是息息相关的,并不是所有的人都具备与驾驶工作相适应的心理条件。在驾驶人中,总有一些人比其他人更易发生交通事故。据统计,因心理素质原因而造成的交通事故占驾驶人原因的 7.4%,为此,对人体的心理特征做出综合评价具有非常重要的意义。

1.感觉与知觉

感觉是客观事物的个别属性作用于人的感觉器官时,在头脑中引起的反应。感觉是最简单的心理过程,是形成各种复杂心理过程的基础。

与驾驶行为有关的最重要的感觉有视觉、听觉、平衡觉、运动觉等。视觉和听觉是眼、耳的功能。平衡觉是由人体位置的变化和运动速度的变化所引起的,人体在进行直线运动或旋转运动时,其速度的加快或减慢以及体位的变化,都会引起前庭器官中感觉器的兴奋而产生平衡觉。运动觉是由于机械力作用于身体肌肉、筋腱和关节中的感觉器而产生兴奋的结果。

产生感觉必须具备两个条件:一是客观外界事物的刺激,并且要有足够的强度,能为主体所接受;二是主观的感觉能力,为了能更好地感知交通信息,保证行车安全,就必须提高驾驶人对各种信息的感受能力。

知觉是在感觉的基础上,对事物各种属性的综合反应。在实际生活中,人们都是以知觉的形式来直接反映客观事物的。

知觉可分为空间知觉、时间知觉及运动知觉等类型。

1)空间知觉

空间知觉包括对对象的大小、形状、距离、体积和方位等的知觉,是多种感觉器官协调作用的结果。驾驶人的空间知觉是非常重要的一种知觉,行车、超车、会车都要依靠空间知觉。正确的空间知觉是驾驶人在驾驶实践中逐渐形成的。

2)时间知觉

时间知觉是对客观事物运动和变化的延续和顺序性的反应。人们总是通过某些衡量时间的标准来反映时间,这些标准可能是自然界的周期性现象,如太阳的升落、昼夜的交替、季节的变化等;可能是机体内部一些有节律的生理活动,如心跳、呼吸等;也可能是一些物体有规律的运动,如钟摆等。由于受心理状态的影响,人们的时间知觉具有相对性。

3)运动知觉

运动知觉是人对物体在空间位移上的知觉,通过学习和实践,运动知觉可以提高。驾驶人在估计车速时,是根据先前行驶的速度来估算当时速度的,当加速时驾驶人则会低估自己的速度,而在减速时则又会高估自己的速度。速度估算的准确性是随工作年龄的增大而增加的,同时,年老的驾驶人趋于低估速度,而年轻驾驶人则趋于高估速度。

2.注意

注意就是人们心理活动对一定事物对象的指向和集中。注意具有两个特征:一是对象的指向性;二是意识的集中性。车辆在行驶的过程中,驾驶人心理活动有选择地指向和集中于一定的道路交通信息,经过大脑的识别、判断、抉择,然后采取正确的驾驶操作,保障行车安全。所以,注意能力是影响行车安全的重要心理因素。

1)注意的指向性

指向,就是在每一瞬间把心理活动有选择地指向于一定的对象,同时离开其余的对象。如汽车在弯道上行驶时,经验丰富的驾驶人主要注意两点:一是无论在何种情况下,始终保持正确的行驶路线;二是鸣笛、减速。鸣笛是警告对向驶来车辆的驾驶人和路边骑车、走路的人注意或让行;减速是为了降低车辆的离心力,确保车辆能够按照指令被操控。

2)意识的集中性

集中,就是把人们的心理活动贯注于某一事物对象,表现为全神贯注、聚精会神、凝视和倾听等。被注意到的事物,就被感知得比较清晰、完整、正确;未被注意到的事物,就被感知得模糊。当然,别的事物仍循着物理学的规律对感觉器官施加影响,但人们的活动不会转向它们,仅仅把它们作为注意的边缘。此时由于注意的集中性,可以消耗较少的精力,使心理活动取得较大的效能。注意中心和注意边缘是经常转换的,正是由于注意能不断地转换,才能使行人和驾驶人对新的情况作出必要的反应。

3)注意的分配

驾驶人还应当有很好的分配注意的能力,以便同时接收几个信号,完成几个动作。在动态情况下,由于车辆的高速行驶,为了能迅速、及时、清晰、深刻地获得汽车运行的一切必要信息,需要随时调整注意的水平。经验表明,人的感受性不能长时间地保持固定的状态,而是在间歇地加强和减弱。如在空旷宽敞的道路上和在市区拥挤的道路上行车时,驾驶人投入的注意量是不同的,是根据道路状况和内部的动机提高或降低注意水平的。当环境需要减少时,分配的注意量也减少。注意力的灵活程度对驾驶人来说很重要,依靠注意力的灵活性,驾驶人能把注意力从一个目标转移到另一个目标,从各种现象的总体中,分辨出最本质、首要的现象。有时也要求降低注意力的水平,以避免疲劳。

驾驶人在单一环境中行车,其紧张程度就会降低,注意力衰减幅度很大,产生"单调"感觉,从而增加了发生事故的可能性。因此,需要驾驶人高度重视,调节注意力分配,以达到安全行车的目的。

3.情绪与情感

情绪和情感是人对客观事物是否符合自己的需要而产生的态度,如人的喜、怒、哀、乐就是各种形式的情绪和情感。已形成的情感往往制约着情绪的变化,而人的情感又总能在各种变化的情绪中得到表现。

1)驾驶情绪与交通安全

人的情绪可以根据其发生的速度、强度和延续时间的长短,分为激情、应激和心境三种状态。

(1)驾驶人的激情与交通安全。激情是一种猛烈而短暂的、爆发式的情绪状态,如狂喜、愤怒、恐怖、绝望等。处于激情状态下的人,其心理活动特点是:认识范围变得狭窄,理智分析能力受到抑制,意识控制作用大大减弱,往往不能约束自己的行为,不能正确评价自己行为的意义和后果。驾驶人在激情状态下,由于自制力显著降低,极易产生不正确的反应,做出错误的行为,导致事故发生。所以,驾驶人必须尽量控制自己的情绪,掌握一些避免或延缓激情爆发的方法,如自我暗示、转移注意等。

(2)应激与交通安全。应激是在出乎意料的紧急情况下所引起的情绪状态。驾驶人在行车途中,突然发现有人横穿道路;或汽车正在急转弯时突然闯出一辆没有鸣笛的汽车等。在这些突然出现的情况面前,驾驶人有时反应不及,做不出避让动作,有时会做出错误的反应。因此,在应激状态下,驾驶人必须头脑清醒、判断迅速、行为果断,才能处理好意外发生的情况。同时,驾驶人还应具有较高的安全行车意识,在日常驾驶时培养良好的驾驶习惯并努力提高自己的驾驶技术。这样,才能在紧急情况下,迅速做出正确反应,避免或减少事故的发生。

(3)驾驶人的心境与交通安全。心境是一种微弱持久的情绪状态,对人的活动有很大影响。驾驶人在良好的心境下,判断敏捷,操纵准确,能轻松愉快地处理好行驶中遇到的各种复杂情况;而在厌烦、消沉、压抑的心境下,会表现得粗鲁易怒,容易开赌气车,这对安全驾驶是非常不利的。驾驶人应当努力培养积极的心境,克服消极的心理,驾驶时始终保持良好的心境。

2)驾驶情感与交通安全

情感可分为道德感、理智感和美感。

(1)道德感是一个人对人们的行为和对自己本人行为的情绪态度。道德感在人们的共同活动中发生、发展,并受该社会实际占统治地位的道德标准所决定。道德感的特点是具有积极作用,是完成工作、做出高尚行为的内部动机。

(2)理智感是人在认识事物和某种追求是否得到满足时所产生的情感。驾驶人在完成驾驶任务的活动中会引起一系列深刻的情感体验,如寻找驾驶规律,认识在各种路面上驾驶的规律,总结出安全行驶的方法、措施等,往往会产生喜悦的情感,这种情感会推动他进一步思考、总结规律,从而更有效地完成任务,保证交通安全。

(3)美感是根据美的需要,按照个人所掌握的社会上美的标准,对客观事物进行评价时所产生的体验。驾驶人应该对给他提供交通方便的人产生尊敬感,主动为别人让车、让路。

4.性格

性格是人对客观现实的态度,其行为方式上表现为习惯化、稳定化的心理特征,如刚强、懦弱、英勇、粗暴等。驾驶人由于性格不同,对安全行车的态度和行为方式也不同。

人的性格可以划分为多种类型。驾驶人的性格类型是按照个体心理活动的倾向性来划分的,有外倾型和内倾型两种。外倾型性格的驾驶人性格开朗、活泼且善于交际,在行车过程中自我控制能力、协调性差,自我中心意识强;内倾型驾驶人则相反,一般表现为镇静、反应缓慢、喜欢独处、重视安全教育,行车中不冒险。

驾驶人要确保安全驾驶,必须了解自己性格类型的特点,自觉地对自己的性格进行自我调节和优化组合,从而培养良好的性格。

5.反应特性

人的反应时间与交通安全有密切关系。由于反应时间是人体本身固有的特性,不可能通过某种技术手段来改变,只能通过对反应时间的研究来认识其特点,以便尽量减少反应时间对交通安全的影响。

1)信息处理过程

驾驶人驾驶车辆在道路上正常行驶时,通过对车外环境变化的不断认知,确定措施并实施操作,认知情况—确定措施—实施操作这一过程,实质就是获取信息和处理信息的过程,称为人机调节系统。驾驶人的信息处理过程如图 2-1 所示。

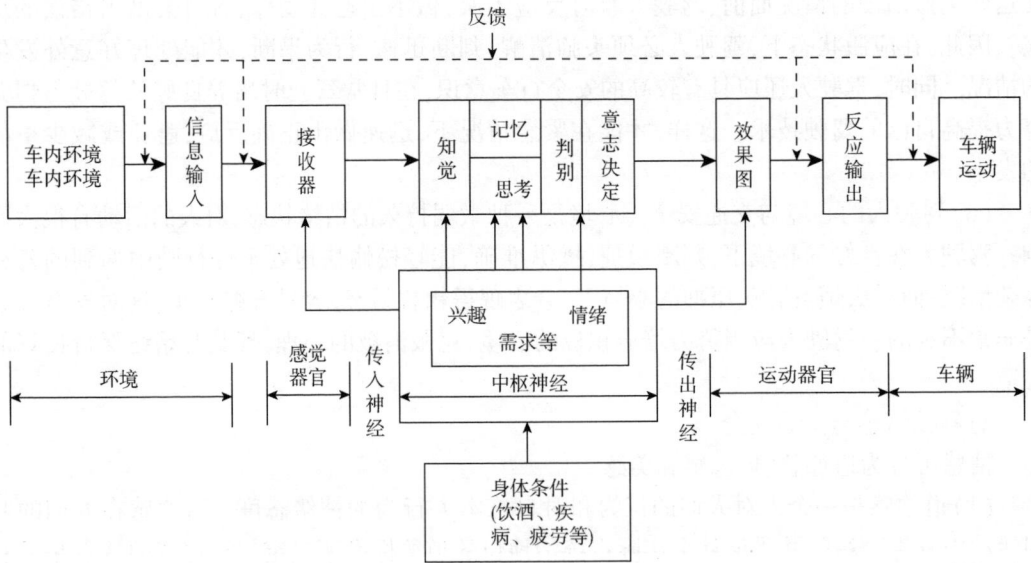

图 2-1 驾驶人的信息处理过程

图 2-1 中表示由环境获得信息,由接收器(感觉器官,主要是视觉、听觉、触觉等)经传入神经传递到信息处理部(中枢神经),在此与既定的计划相对照,加以思考判断,进行意志决定。然后由传出神经传递到效果器(手、脚等运动器官),从而使汽车开始发动,这时如效果器在响应上有偏差,导致汽车发动响应异常,则必须重新把此信息返回到中枢神经进行修正,然后再传递到效果器,由效果器执行修正后的命令。上述操纵的特性是按一般情况说的,实际上,对于驾驶人来说,他的情绪、身体条件、疲劳程度疾病以及药物等与人、机调节系统有密切的关系,对情报处理和响应特性有很大的影响。可以这样说,驾驶人的操作特性是非线性的,不但决定于驾驶人本身,而且与环境条件相互作用。

2）简单反应与复杂反应

反应有简单反应和复杂反应之分。

简单反应是给予驾驶人以单一的刺激，要求驾驶人作出反应。这种反应，除该刺激信号外，驾驶人的注意力不为另外的目标所占据，生理上的条件反射往往都是简单反应，因为它不经过大脑的分析、判断和选择。当驾驶人对外界某种刺激信息做出反应时，看起来好像是很快地产生动作，而实际上有一个过程，需要一定的时间。一般说来，简单反应时间较短。在实验室条件下，从眼到手这种反应是简单反应，如要求按响喇叭，通常需要 0.15~0.25s；从眼到脚的反应也是简单反应，如要求踩下制动踏板，约需 0.5s。

复杂反应是给驾驶人多种刺激，要求驾驶人做出不同的反应。例如，驾驶人在超车过程中，既要知道自己车辆的行驶速度，又要估计到前面被超越车辆的速度和让行超越路面的情况，操作上便有选择的准备超越时间。若超越时间长，至中途时，还要观察被超越车辆前面有无障碍或骑车、走路的人和物是否多占了有效路面，被超越车辆的驾驶人是否可以靠拢道路中心线或驶过道路中心线避让情况等，待确保安全时，再决定加速超车或停止超车。因此，超越车辆的驾驶人必须有选择余地和预知准备的余地，懂得道路行驶规律，才能在复杂道路环境中安全行驶。复杂反应的复杂程度取决于交通量的大小、汽车和车流中的另外一些车辆的速度、行驶路线及道路环境情况的变化等多种因素。

3）影响驾驶人反应的因素

由于驾驶人的反应对车辆的安全行驶有很重要的作用，因此有必要分析哪些因素会影响驾驶人的反应，以便尽量减少反应时间对行车安全的影响。在车辆、道路及交通环境的设计方面，采取有利于提高驾驶人反应速度的措施。一般情况下，影响驾驶人反应的因素分为客观刺激物和驾驶人自身的特性两个方面，下面分别加以分析。

（1）刺激与反应。

①刺激对象不同，反应时间不同。反应最快的是触觉，其次是听觉，再次是视觉，反应最慢的是嗅觉。作为道路交通信息来说，利用接触刺激和声音刺激，都有一些困难，因此现在大部分用光线作为刺激物，如各种交通信号、交通标志和路面标线等。另外，刺激部位不同，反应时间不同，如手的反应速度比脚快。

②同种刺激，强度越大，反应时间越短。这是因为刺激物作用于感觉器官的能量越大，则在神经系统中进行的过程越快。所以，如果以光线作为刺激物，则应提高它的亮度；如果以声音作为刺激物，则应提高它的响度。这些都有利于缩短驾驶人的反应时间。

③刺激信号数目的增加会使反应时间增长。如红色信号和有声信号同时作用，驾驶人的反应时间会比只用红色信号作用的反应时间增加 1~2 倍甚至更多。

④刺激信号显露的时间不同，反应时间也不同。在一定范围内，反应时间随刺激信号显露时间的增加而减少。实验数据表明，光刺激持续的时间越长，反应时间越短，但当光刺激时间超过 24ms 时，反应时间不再减少。

⑤反应时间与刺激信号的空间位置、尺寸大小等空间特性有关。在一定限度内，驾驶人看刺激信号的视角越小，反应时间越长，反之则短。同时，刺激信号的空间特性对反应时间的影响还表现在，双眼视觉反应比单眼反应时间显著缩短，双耳听觉反应时间也比单耳反应时间短等。

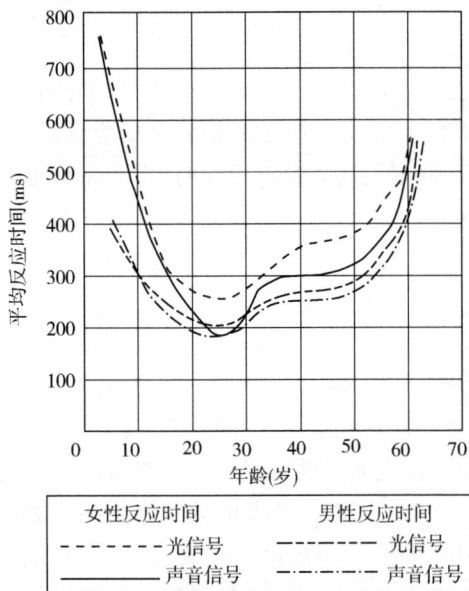

图 2-2 人的年龄与反应时间的关系

（2）年龄和性别与反应。

反应时间与人的年龄和性别都有关系。一般来说，在 30 岁以前，反应时间随年龄的增加而缩短，30 岁以后则逐渐增加，同龄的男性比女性的反应时间要快，儿童、老人、女人的反应时间较长，如图 2-2 所示。

（3）情绪和注意与反应。

反应快慢不仅与年龄有关，而且与驾驶人在行车途中思想集中程度、当时的情绪及驾驶技术水平等有着密切的关系。积极的情绪可以提高和增强人的活力，当驾驶人在喜悦、惬意、舒畅的状态下，反应速度快，大脑灵敏度较高、判断准并且操作失误少；而在烦恼、气愤和抑郁的状态下，反应迟钝，大脑灵敏度低，判断容易失误，出错多，特别是在应激的状态下对驾驶人的影响更大。

驾驶人在行车中若注意力分散，如谈话、接听电话、吸烟、考虑与驾驶无关的事情等都会使反应时间成倍增加。当遇到突发性的险情时，易出现惊慌失措、手忙脚乱的现象，甚至发生交通事故。

（4）车速与反应。

车辆速度越快，驾驶人的反应时间越长，车速慢时反应时间则短。从人的生理角度来看，车速越快，驾驶人的视野越窄，看不清视野以外的情况，情绪和中枢神经系统都处于相对紧张状态，导致反应时间变长。据测试，驾驶人在正常情况下，车速为 40km/h 时，反应时间为 0.6s 左右；当车速增加到 80km/h 时，反应时间增加到 1.3s 左右。

随着车辆运行速度的提高，驾驶人的脉搏和眼动都加快，感知和反应变慢，对各种信息的感受刺激迟钝，在会车和超车中往往会出现对车速估计过低，且容易对距离估计失误，尤其在越过障碍和在盲区路段行驶中对突发情况还未作出反应，事故就发生了。这种情况在肇事现场中就属于车辆先将行人、物撞倒，然后再出现制动痕迹，肇事接触点在路面上的投影点，必然落在制动痕迹的前面。其实，很多事故都是因为驾驶人盲目开快车、遇到紧急情况来不及反应所致。

（5）驾驶疲劳与反应。

疲劳会使驾驶人的驾驶机能失调、下降，给安全行车带来不利影响。

驾驶人的疲劳主要是神经系统和感觉器官的疲劳。由于驾驶人在行车中要连续用脑来观察、判断和处理情况，脑部比其他器官需要更多的氧，长时间驾驶车辆，脑部会感到供氧不充分而产生疲劳，开始出现意识水平下降、感觉迟钝等症状，继续工作下去会导致感觉进一步钝化、注意力下降以及注意范围缩小等。这些症状是中枢神经系统在疲劳时出现的保护性反应，好像机械设备中的安全阀发生故障一样。在这种状态下驾驶汽车容易出现观察、判断和动作上的失误，发生事故的可能性增加。

（6）饮酒与反应。

饮酒影响人的中枢神经系统，导致感觉模糊、判断失误、反应不当，进而危及行车安全。饮酒使人的色彩感觉功能降低，视觉受到影响；饮酒还对人的思考判断能力有影响，使人的记忆力、注意力降低；还容易导致人的情绪变得不稳定、触觉感受性降低。这些都会使驾驶人的反应迟缓，发生事故的可能性增加。

三、驾驶人的驾驶技术水平

驾驶人的技术水平包括驾驶技术和安全行车经验两个方面。因技术原因造成的交通事故占驾驶人原因的40.7%。其主要表现为：路况估计不足、跟车距离过近、车速过高、措施不当等。驾驶人驾驶水平高低是衡量驾驶人素质的重要标志。一名优秀的驾驶人除了具有强烈的责任感、良好的心理、生理素质和思想修养外，还要有高超的技术水平。表现为以下几点：

（1）驾驶人要有过硬的基本功。这是安全驾驶车辆，避免事故的保障。熟能生巧，只有基本功扎实、熟练、准确，才能在遇到情况时做到心到手到、遇险不乱、遇急不变。只有这样，才能一边完成复杂的技术动作，一边思考和判断多变的交通情况。如果没有这种能力，驾驶中就会不可避免地出现顾此失彼的现象。

（2）驾驶人要有良好的车感。车感是驾驶人对所驾车辆的长度、宽度、高度、离地高度的感知，是一种空间的概念。好的驾驶人能达到人车合一的境界。车辆是驾驶人肢体的延伸，在车辆运行中驾驶人凭这种车感就能准确判断本车所占空间，在处理交通情况时做到合理会车、让车、超车。

（3）驾驶人要有准确的判断力。道路上的情况千变万化，为保证车辆行驶安全，主要靠驾驶人的判断能力。判断能力的强弱，直接决定着处理情况的合理程度。驾驶人的判断能力从范围上来分，有以下几个方面：

①距离判断：对距离的远近做出判断，主要依靠目测能力。由于汽车处于相对运动之中，所以目标有一定的游动性。能正确判断出两个游动目标在不同时间的距离，是采取正确驾驶动作的先决条件。

②速度判断：速度判断就是驾驶人的速度感。驾驶人对所驾车辆行驶速度，对方来车或前车行驶速度以及行人、自行车的速度有敏捷准确的感觉和判断，便可很快地预测出各种危险情况。

③行人动态判断：驾驶人对各种行人的心理活动能有大体的了解，能把握住各类行人的形态规律，便能对各种行人做出正确的判断。例如，在一群行人中，驾驶人能一眼看出其中哪一个行人动态将是危险的，而应当采取什么样措施进行避让，这种能力无疑对防止事故的发生有着重要的意义。

④对车辆的判断：道路上行驶着各类车辆，驾驶人能否对其行驶规律和特点做出准确的判断，是衡量一个驾驶人基本功深浅的一个重要标准。道路上行驶的车辆可分为机动车和非机动车两种。机动车又分为高速车、低速车、特种车、摩托车等，非机动车又分为自行车、人力车、畜力车等。驾驶人就是要从这些不同类型的车辆形态中，找出规律，感悟它们的特性特点，以便在行车中对所遇到的危险能做出准确的判断。

⑤对道路判断:这里所说的道路判断是指驾驶人对道路的感觉。当驾驶车辆进入某一地段时,驾驶人立即能意识到该路段对车辆的制动、操作稳定性、路面的附着系数、发动机扭力、轮胎变形等的影响,从而做出相应的驾驶措施。

(4)驾驶人要具备良好的应变能力。驾驶人要随时处于警觉状态,做好处理突发事件的准备。在行车中,驾驶人有时会受到意外情况的干扰,若驾驶人的应变能力不强,便会晕头转向,不知所措,从而失去对车辆的控制。如果驾驶人的应变能力较强,即使受到惊恐,也能很快恢复平静,控制住车辆。

行车中,常见的干扰有以下几种情况:

①声音干扰。真正能对驾驶人产生干扰的声音均是突然的声响或暴震。例如,驾驶人在处理紧急情况或车辆正行驶在危险路段上时,其注意力非常集中,此时坐在驾驶人旁边的人突然大喊“不对、停车”等,都会给集中精力驾驶的驾驶人带来惊吓而不能及时处理情况,导致失误操作,从而引起事故的发生。

②动作干扰。驾驶人进行驾驶操作时,受到外界动作的干扰,会造成操作的失误。例如,驾驶人在做转向或换挡动作时,坐在一旁的人突然帮助拉、推方向,会造成驾驶人动作不协调,致使事故险情或肇事的出现。

③物体干扰。在行驶过程中,前风窗玻璃自行破碎,或一定质量的物体击中车辆风窗玻璃或路边的电杆、树突然倒在车前,会造成驾驶人惊恐,车辆失控而发生事故。

④强电流干扰。车辆遭受雷击,或受高压电流突然干扰,均会使全车带电,火花四溅。驾驶人有时虽未触电,但强大的电流会给其造成瞬间的盲视和恐慌,车上电器设备损坏,导致车辆失控。

⑤车自身的干扰。行车中前轮胎突然爆裂,电器线路自燃,也有可能发生制动突然失效的危险情况。蓄电池发生爆炸,或者因为燃油泄漏挥发造成车辆自燃等,都会造成驾驶人束手无策或操作失误。

行车中,意外干扰的情况很难预料。为防止这些情况影响行车安全,驾驶人在思想上要有防止出现一切难以预料情况的准备,预先想好受干扰的应急措施,这样一旦出现干扰情况,便会下意识地采取保护性动作,避免事故的发生。

(5)驾驶人要认识和掌握“信息处理特性”,具有正确处理信息的能力。在行驶过程中,驾驶人首先通过自己的感官收集来自道路、交通以及环境等的各种信息情报,并予以预测、分析判断,然后才做出各种操作动作,通过汽车各个操纵机构使其做出相应的运动,驾驶人欲使行动无误,关键在于收集各种情况,在驾驶中自觉不做超出自己能力的驾驶行为。

四、驾驶人行为特征与管理对策

1.醉酒行为

酒精影响人的中枢神经系统,导致感觉模糊、判断失误、反应不当,从而危及行车安全。当人体血液内酒精含量过高,达到醉酒状态时,这种影响作用就更为明显,主要表现在以下几个方面:

(1)醉酒使人的色彩感觉功能降低,视觉受到影响。驾驶人80%左右的信息是靠视觉获得的,而在这80%左右的信息中,绝大部分都是有颜色的。当色彩感觉降低后,就不能迅速、准确地把握环境中的动态信息,使感觉输入阶段的失误增加。

（2）醉酒对人的思考、判断能力有影响。有人让驾驶人饮酒后驾驶汽车做穿杆实验,结果发现平时优秀的驾驶人在实验时也不能正确判断车宽和杆距的关系,穿杆连连失败。

（3）醉酒使人记忆力降低,对外界事物不容易留下深刻印象,即使以前留下印象的事物也因酒精的影响而难以回忆起来。

（4）醉酒使注意力水平降低。据实验研究结果,当酒精进入人体内后,人的注意力易偏向于某一方面,而忽略对外界情况的全面观察,注意力的支配能力大大下降。行车过程中,注意力如果不能合理分配和及时转移,必然会影响对迅速多变的交通环境的观察,以致可能丢掉十分有用的道路信息,使道路交通事故发生的概率增大。

（5）醉酒使人的情绪变得不稳定,往往不能控制自己的语言和行为。这是因为酒精对人的中枢神经系统的麻醉作用,使大脑皮层的抑制功能减低,一些非理智的、不正常的兴奋得不到控制,因而表现出感情冲动、胡言乱语、行为反常。在驾驶车辆时,则可表现为胆大妄为、不知危险,出现超速行驶、强行超车等违章行为,极易发生道路交通事故。

（6）醉酒使人的触觉感受性降低,即触觉的感觉阈值提高了。汽车行驶时,驾驶人不能及时发现故障,增加了危险性。

德国一项研究表明,血液中的酒精含量与交通事故之间存在着一定的关系,如表2-5所示。

血液中的酒精含量与交通事故之间的关系　　　　　　　表2-5

血液中酒精含量（%）	交通事故（发生机会对比）			血液中酒精含量（%）	交通事故（发生机会对比）		
	死亡	受伤	财产损失		死亡	受伤	财产损失
0.00(参照)	1.00	1.00	1.00	0.08	4.42	3.33	1.77
0.01	1.20	1.16	1.07	0.09	5.32	3.87	1.90
0.02	1.45	1.35	1.15	0.10	6.40	4.50	2.04
0.03	1.75	1.57	1.24	0.11	7.71	5.23	2.19
0.04	2.10	1.83	1.33	0.12	9.29	6.08	2.35
0.05	2.53	2.12	1.43	0.13	11.18	7.07	2.52
0.06	3.05	2.47	1.53	0.14	13.46	8.21	2.71
0.07	3.67	2.87	1.65	0.15	16.21	9.55	2.91

用驾驶模拟器研究驾驶人饮酒后的驾驶操作情况,发现当血液中酒精含量为0.08%时,操作失误增加16%,此时发生死亡交通事故的概率是血液中酒精含量为0.00%时的4.42倍;血液中酒精含量进一步增加时,驾驶人连转向盘都控制不了,判断力明显下降;当血液中酒精的含量超过0.1%时,驾驶能力下降15%,尤其在夜晚,车辆发生事故的机会显著增加。

2.疲劳驾驶行为

疲劳是许多重大道路交通事故的根源。由交通事故统计资料可知,驾驶人由于疲劳降低了反应速度,是造成死亡事故的重要原因之一。

1）疲劳及其产生原因

驾驶疲劳是指驾驶人长时间连续驾驶所产生的疲劳。长时间在速度快、噪声大、驾驶姿势单调、注意力高度集中、身体肌肉处于紧张的状态下行驶,在条件恶劣的道路状况和环境下行驶,或长时间得不到及时的恢复和调节,驾驶人的身体就会发生生理机能和心理机能下降的现象,这种现象就是驾驶疲劳。如果疲劳过甚或休息不充分,日久则可能发生疲劳的积累,这时工作能力的降低便多少带有持久性特征。

引起驾驶疲劳的原因是多方面的,有生活上的原因(如睡眠、生活环境等),工作上的原因(如车内环境、车外环境、运行条件等),社会原因(如人际关系、工作态度、工资制度等)。其中,睡眠不足、驾驶时间过长和社会心理因素对驾驶疲劳的影响最大。

(1)睡眠与驾驶疲劳。

睡眠不足是引起驾驶疲劳的重要因素。在睡眠严重不足的情况下,要求驾驶人在几分钟内集中注意力是可以办到的,而要求集中注意力半小时以上就很难办到了。此外,睡眠时间不当或睡眠质量不高也会引起疲劳;人在白天的觉醒水平高,深夜到凌晨则觉醒水平低,人的这种昼夜节律是难以改变的。

(2)驾驶时间与疲劳。

长途或长时间驾驶是造成驾驶疲劳的主要原因之一。驾驶和乘车的疲劳感可按身体症状、精神症状和神经感觉分成 5 个阶段:$0 \sim 2h$ 为适应新驾驶工作的努力期;$2 \sim 4h$ 为驾驶的顺利期;$6 \sim 10h$ 为出现疲劳期;$10h$ 以后为疲劳的加重期,其神经感觉症状明显加强;$14h$ 以后为过度劳累期,身体及神经感觉症状急剧加重。

(3)驾驶人身体条件与疲劳。

驾驶疲劳与驾驶人的年龄、性别、身体健康状况、驾驶熟练程度等有着密切的关系。一般年轻驾驶人容易感到疲劳,但也容易消除疲劳;而老年驾驶人疲劳的自我感觉较年轻人差,但消除疲劳的能力较弱;在同样条件下,女性驾驶人较男性驾驶人易疲劳;技术熟练的中年驾驶人驾驶时感到很轻松,观察与动作准确,不易疲劳,而新驾驶人驾驶时精神紧张,多余动作多,易疲劳。

(4)车内外环境与疲劳。

驾驶室内的温度、湿度、噪声、振动、照明、粉尘、汽油味、乘坐的姿势与坐垫的舒适性等,都会对大脑皮层有一定的刺激,超过一定的限度都会导致驾驶人过早疲劳。一般驾驶室的温度控制在 17℃ 以下较适宜;噪声如果超过 90dB,会使人头晕、心情急躁,超过 120dB 会使人晕眩、呕吐、恐惧、视觉模糊和暂时性的耳聋。车内环境对疲劳的影响很大,所以现代汽车均在积极改善驾驶室的环境。

车外环境,如果道路是长直路段且景观单调,交通混乱、拥挤、山路险峻等,易使驾驶人过早地产生疲劳。

2)驾驶疲劳对安全行车的影响

疲劳会使驾驶人的驾驶机能失调、下降,给安全行车带来不利影响。

表 2-6 中数据为不同年龄的驾驶人疲劳前后的反应时间,说明长时间开车出现疲劳后会使反应时间延长,失误率增加。对复杂刺激(同时存在红色和声音刺激)的反应时间也增加,有的甚至增长 2 倍以上。

疲劳后,动作准确性下降,有时会发生反常反应(对较强的刺激出现弱反应,对较弱的刺激出现强反应);动作的协调性也受到破坏,以致反应不及时,有的动作过分急促,有的动作又过分迟缓,有时做出的动作并没错,但不合时机,在制动、转向方面,表现得最为明显。

不同年龄的驾驶人疲劳前后的反应时间 表 2-6

年龄(岁)	疲劳前的反应时间(s)	疲劳后的反应时间(s)
18~22	0.48~0.56	0.60~0.63
22~45	0.58~0.75	0.53~0.82
45~60	0.78~0.80	0.64~0.89

同时,疲劳后,判断错误和驾驶错误都远比平时增多。判断错误多为对道路的畅通情况、对潜在事故的可能性及应对方法考虑不周;驾驶错误多为掌握转向盘、制动、换挡不当,严重者可发生手足发抖、脚步不稳、动作失调、肌肉痉挛,对驾驶产生严重影响。不同疲劳程度状态对驾驶行为的影响如表 2-7 所示。

不同疲劳状态下的驾驶行为 表 2-7

状态 行为	正 常 状 态	疲 劳 状 态	瞌 睡 状 态
控制车速	加速、减速动作敏捷	加速、减速操作时间长,速度较慢	操作速度变换很慢或干脆不变
行车方向控制	能迅速正确地做出判断,并不断地调节操作动作	不能及时迅速地做出调节性操作动作,甚至产生错误动作	停止操作
身体动作	操作姿态正常,无多余动作	较多的身体动作,如搓揉颈或头、伸懒腰、吸烟、眨眼	睡眠、身体摇晃

3.超速行驶行为

超速行驶,是指车辆的行驶速度超过一定道路条件所允许的行车速度,而不应简单地理解为高速行驶。例如,20km/h 的速度可能适宜在城市道路上行驶,而 80km/h 的速度可能适宜在高速公路上行驶,然而在拥挤的城市道路上,10km/h 的速度也可能太快。在不同的道路条件下,驾驶人做出的决策是不同的。在汽车性能和道路条件改善的情况下,人们总是倾向于高速行驶,车辆超速行驶的违章行为非常普遍,当到达弯道或遇到意外情况需要减速的时候,往往无法立刻降低车速,事故因此而发生。

车速的快慢对事故发生的可能性及其严重性有着直接的影响,超速行驶所带来的危害是多方面的,归纳起来主要有以下几点:

(1)超速行驶使车辆发生机械故障的可能性大大增加,直接影响驾驶人操作的稳定性,很容易造成爆胎、制动失灵等机械故障事故。

(2)超速行驶过程中,如遇紧急情况,驾驶人往往措手不及,容易造成碰撞、翻车等事故,而且由于冲击破坏力大,多为恶性事故。

(3)超速行驶使驾驶人视力降低、视野变窄、判断力变差,一旦遇到紧急情况,采取措施的时间减少,使发生事故的可能性大大增加,而且会加重交通事故造成的后果。

(4)超速行驶时,驾驶人精神紧张,心理和生理能量消耗量大,极易疲劳。

(5)超速行驶使驾驶人对相对运动速度的变化估计不足,从而造成措施迟缓,影响整个驾驶操作的及时性和准确性。

（6）超速行驶使车辆的制动距离变长。研究表明，车速每增加一倍，制动距离约增加四倍，特别是在重载和潮湿路面上，制动距离更长，一旦前车突然减速，极易造成追尾事故。

（7）在弯道上行驶时，车速越高，横向离心力越大，从而使操作难度增加，稍有不慎，车辆就会驶入别的车道或发生车辆倾覆，极易造成道路交通事故。

4.驾驶人的交通安全管理对策

（1）增加驾驶人教育的认证制度。现行的驾校等单位对驾驶人进行的交通安全教育、设置的项目及内容，应接受监督管理机制的认可。

（2）强化驾驶人的安全意识和法规意识，特别是大型客货运输车辆，应树立良好的职业道德，养成良好的驾驶作风，保持最佳的生理、心理状态。

（3）不断学习和积累经验，提高驾驶技能，按照科学的方法处理各种道路交通条件下的复杂情况，保证行车安全。

（4）加强对超速驾驶人安全意识教育和指导，并且对违反道路交通安全法的行为进行处罚；对于酒后驾车的驾驶人，严格按照道路交通安全法相关条例进行处罚。

（5）对疲劳驾驶的驾驶人，通过交通安全对策，加强安全教育，避免过度疲劳驾车，科学安排行车任务。

（6）对于运输企业的职业驾驶人，企业应有一套完整、科学的管理制度和规程，最大限度地规范驾驶人的操作行为，提高全体驾驶人的职业素质。

➡第二节　行人与交通安全

在交通管理中，与行人有关的交通事故称为行人事故。我国道路及各种交通设施的发展速度落后于日益增长的交通需求，道路交通拥挤，而且行人在交通构成中占有相当大的比例，行人事故十分突出。根据我国历年来的统计，在行人事故中，属行人负主要责任的约占10%，这其中有80%是由于行人不遵守交通规则乱穿道路造成的；行人事故中的受害者以60岁以上的老年人为最多，其次是中小学生和学龄前儿童。驾驶人如果能掌握行人心理，对其行为能够做出判断并采取相应措施，即可减少事故的发生。

一、行人交通的基本参数

1.步行幅度

步行幅度（步幅）是指行人两脚同时着地时，前脚尖至后脚尖的距离。行人步幅的大小，与行人的年龄、性别、身体状况、心理状态、出行目的、行程距离，以及道路状况和天气等因素有关。其中，年龄和性别是两个最基本的因素。

根据调查，男性中青年的步幅最大，其平均值分别为66.8cm（北京）、64.7cm（广州）；其次为女性中青年，其步幅平均值分别为62.4cm（北京）、63.1cm（广州）；再次为老年男性，其步幅平均值分别为57.1cm（北京）、56.4cm（广州）；最低是老年女性，其步幅平均值分别为53.0cm（北京）、49.7cm（广州）。

此外，行人密度小，人行道路面平整而无障碍，人们行走的自由度较大，步幅则可以迈得随心所欲。

2.步行速度

步行速度同样受性别、年龄及身体状况的制约。北京市和广州市的调查也表明:男性中青年步行速度最高,其速度平均值,北京为 77m/min,广州为 75.2m/min;其次为女性中青年,其速度平均值,北京为 61.6m/min,广州为 58.6m/min;最低为女性老年,其速度平均值,北京为 50.8m/min,广州为 47.2m/min。

行人穿过人行横道时的速度也有不同。在人行横道上,当单独一个人穿过时,其平均速度为 1.4~1.5m/s,比一般道路上稍高,当二人并行时速度稍下降,同行人数越多则速度越慢。在人行横道上的步行速度要比在路侧人行道上行走的速度高。其次是穿过人行横道时的速度有前半段与后半段之分,如表 2-8 所示。后半段速度高于前半段,这是因为穿行者看到旁边有车辆停候,受快点离开危险区的心理所支配。这时,常常会因对其他车辆注意得不够而发生事故。

前半段与后半段通过人行横道速度   表 2-8

横道开始侧的车辆情况	前半段速度(m/s)	后半段速度(m/s)
无车辆	1.44	1.58
车辆已通过	1.44	1.67
车辆已停止	1.6	1.7

步行速度与信号灯的显示时间也有关系。在绿灯信号的末期,行人速度就会快一些。步行速度也受出行目的、行程距离、交通密度等因素的影响。出行目的明确(如上班、赶公共汽车、联系工作、购物、约会等)的步行者速度较高,具有急切感。此外,大街两侧的商店、引人注目的广告、橱窗、装潢、豪华建筑等,都会使行人速度降低,甚至止步观望,造成行人交通滞塞。

根据各国的研究,自由地步行在水平道路上的一般标准速度为 1.3~1.5m/s。

3.行人需求空间

行人的需求空间可分为静态空间、动态空间和心理缓冲空间。行人静态空间主要指行人的身体在静止状态下所占的空间范围,面积大约等于 $0.21m^2$。行人动态空间需求可分为步幅区域、感应区域、行人视觉区域以及避让与反应区域等。步幅区域平均为 64cm,感应区域主要受行人知觉、心理和安全等因素影响。行人视觉区域一般为 2.1m。步行者以常速行走时,也会在自己面前预留一个可见的区域,以保证有足够的反应时间,以便采取避让行为,这个区域为 0.48~0.60m。心理学家所做的人类心理缓冲区域测量实验,确定了个人空间的低要求范围,为 $0.22~0.26m^2$。

二、行人的交通行为特征

1.不同年龄、性别行人的交通行为特征

1)儿童行人的行为特征

经研究,儿童作为行人,其行为特征表现为以下几个方面:

(1)儿童穿越道路时,不懂得观察和确认是否安全。在没有确认安全的情况下横穿道路

是儿童行为的一大特征。成人在穿越道路时，注意观察和确认穿越时的安全并不困难，但儿童却很难做到，需要随着年龄和智力的增长逐渐学习。研究表明，1~4岁的儿童中，经常有60%以上的人在没有证实安全的情况下就横穿道路，5~8岁的儿童有30%左右。一般儿童到9~12岁，才能基本上达到和成人一样，能够对道路交通情况进行很好的观察和判断。

（2）儿童常常跑步穿越道路。在穿越道路时，儿童的心理负担比成人大，往往急于到达道路的另一侧而跑步穿越，这是很危险的。因为驾驶人很难预料步行中的儿童会在什么时候突然跑起来，如果机动车驾驶人对此没有思想准备，就可能来不及避让而发生交通事故。

（3）有成人带领时，儿童对成人有依赖性，认为有成人保护可任意行动。如果成人忽视了对儿童的照管，则容易造成交通事故。儿童和大人一起横穿道路时，违反交通法规的比例明显增加，由大人带领横穿道路不走人行横道和违反交通信号的比例较儿童单独行走时要高。

（4）儿童身体矮小，眼睛距地面高度低，视野比成人狭窄，对交通状况的观察受到限制。另一方面，儿童的目标小，不易引起机动车辆驾驶人的注意，特别是儿童前面有大人或有障碍物时，儿童难以看见交通状况，驾驶人也难以发现儿童，这对儿童的交通安全是不利的。

（5）儿童经常在道路上玩耍。儿童和成年人有时使用道路的形式不同。成年人都是为了达到道路的另一边时才会去穿越道路，而儿童却是经常把道路当作可玩耍的地方，特别是在较偏僻的道路上，儿童更是毫无顾忌。经调查分析，美国被机动车撞的5~10岁儿童有8.6%是在道路上玩耍时发生的。

2）老年行人的行为特征

（1）老年人生理机能衰退，感觉和行为都显得迟钝，发现和躲避车辆的能力下降。

（2）对机动车辆速度和距离判断的误差大，有时因判断不清而与机动车辆争道抢行。

（3）交通安全意识低，往往认为老年人应受到照顾，汽车应该停下来让老年人先走。

（4）老年人喜欢穿深颜色的衣服，在夜间或傍晚时，不易被发现。

（5）老年人在横穿道路时，会发生突然折回的现象。这种情况很危险，常使驾驶人措手不及而造成交通事故。

据统计，老年人死于交通事故的，大多发生在横穿道路的时候；虽然老年人有以上的缺点，但老年人比较谨慎，乱穿道路的行为不多。日本的一项分析表明，55岁以上的老年人，在人行横道上等待穿越的时间平均为29s，比13~19岁少年等待时间长4s，并且等待时比较耐心。

3）青壮年行人的行为特征

青壮年人精力充沛、感觉敏锐、洞察力强、反应速度快、应变能力强，对交通法规也比较熟悉，一般不易发生行人交通事故。但是青壮年人的社会工作和家庭负担较重，出行时间多，行走距离长，这就增加了发生交通事故的客观因素。特别是有些青年人，好胜心强，经常不甘示弱，常与汽车争高低，如对汽车鸣笛置之不理、对过往车辆视而不见，经常任意穿越道路。因此，这些人发生交通事故多在横穿道路和交通拥挤的时候，尤其在强行拦车、强行搭车、偷扒汽车时发生的交通事故最多。据统计，青壮年在车祸中的死亡率，占交通事故总死亡人数的30%以上。

4）女性行人的行为特征

（1）女性行人一般较男性细心，观察周围交通环境比较仔细，规范行为的意识比较强，能自觉遵守交通规则。女性的这一心理特征,比较有利于女性行人自身安全。

(2)女性行人的反应,一般较男性慢,行动比较迟缓。女性的这一心理特点,造成她们穿行道路的时间较长,事故发生的机会增多,故对其步行安全很不利。

(3)女性行人情绪一般不如男性稳定,应变能力较差,属于非稳定型的交通参与者。女性行人在正常情况下,比较细心,也有耐心,能自觉遵守交通法规;但在危险紧急情况下,往往恐慌失措,手忙脚乱;有时中途停顿,进退两难;有时盲目乱跑,不知所措。女性行人的这一心理特征,很容易导致自身受到伤害。

(4)女性行人喜欢穿比较艳丽的服饰,她们极易被驾驶人发现,从而避免不必要的行人交通事故。女性行人的这一心理特征,有利于自身安全。

以上列举了儿童行人、老年行人、青壮年行人和女性行人的行为特征,可以看出各自都有自己的不同特点。然而,即使同一年龄、同一性别的人因其个体差异的存在,往往也表现出不同的行为特征。个体差异表现为人的个性心理特征,主要包括行人的目的、动机、兴趣、能力、气质和性格等方面,是个人的许多显著的心理、生理特性的综合,是人们先天具有的和后天获得的特性的综合。

2.行人过街的交通行为特征

1)行人过街行为方式

行人横越街道有单人穿越、结群穿越之分。单人穿越街道分为3种情况:

(1)待机过街,即行人等待汽车停驻或车流中出现足以过街的空隙,再行过街。

(2)抢行过街,即车流中空隙虽小,过街人冒险快步穿越。

(3)适时过街,即行人走到人行横道端点,恰巧遇到车流中出现可以过街的空隙,不需等待,随即穿越。

这三种情形主要是针对行人横穿道路上某一条交通流时所呈现出来的行为特征。行人过街采用哪种情形,取决于行人自身的交通行为习惯(交通安全意识)、交通时间需要程度和当时的交通状态。交通状态作为行人过街的一种客观条件,当行人需要过街时,交通流正好出现较大的车头间距(或车头时距),这时行人就会坦然地过街,也就自然成为"适时过街"。而当交通流中没有可以利用的车头间距时,行人就会有两种选择:一种是等待大的车间距的出现,即待机过街;另一种是冒着危险快速过街,即为抢行过街。

对于一条多车道的主干道或城市快速路辅路,行人在穿越时需要针对各个车道上的交通状态选择行为模式,依据行人过街的行为表现,可分为以下5种类型:匀速前进型、中途停驻型、中途加快型、中途放慢型及不稳定型。

2)行人过街等待时间

在行人过街的过程中,将行人到达人行横道至行人开始通过人行横道所等待时间称为行人过街等待时间。行人等待过街时间的长短取决于汽车交通量、道路宽度和行人条件。交通量大,可穿越间隙少,行人等待过街的时间就长;反之,行人等待过街的时间就短。道路比较宽,则行人过街的等待时间就比较长;道路比较窄,则行人过街的等待时间就比较短。此外,女性较男性的过街等待时间长,不分男女,年岁大者过街等待时间长。在同一天的不同时刻,人们的过街等待时间也有差异,例如,上下班时间,行人过街等待时间短;非上下班时间,行人等待时间长。

随着等候时间的延长，行人的焦虑也越来越严重，此时将行人心理上所能忍受的最长等候时间，称为行人可忍受等待时间。行人的忍耐能力是有限的，当行人等待车间安全间隙的时间超过了行人所能承受的忍耐极限时，行人往往不顾一切，从车间非安全间隙中强行穿越，因此强行过街的行为时有发生。

通过调查发现，交通信号控制交叉口行人所能够承受的最长等待时间，英国的调查数据为45~60s，日本的调查数据为30s，当禁行时间太长时，即使有专人管制，大多行人也会"跃跃欲行"；无信号控制路段行人可承受的延误时间短，当行人延误累积到一定程度还是需要等待时，行人往往会自觉或不自觉地往机动车道逼近甚至强行穿越。而一旦有人发生强行穿越，极易引起一群人的效仿行为，乘机纷纷随之过街，相应的行人可忍耐时间就随之缩短。所以，虽然设置信号能控制行人，使行人的等待时间延续得更久一些，但从行人的心理期望特点出发，也要尽量缩短这种等待时间。

3）行人过街行为特点

由于行人的年龄、性别、身体状况、心理状况、出行目的、行走距离、道路情况和过街人数等因素的差异性，过街时表现出的行为特征和心理状态明显不同，可将具体情况归纳如下：

（1）行人多结伴出行，也多以批量到达人行横道。

（2）行人过街时与同批过街人数有关，即群体心理或从众心理。人行横道上人数较多时，多数行人行为变得较为鲁莽，一旦人群中出现率先抢行者，其他行人在从众心理支配下，往往互相以对方为依赖，出现跟从现象，忽视交通安全而导致事故。如果同批次过街人数少时，行人会谨慎地选择过街时机。

（3）多数行人认为自己在斑马线内享有先行权，机动车应当主动避让，常与机动车抢行。

（4）多数行人横过道路时，只注意一个方向的交通车辆，往往使自己闯入了驾驶人的行驶空间而导致交通事故。有时由于缺乏经验，顾此失彼，往往只顾躲第一辆车而忽视了后边还有第二辆车，或者不注意双向来往车而使自己处于两车流相会的夹缝中，这些都极易导致行人事故。

（5）行人的自由度大，与车辆行驶速度差距很大，在行人走捷径心理的支配下，往往会突然闯入驾驶人的行驶空间，特别是上下班怕迟到和着急回家或有急事的行人，表现得更为突出。

（6）路段上机动车流量较大时，行人随着等待时间不断延长，逐渐失去耐心，开始尝试接近车流，多采取"逐车道过街"的方法，先观察最近车道的车流量和车速，选择时机逐一通过左侧方向机动车流，到达中线后，再以同样方法等待时机通过右侧方向车流。

（7）路段上行人步速比在其他时间、地点要快一些，并且根据来车方向的车流量、车速及与前后行人的间距随时调整步速、步幅和步距。

（8）成人与儿童同行时，常拉住儿童，并不借此机会教给儿童正确的穿越过街的方法。儿童依赖性很强，不注意观察左右车辆。

（9）行人穿越机动车流时，常与机动车行驶方向相反，绕过车尾过街到达中线后以同样的方式寻找、穿越另一方向机动车流。

（10）最短路径原则。过街时"截弯取直"，在人行横道终点前转弯，并不按照道路标志直角进行。

三、行人的交通心理特征

1.行人不安全行为心理特征

行人的行为是行人对外界交通环境刺激做出反应的过程。将行人做出不符合道路交通安全规范,有可能导致道路交通事故的发生,造成人员伤亡或财产损失的人的行为称为交通不安全行为。无论行人造成交通不安全行为是有意识或是无意识,都与行人的心理有着密切的关系,行人的不安全行为心理主要包括以下几个方面:

(1)侥幸心理。部分行人对汽车性能不甚了解,在"自我为中心"的心理支配下,错误地认为汽车是由人掌握的,所以汽车不敢撞人,也不会撞人。这是我国大多数行人违章的普遍心理特点,这种心理过高地依赖机动车驾驶人遵章行驶。

(2)贪利心理。有的行人明知应当遵守有关的交通规则,但常常为了满足个人一时需要,或为了缩短自己的行走距离,或为了减少行走疲劳,或为了迅速到达目的地,就故意违规抄近路穿行,将自己置身于十分危险的境地的同时,也会极大地干扰其他车辆通行。

(3)从众心理。当许多人同时横穿道路时,如果有一人带头闯红灯或抄近路穿越,其他人经常纷纷效仿,造成法不责众的局面。而且许多行人认为随行的行人似乎是一道屏障,在心理上产生一种盲目的安全感,即不顾及交警的指挥,也不避让机动车或与机动车抢行。

(4)行人认为即使违章也不会受到严管。许多人之所以敢步行违章,是由于认为交警主要是管机动车的违章,一般无暇顾及行人,所以违章行走不会产生心理压力,因为不会受到严厉的处罚,也不会有其他影响。很长一段时间,人们总是认为只要机动车撞行人,由机动车主承担责任,而不应由行人承担责任,侧重于保护行人,交通执法的重点也大多放在机动车违章上。

2.行人过街心理特征

1)行人过街安全心理分析

根据观测,当行人到达流量小于无信号控制人行横道的通行能力时,交通运行的混乱以及造成行人过街不安全的因素都与行人的强行穿越有关,当不发生强行穿越时,行人过街很少会影响到交通运行秩序和人身安全。强行穿越现象普遍存在的原因是由于行人需等待的时间已超出了行人可接受的程度。行人的忍耐能力是有限的,当行人等待车间安全空隙的时间超过了行人所能接受的忍耐能力时,行人往往不顾一切,从车间非安全空隙中强行穿越,因此强行过街的行为时有发生。

根据日本学者的一项调查,行人不走人行横道随便穿越道路时的心理活动如表2-9所示,这些研究结果也可以作为理解我国行人心理的参考。

行人不走人行横道随便穿越道路时的心理活动 表2-9

心理活动	所占比例(%)	心理活动	所占比例(%)
怕麻烦	48.6	不知道附近有人行横道	0.9
平时的习惯	22.0	到对面有急事	0.9
想走近路	16.5	汽车不敢撞人	8.4
路上汽车不多,没关系	1.8	其他	0.9

2)行人过街溢出心理分析

路段上人行过街横道的设计宽度为4~6m,有时人行横道设计不合理或过街行人流量过大,常常出现行人溢出人行横道的现象。但还有一些行人溢出情况是行人主观因素产生的。根据对行人过街心理分析,可以把行人过街溢出分为以下几种类型:

(1)认为人行横道是行人合理使用的交通设施,靠近斑马线左右1~2m的区域也是安全的,因此有些行人选择贴近人行横道几米以外过街。

(2)人行横道的设置是方便行人安全过街,附近一定有交通吸引地,行人急于到达交通吸引地,但不敢远离人行横道,因此选择既靠近又便于到达目的地的区域过街。

(3)过街流量较大时,会形成前后1m左右间距几排过街。在中线等待二次过街时,由于路段无信号控制,机动车不断到达,部分行人为躲避身后的机动车,使自己更为安全,会把中线当作安全岛,沿中线向两端溢出。

(4)抢行穿越机动车流时,多数行人从车尾处绕过障碍车辆,也会出现溢出。

溢出发生后,有些行人会回归到人行横道,有些则按原方向继续行进。人行横道附近危险程度如表2-10所示。

人行横道附近危险程度　　　　　　　　　　　表2-10

过 街 地 点	危险程度	过 街 地 点	危险程度
距人行横道50m内	1.75	有人行横道标线,交通信号控制	0.53
无人行横道标线和交通信号	1.00	有人行横道标线,交通信号控制,有安全岛	0.36
有人行横道标线,无管理规则	0.89		

3)行人过街安全心理距离分析

行人过街安全心理距离指行人穿越某车道前,判断该车道上距自己最近的机动车到达人行横道时能够安全穿越的距离,计算公式为:

$$L_{安} = \bar{v}_{i车道} \cdot \left(\frac{L_{横道}}{v_人} \cdot n + t_反 \right) + l_安 \qquad (2-1)$$

式中:$L_{安}$——行人过街安全心理距离(m);

　　　$\bar{v}_{i车道}$——第 i 车道机动车平均速度(m/s);

　　　$L_{横道}$——人行横道长度(m);

　　　n——车道数;

　　　$v_人$——行人个体平均过街步速(m/s);

　　　$t_反$——行人反应时间(s),平均值1.8s;

　　　$l_安$——到达车辆距行人的安全距离(m),一般取3m。

四、行人交通安全管理对策

改善和解决行人交通问题,最大限度地降低行人事故,可通过以下几个措施来实现:

1.加强交通安全宣传教育,提高行人安全意识

道路交通安全宣传教育是道路交通安全管理的基本方法之一,在行人交通管理中具有十分重要的地位。因此,要加强道路交通安全方面的教育,提高行人交通安全法律意识和安全意识。

2.根据行人特点采取措施

对于老年人来说,应根据其交通特性,设置相应的交通设施和相应的策略。如:适当延长红绿灯的间隔时间;在比较宽的街道中间设置安全岛,以方便老年人分两次过马路;路标字应大而醒目;信号灯不宜放得太高(瑞典的信号灯高度一般2m左右);在老年人常去的地方尽量少设或不设霓虹灯等。

对于学龄前的儿童来说,须由成年人带领其在道路上行走。成年人要注意儿童的动向,拉牢儿童的手,防止其突然跑动;乘车时让儿童先上,下车时成年人先下;在幼儿园和学校出入口及过街的地方,限制车速,安排交通警察或专兼职的安全员负责护送儿童过街;此外,还应该从小就对儿童进行安全教育,让儿童养成良好的习惯,使他们从小就能够自觉地遵守交通规则。

对于青年人来说,要克服其过于自信的心理,不能因为身体条件好、反应敏捷而放松警惕,更不能闯红灯或攀越护栏过马路,要自觉遵守交通法律、法规。

对于夜间的行人来说,在穿越马路前要十分注意,不能在道路中央附近站立;在无信号灯的场所穿越马路时,应尽量选择有道路照明设备的明亮的地方穿越,最好使鞋、衣服、皮包和手杖等具有反光性,或可以穿一些颜色鲜艳等辨识度较高的服饰,以便进一步引起驾驶人的注意;行人还可以在夜间行走时佩戴反光标志,以引起驾驶人的注意。

3.改善交通设施

道路条件、交通安全基础设施是否完善及其交通环境的优劣,对于行人的正常交通心理、交通行为习惯的形成,乃至保障道路交通安全都有重大的影响和作用。保障行人安全的交通措施,其目的是减少行人与车辆间的冲突,最基本的方法是在时间和空间上将行人与车辆分隔开。如道路交叉口的人行横道标线和行人交通信号,它的功能是指示行人在一定的地方和时间内穿过道路,提示驾驶人在这些地方可能会出现行人。这就要求行人和驾驶人都要遵守交通规则,都要适时注意对方的情况,尊重对方的通行权。另一种是空间上的分离设施,如设立人行道、人行地道。设置行人交通信号与安全岛:在交通繁忙的交叉路口设置行人专用交通信号,人行横道超过15m时一般应设置安全岛,宽度设置在1~2m,且最好用反光材料制作,以利于驾驶人在晚上能发现。

4.加强路面行人交通秩序的管理

机动车辆与行人相撞这类事故高发的真正根源,在于行人遵守交通规则观念不强、自我保护意识淡薄。需要指出的是,与机动车驾驶人相比,针对普通行人所进行的交通法规教育几乎是空白。人们越来越注意纠正在公共场合大声喧哗、随地吐痰等陋习,却远没有把乱穿马路看作是一种与现代文明不相称的行为,因而纠正起来更为缓慢。

因此,为了克服行人交通对我国交通安全造成的压力,最大限度地保证行人交通的安全性,必须强化对行人交通秩序的管理力度,通过强化路面行人秩序的管理来扭转行人的交通违法习惯,最终形成行人依法通行的自觉性。

➡第三节　骑乘者与交通安全

随着慢行交通理念的发展,非机动车出行作为一种便捷节能的交通方式在各大城市得到推广。但是由于道路使用空间的局限性,非机动车的快速发展必然与机动车形成复杂的混合交通现象。骑乘者作为自行车、电动自行车、人力三轮车、电瓶车和燃油助力车等非机动车的使用者,他们的安全意识和规则观念强弱直接影响着道路交通的安全。

一、骑乘者的交通工具及其特点

1.自行车的交通特点

1)自行车是轻便、灵活、经济且适用的绿色交通工具

自行车不受道路条件制约,可在各种道路以及狭窄街巷上骑行,且为门到门的交通工具。由于它的轻便、灵活等特点,容易使骑车人随机应变。自行车相对于其他交通工具,经济性较为突出,不但购买价格低廉,而且使用费用更低。自行车不用燃料,无废气,无噪声,既节省能源,又减少对环境的污染。这种典型特性,不但备受低收入阶层人们的欢迎,而且也是城市交通问题专家、环境保护问题专家所推崇的主要城市出行交通工具之一。

2)自行车是人力驱动,有益于锻炼身体

自行车是利用简单机械原理,以人力作为动力来源。就我国及大多数国家来看,自行车的平均骑行速度约为15.4km/h,美国约为20km/h。这种人力驱动的交通工具,由于人的体力所限,具有速度慢、行程近的特点,而且只适合在平坦道路上骑行。

3)自行车适用于短时出行

选用自行车作为出行交通工具,要受到出行者体力和出行距离、出行时间等方面的限制。具体就表现为自行车出行的时距特征,自行车出行时距大多数不超过50min。当出行时距小于10min时,人们主要采用步行方式出行;而当出行时距在11~30min时,人们主要以自行车方式出行,以自行车方式出行的约占该时距段内总出行的50%;当出行时距超过30min时,人们则一般选用公交车出行方式。

4)自行车的安全防护弱且影响因素较多

自行车骑乘者暴露于外界,无论是生理上还是心理上都缺乏安全的防护,极易受到外界环境的影响和干扰。自行车作为无安全防护的交通工具被动安全性很差。骑自行车时,一旦摔倒,骑车人与自行车之间、骑车人与路面之间就会产生撞击,使骑车人受伤。当自行车受到动能较大的机动车撞击时,不但自行车易于变形,而且骑车人也会与车体分离,并以较高速度撞击路面,受到重伤,甚至当场死亡。自行车无安全防护装置的特性,同样也容易受气候等自然条件的影响,如雨、雪、风、沙、雾、严寒、酷暑等。受这些因素的影响,自行车骑行者的"弱势"心理会加强。

5)自行车骑乘者的前方空间知觉准确,后方空间知觉不便

骑车人在向前骑行过程中几乎没有盲区,人的头部前面只有前车轮和转向把,而且这些部件对骑车人感知车体在道路上的空间位置没什么视觉障碍。也就是说,自行车的车体结构特点,使得骑车人在视野内的空间知觉较为准确。

按照车辆交通的客观要求,任何车辆都应当装配后视镜。我国现在生产和使用的自行车普通没有装配后视镜,这就使得骑车人在向左转弯时,只有把头向后转,才能感知后方汽车的运行情况。骑车人往往一边向前骑,一边向后看,这样既不方便也不安全。

2.电动自行车的交通特点

我国对于电动自行车的定义争论已久,各方立场、说辞存在较大差异。我国《电动自行车通用技术条件》(GB 17761—1999)中对电动自行车的定义是:以蓄电池为辅助能源,具有两个车轮,能实现人力骑行,电动或电助动功能的特种自行车,同时要求其最高设计速度不得超过20km/h,整车质量不应大于40kg。电动自行车不仅继承了自行车固有特性,同时也具有下列特点:

1)起动快

相对于自行车,电动车采用电力驱动,因此加速度大,起动迅速;对比于机动车,电动车操作简单,起动反应时间小。因此,在交叉口,电动自行车往往首先进入交叉口,且能保持高速行驶。

2)违章率高

根据相关研究,电动自行车违章率明显高于其他交通方式,尤其在交叉口,不按规则停车、闯红灯、随意穿越道路以及逆向行驶等违章行为屡禁不止。这些行为严重影响了交叉口通行能力,扰乱了交通秩序,频频引发交通事故。

3)废弃电池对环境污染大

电动自行车是以蓄电池作为辅助能源的,目前对达到使用寿命的电池没有规范的回收程序,普遍存在到处乱扔污染环境现象。

除了上述特征之外,相对于自行车而言,电动车还具有速度快、省力、舒适、出行距离远等特点。

二、骑乘者的交通心理特征

在骑乘者行驶过程中,人体生理在起作用,但同时也充满心理活动过程。生理条件和心理活动不是独立的,往往是同步显现。不同生理条件的人,会产生不同的心理活动。骑车是生理和心理过程中在输入信息、处理信息和输出信息诸方面相互依附、协调工作。

1)胆怯心理

骑车人惧怕机动车,尤其是大型机动车,从而在骑行过程中会产生胆怯心理。因为骑车人一无驾驶室,二无头盔,属于交通弱者。所以在骑乘过程中离机动车越近,机动车的速度越快,骑乘者的心理压力就越大,在这种胆怯心理作用下,骑乘者容易高度紧张从而产生错误的判断,酿成交通事故。同时,有些骑乘者在骑行过程中,处于一种不稳定的蛇形运动状态,胆怯心理多发生于初骑者、老人、妇女及少年中。

2)侥幸心理

侥幸心理表现的场合比较多,如从小巷、支路转向大街时,不是慢行、看清楚道路交通情况后再骑出来,而是突然窜出;往往边骑车边看热闹,分散注意;夏天喜阴避晒,甚至逆行。

3)排他心理

排他心理表现的地方比较多,如明知必须遵守的规定也不遵守、不执行,或者骑行过程中带人、带重物、双手离把、扶肩并行、互相追逐、高速下坡等。

4)超越心理

骑乘者无论为何目的出行,省时、快捷、安全地到达目的地是他们普遍的心理需要。而自行车、电动自行车等以其轻巧、灵活、方便、省力的优点,能够满足骑乘者的心理需要,致使出现见空就穿、见慢就超等不安全行为,这种超越的心理多发生于男青年群体中。

5)从众心理

认为只有自己的行为与多数人一致时,才感到安稳,否则就觉得孤立的心理,在社会心理中被称之为社会从众心理。在道路交通中常会看到,只要有一个人违法行驶而又无人制止,跟着就会有一群骑行者受诱导一拥而上,随后人数越来越多。尤其是在大的十字交叉路口,等待信号灯的电动自行车的人群中,如果有人提前起动并顺利通过了路口,其他等待的人群就会尾随其通过路口,迫使后面准备通过的机动车停车等候。这种现象不仅会造成交通秩序混乱,容易引起机动车辆阻塞,而且往往险象环生,甚至发生交通事故。

6)离散心理

骑乘者一般不愿和别人一起扎堆行驶,而是要保持必要的纵向、横向距离,一方面是因为骑乘者为免他人影响自己行驶或他人摔倒殃及自己,使道路上骑乘车辆的分布呈离散状态;另一方面,由于骑车的人群中男女老少都有,骑行的速度不会相同,一般女性和老年人骑车的速度相对比较慢,而青少年与男性骑行者的速度较快,这也使得电动自行车群体呈离散状态。由于离散,导致骑车人各自独行,互不相让,甚至占据整个车道,影响机动车通行。

7)挫折心理

骑乘者在日常生活中常会遇到各种各样不顺心的事,不同的骑乘者对挫折所造成心理压力的承受能力是不同的,对刺激的容忍度也不一样。一旦骑乘者个体所承受的心理压力和刺激超过自己的承受能力,会出现思绪紊乱的心理状态,注意力不集中,此时若遇到险情是很难避让的。

三、骑乘者的交通行为特征

1.不同年龄、性别骑乘者的行为特征

1)男性骑乘者的行为特征

对自行车交通事故的研究表明,男性骑乘者事故率高于女性,且男青年事故率最高。男青年骑自行车的心理特征主要有:排他性心理,逞强心理,表现为骑车时喜欢高速度,来势凶猛,互不相让;出风头心理,表现为骑车撒把,搭肩并行。

2)女性骑乘者的行为特征

女性骑乘者的心理特征一般分为两类。第一类为胆怯型,胆小,害怕出事故,表现为骑车不稳,遇机动车易恐慌,躲躲闪闪,当遇到复杂情况时容易惊慌失措,处理不当;第二类为冒险型,心理状态是无所谓,表现为骑车时与机动车抢道,互不相让。

3)儿童骑乘者的行为特征

儿童骑车的心理特征是无意识。其行为表现为:

(1)行动冒失,因为骑车的经历短,骑车时不知道避让行人和机动车辆。

(2)骑自行车追逐玩耍,由于骑自行车对少儿的诱惑力很大,兴趣很浓,所以注意力集中于骑车,而忽视其他机动车。

(3)缺乏交通安全常识,不懂交通法规,临危采取措施不当。

4）老年骑乘者的行为特征

老年人由于生理原因,反应迟钝,容易受到惊吓,遇机动车时惊慌失措,精神过度紧张,处理不当容易发生事故。

2.骑乘者的不安全行为特征

1）不按规定车道和导向行驶

骑乘者对交通快速性、独立性的需要过于强烈就会产生想超越其他非机动车车辆的心理,而此时非机动车道并没有提供可超越的道路空间时,就会出现骑乘者混入机动车道或者挤占人行道等不安全现象;当城市道路隔离较为彻底,骑乘者为了走捷径,常常逆向行驶,严重影响了正常的交通秩序。

2）不按交通信号灯指示行驶

在日常生活中,非机动车骑乘者有高强度的连续性需要时,在时间上会出现闯红灯行为,在空间上会出现违法横穿道路行为;通常在大的交叉路口表现为抢行,在其他较小的交叉路口或没有红绿灯之分时,就毫无顾忌一路穿行。另外,根据《中华人民共和国道路交通安全法(2011年修正)》相关规定,对非机动车闯红灯行为惩罚力度太小,以至于违法成本太低,起不了相应的遏制作用。

3）行驶轨迹较为随意

非机动车的平稳性运行取决于骑乘者和非机动车之间的相互平衡,也就是说,决定非机动车运动性能的主要因素是骑乘者的平衡技能。非机动车在运行时是靠车把和倾斜角度来控制方向的,同时还要掌握其平衡,就使其很难保持直线行驶,从而行驶轨迹呈现蛇形,行驶过程中左右摇摆,稳定性较差,安全问题较为突出。

4）违章转弯

有时骑乘者为节约时间,还没有进入路口就从人行道穿插转弯,转弯前不向后瞭望,也不伸手示意、开转向灯或者其他相应的提示行为,极易发生碰撞、擦伤等事故,特别是在人多、车多的上下班高峰时和没有交通警察指挥的路口。

除此之外,非机动车骑乘者的不安全行为还有酒后骑行,制动不及时,在非机动车道内并行、扶身并行或互相追逐等。

四、骑乘者交通安全管理对策

1.自行车骑乘者的安全管理对策

从自行车的交通特点上看,虽然有不少因素影响安全问题,但无论哪一类的自行车交通事故,多是由于骑乘者注意不够,或是忽视交通法规等产生的不安全行为所造成的,纯属自行车机械原因造成的事故很少。所以,要保障骑乘者的交通安全,应从消除骑乘者的不安全行为着手。

1）提高骑乘者的认识能力和安全意识

骑乘者要提高自己的认识能力和安全意识,应做到以下几点:

(1)从自己周围的情况出发,认清道路、交通、天气的特点等,根据这些特点决定自己如何骑行。

(2)要把握各种行人、车辆交通运行规律,熟悉交通法规的各项规定,做到按规律办事,严格遵守交通法规。

(3)注意观察,不要盲目骑行。

(4)注意动态情况的变化,要善于发现潜在的危险情况,提前做好思想准备。

(5)注意了解自己身体的特点,提高防范意识。

2)提高骑乘者的判断及应变能力

骑乘者应具备相应的交通法规知识,注意积累骑行经验,同时,排除侥幸心理等不良心理。这样就能在各种情况下,正确判断速度、距离、行车时机等,提高应变能力以避开危险,保障安全。另外,骑乘者必须掌握熟练的骑车技术,养成良好的交通行为习惯,经常维护自行车,使其处于良好的性能状态。

3)为自行车交通提供良好的基础设施与通行条件

从设施建设方面,应为自行车交通提供良好、便利的交通条件。在管理上,应尽量满足自行车交通的需要,要考虑自行车交通的方便性和安全性。

2.电动自行车骑乘者的安全管理对策

目前,我国电动自行车属非机动车,因其便捷、价廉、快速、易操作等而受到青睐,但同时骑乘者操作技术参差不齐,安全意识差,容易发生交通事故,一旦发生,伤亡程度较其他非机动车严重,所以对电动自行车的管理应像机动车驾驶人一样进行严格的培训与考试。如何对这样的交通个体进行自我控制,根据前述电动自行车的不安全交通行为,提出以下几点建议:

1)建立有效的电动自行车管理系统

(1)实行注册登记制度,对于不合格的车辆采用淘汰制度,这样不仅防止超标车辆上路,还可以减少使用一段时间后产生不安全因素的车辆和擅自改装的车辆违法上路。

(2)对电动自行车牌照实行分类管理。

(3)管理上应根据电动自行车使用寿命实行有效期制,期满后不再核发、换发,并禁止上路行驶。应实行定期安全技术检验制度,保证其安全技术性能正常。

2)对电动自行车应实行准驾制度

目前,绝大多数电动自行车骑车人交通安全意识淡薄,不熟悉交通法律法规。因此,交通管理部门应针对电动自行车制定准驾制度,要求电动自行车驾驶人通过交通法规培训并考核通过才能获得驾车资格,严格规范电动自行车的驾驶行为,消除交通安全隐患。

3)加大对电动自行车违法行为的处罚力度

根据涉及电动自行车交通事故原因的分析,电动自行车最突出的安全隐患是交通违法行为。因此,各部门应对电动自行车超速、闯红灯、侵占机动车道、违法载人载物、逆行等交通违章行为的处罚力度进行认真研究和加强,维护良好的道路交通秩序,改善社会对电动自行车的不良印象,为进一步的政策赢得社会支持。

4)区域限行

城市交通管理部门可根据辖区内路网、交通条件以及公共交通服务水平等对城市部分道路和区域实施"禁电"(禁止电动自行车驶入),主要针对城市主干道、次干道以及其他配套设施较为完备的路段和区域。实施"禁电"的道路和路段禁止电动自行车驶入,但可允许其通过与之相交叉的交叉口。

5)禁止改装

目前,电动自行车的改装幅度较小,但仍有部分车主不顾行驶安全对车辆结构、动力系统以及外形等进行了改装,如安装雨伞、音响设备、拆除限速器、安装大功率电池以及安装货物架等。对此,应在管理条例中明确做出指示,禁止此类行为,并辅助说明相应的处罚措施。

复习思考题

1.驾驶人的哪些不良习惯对交通安全有影响?

2.简述驾驶人的信息处理过程。

3.试分别阐述儿童和老人的交通行为特征。

4.试说明超速行驶与交通事故的关系及对策。

5.简述电动自行车的不安全驾驶行为以及管理措施。

第三章 车辆与交通安全

车辆是道路交通系统的重要组成元素,其中汽车是道路交通中最主要的机动车辆。在交通事故影响因素中,直接因汽车机械故障原因引起的事故不超过10%。事实上,汽车技术性能的不断完善,可以预防或弥补驾驶人操作上的失误,从而减少交通事故的发生,降低交通事故的伤害程度。因此,汽车的安全性对保障交通畅通,提高道路交通通行能力有着极其重要的意义。

➡第一节 汽车的安全行驶性能

汽车的安全行驶性能是指汽车在一定条件下正常行驶所具有的工作能力。本章介绍的汽车安全行驶性能主要包括:汽车的动力性、汽车的操纵稳定性、汽车的制动性和汽车的通过性。

一、汽车的动力性

汽车的动力性能指的是汽车所具有的牵引能力,即指决定汽车加速、爬坡和最大速度的性能。汽车的动力性越好,速度就越高,所能克服的行驶阻力也越大。这是汽车最基本、最重要的一项性能。

通常,衡量汽车动力性的指标主要有:

(1)最高车速,指在水平良好路面上汽车能达到的最高行驶速度。重型货车一般是90km/h,中型货车一般是100km/h,微型和轻型货车一般是80~130km/h,城市铰接客车一般是60~90km/h,客车一般是90~130km/h。发动机排量越大,汽车最高车速越高。

(2)加速时间,包括起步加速时间和定速加速时间。起步加速时间是指由停止状态起步的最大加速,节气阀门全开,牵引力从Ⅰ挡开始加速,至发动机达到最高转速时,即转入Ⅱ挡,然后再加速转入Ⅲ挡,直至最高挡的时间;定速加速时间是指从某一定速度开始全力加速至某一高速所需的时间。

(3)汽车能爬上的最大坡度,用满载或者一部分负载的汽车在良好路面上的最大爬坡度表示。美国对轿车的爬坡能力有如下规定:能以104km/h通过6%的坡道;满载时不低于80km/h;在6%的坡道上,0~96km/h的加速时间不应大于20s。

在这3个指标中,汽车的最大车速和爬坡能力直接影响着汽车的"持续车速",在高速公路上行驶的汽车应具有符合规定的持续车速,否则将干扰正常的车流,极易诱发交通事故。

另外,加速能力直接关系到汽车超车时的并行时间,并行时间太长也易诱发恶性交通事故。

二、汽车的操纵稳定性

1.概述

汽车的操纵稳定性是操纵性和稳定性的统称。其中,汽车的操纵性是指汽车能正确地按照驾驶人的要求,维持或改变原行驶方向的能力;汽车的稳定性是指汽车在行驶过程中,经受各种外部干扰后尚能自行尽快恢复原行驶状态,而不致失去控制甚至侧翻和侧滑等现象的能力。所以,操纵性的丧失将导致汽车无法按照驾驶人的意图操控车辆,稳定性的丧失往往使汽车发生侧滑或跑偏,甚至翻车。

影响汽车操纵稳定性的因素很多,除了汽车自身结构参数,如轴距、轮距、重心位置、质量分布、轮胎刚度以及悬架导向装置等设计和结构因素的影响外,还受行驶条件如路面不平、纵向和横向坡度、左右车轮附着差异、侧向风、弯道离心力以及驾驶人操作技能等使用因素的影响。归纳起来主要表现为以下几方面:

1)轮胎侧偏

汽车车轮的前进方向并非永远沿着车轮本身的旋转平面,实际行驶中经常因转向产生的离心力而使轮胎与车轮旋转平面形成一侧偏角。轮胎侧偏角的出现会改变汽车的既定行驶路线,产生一个不由驾驶人控制的附加转向输入,从而恶化汽车的操纵稳定性。

2)转向悬架系统的弹性

汽车转弯时因离心力的存在使路面产生侧向反力,在此力的作用下,因悬架系统的弹性,使车轮产生附加变形。这种变形往往构成相应车轮附加转向角,影响有效转向输入。

3)侧倾转向效应

汽车转弯时将使车身产生侧倾,由于悬架系统与转向系统之间的导向运动特性关系,车身的侧倾可能造成车轮和整个车轴在水平内转动,成为可能改变有效转向输入的附加输入。

4)车轮侧倾效应

对于独立悬架汽车,车身的倾斜会引起车轮的侧倾,而车轮侧倾会造成轮胎侧偏角的变化。

5)空气动力影响

这种影响在高速行驶状态下表现明显。汽车在高速行驶状态下,空气对汽车的影响通过三个方向的力(气动阻力、侧向分力和气动升力)和三个方向的力矩(纵倾力矩、横摆力矩和侧倾力矩)表现出来,一方面是直接影响前后轮的侧向力,从而影响相应的侧偏角;另一方面是空气对汽车的升力影响前后车轮的垂直荷载,通过改变轮胎侧偏刚度而间接影响侧偏角。

2.汽车的行驶稳定性

1)汽车的纵向稳定性

汽车的纵向稳定性是指上(或下)坡时,汽车抵抗绕后(或前)轴翻车的能力。

随着运动状态的改变,当汽车前轮的法向反作用力变为零时,前轮的偏转不能确定汽车的运动方向而造成操纵失灵;当后轮的法向反作用力为零时,对于后轴驱动的汽车,将失去行驶能力。上述两种情况都会使汽车的稳定性受到破坏。

目前,就道路建设而言,道路的实际纵向坡度均小于可能使汽车发生纵向翻转的临界坡度角,这就是说道路的实际纵向坡度不可能使汽车发生沿其纵向翻转。但实际中,汽车的装载情况和行驶中的不当操作往往会导致汽车发生侧向翻车,如汽车装载密度较小而体积较大的高重心货物,在下坡或转弯时实施紧急制动就很容易发生侧翻事故。

2)汽车的横向稳定性

汽车的横向稳定性是指汽车抵抗侧翻和侧滑的能力。汽车在曲线道路上行驶时因产生的离心力使前后车轮均受到侧向力作用,当车轮上的侧向反作用力达到车轮与路面间的附着极限时,汽车将会因车轮滑移而失去控制;与此同时,离心力还将引起内外两侧车轮法向反作用力的改变,如果内侧车轮上的法向反作用力降至零值,汽车将发生横向侧翻。

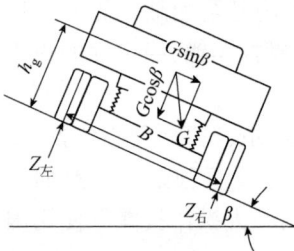

图 3-1 汽车在横向坡道匀速
直线行驶受力图

(1)汽车在横向坡道上直线行驶。

汽车在横向坡道上直线行驶时,其受力情况如图 3-1 所示。当坡度 β 值增大到重力通过右侧车轮中心,而左侧车轮的法向反作用力等于零时,则车辆发生侧翻。

$$Gh_g\sin\beta = G\frac{B}{2}\cos\beta$$

$$\tan\beta = \frac{B}{2h_g} \tag{3-1}$$

式中:G——汽车重力(N);

　　h_g——汽车中心高度(m);

　　β——路面横坡度(°);

　　B——轮距(m)。

β 为汽车不发生侧翻的极限角,所以为了防止侧翻,汽车的重心应低,轮距应宽。

在横向坡值为 β' 时,也可能发生侧滑,此时:

$$G\varphi_{侧}\cos\beta' = G\sin\beta'$$

$$\tan\beta' = \varphi_{侧} \tag{3-2}$$

式中:$\varphi_{侧}$——轮胎同地面间的侧向附着系数。

为保证安全,一般认为,与其发生侧翻,不如发生侧滑,即希望:

$$\tan\beta > \tan\beta'$$

即:

$$\frac{B}{2h_g} > \varphi_{侧} \tag{3-3}$$

(2)汽车在水平路面上曲线行驶。

汽车的侧翻和侧滑也可能发生在水平路面上的曲线行驶中。

①当汽车在水平路面上作曲线行驶时,作用在汽车上的力见图 3-2。设曲率半径为 R,则作用在汽车重心上的离心力 F_c 为:

$$F_c = \frac{Gv^2}{gR}$$

离心力对外侧车轮接地中心的力矩为汽车的侧翻力矩,而重力对外侧车轮接地中心的力矩为汽车的稳定力矩。侧翻时,离心力矩大于重力矩,即:

$$\frac{Gv^2}{gR}h_g \geq G\frac{B}{2}$$

汽车在水平路面上曲线行驶时不发生侧翻的最高车速为:

$$v_{max} = \sqrt{\frac{BgR}{2h_g}} \qquad (3\text{-}4)$$

图 3-2 汽车在水平路面做
曲线运动受力图

从式(3-4)可以看出:

a.行驶时,降低车速,加大转弯半径是防止侧向翻车的主要措施。

b.装载时应注意降低重心高度,并捆绑牢固。值得提出的是,某些客车及以货代客或装运牲口的汽车,其重心较高,在离心力较大的情况下,乘客或牲口会不自觉地向外倾斜,而容易造成重心偏移,发生侧翻。

②汽车在水平路面上做曲线运动时,发生侧滑的临界条件是:

$$F_C = G\varphi_{侧}$$

即:

$$\frac{Gv^2}{gR} = G\varphi_{侧}$$

故不发生侧滑的临界车速为:

$$v_{\varphi max} = \sqrt{\varphi_{侧}gR} \qquad (3\text{-}5)$$

为了使侧滑发生在侧翻之前,则要求:

$$v_{\varphi max} < \sqrt{\varphi_{侧}gR} < \sqrt{\frac{BgR}{2h_g}}$$

即:

$$\varphi < \frac{B}{2h_g} \qquad (3\text{-}6)$$

$B/2h_g$ 为汽车的横向稳定系数,它取决于轮距 B 和重心高度 h_g。B 越大,h_g 越小,汽车稳定性越好。为了利用重力平衡于路面的侧向分力来抗衡汽车曲线运动的离心力,在公路弯道处常修筑成一定的横向坡度,从而提高汽车在曲线运动时的稳定性和平衡车速。

3.侧滑对稳定性的影响

侧滑,特别是后轴侧滑,对行驶安全有很大影响,有相当多严重的交通事故都是由侧滑引起的。

如图 3-3a)所示为前轴发生侧滑,图上前轴中点速度为 v_A,后轴中点速度为 v_B,仍沿纵轴线方向,此时汽车将会产生回转运动,其瞬时回转中心为速度 v_A 的垂线和 v_B 延长的交点 O。汽车作回转运动产生了作用于重心 C 的离心力 F_C,其侧向分力可削减侧滑,使汽车处于稳定状态。当后轴发生侧滑时,v_A 仍沿纵轴线方向。汽车也会产生绕 O 点的回转运动,作用于重心的离心力 F_C 的侧向分力会加剧侧滑,而后轴侧滑加剧又增大离心力,形成恶性发展,汽车将会产生急剧回转。因此,后轴侧滑会出现极不稳定的状态。

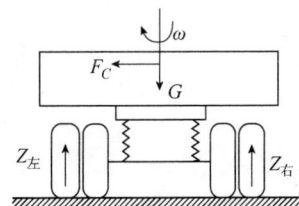

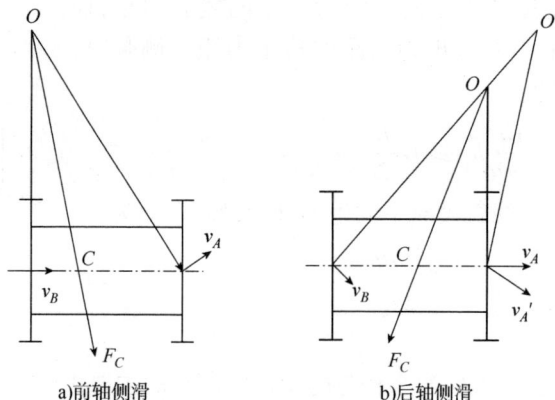

a)前轴侧滑   b)后轴侧滑

图3-3   汽车前后轴侧滑运动简图

为了消除侧滑,驾驶人必须在前轮不抱死的情况下,朝后轴侧滑的方向转动转向盘,使汽车回转半径变大,如图3-3b)中虚线所示,从而使离心力减小。若前轮转到与后轮方向平行,则离心力 $F_C=0$,一旦产生侧滑的原因消失,侧滑就会自动停止;若将转向盘多转过一些角度,则会产生反方向的离心力,侧滑会更加迅速地停止,甚至会形成与原方向相反的侧滑运动。

4.汽车的稳态转向特性

汽车的等速圆周行驶状态虽然在实际行驶中不常出现,却是表征汽车操纵稳定性的一个重要的时域响应,一般也称为稳态转向特性。汽车的稳态转向特性分为三种类型:不足转向、中性转向和过多转向,如图3-4所示。

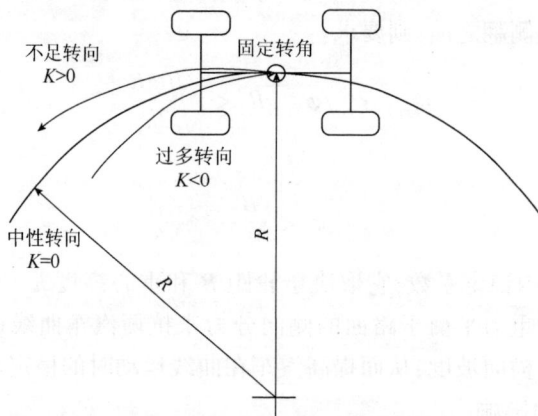

图3-4   汽车的三种稳态转向特性
R-转向半径;K-半径增加值

这三种不同转向特性的汽车具有如下行驶特点:在转向盘保持一固定转角的情况下,缓慢加速或以不同车速等速行驶时,随着车速的增加,不足转向汽车的转向半径 R 增大;中性转向汽车的转向半径维持不变;而过多转向汽车的转向半径则越来越小。过多转向汽车达到临界车速时将失去稳定性,此时只要有极其微小的前轮转角,就会导致极大的横摆角速度,使汽车发生急转而侧滑或翻车。

适度的不足转向特性的汽车具有良好的操纵稳定性,因此几乎所有的汽车都具有这种特性,而不应具有过多转向特性。具有中性转向特性的汽车会因本身或外界使用条件的变化(如轮胎气压不符合规定标准、重心纵向偏移过量、过载)而转变成过多转向。人们已习惯于驾驶具有不足转向特性的汽车,如果转向特性突然改变,在出现危险情况时,汽车可能失去控制而造成不应有的事故。具有不足转向的汽车,在转向时需相应地将转向盘多转过一些角度,增加了驾驶人的劳动强度,同时因为过大的不足转向使前轮侧偏角过大,增加了滚动阻力及轮胎的磨损。

5.操纵稳定性对道路交通安全的影响

汽车的操纵稳定性差,就不能准确响应驾驶人的"转向指令",而且在汽车受外界干扰后难以迅速恢复原来的行驶状态。操纵稳定性差可能引起汽车摆头、转向沉重、转向甩尾、高速发飘、斜行、不能自动回正等现象,使汽车行驶的安全性变差,极易出现交通事故,严重影响交通安全。操纵稳定性好的汽车应该在驾驶人的"掌握"之中,行驶起来得心应手,完全遵从驾驶人的操纵意愿,且操纵起来并不费力费神。即使偶有外界干扰,例如横向风、不平路面等,应能维持原来行驶方向安全行驶。

三、汽车的制动性

汽车行驶时,能在短距离内停车且维持行驶方向稳定性和在下长坡时能维持一定车速的能力,称为汽车的制动性。汽车的制动性是汽车的主要性能之一,在车辆安全检验和交通事故中,制动性是重要的检查与分析内容,它直接关系到交通安全,重大交通事故往往与制动距离太长、紧急制动时发生侧滑等情况有关。因此,具有良好的制动性能,是汽车安全行驶的重要保障。

1.制动性能的评价指标

汽车的制动性能的评价指标主要有3个:制动效能、制动效能的恒定性和制动时汽车的方向稳定性。

1)制动效能

汽车的制动效能是指汽车在良好路面上以规定的初始速度迅速降低车速直至停车的能力。评定制动效能的指标是制动距离和制动减速度。

(1)制动距离:汽车初始速度为 v_0 时,从驾驶人开始操控制动控制装置(制动踏板)到汽车完全停止所驶过的距离。制动距离与制动踏板力、路面、车辆荷载、发动机是否结合等许多因素有关。

(2)制动减速度:汽车从给定的初速度 v_0 开始制动,直至汽车安全停止,在这一过程中速度的减少强度,称为制动减速度。它反映了地面制动力的大小,因此与制动器制动力(车轮滚动时)及附着力(车轮抱死拖滑时)有关。

2)制动效能的恒定性

由于汽车高速制动,连续下坡以及短时间内的反复制动,引起制动器温度升高,制动器摩擦力矩显著下降,这种现象称为制动器的热衰退现象。制动效能的恒定性主要是指制动过程中,制动器的抗热衰退能力、水湿恢复能力等。

3)制动时汽车的方向稳定性

制动过程中,有时会出现制动跑偏、后轴侧滑或前轮失去转向能力而使汽车失去控制离开原来的行驶方向,甚至发生撞入对方车辆行驶轨道、下沟、滑下山坡的危险情况。一般称汽车在制动过程中维持直线行驶或按预定弯道行驶的能力为制动时汽车的方向稳定性。

2.汽车的制动距离

1)制动过程分析

图3-5是在制动过程中,制动减速度a和制动时间t的关系曲线。

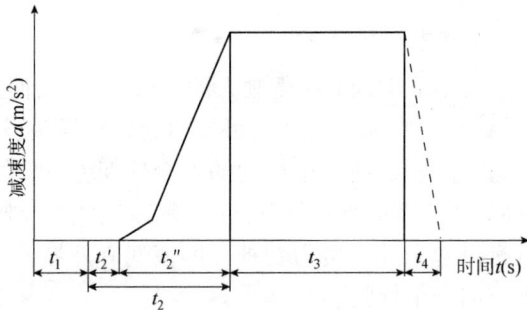

图3-5 制动减速度和制动时间的关系曲线

驾驶人反应时间t_1,是驾驶人从发现并确认障碍物,到踩上制动踏板所需的时间,通常为0.3~1s。

制动器反应时间t'_2,是制动系克服系统内残余压力或制动蹄回位弹力,消除蹄片到制动鼓间隙直至产生地面制动力所需的时间。制动力增长时间t''_2是制动器制动力F_μ增大至最大值F_φ所需的时间。$t'_2+t''_2=t_2$,称为制动器起作用时间,其值对一般液压制动为0.2~0.25s,气压制动为0.3~0.9s。

在持续制动时间t_3中,车轮呈拖滑状态,其减速度a基本不变。

制动解除时间t_4,是放松制动踏板至制动力消失的时间,此时减速度为零。t_4虽对制动距离没有影响,但对动力性和操纵稳定性有影响,所以规定t_4不得超过0.3s。

从以上分析可知,制动过程分为四个阶段。在研究汽车制动性能时,一般所说的制动距离是指t_2+t_3这段时间里汽车所驶过的距离。

2)制动过程各阶段行驶距离与减速度

(1)驾驶人反应阶段。

该阶段车辆不形成减速度,它所行驶的距离s_1(m)为:

$$s_1 = v_0 t_1 \tag{3-7}$$

式中:t_1——驾驶人反应时间(s);

v_0——汽车初始行驶车速(km/h)。

影响驾驶人反应时间的因素很多,例如驾驶人的年龄、疲劳程度、技术水平、健康状况、心理特点、性格素质以及道路和气候条件等。

(2)制动器起作用阶段。

这个阶段的时间分为制动器反应时间t'_2和制动器作用时间t''_2。在t'_2时间里,汽车不形成减速度,它所行驶的距离仍是时间与初速度的乘积(气压制动$t'_2\approx0.2~0.5s$,液压制动$t'_2\approx0.03~0.05s$)。在t''_2中,制动器已经起作用,汽车已形成减速度(但不是匀减速)。t_2一方面取决于驾驶人踏下制动踏板的速度,更重要的是受制动器结构形式的影响。所以,在t_2

时间内,汽车行驶的距离 s_2(m)可按式(3-8)估算:

$$s_2 = v_0\left(t'_2 + \frac{t''_2}{2}\right) \tag{3-8}$$

(3)持续制动阶段。

在这个阶段里,制动达到极限强度,制动减速度可近似地取为常数。设制动力为 F,制动距离为 s_3,则制动力做功为:

$$A = Fs_3 = Z\varphi s_3 = G\varphi s_3$$

式中:A——制动力所做的功(N·km);

Z——作用于车轮的地面作用反力(N);

φ——轮胎同地面间的附着系数。

若汽车总重为 G,行驶速度为 v,则汽车的动能 E 为:

$$E = \frac{mv^2}{2} = \frac{Gv^2}{2g}$$

汽车因制动而停止,故 $A = E$,即:

$$G\varphi s_3 = \frac{Gv^2}{2g}$$

所以:

$$s_3 = \frac{v^2}{2g\varphi} \tag{3-9}$$

若将速度的单位"km/h"化成"m/s",即:

$$s_3 = \frac{v^2}{254\varphi} \tag{3-10}$$

若考虑道路的纵向坡度,则:

$$s_3 = \frac{v^2}{254(\varphi \pm i)} \tag{3-11}$$

式中:i——道路纵向坡度,用百分数表示。上坡取"+"号,下坡取"-"号。

综上所述,总制动距离为各阶段距离之和,即:

$$s_总 = \left(t_1 + t'_2 + \frac{1}{2}t''_2\right)\frac{v}{3.6} + \frac{v^2}{254(\varphi \pm i)} \tag{3-12}$$

为了便于使用,把制动距离用经验公式简化计算,见表3-1。

制动距离经验计算公式　　　　　　　　　　　　　表3-1

机动车类型	适用于在用车辆检验	适用于新车出厂检验	公式中相应的减速度(m/s²)
	车辆荷载:空载 气压制动系:气压表 指示气压不大于 0.6MPa 液压制动系踏板力: 有加力装置,不大于 0.35kN 无加力装置,不大于 0.60kN	车辆荷载:满载 气压制动系:气压表 指示气压不大于额定工作气压 液压制动系踏板力: 有加力装置,不大于 0.40kN 无加力装置,不大于 0.70kN	

机动车类型	适用于在用车辆检验	适用于新车出厂检验	公式中相应的减速度(m/s^2)
	车辆荷载:空载 气压制动系:气压表 指示气压不大于 0.6MPa 液压制动系踏板力: 有加力装置,不大于 0.35kN 无加力装置,不大于 0.60kN	车辆荷载:满载 气压制动系:气压表 指示气压不大于额定工作气压 液压制动系踏板力: 有加力装置,不大于 0.40kN 无加力装置,不大于 0.70kN	
小型汽车	$s = 0.05v_0 + \dfrac{v_0^2}{190}$	$s = 0.055v_0 + \dfrac{v_0^2}{190}$	7.4
中型汽车	$s = 0.055v_0 + \dfrac{v_0^2}{160}$	$s = 0.06v_0 + \dfrac{v_0^2}{160}$	6.2
大型汽车	$s = 0.06v_0 + \dfrac{v_0^2}{142}$	$s = 0.07v_0 + \dfrac{v_0^2}{142}$	5.5
转向盘式拖拉机带挂车	$s = 0.08v_0 + \dfrac{v_0^2}{105}$	$s = 0.11v_0 + \dfrac{v_0^2}{105}$	4.0

注:s 为制动距离(m);v_0 为制动初速度(km/h)。小型车辆总重小于 4.5t,中型车辆总重 4.5~12t,大型车辆总重大于 12t。此表仅供参考。

3.制动时汽车方向的稳定性

汽车在制动过程中若不能维持原来的行驶方向,失去操控性,就极易诱发道路交通事故,制动过程中的不稳定现象表现为制动跑偏和制动侧滑。因而,汽车制动时方向稳定性的优劣是影响道路交通安全的重要因素。

1)制动跑偏

制动跑偏是指汽车在制动过程中当转向盘居中且保持不动时车辆自动向左或向右偏驶的现象。汽车制动跑偏常造成撞车、掉沟、翻车等事故,应予以足够的重视。引起制动跑偏的原因有 3 点:

(1)汽车左、右车轮,特别是转向轴左、右轮制动器制动力不相等。

(2)前轮定位失准、车架偏斜、装载不合理或受路面的影响。

(3)制动时悬架导向杆系与转向系拉杆在运动学上不协调。

其中前两点是由制造、调整的误差或使用不当造成的。汽车究竟向左还是向右跑偏,要根据具体情况而定,因此是非系统性的。第三点原因是设计造成的,制动时总向一个方向跑偏,因此是系统性的。第二点中的三个因素,不但会造成制动跑偏,同时也会造成汽车行驶跑偏。

2)制动侧滑

制动侧滑是指汽车制动时某一轴的车轮或两轴车轮同时发生横向滑移的现象。最危险的情况是高速行驶中的汽车制动时后轴发生侧滑,这时汽车常发生不规则的急剧回转运动从而使汽车部分或完全失去操控。经过大量的试验,人们认识到制动时若后轴比前轴先抱死滑拖,就有可能发生后轴侧滑;若使前后轴同时抱死或前轴先抱死而后轴不抱死则可防止后轴侧滑。因此,后轴侧滑是最危险的。影响制动侧滑的因素如下:

（1）路面附着系数。

汽车在低附着系数的路面上制动时很容易发生侧滑,这是因为低附着系数限制了最大地面制动力。与此同时,在低附着系数条件下制动,特别是紧急制动时,地面制动力又很容易达到附着力。一旦地面制动力达到附着力,即使微小的侧向力也可以引起侧滑。

（2）制动时车轮抱死的程度及前后轮抱死的顺序。

车轮完全抱死后,承受侧向力的能力大大降低,在一定侧向外力的作用下,便会发生侧滑;后轮较前轮先抱死时且时间超过0.5s,车速超过一定值,后轴容易发生严重侧滑。

（3）制动初速度。

当汽车以较高的初速度制动时,如果后轮较前轮先抱死,在侧向力作用下将产生严重侧滑。

（4）荷载及荷载转移。

汽车制动时,由于重心前移,将使前轴负荷增大,后轴负荷减小。装载量不同将使汽车制动时前后轴转移的负荷不同,而转移的负荷不同将导致制动时前后轮抱死的顺序不同,一旦在一定车速制动时出现后轮较前轮先抱死则容易发生侧滑。

（5）侧向力源。

在有侧向力源作用于汽车的条件下,当侧向力超过侧向附着力时,发生侧滑则不可避免。

4.影响汽车制动性的因素

1）制动时的轴荷分配

前已述及,汽车制动时,由于重心前移,前轴负荷增加,后轴负荷减少,而目前一般汽车前后轮制动器制动力 F_μ 之比为一常数。因此,对于给定载质量和重心位置不偏移的汽车,也只能在某一种路面上使前后轮同时抱死滑拖,即同时使制动器制动力 $F_\mu = F_\varphi$。而在其他路面上,不是前轮先抱死拖滑,就是后轮先抱死拖滑。

2）车轮制动器

车轮制动器的材料、结构形式和制造精度及调整等,对制动性均有影响。

3）制动初速度

制动初速度越大,制动距离就越长。同时,制动初速度越大,通过制动器转化产生的热能越大,温度越高,对摩擦片材料的热衰退影响越严重,摩擦系数下降越大,轮胎与路面之间的温度也越高,因而使制动距离加长。

4）道路附着系数

附着系数 φ 值限制了最大制动力,制动距离随着 φ 值变化而成反比变化。

5）汽车的装载

汽车装载的变化,将改变汽车重心位置而导致汽车的制动性能变化。实践证明,对载质量为3t的汽车,如果超载1t,制动距离要增大0.5~1m。

5.提高制动性能的主要措施

1）采用制动防抱装置

在车辆上采用制动防抱装置,能使轮胎在制动过程中的滑移率保持在较低值,这样可获得较大的制动力系数与较高的侧向力系数。制动性能与侧向稳定性也很好,从而显著地改善汽车制动时制动效能与方向稳定性。

2）轮胎的选择与更换

由于附着系数的数值与轮胎有着紧密的联系，在良好、平整的沥青路面上，对于有胎面花纹的轮胎，其附着性能比无胎面花纹光整的轮胎要好得多；另外，增大轮胎与地面的接触面也会提高附着能力。因此，低气压、宽断面和子午线轮胎的附着系数要较一般轮胎高。随着轮胎的磨损，其胎面花纹深度减小，附着系数将有显著下降，故在行驶一定时间后，要及时更换轮胎。

3）改进制动系结构

汽车制动器起作用时间对制动距离的影响很大，而制动器起作用时间与制动系的结构形式有着密切的关系。改进制动系结构，减少制动器起作用时间，是缩短制动距离的一项措施。

4）装备辅助制动器

汽车在长下坡时，制动器就要较长时间连续地进行较大强度的制动，制动器温度上升，摩擦力矩会有显著下降，高速制动时也会出现此情况。这种热衰退会导致制动距离增长，对行车安全十分不利。故对于山区行驶的大型货车和高速行驶的轿车，对抗热衰退性能有很高的要求。一些国家规定，大型货车必须装备辅助制动器，以保持山区行驶的制动效能。

5）降低车速

车辆制动的初始车速对制动距离有很大的影响。因此，在弯道、湿滑路面以及其他复杂路况时，要主动降低车速，以保证行车安全。

6）提高路面抗滑性

当道路表面的抗滑能力小于要求的最小限度时，车辆行驶中稍一制动就可能产生侧滑而失去控制。特别是道路表面潮湿或覆盖冰雪时，发生侧滑的危险性增大，在弯道、坡路和环形交叉处，尤其容易发生滑溜事故。在这种情况下，可采用压力预涂沥青石屑、路面打槽、设置合适的排水系统、限制车速、设置警告标志等方法保障交通安全。

四、汽车的通过性

汽车的通过性是指在一定的载重下，汽车以足够高的平均车速通过各种坏路和无路地带（如松软地面、沙漠、雪地、沼泽等）以克服各种障碍（如陡坡、侧坡、台阶、壕沟等）的能力。汽车的通过性可分为几何通过性和支承通过性。

1.汽车的几何通过性

汽车在越野行驶时，由于汽车与不规则地面的间隙不足，可能出现汽车被托住而无法通过的现象，称为间隙失效。间隙失效有顶起失效、触头失效和拖尾失效等形式。而汽车的几何通过性则是指汽车克服间隙失效、可以通过坎坷不平路段和障碍的能力，一般由车辆自身的几何尺寸和遇到的障碍的大小决定。汽车通过性的几何参数是与防止间隙失效有关的汽车本身的几何参数，主要包括最小离地间隙 c、接近角 γ_1、离去角 γ_2、纵向通过半径 P、最小转弯半径 R 等，如图 3-6 所示。

1）最小离地间隙

最小离地间隙是汽车除车轮以外的最低点与路面之间的距离，表征汽车无碰撞地越过石块、树桩等障碍物的能力。汽车的前桥、飞轮壳、变速器壳、消声器和主传动器外壳通常有较小的离地间隙。汽车前桥的离地间隙一般比飞轮壳的还要小,以便利用前桥保护较弱的飞轮壳免受冲碰。后桥内装有直径较大的主传动齿轮,一般离地间隙最小。

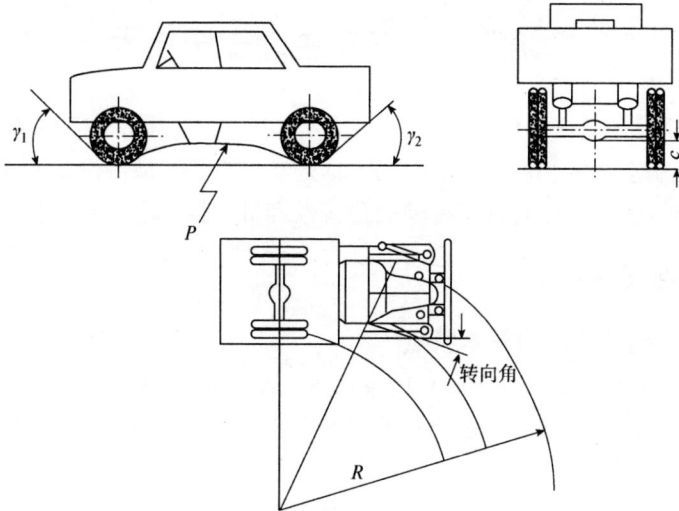

图 3-6　汽车通过性的几何参数

2)接近角与离去角

从汽车前面的突出最低部位引出一直线,与前轮外圆相切,该切线与地平面构成的夹角,称为接近角。从汽车后面的突出最低部位引出一直线,与后轮外圆相切,该切线与地面构成的夹角,称为离去角。它表征了汽车接近或离开障碍物(如小丘、沟洼地等)时不发生碰撞的能力。接近角和离去角越大,则汽车的通过性越好;接近角和离去角过小,将导致通过性不良。

3)纵向通过半径

纵向通过半径是在汽车侧视图上作出的与前后轮及两轴间最低点相切的圆的半径。汽车的纵向通过半径越小,表明它能够无碰撞地越过小丘、拱桥的能力越强。

4)最小转弯半径

汽车在转向过程中,转向盘向左或向右转到极限位置时,车辆外转向轮印记中心在其支承面上的轨迹圆直径中的较大者,称为车辆的最小转弯直径。它表征车辆在最小面积内的回转能力和通过狭窄弯曲地带或绕过障碍物的能力。

2.汽车的支承通过性

汽车的支承通过性是指汽车可以顺利通过松软土壤、沙漠、雪地、冰面、沼泽等地面的能力。评价汽车支承通过性的主要评价指标包括附着质量、附着质量系数及车辆接地比压。

1)附着质量和附着质量系数

附着质量是指轮式车辆驱动轴载质量;附着质量系数 K_μ 指车辆附着质量与总质量之比,K_μ 值大则有利于汽车在坏路面上行驶,丧失通过性的可能性小。为了保证车辆的支承通过性,应对车辆附着质量有明确的要求。

2)车轮接地比压

车轮接地比压是指车轮对地面的单位压力,车辆在松软地面上行驶的滚动阻力系数和附着系数都与车轮接地比压直接有关。车轮接地比压小,轮辙深度小,车轮的行驶阻力和车轮沉陷失效的概率就小。同样,当汽车行驶在黏性土壤和松软雪地上时,降低车轮接地比压可使得车轮接地面积增加,提高地面承受的剪切力,使车轮不易打滑。

➡第二节 汽车主动安全技术

汽车主动安全技术是指为使汽车安全行驶,尽可能避免道路交通事故发生而采取的技术措施,如防抱死制动系统、电子制动力分配系统等。其目的是将汽车的车轮悬架、制动和转向的性能达到最优,尽量提高汽车行驶的稳定性和舒服性,减少行车时所产生的偏差。

一、制动防抱死系统

1.汽车制动防抱死系统的基本特点

汽车的制动防抱死系统(Anti-lock Braking System,简称 ABS),是在制动过程中防止车轮被制动抱死、提高汽车的方向稳定性和转向操纵能力、缩短制动距离的安全装置。该装置具有如下优点:

(1)制动力系数大,地面制动力大,制动距离短。

(2)侧向力系数大,地面可作用于车轮的侧向力大,方向稳定性好。

(3)由于车轮不抱死,减轻了轮胎磨损。

2.汽车制动防抱死系统的工作原理

电子控制的防抱死装置通常采用轮速传感器测量车轮转速信号,通过车轮转速信号的微分来得到车轮的角减速度。若要准确地控制制动强度,还需要更多的控制目标参数。

通常的方法是采用"相对滑动率"作为第二控制目标参数,根据每个车轮的实际转速,通过一定关系推算出一个理想的参考车速,它对应于当前时刻的最佳附着情况。比较该参考车速与实际车速,即可得出相对滑动率的目标值。

如图 3-7 所示为 BOSCH 公司采用的一种典型的逻辑门限值控制的制动过程。制动开始时,如果车轮的角减速度低于门限值$-\alpha$(指绝对值),则取此刻车轮速度作为参考车速U_{ref},此后,参考车速 $U_{ref}=U_{ref0}-a_b t$,a_b 为由车轮减速度计算得到的汽车减速度。根据 U_{ref} 就可以计算出车轮的滑动率 S。当车轮的角减速度达到$-\alpha$,而 S 小于滑动率的门限值 S_1 时,则制动压力进入保持阶段(第 2 阶段);当 S 大于 S_1 时,制动压力减小(第 3 阶段);这时车轮的角减速度也会减小,恢复到$-\alpha$ 值时,就使之保持制动压力(第 4 阶段);这时车轮因惯性会进一步加速,超过门限值$+\alpha$(该门限值是用来判断低附着系数路面的)后继续加速,一直达到门限值$+\alpha_k$(表明是高附着系数路面),这时使制动压力再次增加(第 5 阶段);当车轮角加速度再回到$+\alpha_k$ 时,保持制动压力(第 6 阶段);车轮角加速度值回落到$+\alpha$ 值,说明此时是在峰值附着系数附近,使制动压力进入缓慢升压阶段,以便保持在峰值附着系数附近,直到车轮减速度再次达到$-\alpha$ 值,构成一个循环。以后循环往复,一直到汽车停止。

另一种方法是将可测的车辆减速度作为第二个控制目标参数,并为车轮角减速提供参考。采用这种方法,需在车上加装一个加速度传感器。

对于防抱死系统来说,根据哪些运动参数来判断车轮即将抱死而应该减压,或抱死现象已消失而需要重新加压制动是很重要的。上面介绍了两种方法，一般常用来做判断的参数有：车轮角减（加）速度和滑动率、车轮角加速度与半径的乘积、汽车的参考车速和汽车的减速度等。

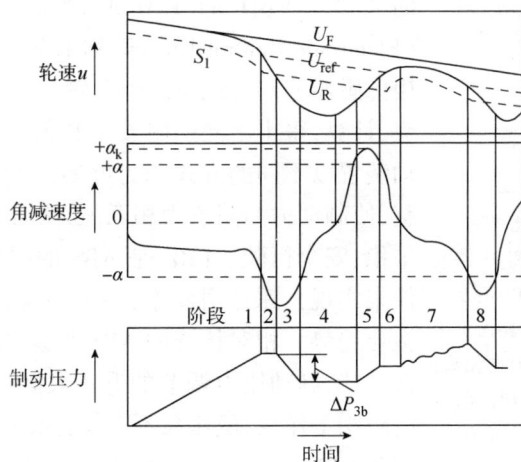

图 3-7 在高附着系数路面上的制动防抱死过程
U_F-汽车实际速度；U_{ref}-汽车参考速度；U_R-车轮速度

Benz 轿车装有以车轮角减速度作为参量的"ABS"防抱系统，其道路试验结果如表 3-2 所示。

Benz 轿车的道路制动试验结果 表 3-2

试验条件		装有 ABS			无 ABS		
混凝土路面	起始车速（km/h）	制动距离（m）	平均减速度（m/s²）	制动距离减少量（m）	制动距离（m）	平均减速度（m/s²）	残余速度（km/h）
干	100	41.8	9.25	8.2	50	7.73	40
湿	100	62.8	6.71	37.3	100	3.9	60
干	130	81.2	8.0	12.5	93.7	7.0	47.5
湿	130	97.1	6.71	41.1	138.2	4.72	70.9

以上试验是在直线行驶制动时测得的。图 3-8 还给出了车速为 80km/h，装和不装 ABS 的转弯制动试验。结果表明，装有 ABS 的汽车能准确地按弯道行驶，而不装 ABS 的汽车未能按弯道行驶。装有 ABS 汽车的制动距离可缩短 3.9m（干路面）和 7.3m（湿路面）。

二、电子制动力分配系统和制动辅助系统

汽车在制动时，两轴汽车四个轮胎附着的地面条件往往不一样。例如，有时左前轮和右后轮附着在干燥的水泥地面上，而右前轮和左后轮却附着在水中或泥水中，这种情况会导致汽车制动时四个车轮获得的地面制动力不一样，制动时容易导致打滑、倾斜和车辆侧翻事故。

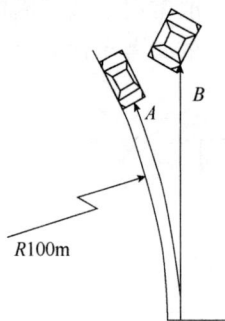

图3-8 转弯试验对比

A-装有 ABS 的汽车制动距离:干路面上为 31.1m,湿路面上为 33.9m;B-未装 ABS 的汽车制动距离:干路面上为 35.0m,湿路面上为 41.2m;侧向偏离:前轴:2.4m(干路面),7.3m(湿路面);后轴:0.9m(干路面),4.8m(湿路面)

电子制动力分配系统(Electric Brake force Distribution,简称 EBD),是在 ABS 基础上平衡每个车轮的有效制动力,缩短制动距离,改善制动平衡,避免打滑、倾斜和侧翻事故的发生。EBD 的工作原理是:高速电子控制单元(Electronic Control Unit,简称 ECU)在汽车制动的瞬间,利用传感器分别对汽车四个车轮的不同地面附着状态进行感应、计算,得出不同的附着力数值,进而控制四个车轮的制动装置以不同的方式和力度实施制动,并在运动中快速调整,使制动力与附着力相匹配,从而保证车辆制动过程中的平稳、安全行驶。EBD 是 ABS 的附加装置(一般由设计软件来实现),采用滑动率,不采用车轮减速度来检测车轮的抱死趋势。相对传统的 ABS 来说,EBD 的滑动率门限值更低一些,制动压力调节的升压及降压梯度明显降低。由于电磁阀工作少,液压泵不工作,因而噪声小,制动舒适性好。配备 EBD 的 ABS 各车轮由于有最理想的制动力分配,可进一步缩短汽车的制动距离。

据统计,在紧急情况下有 90%的汽车驾驶人制动时不够果断,制动辅助系统(Brake Assist System,简称 BAS)正是针对这一情况而设计的。它可以从驾驶人踩制动踏板的速度中探测到车辆行驶中遇到的情况,当驾驶人在紧急情况下迅速踩制动踏板,但踩踏力又不足时,此系统便会在不到 1s 的时间内把制动力增至最大,缩短紧急制动情况下的制动距离。

ABS 能缩短制动距离,并能防止车轮制动时失控,从而减小了事故发生的可能性。但如果采用点制动或制动力度不够,车轮就没有抱死倾向,ABS 也没有机会发挥作用,从而达不到预期的效果。制动辅助系统(Brake Assist System,简称 BAS)为有效地制动提供了必要的支持。通过持续地比较踩下制动踏板的速度,系统就会识别出紧急制动情况。如果驾驶人受惊吓反应踩下制动踏板时的速度比在控制单元中储存的正常值要快,那么制动辅助系统就自动起作用,建立最大的制动压力,使制动减速度很快上升到最大值。早期使用的机械式 BAS 实际上是在普通制动加力器的基础上稍加修改而成的,在制动力度不大时,它起到加力器的作用;随着制动力度的增加,加力器压力室的压力增大,启动 ABS。电子控制式 BAS 的制动加力器上有一个传感器,向 ABS 的 ECU 输送有关制动踏板行程和移动速度的信息。如果 ABS 的 ECU 判断是紧急制动,它就让加力器内电磁阀开启,加大压力室内的气压,以提供足够的助力。

三、电子防滑转系统

1.汽车电子防滑转系统的优点

汽车电子防滑转系统(Anti-Slip Regulation,简称 ASR),是继 ABS 之后应用于车轮防滑的又一种电子控制系统,ASR 是 ABS 的完善和补充,其作用是防止汽车在起步、加速和滑溜路面行驶时驱动轮的滑转,以提高汽车的牵引性和操纵稳定性。目前,集 ABS 和 ASR 功能为一体的防滑控制系统已在一些汽车上使用。

当车轮转动而车身不动或是汽车的移动速度低于转动车轮的轮缘速度时,车轮胎面与地面之间就有相对的滑动。把这种滑动称之为"滑转",以区别于汽车制动时车轮抱死而产生的车轮"拖滑"。与汽车制动时车轮被抱死而拖滑一样,驱动车轮的滑转同样会使车轮与地面的附着力下降。地面纵向附着系数减小,使驱动车轮产生的牵引力降低,导致汽车的起步性能、加速性能和滑溜路面的通过性能下降;地面横向附着系数减小,则会降低汽车在起步、加速、滑溜路面行驶时的行驶稳定性。

由于 ASR 可使车轮保持最大的附着力,与不装备 ASR 的汽车相比,具有如下优点:

(1)汽车在起步、行驶过程中可获得最佳的驱动力,提高了汽车的动力性。尤其在附着系数小的路面,汽车起步、加速及爬坡能力的提高就更加显著。

(2)汽车的行驶稳定性得以提高,前轮驱动汽车的方向控制能力也能改善。路面的附着系数越低,其行驶稳定性能提高就越是明显。因此,ASR 与 ABS 一样,也是汽车主动安全控制装置。

(3)减少了轮胎的磨损,可降低汽车的燃油消耗。

此外,在 ASR 起作用时,可通过仪表板上的 ASR 指示灯或蜂鸣器提示驾驶人不要踩制动踏板过猛(紧急制动)、注意转向盘的操作、不要猛踩加速踏板等,以确保行车的安全。

2.汽车电子防滑转系统的工作特点

(1)ABS 和 ASR 都是用来控制车轮相对地面的滑动,以使车轮与地面的附着力不下降,但 ABS 控制的是汽车制动时车轮的"拖滑",主要是用来提高制动效果和确保制动安全;而 ASR 是控制车轮的"滑转",用于提高汽车起步、加速及滑溜路面行驶的牵引力和确保行驶稳定性。

(2)虽然 ASR 也可以与 ABS 一样,通过控制车轮的制动力大小来抑制车轮与地面的滑动,但 ASR 只对驱动车轮实施制动控制。

(3)ASR 在汽车起步及一般行驶过程中工作(除非驾驶人将 ASR 选择开关关闭,使 ASR 控制系统不能进入工作状态),当车轮出现滑转时即可起作用,而当车速很高(80~120km/h)时一般不起作用。ABS 则是在汽车制动时工作,在车轮出现抱死时起作用,当车速很低(<8km/h)时不起作用。

(4)ASR 在处于防滑转控制过程中,如果汽车制动,ASR 就立即中止防滑转控制,以使制动过程不受 ASR 的影响。

四、车辆稳定性控制系统

电子稳定程序(Electronic Stability Program,简称 ESP),由著名的汽车零部件供应商 BOSCH 公司发明,奔驰汽车公司首先应用在它的 A 级车上。ESP 整合了 ABS 和 ASR,是这两种系统功能上的延伸,是一种能够在早期就识别出汽车的非稳定行驶状态,并进行自动修正的主动安全装置。

在汽车行驶过程中,因外界干扰,如行人、车辆或环境等突然变化,驾驶人采取一些紧急避让措施,使汽车进入不稳定行驶状态,即出现偏离预定行驶路线或翻转趋势等危险状态。装置 ESP 的车辆能在极短的几毫秒时间内,识别并判定出这种汽车不稳定的行驶趋势,通过智能化的电子控制方案,让汽车的驱动力和制动系统产生准确响应,及时恰当地消除汽车这些不稳定的行驶趋势,使汽车保持行驶路线和预防翻滚,避免交通事故的发生。

ESP系统主要由ECU、液压调节器总成、轮速传感器、转向盘转角传感器、横向偏摆率传感器、横向加速度传感器等部件组成。ECU通过这些传感器的信号对车辆的运行状态进行判断,进而发出控制指令。ESP对过多转向或不足转向特别敏感,如汽车在路滑时左转过度会产生向右侧滑移,传感器检测到侧滑,ECU就会迅速制动右前轮使其恢复附着力,产生一种相反的转矩,而使汽车保持在原来的车道上。有ESP系统的汽车与只有ABS系统的汽车相比,它们之间的差别在于ABS只能被动地作出反应,而ESP则能够主动探测和分析车况并纠正驾驶错误,防患于未然。

ESP不仅是对ABS和ASR所有功能的一种整合,而且还能在车轮自由滑转以及极限操纵下保持车辆的稳定性,可以比两者更好地利用轮胎与路面间的附着潜能,改善车辆转向能力和稳定性的同时,进一步改善驱动能力和缩短停车距离。在ABS和ASR两者的共同作用下,ESP最大限度地确保汽车不跑偏、不甩尾、不侧翻,从而有效地保证了汽车的操控稳定性。

ESP具有如下优点:

(1)由于附着力增大,改善了起动性能和加速性能,尤其在不同附着力的路面以及在转向时,作用更为明显。

(2)当车轮打滑时,ESP会立即排除横向控制损失,使车辆具有最佳驱动能力,从而有效地提高动态安全性。

(3)当驾驶人加速过猛时,能自动地使发动机扭矩适应车轮对地面的传递能力。

(4)当制动、加速或在等速下滑行时,通过自动稳定来减少在各种路面条件下打滑的危险。

(5)当在极限范围内转向时,大大改善了车辆的稳定性。

(6)在转向或在冰滑路面上行驶时,减少了制动距离。

五、横摆运动控制系统

汽车横摆运动控制系统(Direct Yaw Control,简称DYC),是20世纪90年代中期以来研究较多的一种针对汽车操纵稳定性的主动安全系统。当轮胎处于非线性或接近饱和区域(未到饱和)时,汽车横摆运动控制系统直接对某一个或某几个车轮施加互不相同的纵向力(多为制动力),直接产生一个整车横摆运动扭矩,由该横摆扭矩辅助转向操作来稳定车辆,从而抑制严重的不足转向和过多转向趋势。将汽车横摆运动控制系统能够和ABS/TCS结合起来,就形成了同时控制车轮滑转(移)率和整车横摆运动的综合控制系统,其代表产品是博世公司的电子稳定程序系统(Electronic Stability Program,简称ESP)和丰田公司的车身稳定控制系统(Vehicle Stability Control,简称VSC)。如图3-9所示为ESP系统的结构示意图。

当汽车处于转向运动时,汽车横摆运动控制系统通过安装在汽车操纵元件(转向盘、踏板等)上的传感器测量信号,结合车辆动力学模型识别驾驶人所期望的汽车运动状态,并表示成横摆角速度和质心侧偏角等标志汽车运动状态的期望参数值;对测量整车运动状态的传感器(如侧向加速度传感器、横摆角速度传感器等)的测量信号进行处理和计算,获得汽车运动状态的实际参数值。将期望参数值和实际参数值进行对比,二者的差值被视为误差值。

当误差值仍处于一定范围内时,表明汽车仍处于较为稳定的运动状态,则汽车横摆运动控制系统不采取任何动作;当误差值超出一定范围时,表明汽车已经接近不稳定的运动状态,则汽车横摆运动控制系统根据误差值的大小,按一定的控制逻辑,确定稳定汽车运动所需的整车横摆力矩量值,并根据一定的分配原则转化成对各个车轮的纵向力调节指令。各车轮分别执行不同的纵向力,产生附加的横摆扭矩,稳定了汽车的横摆运动,并使得汽车的实际运动状态更接近驾驶人所期望的运动状态。

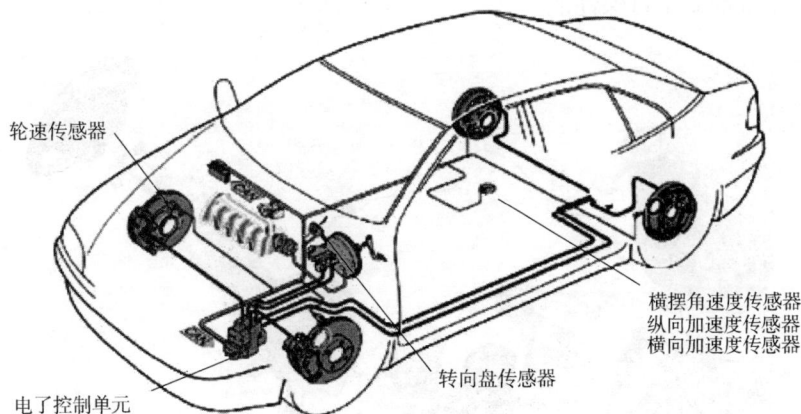

图 3-9　ESP 系统的结构示意图

如果没有机械机构的限制,汽车横摆运动控制系统可以控制任何一个车轮以获得需要的横摆扭矩。但是由于受到诸多实际条件的制约,如机械结构、电子控制、实时性、成本等,目前所发展的汽车横摆运动控制系统按控制车轮形式的不同,主要分为以下几种:

(1)同时控制汽车单侧车轮的汽车横摆控制系统:主要采用单个车轮进行制动操作,如果单个车轮不能满足要求,再辅以车辆同侧的另一个车轮。这种汽车横摆控制系统的优点在于,动力学原理和控制逻辑简单、受控部件少、机械结构易于实现、实时性较好、成本较低;缺点是不能最充分地利用路面附着力。

(2)同时控制汽车单轴两侧车轮的汽车横摆运动控制系统:采用前轴或后轴的两个车轮进行横摆运动控制。可以同时在同轴的两个车轮上施加大小相等的驱动力和制动力,也可以采用大小不等的驱动力和制动力以产生加减车速的效果,这与所制定的控制逻辑相关。这种系统的优点在于,理论上可以保证在产生横摆扭矩的同时不会影响汽车纵向车速。但是,同轴车轮驱动和制动同时进行,需要设计较为复杂的机械结构才能实现。

(3)同时控制所有车轮的汽车横摆运动控制系统:将纵向力分布在所有车轮上。这种系统的优点在于,受控部件较多,可以比较容易地实现对多个控制目标的解耦合优化控制,也可以实现对路面附着力的充分利用。但是,它对控制逻辑和控制算法的要求很高,对实时性的要求更高,成本也会相应增加。

六、主动前轮转向系统

汽车主动前轮转向系统通过转向盘转角和其他汽车运动参数计算并判断汽车的转向运动状态,在驾驶人通过转向盘给前轮施加转向角的基础上,采用电子控制方式通过执行电机给前轮叠加一个增量转向角度,或者变化转向盘转角和前轮转角之间的传动比,使得汽车的实际运动状态更接近驾驶人所期望的运动状态。

汽车主动前轮转向系统可以直接借用电动助力转向系统(Electric Power Steering,简称EPS)的执行机构,由步进电机、自锁式蜗轮蜗杆机构和行星齿轮机构等组成,这些机械机构往往做成一体式的部件,如图3-10所示。汽车主动前轮转向系统保留了转向盘与转向前轮之间的机械连接,当系统出现故障时,这些机械结构可以实现自动锁止,恢复到传统的转向系统,保证了系统的安全自保性能。

图 3-10　汽车主动前轮转向系统

由于汽车主动前轮转向系统在前轮转向系统中增加了一个可以控制的自由度,所以可以通过对前轮转角的动态修正以及变化转向系统的传动比来提高转向操作的舒适性,改善转向系统的转向盘输入的动态响应特性以及增强汽车稳定性。当汽车低速行驶时,主动转向系统减小转向系统的传动比或者叠加一个与转向盘转角同向的电机驱动转角,使得汽车的转向响应更加快速和灵活,改善转向过程的舒适性。当汽车高速行驶时,主动转向系统增大转向系统的传动比或者叠加一个与转向盘转角反向的电机驱动转角,使得所需的转向盘转角增大,更便于驾驶人精确地进行转向操作,改善转向过程的操纵稳定性。

七、主动车身控制系统

当悬挂系统较硬时,可以获得很好的操控性,尤其在高速行驶时,有利于车身的稳定,但是当遇到较差的路面时,其舒适性就无法得到保证,而悬挂系统设定较软时,虽然得到了较好的舒适性,但操控性又有所下降,比如加速抬头、制动点头等现象就比较明显。而主动车身控制(Active Body Control,简称ABC)的出现克服了悬挂设定舒适性和操控性之间的矛盾,最大限度地接近消费者对车辆在这两方面的要求。

传统的悬架系统工作方式主要是通过厚重的车身跳动,推压液压油,通过阻尼减振器抑制车身的振动,并由螺旋弹簧将跳动能量吸收,这种完全被动的方式有许多不足之处。而ABC系统则通过感应最轻微的车轮及车身动作,在任何大的车身振动之前及时对悬架系统作出调整,保持车身的平衡。

ABC系统使汽车对侧倾、俯仰、横摆、跳动和车身高度的控制都能更加迅速、精确。车身的侧倾小,车轮外倾角度变化也小,轮胎就能较好地保持与地面垂直接触,使轮胎对地面的附着力提高,以充分发挥轮胎的驱动制动作用。此外,汽车的载质量无论如何变化,汽车始终能保持一定的车身高度,所以悬架的几何关系也可以确保不变。ABC系统能够很好地适应各种路面情况,即使在崎岖不平的地方,也能保持优越的操控性、舒适性及方向稳定性。ABC系统,由于其价格不菲,目前只应用在一些高级豪华轿车上。

➡第三节　汽车被动安全技术

汽车被动安全技术是指汽车在行驶过程中当交通事故不可避免要发生时,为尽可能减轻事故伤害和货物受损而采取的技术措施,如防碰撞汽车结构的安全设计、安全带、安全气囊等。

一、人体耐冲击性与伤害基准

交通事故中,大部分人身伤害都是因人体受到外力冲击所致。人体对外力的冲击有一定承受能力,当外力超过一定限度时,人体便会受到伤害。设计汽车的安全结构时,应该了解人体的耐冲击性,以使设计的结构在发生交通事故时,能保证人体受到的冲击力不超过人体的承受限度。表示耐冲击性的物理量有加(减)速度、冲击负荷、压力、位移等。其中,冲击负荷和位移多用于表征骨折和挫伤的耐冲击性,加(减)速度表征人体受到的冲击(力)的大小。

1.人体全身的耐冲击能力

人体耐冲击性的研究,最初是由航天技术需要发展起来的。根据当时的研究,人体全身的耐冲击能力如图3-11所示,图中有无伤、中伤及重伤三个区域。无伤和中伤的界限可视为人体耐冲击界限。这一界限值随减速度作用时间的延长而降低。交通事故伤害是人体某个部位受到冲击,而不是全身受到均匀一致的冲击。因此,全身耐冲击能力的研究对交通安全的实际意义不大,但这一成果对以后交通安全研究的发展却有很大影响。

2.人体各部位的耐冲击性与伤害基准

1)头部的耐冲击性

在交通事故中,头部伤害是最重要的伤害形式,如图3-12所示曲线是美国韦恩州立大学的Lissner于1960年提出的直线加速度下头部伤害界限研究成果,称为WSTC(Wayne Stare Tolerance Curve)曲线,该曲线是头部落到刚性平面上,以颅骨产生线状骨折为界限得到的。图3-12中G_E为有效减速度,其值由下式换算出,即:

$$G_E = \frac{1}{T} \int_0^T G(t)\,\mathrm{d}t \tag{3-13}$$

式中:$G(t)$——减速度随时间变化的函数;

T——减速度作用时间。

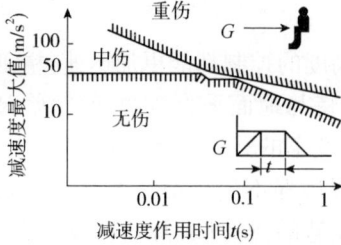

图 3-11　人体全身的耐冲击能力

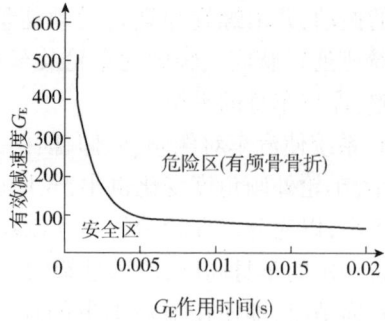

图 3-12　头部伤害的安全界限

由图 3-12 可知,随着减速度作用时间的延长,安全界限降低,也就是伤害危险性增大。

WSTC 曲线又几经修改,1971 年美国运输部决定采用下述 HIC 计算式作为头部伤害界限的基准:

$$\text{HIC} = (t_2 - t_1) \left[\frac{1}{t_2 - t_1} \int_{t_1}^{t_2} a(t) \, dt \right]^{2.5} \tag{3-14}$$

式中:t_1、t_2——某一时间段的起终点时刻;

　　$a(t)$——头部重心加速度函数。

取 HIC＝1 000 作为头部冲击伤害的安全界限,这一安全界限已被美国联邦机动车安全标准(FMVSS)采用并作为评价汽车安全措施的依据。

2)颈部的耐冲击性

人体颈部是通过神经、血管、食道、气管等的重要部位,其生理构造很复杂,即使受到轻微冲击,也可能造成伤害而产生严重后果。颈部的耐冲击性至今尚未完全明了。1971 年,Merlz 和 Patrick 利用静态试验得到颈部的弯曲特性,其研究结果是颈部向后倾斜的伤害界限约为 60°。这一研究结果可用来指导汽车座椅靠背及安全枕的设计。

3)胸部的耐冲击性

在交通事故中,驾驶人常因胸部与转向盘强烈碰撞而受伤,造成的伤害有两种形式:一种是贯穿胸部,对内脏造成直接伤害;另一种是没有贯穿,只是压迫胸部,产生包括肋骨骨折在内的间接内部伤害。为减轻事故中驾驶人受到的伤害,可将汽车的转向柱做成安全转向柱。这种转向柱受到大于某一界限值的压力时,长度会缩短,从而起到保护作用。为了确定界限压力的数值,需要了解人体胸部的耐冲击性。据美国在 20 世纪 70 年代初期的研究,胸部受到的冲击力如超过 6.4kN,人体便会受到严重伤害,发生胸骨、肋骨骨折和心、肺损伤。因此,可以此作为胸部的耐冲击界限。

4)大腿及骨盆的耐冲击性

大腿骨在靠近骨盆的地方弯曲呈弓形,在此周围形成薄弱点。1965 年 Patrick 经过试验研究,测得大腿及骨盆的耐冲击值约为 10kN。

二、汽车的被动安全防护装置

1.减轻行人受害的结构措施

在交通伤害事故中,汽车碰撞行人而使行人受到严重伤害的事故占有很大比例。汽车与行人相撞是个复杂的问题。相撞时行人的姿势、汽车与行人接触的部位等,对伤害情况有很大影响。

小汽车与行人相撞过程中,行人将受到三次严重碰撞。一次碰撞是汽车的保险杠撞击行人的腿部,发动机罩撞击行人的腰部。对于成年人,由于人体受到的冲击力作用在人体重心以下,所以碰撞后人体围绕重心发生回转运动而被抛上发动机罩,并在其上滑动,头部将碰触前风窗玻璃。在这个过程中,行人受到二次碰撞。最后,行人从发动机罩上落下,与路面三次碰撞或受到车轮的辗轧。

平头货车或客车与行人相撞过程中,行人将受到两次严重碰撞,一次碰撞是汽车的平头部分撞到行人的身体,一般为小腿以上部位,行人瞬间被加速至与车辆接近的速度,此时车辆往往制动,速度急剧下降,行人则快速与车辆分离,落入地面,发生二次碰撞。

为了减轻被害行人的伤害程度,在设计车身时,以下介绍针对被撞行人受到的三次碰撞采取相应的结构措施。

(1)减轻一次碰撞伤害。为实现这一目的,多采用能量吸收式保险杠,它由保险杠外板、能量吸收体和骨架构成。低速碰撞时,它能够对行人起到保护作用,并能避免汽车重要部位的损坏,从而减少维修费用。

(2)减轻二次碰撞伤害。根据日本比绍公司的调查,用考虑伤害程度和频率的伤害重要度进行比较时,二次碰撞造成的头部伤害最大,与风窗玻璃框架碰撞造成的后果最严重,见表3-3。

伤害的重要程度　　　　　　　　　　　　　　　　　　　　表3-3

负伤部位	伤害的重要程度(%)		
	车辆造成的伤害	路面造成的伤害	总的伤害
头部	40.7	12.3	53
颈部	0.7	0.2	0.9
胸部	7.3	4.0	11.3
上肢	3.4	1.3	4.7
腹部	0.3	0	0.3
腰椎	0.2	0.1	0.3
骨盆	1.7	0.4	2.1
下肢	25.5	1.9	27.4
合计	79.8	20.2	100

因此,可在前风窗玻璃周围及发动机上部布置弹性材料,来缓解对行人的伤害。

(3)减轻三次碰撞造成的伤害。对第三次碰撞防护,一般在车前部设置防止行人摔到路面上的救护网等接收装置。除此以外,为了防止行人及自行车等被卷入后车轮下,我国《机动车运行安全技术条件》(GB 7258—2012)中规定全挂列车的牵引车和挂车之间应加装安全防护装置,在大型载重汽车前后轮间安装防护栅,以及在汽车拖带挂车时,在汽车与挂车之间安装防护栅等安全装置也是必要的。国外正研究一种能将车轮下的行人推出以免遭受辗轧的救护装置。

在行人保护措施中,防止车外的凸出物对行人的伤害也很重要。在车身设计时,尽量将门把手等装置设计成内凹式,采用具有缓冲机构的后视镜等措施,以利于减轻对行人的伤害。

2.减轻乘员受害的结构措施

汽车是一个具有复杂结构的高速运动的物体,由于道路交通状况等诸多因素的影响,汽车发生碰撞时,其碰撞形式各不相同,主要有三种形式:正面碰撞、侧面碰撞及后面碰撞,另外还有车碰行人与翻车等。发生车对车、车对固定物体碰撞或翻车等类型的交通事故时,车内乘员会受到伤害。

如图 3-13 所示为车对固定物体发生正面碰撞时,乘员在驾驶室内的受伤害的情况。碰撞部位附近的车身发生变形,汽车产生非常大的减速度,在极短时间内停止运动。此时,车内乘员在惯性力作用下,仍以原有速度相对汽车向前运动,最后撞在车内结构物(如转向盘、仪表板、风窗玻璃)上。汽车撞在固定物体上可称为一次碰撞,乘员撞在车内结构物上称为二次碰撞。车内乘员的伤害程度取决于二次碰撞的程度,二次碰撞的减速度越大,受害越严重。当汽车发生其他类型的碰撞事故,例如尾撞、侧面碰撞时,乘员的伤害情况与此类似。

| a) 碰撞瞬间 | b) 碰撞中 | c) 二次碰撞 |

图 3-13 汽车撞固定物体时车内乘员受到的伤害

此外,在发生事故时,如果驾驶室变形很大,可能危及车内乘员的生存空间,而使乘员受害。为减轻车内乘员在汽车碰撞事故中的伤害,可从增加驾驶室的强度、增加车身前后部吸收冲击的能力以及降低二次碰撞的减速度等方面着手。

1)保护乘员生存空间的结构措施

(1)提高驾驶室的变形强度。

驾驶室坚固可靠是保证乘员生存空间的最直接、最有效的方法,特别是在发生侧面碰撞和翻车事故时,坚固的驾驶室是保证乘员安全的主要手段。为减少驾驶室在事故中的变形,保护车内乘员有足够的生存空间,可提高窗框、门框、驾驶室前后壁顶棚、车门等处的变形强度。车身结构设计的基本思想是利用车身的前、后部有效地吸收碰撞能量,车室要坚固可靠,确保乘员的有效生存空间。如图 3-14 所示为通过车身前部或后部的变形,来吸收碰撞时产生的冲击能量,并把冲击荷载加以分散。这样便减轻了驾驶室部分受到的冲击,同时,对整个汽车也起到缓冲作用。

图 3-14 车身前后的缓冲作用

（2）加强车身前部与后部吸收冲击的能力。

汽车前部构件的碰撞能量主要依靠物件的弯曲变形和压溃变形来吸收。汽车前部如发动机、变速箱、差速器等质量较大，是不产生变形的部件，在发生碰撞时，并不吸收能量，从而车身的压溃变形量小。为防止这些部件侵入驾驶室，必须采取相应措施使其向下转移。对于小客车，为了减少在碰撞时驾驶室受到的冲击，可加强车身前后吸收冲击的能力。

良好的能量吸收特性，包括两方面的含义：一方面，汽车的前部结构要尽可能多地吸收撞击能量，使作用于乘员上的力和加速度降到规定的范围内；另一方面，控制受压各部件的变形形式，防止车轮、发动机、变速箱等刚性部件侵入驾驶室。计算表明，当汽车以 80km/h 的车速发生正面碰撞事故时（如两车迎面相撞或汽车撞在固定物体上），汽车前部如能吸收全部冲击能量的 70%，就可保证车内乘员的安全。为了吸收冲击能量，对于承载式车身，可在车身前部加装吸收能量的杆件；对于非承载式车身，主要靠前部车架的特殊结构来吸收冲击能量。

车身后部被撞时情况与前部碰撞基本相同，只是车内乘员受到的冲击比较小。此外，由于车身后部无发动机及变速器等坚固的大型总成，碰撞时的冲击能量几乎完全由车身后部变形来吸收。

车身后部吸收冲击能量的结构方案与车身前部基本相同。对于非承载式车身，可用车架后部的特殊结构来吸收冲击能量，对于承载式车身可安装专门的吸能杆件。

侧面碰撞时车身变形空间小，所以侧面碰撞受伤的危险性比正面碰撞高得多。为了加强乘员保护，车门、门槛和立柱都要设计成刚性结构。通过将侧碰力有效地转移到对车身具有保护作用的梁、柱、地板、车顶及其他部件，使撞击力被这些部件分散、吸收，从而极大限度地把可能造成的损害降低到最小程度。

2）减轻乘员二次碰撞的结构措施

（1）安全带。

汽车座椅安全带是重要的乘员保护约束设施之一，在减轻碰撞事故中乘员伤害程度方面起重要作用。安全带具有安全可靠、价格低廉、安装简便的优点，因而被各国生产厂家广泛采用。我国汽车安全带的生产和使用较晚，1989年国内的部分厂家才开始试制安全带，但发展速度较快，从1993年强制使用安全带条例开始实施，仅几年时间就完成了开发到汽车上的普遍装用。

安全带是将乘员身体约束在座椅上的安全装置，用以避免车辆发生碰撞事故时，乘员身体冲出座椅发生二次碰撞。事实证明，在正面碰撞、追尾碰撞及翻车事故中安全带对乘员保护效果较好，尤其可减少对乘员头部和胸部的伤害。

安全带对于减轻乘员在事故中的伤害效果显著。国外的一项研究表明，使用安全带后，驾驶人负伤率可降低 43%~52%，副驾驶人负伤率可降低 37%~45%，使用三点式安全带，在车速低于 95km/h 的情况下，可避免死亡事故。但是，在未使用安全带的情况下，即使在 20km/h 车速下发生的正面撞车事故，也能引起驾驶人死亡。

（2）安全气囊。

安全气囊是现代车辆安全技术中高技术产品之一。其作用是防止乘员在事故中与转向盘、仪表板等车内结构物接触，从而避免因二次碰撞而受伤。安全气囊对乘员的保护效果总的说来不如安全带，但它与安全带配合使用可大大降低事故中乘员的伤害指数，尤其可大大减轻驾驶人面部的伤害。据资料统计，安全气囊可使事故死亡率下降18%左右，与安全带配合使用可使事故死亡率下降47%左右。近几年，安全气囊在美国、欧洲及日本等国家的发展迅速，目前在我国也得到了应用。

安全气囊系统由传感器、气体发生器和气囊三部分构成。安全气囊平时折叠收容于转向盘中央及仪表板下部。当车辆因发生事故而受到剧烈碰撞时，传感器触发气体发生器，后者产生大量气体充入气囊，使气囊迅速膨胀，挡在乘员与车内结构物之间，以缓和冲击并吸收碰撞能量，从而达到减轻伤害程度的目的。

在发生撞车事故前，乘员的运动是很快的，一般撞车0.03s后乘员便开始向前冲出，驾驶人经0.05~0.06s与转向盘接触，副驾驶席上的乘员经0.07~0.08s与仪表板或前风窗玻璃接触。因而安全气囊的膨胀必须在数十毫秒内完成，才能发挥作用。如图3-15所示为事故过程中人体与气囊相互作用的示意图。

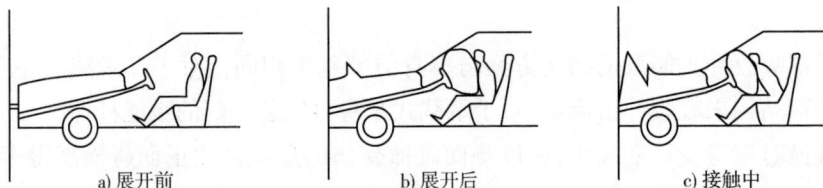

| a) 展开前 | b) 展开后 | c) 接触中 |

图 3-15　事故过程中人体与气囊作用图

目前，驾驶人及副驾驶人的正碰撞气囊已经得到广泛采用，侧面碰撞气囊也越来越得到广泛采用。可以预见，装备对全车乘员进行各种碰撞保护的气囊系统，将是乘员保护系统的发展趋势。

3）减轻乘员伤害的其他结构措施

在汽车事故中，为减轻乘员因碰撞受到的伤害，除上述安全带及安全气囊装置外，还有以下安全防护措施：

（1）安全转向柱。

一方面，汽车发生正碰时，碰撞能量使汽车的前部发生塑性变形。位于汽车前部的转向柱在碰撞力的作用下向驾驶人的方向运动。这种运动的能量应通过转向柱以机械的方式予以吸收，以防止或减少其直接作用于驾驶人身上，造成人体伤害。另一方面，在汽车发生正碰时，驾驶人受惯性的影响有冲向转向盘的运动。驾驶人的运动能量一部分由约束装置如安全带、气囊等加以吸收，另一部分传递给转向盘和转向柱系统，这部分能量也要通过转向盘及转向柱系统予以吸收。所以，除满足转向器的常规功能外，还能有效地吸收碰撞能量，这就是安全转向柱的要求。近年来，能量吸收式转向柱得到了广泛应用。

能量吸收式转向柱的主要功能是吸收二次碰撞能量和驾驶人的部分惯性能量。能量吸收式转向柱除有足够的强度和刚度以保证正常的转向力传递外,还应在发生正面碰撞时可以被压缩,且在转向器系统中有能量吸收元件以吸收碰撞能量。

实践证明,在发生碰撞的交通事故中,能量吸收式转向柱在减少人员伤亡方面的作用是明显的。

(2)安全玻璃。

汽车发生碰撞事故后,前风窗玻璃的性能如何,对高速行驶的汽车安全性影响较大。前风窗玻璃在正常状态下应具有良好的视觉效果,发生碰撞后应能保证驾驶视野,并且玻璃破碎后不应对乘员造成大的伤害。

车内乘员撞击玻璃时受到的伤害有两种:一是因冲击加速度而形成的伤害;二是直接受到的划伤。因冲击加速度 g 而造成的伤害,一般用伤度指数 SI(Severity Index)来评价,即:

$$SI = \int g^{0.25} dt \qquad (3-15)$$

划伤用划伤指数 LI(Laceration Index)来评价。

安全玻璃可分为强化玻璃(钢化玻璃)和夹层玻璃。我国《汽车安全玻璃》(GB 9656—2003)把安全玻璃分为夹层玻璃、区域钢化玻璃、钢化玻璃、中空安全玻璃和塑玻复合材料。其中,前风窗玻璃采用夹层玻璃、区域钢化玻璃、塑玻复合材料和钢化玻璃。

汽车在中速和高速碰撞时,夹层玻璃对人脸造成冲撞受伤的程度比钢化玻璃的轻;车速较低时则相反。夹层玻璃的中间膜越厚,抗穿透能力越强。钢化玻璃受环境影响小,夹层玻璃的中间膜在环境温度变化时受影响。

(3)座椅头枕。

头枕是一种用来限制乘员头部相对于躯干向后移位的弹性装置。其作用是在发生碰撞事故(尤其是在追尾碰撞事故)时,可抑制乘员头部后仰,以防止或减轻对颈部的损伤。

座椅头枕可分为固定式和可拆式两种。根据头枕所起的作用,在设计制造时应考虑如下问题:

①头枕本体对来自前方及上方的冲击,应具有防止弹回的能力。

②连接部件等须牢固。

③各调节部件应易于调整,能将头枕本体固定于任何位置。

为有效防止追尾碰撞事故对颈部造成的伤害,各国对头枕的性能都作了强制性规定,《汽车座椅头枕强度要求和试验方法》(GB 11550—2009)中对头枕的强度和吸收性能提出了有关要求:

①头枕按标准的试验方法进行试验时,头枕移动量必须小于102mm,将荷载加至890N时,头枕及其安装部件在座椅及靠背等破损前不能破损或脱落。

②头枕按标准的试验方法进行试验时,摆锤(头型)的减速度连续超过80g的时间必须小于0.03s。

(4)座椅。

座椅是影响汽车安全性的重要部件,座椅本身的强度及在车身上的安装强度要足够,以防发生撞车事故时座椅损坏,对乘员造成伤害。座椅的设计和制造应满足下述要求:

①结构设计合理,乘员有良好的坐姿和体压分布,乘坐舒适。

②有足够的强度和刚度。如作为固定安全带的基座,应能承受人的各种动作的作用力(包括车辆碰撞时人的冲击力)。

③有良好的振动特性,适合人体的振动特点。

④座椅在整车上布置,应使转向盘和其他操纵机构与驾驶人的距离、视野、头部间隙、腿部间隙等能适应不同身材的乘员,其布置应使在发生碰撞时能保证乘员安全。

⑤结构与制造简单,有良好的经济特性。

近年来,随着汽车工业的发展,陆续开发了许多具有特殊功能的座椅,如整体式安全带座椅、气囊座椅、传感器座椅、冷热可调式座椅、防下滑式座椅等,使汽车的乘坐舒适性、方便性及安全性得到提高。

(5)仪表板。

仪表板表面应以弹性材料覆盖,使其受到冲撞时能产生一定变形,吸收冲击能量,减轻对人体的伤害。

(6)减少车内突起物。

车内的结构物,如门把手等的表面应避免有棱角,并以弹性材料覆盖。

4)防止事故火灾的结构

在汽车发生碰撞后如发生火灾,会造成极大的损失,同时对车内乘员的生命也是个巨大的威胁。在实际事故中,由火灾导致人员伤亡和车辆、货物烧毁的惨景屡见不鲜,因此,如何防止汽车碰撞后发生火灾也是汽车结构设计中应该考虑的一个重要问题。

汽车事故引起的火灾,一般都是因燃烧箱或油管被撞破,燃料流出后遇到电气系统损坏时发生的电火花或车辆撞击地面发生的火花点燃而起火。因此,防止火灾的主要措施是消除火源,保护好燃料和油管使其不致受到撞击;其次是防止火灾蔓延和保证人员迅速撤出;同时,注意采用阻燃材料。具体措施如下:

(1)防止燃料泄漏。燃料泄漏是火灾发生的第一个环节,因此,防止事故火灾最重要的就是防止燃料泄漏,具体包括:

①合理布置燃料箱位置。在小客车上,燃料箱最安全的位置是在后轴上方,因为可以受到左右两车轮的保护。对于载重汽车,因剐蹭事故主要是发生在会车时,根据《中华人民共和国道路交通安全法(2011年修正)》的规定,汽车是靠右侧行驶的,所以会车时的相撞大部分是发生在双方左侧,建议汽车设计部门把汽车燃料箱位置设计在右侧。

②设计加油口时,要考虑撞车时的泄漏问题。

③燃油管的布置很重要,撞车时尽可能使其不受损伤,并且有几个变形自由度。

④采取具有阻燃性能的超高分子量聚乙烯塑料制作油箱,防止因撞车而发生的燃油箱爆炸。

(2)完好的风窗玻璃可以延缓火焰侵入驾驶室的速度,为营救工作赢得宝贵时间。

合理设计发动机罩的结构,在发生碰撞时,控制发动机罩的变形,使其在中部发生弯折,而其根部变形很小,这样可以减少风窗玻璃的破碎面积。

(3)采用阻燃的内饰材料。

发生火灾后,为了减缓火势蔓延,使乘员有撤出的时间,车厢内部材料最好使用非易燃品。对于大客车,要设安全门。《机动车运行安全技术条件》(GB 7258—2012)中规定,车长大于 8m 或乘员多于 40 人的客车,如本身右侧仅有一个供乘客上下的车门,应设有安全门或安全出口。需用安全门时,不用其他器具即可将其向外推开。安全门(安全出口)上应有明显的红色标志,并有开启装置。同时,应备有便于取用的击碎出口玻璃的专用工具。这项规定,1989 年年底以后生产的汽车必须执行。同时,汽车应装备灭火器。

➡第四节 汽车的其他安全装置

一、汽车灯光

汽车灯光是指车灯开启后发出的亮光。为了保证行车安全,在现代汽车上装有多种灯光装置。汽车灯光的作用主要体现在两个方面:一是在夜间或在光线较弱环境下为汽车正常行驶提供照明及标示车辆宽度、照明驾驶室内及车厢内部仪表;二是在转向、制动、倒车等行驶工况向周围其他交通参与者传递运动信号。据统计,60% 的交通事故与视线不佳及灯光使用不当相关,具有良好照明条件的道路上发生交通事故的概率是没有照明或照明条件不良道路的 30%。因此,汽车具有良好的灯光效果及驾驶人在驾车过程中正确使用灯光对保证汽车行驶安全具有重大意义。

1.前照灯

前照灯是汽车上最重要的车灯之一,安装在汽车的头部,所以又称为头灯或前大灯。前照灯的作用是照亮汽车前方的道路,为安全快速行驶创造良好的照明条件,同时向其他车辆或行人等显示本车的存在。由于在很远以外即可发现前照灯灯光,其他车辆或行人便可以提前做好避让的准备。如果前照灯出现故障,例如左侧前照灯不亮,会被对面来车误认为是摩托车,在会车时,可能因未留下足够的间隙而发生正面相撞事故。

前照灯包括近光灯和远光灯,近光灯是当车辆前方有其他道路使用者时,不致使对方眩目或有不舒适感所使用的近距离照明灯具;远光灯是当车辆前方无其他道路使用者时,所使用的远距离照明灯具。

近光灯用于会车时的道路照明,对近光光束的要求是相互矛盾的两方面:一方面为防止迎面来的驾驶人眩目,要求光束要低、要暗;另一方面为保证良好的道路照明,要求光束要高、要亮。远光灯用于行车时的道路照明,对远光光束的要求是:具有足够大的发光强度。汽车前照灯灯泡的发光强度最大只有 50~60cd,只能照亮车前 6m 左右的地方。但经过反射镜的作用以后,就把灯泡的光线集合成平行光而射向远方,使发光强度增加几百倍,达到 12 000~15 000cd。在这样的光度下,能将车前 100~150m 之内的路面照得足够清楚。为防止夜间会车时前照灯中的远光灯眩目,还必须设有近光灯,近光灯可照清车前 40m 的道路。远、近光灯有一个转换开关。夜间会车在没有路灯或照明不良的道路上,须互闭远光灯,改用近光灯。

对现代汽车前照灯的配光标准的要求,欧洲的 ECE/EEC 法规[我国强制性标准《汽车用灯丝灯泡前照灯》(GB 4599—2007)的要求与此相一致]是用一种带清晰明暗截止流的近光光型来实现的。以右行车辆为例,线左侧是一条水平线,右侧是一条与水平线成 15°的向上的斜线。前照灯测量屏幕如图 3-16 所示(距离 25m)。前雾灯测量屏幕如图 3-17 所示。

ECE R20 对发射非对称近光或远光或近远光,并装用 H₄ 灯泡的前照灯的配光性能要求如表 3-4 所示。ECE R19 对前雾灯配光性能的要求如表 3-5 所示。

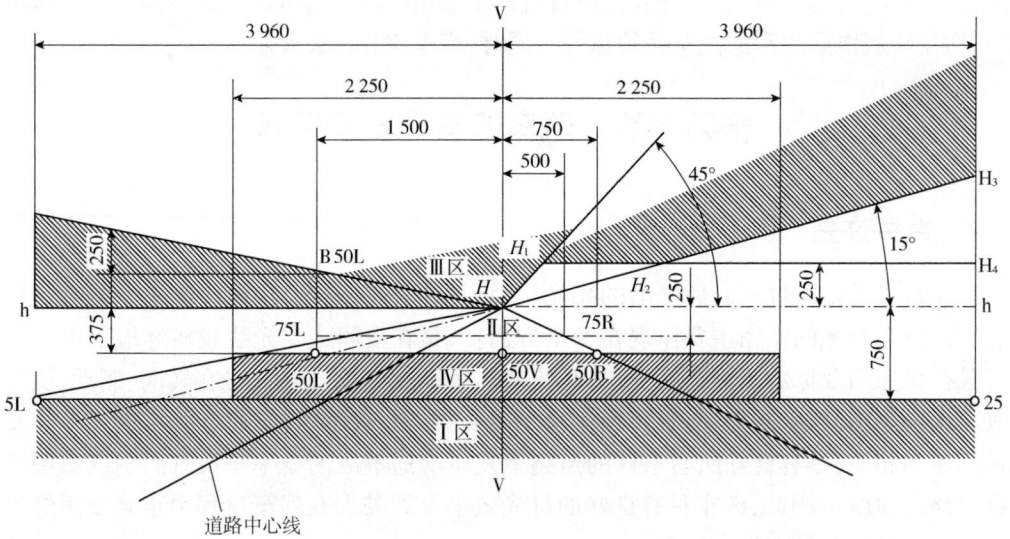

图 3-16　ECE/EEC 法规要求的前照灯测量屏幕(尺寸单位:mm)

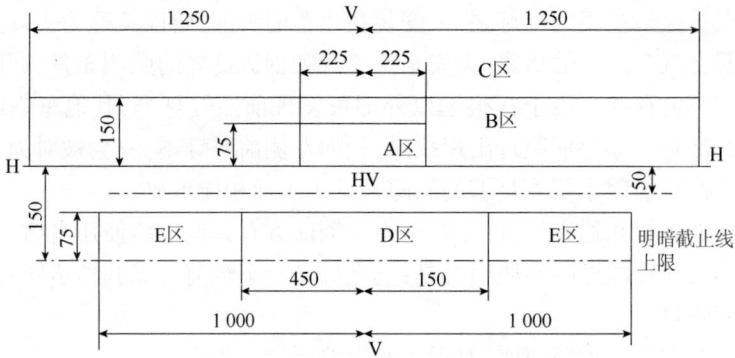

图 3-17　ECE/EEC 法规要求的前雾灯测量屏幕(尺寸单位:cm)

ECE R20 对前照灯配光性能的要求　　　　　　　　　　　表 3-4

	测试屏幕上的点	照度要求(lx)
近光光束	B 50L	≤0.4
	75 R	≥12
	75 L	≤12
	50 L	≤15
	50 R	≥12
	50 V	≥6
	25 L	≥2
	25 R	≥2
	Ⅲ区任何点	≤0.7

测试屏幕上的点		照度要求(lx)
近光光束	IV区任何点	≥3
	I区任何点	≤2 E50R
	Emax	48~240
	HV	≥80%Emax
	HV 至1125L	≥24
	HV 至1125R	≥24
	HV 至2250L	≥6
	HV 至2250R	≥6

ECE R19 对前雾灯配光性能的要求　　　　　　　　表 3-5

测试区域	区域范围	照度限值(lx)
A	距 V-V 线两侧 225cm 的垂直线与 H-H 线以及距其 75cm 的水平线所围成的区域	0.15~1
B	距 V-V 线两侧1 250cm 的垂直线与 H-H 线以及距其 150cm 的水平线所围成的区域(A 去除外)	≤1
C	距 V-V 线两侧1 250cm 的垂直线与距 H-H 线向上 150cm 以上的区域,但其中 H-H 线向上 15°(669.9cm) 以上区域的发光强度不得大于 200cd	≤0.5
D	距 V-V 线两侧 450cm 的垂直线与 H-H 线向下 75cm 和 150cm 的水平线所围成的区域	该区域内任意一条垂直线上至少应有一点的照度值≥1.5
E	距 V-V 线两侧 450cm 和 1 000cm 的垂直线与距 H-H 线向下 75cm 和 150cm 的水平线所围成的区域	该区域内任意一条垂直线上至少应有一点的照度值≥0.5

2.其他灯具

照明和信号灯具在车辆上安装的原则是:灯具的基准轴线应平行于地面;侧反射器和侧位置灯的基准轴线垂直于车辆的纵向中心面,其他灯具的基准轴线均应平行于这个纵向中心面,每一方向的允许误差是±3°。此安装原则,对于除前照灯和前雾灯以外安装位置不可调整的灯具来说尤为重要。对信号灯具的要求,除配光性能应遵守相应标准法规的要求以外,对色光的要求更严格。

二、车辆的视觉显示系统

车辆的仪表与信号显示是视觉信息的重要来源之一,对保证汽车行驶安全有重要意义。仪表与信号的设计要考虑人的感知觉和思维的特点及大多数人的习惯,以达到醒目和判断准确、迅速、方便的目的。

1.车辆的仪表

车辆的仪表用来向驾驶人表示汽车的行驶状态及主要构件的工作状态。一般汽车上的仪表主要有车速—里程表、电流表、水温表、燃油表、机油压力表(对于气压制动的汽车)。这些仪表各自感应某一物理量并经过转换、传送、指示等工作过程,将测量的数值显示出来,使驾驶人及时、准确地了解车辆的工作和行驶情况。汽车高速行驶时,需要驾驶人注意观察的外部信息量很大,驾驶人不可能用过多的时间去观看仪表显示。因此,仪表的形式、安装位置等必须易于观察判读,使驾驶人用眼一瞥即可正确读出仪表指示。

影响仪表读数效率的因素,除仪表的设计形式外,还有仪表的布置、指针形状、刻度间隔、照明、表面玻璃的反光等。各种仪表的安装应尽量靠近,以减少判读时视线的移动。重要的仪表(如车速表、气压表)应安装在最宜于观察的位置上。仪表板与视线最好成直角,至少不能小于60°角,小于该角度将会降低判读效率。

仪表指针的一般设计原则是头部尖,尾部平,中间等宽或狭长的三角形。圆形仪表指针的长宽比应为36:1~8:1。在正常光照下,视距为46~71cm的范围内,指针宽度可取1.9~2.4mm。圆形仪表的指针长度最好是针尖恰好与刻度线接触而不重叠为宜。指针应尽量贴近表面,以减少判读视差。

仪表盘上的刻度线的间隔大小对读数效率也有很大影响。一般规律是,读数效率随刻度线间隔的增大而增大,在达到某一数值后,读数效率不再增加,甚至反而有所下降,当视角为2.5°~5°时认读率最高。仪表的刻度应用线性量表,不应用非线性量表和对数量表,数字显示仪表的读数效率最高。同一仪表上各刻度所代表的量值应一致。适当选择仪表刻度线之间的距离很重要。汽车上的仪表,除车速里程表和气压表外,对其他仪表并不需很精细的指示,所以刻度线之间的距离都比较大。

为了夜间行车时判读仪表,对仪表应有良好的照明,并应注意选择照明方式、亮度、光色、照明方向等。仪表的表面玻璃多为平面且平行于表盘安装。这样,表面玻璃反射的光线会干扰对仪表的判读。为此,可将表面玻璃做成曲面,且与表盘倾斜安装。

2.信号显示

汽车上的信号显示用来向驾驶人及周围环境通告车辆的状态,起提示和警告作用,对保证汽车行驶安全有重要意义。信号的种类和数量较多,其中以视觉信息最多,如汽车的制动信号灯、尾灯、转向指示灯等;听觉信息较少,主要有汽车喇叭及其他声响报警信号;同时出现的视觉及听觉信号的数量不宜过多。

信号灯既要醒目,又不致引起眩目。一般表示危险的视觉信号用红色,如制动信号灯及尾灯,用以警告后续车辆注意,避免发生尾撞。提示信号灯用黄色或橙色,如转向指示信号。为了更加引起周围环境的注意,转向指示信号灯往往有一定频率的闪烁,有的还同时配以音响信号。

为防止追尾撞车事故,驾驶人必须及时把握前车行驶状态的变化,同时又要注意提醒后续车辆注意本车的存在和行驶状态。这些信息主要靠汽车的尾灯和制动灯来传递。从保证交通安全的角度来看,尾灯和制动灯要色彩鲜明,易于识别。也就是说,既能使后续车很快发现,又不致将尾灯与制动灯混淆。在正常情况下,后续车对前车制动灯点亮作出反应时间约需1s。但如把制动灯误认为是尾灯然后再纠正过来,反应的时间将大大增加,因而容易发生追尾撞车事故。

车内各种报警装置用来向驾驶人报知本车的非正常状态,这对于保证安全行车有积极的作用。电子时代的汽车大都装有各种有音响的或灯光的报警装置,如气压报警或制动液面报警、超速报警、车门未关严报警等。我国《机动车运行安全技术条件》中规定,车辆必须设置危险报警闪光灯,车内的各种报警信号,如气压报警灯、车门报警灯、燃料报警灯等,要安装在易于观察的位置,使驾驶人不必转动头部和身体就能看到。

三、汽车轮胎

轮胎安装在轮辋上,直接与路面接触,其作用是:承受汽车的重力,并传递其他方向的力和力矩;与汽车悬架共同吸收和缓和汽车行驶时所受到的冲击和振动,以保证汽车具有良好的乘坐舒适性和行驶平顺性;保证车轮与路面的良好附着性,以提高汽车的动力性、制动性和操纵稳定性。因此,轮胎的性能对汽车的动力性、制动性、行驶稳定性、平顺性和燃油经济性等都有直接影响。

1.轮胎结构及特点

汽车轮胎按胎体结构不同可分为充气轮胎和实心轮胎。现代汽车绝大多数采用充气轮胎。而实心轮胎,目前仅应用在沥青混凝土路面的干线道路上行驶的低速汽车或重型挂车上。

就充气轮胎而言,按组成结构不同,可分为有内胎轮胎和无内胎轮胎两种;按胎内的工作压力大小,可分为高压胎、低压胎和超低压胎三种;按胎面花纹的不同,还可以分为普通花纹胎、混合花纹胎和越野花纹胎;按胎体中帘线排列方向的不同,可以分为普通斜交轮胎和子午线轮胎。

普通斜交轮胎的结构特点是相邻帘布层帘线交错排列,所以帘布层的层数都是偶数,且具有一定的胎冠角。

子午线轮胎的结构特点是帘线呈子午向排列。这种排列能使其强度被充分利用,故它的帘布层数比普通轮胎可减少将近一半,最少的只有一层,且没有偶数限制,所以胎体柔软。帘线在圆周方向上只靠橡胶来联系。为了承受汽车行驶时产生的较大切向力,子午线轮胎具有若干层帘线与子午断面呈大角度、高强度、不易拉伸的周向环形的类似缓冲层的带束层。同时,带束层采用强度高、伸缩率小的帘线材料制成,故带束层像一条刚性环带似地箍在胎体上,极大地提高了胎面的刚度和强度。

子午线轮胎与普通斜交胎相比,具有耐磨性好,弹性大,行驶里程长(比普通胎长50%以上),滚动阻力小,节约燃料(滚动阻力可减小25%~30%、油耗降低8%左右),承载能力大,减振性能和附着性能好,胎面耐刺穿和自重轻等优点。但其胎侧易裂口,胎圈易损坏,且侧向稳定性差,成本高。

2.轮胎的安全特性

轮胎与汽车安全行驶相关的特性主要有:负荷、气压、高速性能、侧偏性能、水滑效应、耐磨耐穿孔性等。

1)轮胎的负荷

为了行驶安全,必须根据汽车的最大总质量来选用相应负荷的轮胎,切不可超负荷使用轮胎。轮胎的负荷与气压有对应关系,轮胎在最大负荷状态下,均规定了其所允许的最大胎压。同一规格的轮胎,充气气压越高,所能承受的负荷也会越大,但气压过高会使内胎不堪承受而爆裂,对于外胎则会使胎冠中心部分异常磨损,降低轮胎的使用寿命。此外,需保证装载质量分布合理。充气轮胎气压值也不能低于规定值,如若气压偏低,不仅使轮胎的承受负荷降低,滚动阻力增大,使动力性、经济性下降,还会使制动、转向性能受到影响,轮胎胎肩也会出现异常磨损而降低使用寿命。

2)轮胎的气压

胎压过低,会导致"桥式效应",胎侧过度屈挠,致使轮胎过度发热,引起胎体松弛,强力下降,脱胶甚至破坏。同时,轮胎接地面积加大,胎肩部分磨损加快。若双胎中有一胎缺气,行驶中还将使车辆的大部分负荷集中到另一胎而引发严重超载。此外,还会导致车辆行驶方向的不易改变,遇到紧急情况易产生因"躲避不及"而引发的事故。胎压过高,将使轮胎帘线过度伸张,严重者会拉断。且将使轮胎的接地面积减少,增加轮胎单位面积的负荷,导致胎冠部分磨损较快,容易产生冠部爆破。此外,还会因车辆转向过于灵活,制动性能相对降低,产生"躲避过大"而引发事故。

3)轮胎的高速性能

轮胎的高速性能是指高速行驶时轮胎的适应性,一般用许用额定车速来表示。选用轮胎时,要选用大于或等于车辆最高车速的轮胎,这样才能保证持续高速行驶时轮胎不至于发生问题。另外,汽车高速行驶时轮胎有可能出现驻波现象。当轮胎达到某一旋转速度时,轮胎表面的变形来不及完全恢复就形成驻波,其表现为轮胎接地面后部的周围面上出现明显的波浪状变形,其结果使滚动阻力急剧增加,轮胎迅速升温至危险温度,导致橡胶脱层直至爆破损坏。产生驻波现象时的车速称为临界车速,轮胎的额定车速应小于驻波时的临界车速。

4)轮胎的侧偏特性

轮胎的侧偏主要是指其运动方向偏离车轮平面方向,即在汽车行驶过程中,由于路面的侧向倾斜、侧向风或曲线行驶时的离心力等作用,车轮中心将有侧向作用力,相应地在地面上产生地面侧向反作用力,该力称为侧偏力。由于车轮具有侧向弹性,当其受到侧向力时,即使侧偏力没有达到附着极限,车轮行驶方向也将偏移车轮中心平面的方向,发生侧偏现象。路面的干湿情况与轮胎的尺寸、形式和结构参数对侧偏特性都有显著影响。研究表明,大尺寸轮胎、子午线轮胎、钢丝子午线轮胎的侧偏刚度大,斜交轮胎和纤维子午线轮胎的侧偏刚度小。

5)轮胎的水滑效应

当汽车在具有一定厚度水膜的路面上以较高的速度行驶时,轮胎会浮在水面上打滑,丧失汽车的操纵性、制动性和驱动性,这种现象称作轮胎的水滑效应。水滑效应的实质是轮胎与路面已无直接接触,其中间隔着一层水膜,从而大大降低了路面对轮胎的附着作用,使汽车的操纵性、制动性及驱动性降低。

为了避免发生水滑效应,可以从轮胎和路面两个方面采取措施:提高轮胎充气压力,降低轮胎运动速度,选用排水性能好的轮胎花纹,均可改善排水性能;采用透水路面,做好中央分隔带的排水,适当提高路面横坡,及时排除路面上的积水,也是行之有效的办法。

6) 轮胎的耐磨耐穿孔性

轮胎的耐磨耐穿孔性对于行车安全也有密切关系。轮胎磨损不仅使附着力下降,尤其在湿滑路面上,还会使制动、转向能力下降,这些都会影响到行车安全。如果轮胎磨损过度会导致帘线外露、胎面开裂等,无法保证轮胎的强度。而轮胎的强度却是耐穿孔性及耐爆破性能所要求的。在轮胎胎肩沿圆周若干等分处模印有"△"标志。当胎面花纹磨损到沟槽底部约1.6mm时(大部分轿车轮胎如此规定),在"△"处花纹便已磨掉,在胎面圆周上呈现出若干等分的横条状光胎面,以此警示该轮胎已不能再继续使用,必须及时更换。

3. 轮胎的安全使用

日常生活中,除了关注轮胎质量安全,还需关注轮胎的使用安全。受一些诸如气候、流量、路口等行车环境因素影响,驾驶人不合理地控制车速,频繁制动或过多紧急制动,急速转弯,在沙地或碎石路面上高速行驶或过多紧急制动等,都会使轮胎严重磨损,以致产生脱空、肩空、爆破。此外,在调修车辆过程中,前轮定位不正,特别是前轮调校失误,将会在短期内将前轮轮胎的胎面花纹磨平,甚至将胎冠磨穿;钢板弹簧错开,挡泥板曲折变形或螺丝、支撑件松脱移位等能将轮胎刮破;轮毂轴承松动,钢板弹簧定位销松蚀,轴距左右偏移、倒角,加速损坏。这些都是在保障轮胎使用安全上应当避免的。这就需要轮胎的维修、管理人员和汽车驾驶人不断地学习、摸索轮胎使用知识和经验,做到以下5个方面:

(1) 合理地配装轮胎并科学掌握轮胎的充气标准。车辆应按车型的规定配装轮胎,并根据行驶地区道路条件适当选择胎面花纹。在确保安全上,要努力做到"六同",即同厂牌、同规格、同结构、同骨架材料、同层级、同花纹类型。特别是行驶于高速公路、国道线的车辆以及高级轿车、豪华客车,按照"六同"原则配装轮胎是必需的。禁止纵向花纹和横向花纹轮胎混装。同时,还必须科学掌握轮胎充气标准,以保证轮胎性能得以充分发挥。

(2) 合理规范地驾驶车辆。不合格的驾驶不仅会降低轮胎使用寿命,增加能耗,更重要的是影响轮胎性能,降低安全系数。因此,必须了解并根据车辆结构状况、轮胎性能和道路环境条件合理、规范地驾驶,包括掌握正确的驾驶方法、合理控制行车速度、按照道路情况及气候环境合理行车、科学合理地调修车辆。

(3) 科学地更换轮胎。在更换原车轮胎时,选用的轮胎不但要规格吻合,还要注意轮胎的结构、层级、胎面花纹类型等特点,养成季节换胎及定期换胎的习惯。如高温的夏季、出行频率高的客运高峰期(主要指营运单位)、行驶里程大的时候,均应适时换装全新或高成色、胎体强度高的轮胎。临时换胎应视具体情况尽量做到合理配装。如,成双配装,胎面磨耗程度接近的轮胎并装,适应路面拱度配装;使用翻新轮胎应注意其质量等级。翻新轮胎一般应装在后轮上,客车、平头货车或山区、矿区行驶的货车,其前轮不得装用翻新轮胎。

(4) 做好轮胎例保检查。必须经常性地检查车辆轮胎,特别是出车前后,这一点非常重要。绝对禁止随意配装不合规格的轮胎,如配装劣质轮胎、与车辆结构性能不匹配的轮胎;带病胎(如无纹胎、裂口胎等)上路。

(5) 加强轮胎安全管理的措施。加大政府职能部门的监管力度和提高社会各行业的重视程度十分必要。为此,应当采取如下管理措施:加强对汽车轮胎制造业的监督管理,严格汽车定型产品鉴定,严格汽车登记和定期检验(如年度总检)时的检验,加大社会宣传,提高社会各行业的轮胎安全使用意识。

复习思考题

1.简述影响汽车操纵稳定性的因素。汽车操纵稳定性对道路交通安全有何影响？

2.汽车制动跑偏和制动侧滑与哪些因素有关？

3.汽车主动安全技术是如何保障乘员安全的？简述制动防抱死装置(ABS)和驱动防滑控制系统(ASR)的工作原理。

4.简述汽车安全防护装置的措施。

5.主动夜视系统和被动夜视系统各有什么优缺点？

第四章 道路与交通安全

道路是汽车交通的基础设施和车辆行驶的载体,尽管由于道路缺陷直接造成的交通事故所占比率不高,但是不良的道路条件是相当一部分交通事故的直接或间接原因。影响交通安全的道路因素包括道路线形、横断面、路面、道路交叉及交通设施等。

第一节 道路线形与交通安全

道路线形是直线和曲线连接而成的三维空间形状。线形作为道路的骨架,其平、纵、横线形是永久性的设计要素。中线在水平面上的投影称为路线的平面。沿着中线竖直地剖切,再展开后为纵断面。中线各点的法向切面为横断面。

道路线形设计除应符合行驶力学要求外,还应考虑用路者的视觉、心理与生理方面的要求,以提高汽车行驶的安全性、舒适性与经济性。道路线形设计应根据道路等级及其功能,正确运用技术指标,保持线形连续、均衡,确保行驶安全、舒适;各技术指标的设置与平、纵线形组合恰当,平面顺适,纵面均衡;各构造物的选型和布置合理、实用、经济。

在我国《公路工程技术标准》(JTG B01—2014)中规定了各级公路的设计速度及主要技术指标,如表4-1、表4-2所示。

各级公路设计速度   表4-1

公路等级	高速公路			一级公路			二级公路		三级公路		四级公路
设计速度(km/h)	120	100	80	100	80	60	80	60	40	30	30	20

注:高速公路特殊困难的局部路段,且因新建工程可能诱发工程地质病害时,经论证,该局部路段的设计速度可采用60km/h,但长度不宜大于15km,或仅限于相邻两互通式立体交叉之间的路段。

主要技术指标汇总   表4-2

			120	100	80	60	40	30	20
	设计速度(km/h)		120	100	80	60	40	30	20
	车道宽度(m)		3.75	3.75	3.75	3.50	3.50	3.25	3.00
圆曲线最小半径(m)	一般值		1 000	700	400	200	100	65	30
	极限值		650	400	250	125	60	30	15
	不设超高最小半径(m)	路拱≤2.0%	5 500	4 000	2 500	1 500	600	350	150
		路拱>2.0%	7 500	5 250	3 350	1 900	800	450	200
	最大纵坡(%)		3	4	5	6	7	8	9

设计速度（km/h）		120	100	80	60	40	30	20
最小坡长（m）		300	250	200	150	120	100	60
凸形竖曲线半径（m）	一般值	17 000	10 000	4 500	2 000	700	400	200
	极限值	11 000	6 500	3 000	1 400	450	250	100
凹形竖曲线半径（m）	一般值	6 000	4 500	3 000	1 500	700	400	200
	极限值	4 000	3 000	2 000	1 000	450	250	100
竖曲线最小长度（m）		100	85	70	50	35	25	20

注：高速公路为八车道，当设置左侧硬路肩时，内侧车道宽度可采用3.50m；四级公路单车道时车道宽度为3.50m。

一、平面线形与交通安全

平面线形可分为直线、圆曲线及缓和曲线三种线形，如图4-1所示。平面线形设计就是按照地形、地物和沿线环境条件，对三种线形进行合理组合，达到行车安全、舒适、美观和工程造价经济的目的。

根据2002年美国死亡分析报告系统（Fatal Accident Reporting System，简称FARS）的统计，在美国公路上有42 815人在38 309次死亡事故中死亡。而其中25%的死亡事故发生在平曲线上，主要是两车道乡村公路上，并且平曲线路段的事故发生概率是

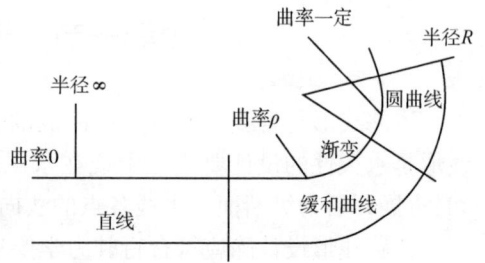

图4-1 平面线形要素

直线段的3倍。而平曲线相关的死亡事故中的76%是单车事故，主要是车辆脱离道路、撞到固定物体或翻车。

1.直线

直线是道路线形的基本要素之一，具有测设简单、行车方向明确、路线短捷等优点。但过长的直线由于景观单调，对驾驶人缺乏刺激，容易对驾驶人产生催眠作用，使驾驶人感到单调、分散注意力、增加疲劳感、降低反应能力，易造成交通事故；同时直线长度也不宜过短。在选用直线线形时，其最大与最小长度应有所限制。

1）长直线

从驾驶心理学的角度来看，过长的单一线形使人感到乏味，驱使人尽快通过该段区域，从而引发高速驾驶。当直线长度大于2 000m时，发生交通事故的概率明显增大，因此，直线的最大长度（以m计）不宜过长。有关研究资料介绍国外关于直线最大长度的规定：日本和德国规定为不超过20倍设计车速，西班牙规定不超过80%的设计速度的90s行程，而我国《公路工程技术标准》（JTG B01—2014）中未作明确规定。

在平原地区，由于横向干扰较多，车速相对较低，直线长度的控制根据地形及工程经济性进行了适当放宽；尤其是对于设计车速较高的高等级公路，设计时则尽量避免采用长直线。当道路不可避免地采用长直线时，要求必须进行路侧装饰性的景观绿化，或采用人工构造物，或沿线设置交通安全设施以提高驾驶人的注意力，消除长直线造成的单调驾驶环境，

以避免疲劳驾驶。

2)短直线

平曲线直线一般以直线过渡,当直线过短时,驾驶人在短时间内会频繁地转动转向盘。而此时若车辆行驶状态与转向盘转向协调性不良时,发生交通事故的潜在危险性将明显提高。

我国规定最小直线长度为:当设计速度≥60km/h 时,同向曲线间最小直线长度(以 m 计)以不小于行车速度(以 km/h 计)的 6 倍为宜;反向曲线间最小直线长度(以 m 计)以不小于行车速度(以 km/h 计)的 2 倍为宜。

对于城市道路来说,由于城市道路网一般呈方格、放射环形等形式,设计速度较低且交通控制设施间距较短,车辆行驶过程中停车次数较多,因而城市道路采用通视良好的直线线形,对行车安全有利。

2.圆曲线

受自然条件、村镇以及其他因素的影响,道路平面走向会出现转折点,即道路会出现许多弯道,此时,应选择合适的圆曲线半径,适应转折点处的曲线衔接。适当半径的圆曲线,可以使得道路线形流畅,摆脱直线的单调感,给驾驶人适当的紧张感,避免长时间不需要改变驾驶行为而造成的困倦与麻木。《公路路线设计规范》(JTG D20—2006)规定,各级公路不论转角大小,均应设置圆曲线。

根据汽车的横向稳定性,在某一设计车速 v 的情况下,圆曲线半径按下式计算:

$$R = \frac{v^2}{127(i+f)} \tag{4-1}$$

式中:R——圆曲线半径(m);

v——设计速度(km/h);

i——路面超高横坡度(%);

f——横向力系数。

式(4-1)中,在指定设计速度 v 的情况下,最小半径的绝对值取决于($i+f$)的值。i 值如果过大,弯道上的车辆会有沿着路面最大合成坡度向下滑动的危险。根据国内外的经验,最大 i 值应考虑气候、地形、乘客舒适度及经济性等因素,根据道路等级一般采用 6%~10%。横向力系数 f 是指单位车中所受的横向力,f 越大,对行车稳定性越不利。f 值较大时,增加了驾驶操纵的困难,使车辆的燃油消耗和轮胎磨损增加。f 值过大时则影响行车的舒适性甚至危及行车安全。对乘员来说,f 值增大,同样感到不舒适,据试验,随 f 的变化,乘员的其心理反应如表 4-3 所示。

横向力系数 f 对汽车稳定性、乘员舒适感的影响　　　　　　表 4-3

横向力系数 f	汽车稳定性和乘员舒适感
0.01	不感到有曲线的存在,很平稳,不紧张
0.15	略感到有曲线存在,但尚平稳,不太紧张
0.20	已感到有曲线存在,略感不平稳,感到明显紧张
0.30	所有通过曲线的人都感到不舒适
0.35	感觉到有曲线存在,不稳定,非常不舒适,很紧张
0.40	站不住,非常不稳定,有倾车的危险感

因此,f 值必须加以限制,根据相关研究资料,采用最大横向力值如表 4-4 所示。

最大横向力系数 表 4-4

设计速度(km/h)	120	100	80	60	40	30	20
最大横向力系数	0.10	0.12	0.13	0.15	0.15	0.16	0.17

当圆曲线半径过小时,会降低驾驶人的停车视距,使其不能提前观察到前方转弯处,这时一旦发生意外情况,驾驶人稍有疏忽大意则会发生事故。因此,为保证行车安全,现行《公路路线设计规范》(JTG D20—2006)分别对公路和城市道路圆曲线的最小半径做了比较严格的规定,如表 4-5、表 4-6 所示。

公路圆曲线最小半径 表 4-5

设计速度(km/h)		120	100	80	60	40	30	20
平曲线半径(m)	一般值	1 000	700	400	200	100	65	30
	极限值	650	400	250	125	60	30	15
不设超高最小半径(m)	$i \leqslant 2\%$	5 500	4 000	2 500	1 500	600	350	150
	$i > 2\%$	7 500	5 250	3 350	1 900	800	450	200

城市道路圆曲线最小半径 表 4-6

速度(km/h)	100	80	60	50	40	30	20
不设超高最小半径(m)	1 600	1 000	600	400	300	150	70
设超高推荐半径(m)	650	400	300	200	150	85	40
设超高最小半径(m)	400	250	150	100	70	40	20

3.缓和曲线

当直线与圆曲线连接,车辆由直线进入曲线时,由于曲率的变化,驾驶人会由于突然受到离心力的影响而产生不舒适感和危险感,为了缓和这种曲率的突然变化,保证行车安全平顺,需要在其间设置缓和曲线,增强道路交通的安全性。所谓的缓和曲线是设置在直线与圆曲线之间或圆曲线与圆曲线之间的为了缓和曲率变化而设置的一种曲率连续变化的曲线。

此外,在路线的曲线段存在超高或加宽时,都应将其设置在缓和曲线段上。这种情况下,由直线的路拱、定宽路面改变为超高、加宽路面也需要缓和段来实现其间的过渡。图 4-2 展示了通过设置缓和曲线能避免驾驶人在圆曲线的起终点视觉上感知的线形突然变化。

a) b)

图 4-2 设置缓和曲线前后线形的变化

《公路路线设计规范》(JTG D20—2006)规定缓和曲线按回旋线设计。当汽车从直线进入圆曲线时,驾驶人按一定速度转动转向盘,按一定车速行驶时则行驶轨迹曲率按曲线长度逐渐变化,轨迹顺滑且刚好符合回旋线,因而回旋线是适合汽车行驶的良好曲线形式。

设 R 为平曲线半径,则其倒数称为曲率。回旋线就是曲率按曲线长度成相同比例增大的曲线,其关系为:

$$\frac{1}{R} = CL \tag{4-2}$$

式中: C ——常数;

　　L ——曲线长度(m)。

我国《公路路线设计规范》(JTG D20—2006)按设计速度,对回旋线的最小长度规定如表4-7所示。考虑到驾驶人的视觉条件,设置回旋线时,应取大于表4-7的数值。

回旋线最小长度 表4-7

设计速度(km/h)	120	100	80	60	50	40	30	20
回旋线长度(m)	100	85	70	60(50)	40	35	25	20

4.超高

汽车在弯道上行进时,会受离心力的作用,汽车会向圆弧外侧推移。离心力的大小,与行车速度的平方成正比,与平曲线的半径成反比。所以,车辆在较小半径的弯道上,车速越快,车身受离心力推向弯道外侧的危险就越大。为预防这种危险情况的发生,驾驶人必须小心谨慎,降低车速。因此,为抵消车辆在平曲线路段上行驶所产生的离心力,在道路设计时,把弯道的外侧提高,将平曲线段的路面横坡做成向内倾斜的单坡横断面,以抵挡离心力的作用,即道路超高,如图4-3所示。道路的超高值规定在2%~6%。

如果用式(4-1)来考虑横向力平衡时,可得出:

$$f_g = \frac{v^2}{R} - gi \tag{4-3}$$

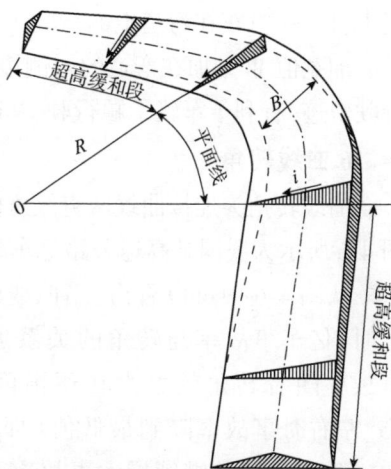

图4-3　道路超高

式中: g ——重力加速度(m/s²);

　　f_g ——作用于汽车的横向加速度,若这个值大,会产生横向摆动,给乘客不舒适的感觉。所以,尽量把超高 i 取大一些。相反,当汽车以低于设计速度的速度在曲线段行驶时,会在重力作用下,沿横断面斜坡向内侧滑动。因此,保险起见要保证车辆在弯道部分停车时不发生向内侧滑移,甚至翻车,超高的设置又不能太大。在曲线部分,除曲率半径非常大和有特殊原因等情况外,都要根据道路的类别和所在地区的寒冷积雪程度,以及设计速度、曲率半径、路面类型、自然条件和车辆组成等设置适当的超高。

5.加宽

汽车在曲线路段上行驶时,靠近曲线内侧后轮行驶的曲线半径最小,靠近曲线外侧的前轮行驶的曲线半径最大。因此,在曲线弯道上行驶的汽车所占有宽度较直线段大。所以,弯道上的路面应当加宽。如图4-4所示,R 为平曲线半径,L 为汽车前挡板至后轴的距离,单车道路面所需要增加的宽度 W 为:

$$W = \frac{L^2}{2R}\mathrm{d}h_0 \tag{4-4}$$

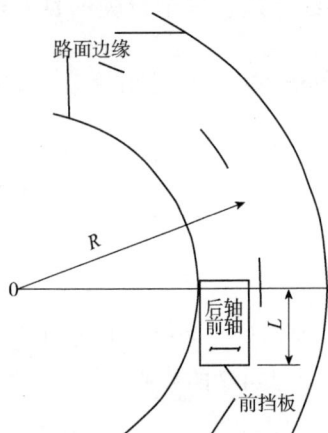

图4-4 弯道加宽

如果是双车道路面,则式(4-4)中求得的 W 值加倍,再加上与车速有关的经验数值公式,即双车道拐弯处路面所需增加的宽度为:

$$W_{双} = \frac{L^2}{R} + \frac{V}{10\sqrt{R}} \tag{4-5}$$

式中:V——汽车在弯道上的行驶车速。

加宽值 W 是加在弯道的内侧边沿,并按抛物线处理,如图4-5所示。这样既符合汽车的行驶轨迹,有利于车辆平顺行驶,又改善了路容。

6.曲线转角

曲线转角为连接曲线两直线之间的偏转角度。曲线转角对道路交通安全也有影响。如图4-6所示为我国某高速公路亿车事故率与路线转角的散点图。

从图4-6中可以看出,当曲线转角在 0°~45° 间变化时,亿车事故率与转角的关系近似呈抛物线形,即事故率随着转角的增大在逐渐降低,当转角增大到25°左右时事故率降到最低值(即抛物线的极值点),此时随着转角的继续增大事故率又开始上升,变化规律明显。

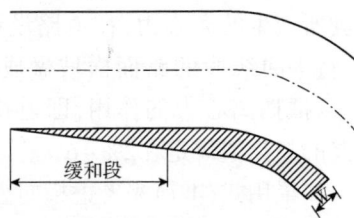

图4-5 路面加宽的过渡

由图4-6可以看出,当路线转角小于或等于 7°(即为小偏角)时,事故率明显高于表4-8中30个样本点的平均值(即平均亿车事故率83.37次/亿车),这一统计结果证实了小偏角曲线容易导致驾驶人产生急弯错觉、不利于行车安全这一传统观点。正因为如此,《公路路线设计规范》(JTG D20—2006)规定当路线转角等于或小于7°时,应设置较长的平曲线。

图4-6表明,当转角值在 15°~25° 间时,事故率最低,交通安全状况最好。驾驶人在正常行车状态下,坐直、头正、目视前方,此时驾驶人的视点一般均集中在(高×宽)10cm×16cm的矩形范围内。曲线转角在20°左右时,驾驶人看到的曲线恰好落于上述矩形范围内,从而使驾驶人在不需要移动视线或转动头部的情况下即可充分了解道路及交通情况,同时也提高

了行车舒适性,减少了行车疲劳和紧张感。

某高速公路不同路段曲线转角下的亿车事故率 表4-8

平曲线半径 1 000~1 100m	转角	4°08′	6°17′	17°54′	24°43′	30°50′	31°02′	34°14′	39°55′	45°00′	86°09′
	亿车事故率	112.52	93.1	30.52	21.34	66.92	114.63	122.45	110.13	120.78	193.76
平曲线半径 2 500m	转角	12°17′	13°52′	14°20′	14°28′	15°53′	22°24′	24°00′	28°20′	36°04′	36°09′
	亿车事故率	63.26	61.97	62.47	68.13	6.47	22.5	30.91	75.44	243.5	119.88
平曲线半径 3 000m	转角	6°41′	7°41′	10°11′	11°27′	11°59′	18°01′	18°04′	22°53′	24°14′	28°21′
	亿车事故率	126.24	125.29	72.33	93.1	87.41	44.48	37.55	39.85	25.98	52.45

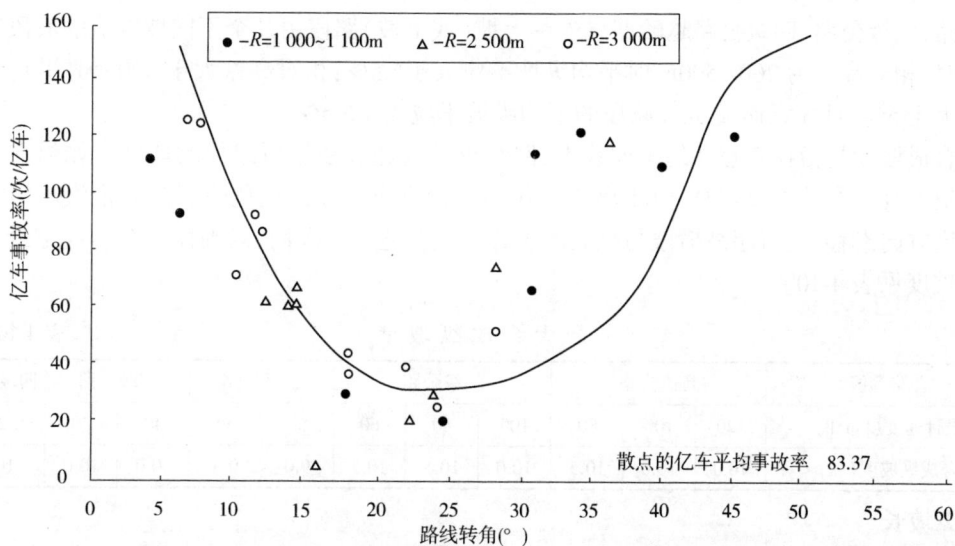

图4-6 某高速公路亿车事故率与曲线转角的关系

事故率与曲线转角之间关系的统计结果表明,在路线设计中合理确定曲线转角对保证行车安全具有重要意义。

二、纵断面线形与交通安全

通过道路中线的竖向剖面,称为纵断面,它主要反映路线起伏、纵坡与原地面的切割等情况。纵断面线形由平坡线、坡线及竖曲线三个几何要素组成。纵断面设计的一般要求为提供足够的视距,足够的排水坡度,保证行车平顺、安全及运营经济。

汽车沿陡坡行驶时,因克服上坡阻力需增大牵引力,车速会逐渐降低,若上坡过长,将引起发动机熄火;若沿陡坡下行,因制动距离比上坡时长,且制动频繁,制动器易发热而失效,易引起交通事故。同时,小汽车爬坡能力强,载重汽车的爬坡能力弱,而往往不同爬坡能力的车辆一起混行,因此,需要采纳适当的纵向坡度和在上坡路段设置爬坡车道,否则会降低道路通行能力,且下坡时增加危险。为保证车辆能以适当的车速在道路上安全行驶,即上坡时顺利,下坡时不致发生危险,在道路设计时对纵坡长度及其坡度设置限值。

1.纵坡

道路的设计应努力保持全程汽车运行的一致性。纵向坡度的标准值,要在经济容许的范围内,按尽可能少降低车辆速度的原则来确定。具体地说,纵向坡度的一般值,按小客车大致以平均行车速度可以爬坡,普通载货车大致按设计速度的1/2能够爬坡的原则来确定。

我国《公路路线设计规范》(JTG D20—2006)对各级公路的最大纵坡所作的规定如表4-9所示。

最 大 纵 坡   表4-9

设计速度(km/h)	120	100	80	60	40	30	20
最大纵坡(%)	3	4	5	6	7	8	9

平均纵坡是指路段高差与水平距离之比,它是衡量线形设计质量的重要指标之一。二级公路、三级公路、四级公路越岭路线连续上坡(或下坡)路段由几个不同坡度值的坡段组合而成时,相对高差为200~500m时平均纵坡不应大于5.5%;相对高差大于500m时平均纵坡不应大于5%,且任意连续3km路段的平均纵坡不应大于5.5%。

合成坡度是指在有超高的平曲线上,路线纵坡与超高横坡所组成的坡度。如果在小半径弯道上且伴有较大纵坡时,由于离心力作用会给汽车行驶造成危险。为防止汽车沿合成纵坡度方向滑移,应将超高横坡与纵坡的组合控制在适当范围内,以确保安全。规定最大合成纵坡度见表4-10。

最 大 合 成 纵 坡 度   表4-10

公路等级	高速公路			一级公路			二级公路		三级公路		四级公路
设计速度(km/h)	120	100	80	100	80	60	80	60	40	30	20
合成纵坡度(%)	10.0	10.0	10.5	10.0	10.5	10.5	9.0	9.5	10.0	10.0	10.0

2.坡长

坡长是指变坡点间的水平直线距离,坡长限值包括最小坡长和最大坡长两个方面。我国《公路路线设计规范》(JTG D20—2006)对各级公路纵坡的最小和最大坡长规定如表4-11、表4-12所示。

不同纵坡最小坡长   表4-11

设计速度(km/h)	120	100	80	60	40	30	20
最小坡长(m)	300	250	200	150	120	100	60

不同纵坡最大坡长   表4-12

设计速度(km/h)		120	100	80	60	40	30	20
坡度(%)	3	900	1 000	1 100	1 200	—	—	—
	4	700	800	900	1 000	1 100	1 100	1 200
	5	—	600	700	800	900	900	1 000
	6	—	—	500	600	700	700	800
	7	—	—	—	500	500	500	600
	8	—	—	—	—	300	300	400
	9	—	—	—	—	—	200	300
	10	—	—	—	—	—	—	200

3.爬坡车道

四车道高速公路、四车道一级公路以及二级公路连续上坡路段对载重汽车的上坡运行速度、路段通行能力、行车安全等产生严重影响的路段,应对载重汽车上坡运行速度的降低值和设计通行能力进行验算。《公路路线设计规范》(JTG D20—2006)规定符合下列情况之一者,宜在上坡方向行车道右侧设置爬坡车道:

(1)沿连续上坡方向载重汽车的运行速度降低到表4-13的容许最低速度以下时。

上坡方向容许最低速度 表4-13

设计速度(km/h)	120	100	80	60	40
容许最低速度(km/h)	60	55	50	40	25

(2)上坡路段的设计通行能力小于设计小时交通量时。

(3)经设置爬坡车道与改善主线纵坡不设爬坡车道技术经济比较论证,设置爬坡车道的效益费用比、行车安全性较优时。

4.竖曲线

纵断面上两纵坡线交点称为变坡点。为保证行车安全、舒适及视距的需要在变坡点处必须设置的纵向曲线称为竖曲线。竖曲线宜采用圆曲线。

竖曲线可以分为凸形竖曲线和凹形竖曲线。凸形竖曲线设于道路纵坡呈凸形转折处的曲线,用以保证汽车按计算行车速度行驶时有足够的行车视距;凹形竖曲线设于道路纵坡呈凹形转折处的曲线,用以缓冲行车中因运动量变化而产生的冲击,保证夜间汽车前灯视线和汽车在桥下行驶的视线。而且,对竖曲线的最小半径和最小长度设置一定限值,表4-14给出了我国《公路路线设计规范》(JTG D20—2006)规定的竖曲线最小半径和最小长度。

一般说来,凸形竖曲线路段的交通事故率要比水平路段高,小半径凸形竖曲线的事故率要比经过改善设计后的竖曲线路段事故率高很多。竖曲线的频繁变换会影响行车视距,严重降低道路安全性能,尤其在凸形竖曲线路段,视距受限会大大增加交通事故率。如在凸形竖曲线的顶部设小半径平曲线或反向平曲线,由于凸形竖曲线遮挡视线,驾驶人往往来不及反应,极易造成交通事故。

竖曲线最小半径与竖曲线长度 表4-14

设计速度(km/h)		120	100	80	60	40	30	20
凸形竖曲线半径(m)	一般值	17 000	10 000	4 500	2 000	700	400	200
	极限值	11 000	6 500	3 000	1 400	450	250	100
凹形竖曲线半径(m)	一般值	6 000	4 500	3 000	1 500	700	400	200
	极限值	4 000	3 000	2 000	1 000	450	250	100
竖曲线长度(m)	一般值	250	210	170	120	90	60	50
	极限值	100	85	70	50	35	25	20

在白天或夜晚照明充足的情况下,凹形竖曲线的视距并不是影响道路交通安全的关键因素,但是在夜晚没有照明的道路上,由于车灯的位置及车灯照明角度的原因,凹形竖曲线上道路能被车灯照亮的部分是有限的。另外,凹形竖曲线上方的跨线结构物,往往会造成视

距障碍,形成安全隐患。因此,凹形竖曲线的设计长度应足够,进而能满足停车视距的要求。

三、线形组合协调与交通安全

道路线形作为道路建设之本,是道路总体设计及效果的主要评价标准,而道路线形组合协调的问题,则是重中之重。线形组合协调就是要考虑驾驶人行车特性及环境与线形之间的关系,做好平面、纵断面、横断面三者之间的组合,并同自然环境相协调,使道路线形能够顺畅、平缓,为车辆行驶创造良好的条件。

1.道路平、纵线形组合设计原则

(1)在视觉上应能自然地引导驾驶人的视线,并保持视觉的连续性。任何使驾驶人感到茫然、迷惑和判断失误的线形,必须尽力避免。

(2)保持平、纵线形的技术指标均衡。这不仅影响线形的平顺性,而且与工程费用相关。对纵面线形反复起伏,在平面上采用高标准的线形是无意义的,反之亦然。

(3)选择组合得当的合成坡度,以利于路面排水和行车安全。

(4)注意与道路周围环境的配合,借以减轻驾驶人的疲劳和紧张程度兼导视线。

2.平、纵形组合设计

1)技术指标应相互协调

道路应该按照驾驶人决策最小化以及减少意外情况来进行设计。事故的次数随着驾驶人决策次数增加而增加。道路设计以及交通控制设施的一致性在减少决策次数方面扮演着非常重要的角色,因为驾驶人是通过他们来感知在某一道路上期望发生的情况。

道路全线的各项技术指标应保持相对均衡,这意味着车辆在道路上行驶就比较安全可靠,易于操作。不同设计路段相衔接处前后的平、纵、横技术指标应逐渐变化,使行驶速度自然过渡。

2)线形连接应协调

线形连接与驾驶人行车心理、生理特性和视觉及反应有密切关系。若行车速度变化幅度大,对于驾驶人来说,容易发生交通事故。根据驾驶人行车特性,线形连接应协调以下几点:

(1)在高填方的曲线路段,由于驾驶人对曲线大小难以准确判断,行车会偏离车道,冲到路下,酿成车祸,因此应沿曲线外侧加设护栏、视线诱导标和路警桩、诱导视线。

(2)两个同向曲线之间插入一个短直线,称为断背曲线。这种线形,行车条件差,容易使驾驶人产生错觉而导致发生事故,因此,应避免出现断背曲线。

(3)直线不宜过长。直线过长会使行车单调,容易使驾驶人思想不集中,反应迟钝,不利于安全行车。

(4)应避免采用由很多短坡路段连在一起的线形。因为在这种线形的道路上行驶,驾驶人只能看见凸出的部分,而看不见凹下隐藏的地方,视线断断续续,行车不畅通,超车视距不好,发生事故的可能性大。

3)平曲线与竖曲线的组合

平曲线与竖曲线组合不良,即使两者都符合设计规范,也常常会成为道路交通安全的隐患。根据实际经验,应注意避免以下几种组合形式:

（1）长直线不宜与坡陡或半径小且长度短的竖曲线组合。

（2）长的平曲线内不宜包含多个短的竖曲线；短的平曲线不宜与短的竖曲线组合。

（3）半径小的圆曲线起、讫点，不宜接近或设在凸形竖曲线的顶部或凹形竖曲线的底部。

（4）长的竖曲线内不宜设置半径小的平曲线。

（5）凸形竖曲线的顶部或凹形竖曲线的底部，不宜同反向平曲线的拐点重合，且不宜设置小半径平曲线。

线形的连接和平曲线与竖曲线组合，在城市市区道路上，问题并不突出，但对于郊区公路尤其是山区公路具有重要意义，必须对这类路段加以改造。对暂时不能改造的路段，应采取相应的交通管制措施，保证交通安全，防事故于未然。

在行车时，驾驶人需要观察了解前方路段的道路交通情况，以适应新的行车条件。由于驾驶人顺着直线或某种曲线扫视时，习惯于使视线平顺地向前，因此为保证行车安全，道路几何线形的组合应该自然流畅。如果道路几何线形组成部分的尺寸变化过大，驾驶人就会在驾驶汽车过程中缺乏足够的思想准备，容易造成交通事故。此外，路外情况或地形条件的突然变化也不利于行车安全。比如，曲线路段会影响驾驶人的视距，当夜晚行车在曲线路段上时，光照距离也较直线段短，从而降低行车的安全性。

四、视距与交通安全

视距是驾驶人在道路上能够清楚看到的前方道路某处的距离。前方道路良好的可视性对驾驶人安全有效驾驶车辆尤为重要。为保证安全，道路设计者应提供足够的视距来保证驾驶人能控制和操作车辆来避免道路上的意外事件。有足够的视距，对于行车安全、行驶速度以及通行能力都很重要。视距之所以成为问题是由于驾驶人发现前方有障碍物就要在其前面停住车（停车视距），或者前方来车需要错开行驶（错车视距），以及在两车道的道路上，要超越其他车辆，就要跨越到另一车道上行驶（超车视距）等情况存在。

如图 4-7 所示为美国事故率与行车视距的关系曲线，图中事故率随视距的增加而降低。当视距小于 100m 时，事故率随视距减小而显著增加；当视距大于 200m 时，事故率随视距增加而缓慢降低；当视距大于 600m 时，事故率基本不再变化。

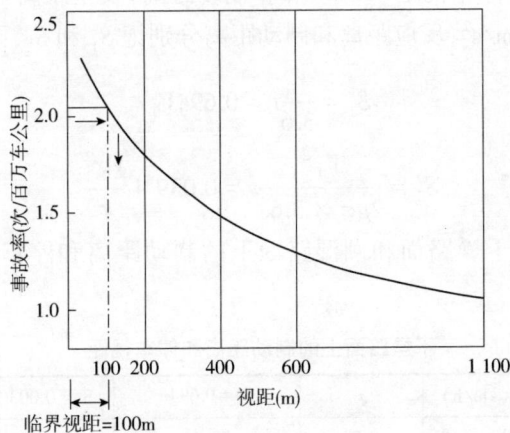

图 4-7 美国事故率与视距的关系

1.停车视距

驾驶人在行驶过程中,看到同一车道上前方的障碍物时,从开始制动至到达障碍物前安全停车的最短距离,称为停车视距。停车视距由三部分距离组成,即驾驶人在反应时间内车辆行驶的距离(l_1)、开始制动至停车的制动距离($l_制$)和安全距离(l_0),如图4-8所示。

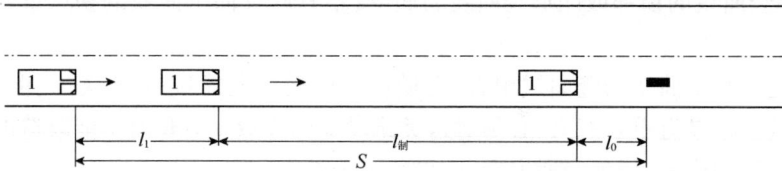

图 4-8 停车视距

驾驶人从发现并确认障碍物,到踩上制动踏板,这段时间叫作驾驶人的反应时间,记作 t_0;从踏下制动踏板到制动生效,这段时间叫作驾驶人的操作时间(即车辆反应时间,或称制动延迟时间),记作 t_1;制动生效时,车辆开始产生减速度,直到车辆停止为止,这段时间可记作 t_2。

设制动前汽车的行驶速度为 V_0(km/h),车在道路上的附着系数为重力加速度为 φ,安全距离为 l_0,并且把 V_0 的单位由 km/h 化为 m/s,则由运动学的原理可知停车视距为:

$$D = \frac{V_0}{3.6}t_0 + \frac{V_0}{3.6}t_1 + \frac{1}{2} \cdot \frac{V_0}{3.6}t_2 + \frac{V_0^2}{2g\varphi \times 3.6^2} + l_0 \qquad (4\text{-}6)$$

由于 t_0 为驾驶人反应时间,t_1 为汽车反应时间,不妨合并称为反应时间 t,即:

$$t = t_0 + t_1$$

t 为12.5s,而 t_2 仅有零点几秒,略去式(4-6)右端中的第三项,得:

$$D = \frac{V_0}{3.6}t + \frac{V_0^2}{2g\varphi \times 3.6^2} + l_0 \qquad (4\text{-}7)$$

式中,l_0 一般取 5~10m,等号右边的第一项,称作反应距离,第二项制动距离称作安全距离,即:

$$停车视距=反应距离+制动距离+安全距离$$

若取 $t=2.5$s,$g=9.8$m/s^2,反应距离和制动距离分别记 S_1 和 S_2,则:

$$S_1 = \frac{V_0}{3.6}t = 0.694V_0 \qquad (4\text{-}8)$$

$$S_2 = \frac{V_0^2}{2g\varphi \times 3.6^2}t = 0.039\ 4\frac{V_0^2}{\varphi} \qquad (4\text{-}9)$$

沥青或水泥混凝土干燥路面和潮湿路面上的制动距离和停车视距如表 4-15、表 4-16 所示。

<table>
<tr><td colspan="6" align="center">干燥路面上的制动距离和停车视距</td><td>表 4-15</td></tr>
<tr><td>设计速度(km/h)</td><td>行驶速度(km/h)</td><td>f</td><td>$S_1 = 0.694v$</td><td>$S_2 = 0.003\ 94v^2/f$</td><td>停车视距 D(m)</td></tr>
<tr><td>120</td><td>102</td><td>0.50</td><td>70.79</td><td>81.98</td><td>152.77</td></tr>
<tr><td>100</td><td>85</td><td>0.52</td><td>58.99</td><td>54.74</td><td>113.73</td></tr>
</table>

设计速度(km/h)	行驶速度(km/h)	f	$S_1=0.694v$	$S_2=0.003\,94v^2/f$	停车视距 D(m)
80	68	0.55	47.19	33.12	80.31
60	54	0.58	37.48	19.81	57.29
50	45	0.59	31.23	13.52	44.75
40	36	0.61	24.98	8.37	33.35
30	30	0.64	20.82	5.52	26.36
20	20	0.65	13.88	2.42	14.30

潮湿路面上的制动距离和停车视距　　　　　表 4-16

设计速度(km/h)	行驶速(km/h)	f	$S_1=0.694v$	$S_2=0.003\,94v^2/f$	停车视距 D(m)
120	102	0.29	70.7	141.3	212.0
100	85	0.30	58.9	94.8	153.7
80	68	0.31	47.1	58.7	105.8
60	54	0.33	37.4	34.8	72.2
50	45	0.35	31.2	22.8	54.0
40	36	0.38	24.9	13.8	38.3
30	30	0.44	20.8	8.1	29.9
20	20	0.44	13.8	3.5	17.3

我国《公路路线设计规范》(JTG D20—2006)规定的停车视距如表4-17所示。

停 车 视 距　　　　　表 4-17

设计速度(km/h)	120	100	80	60	40	30	20
停车视距(m)	210	160	110	75	40	30	20

2.会车视距

两辆汽车在同一条车道上相向行驶,发现时来不及或无法错车,只能双方采取制动措施。使车辆在相撞之前安全停车的最短距离,称为会车视距。会车视距一般为停车视距的2倍。会车视距由两相向行驶车辆的驾驶人反应距离(l_1、l_2),制动距离($l_{制1}$、$l_{制2}$)及安全距离(l_0)组成,如图4-9所示。

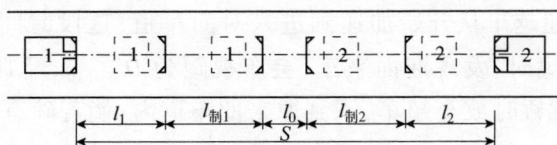

图 4-9　会车视距

3.错车视距

汽车在行驶中发现同迎面车辆在同一条车道上行驶,立即靠右行驶,而从来车左边绕至另一车道并与对面来车在平面上保持安全距离时,两车所行驶的最短距离称为错车视距。在公路等级较低的单车道上行驶或不分上下行的城市道路上行驶时,对错车视距有严格的要求。错车视距由反应距离、绕行距离、来车在绕行时间内所行驶的距离和安全距离组成，如图 4-10 所示。错车视距包括第一辆车的反应距离(l_1)及让车绕行距离(l_2)、对向第二辆车在此时间内行驶的距离(l_3、l_4)和安全距离(l_0)。

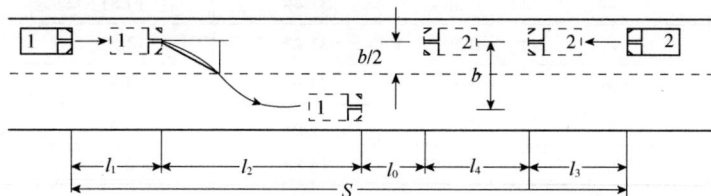

图 4-10　错车视距

4.超车视距

在双车道道路上，汽车绕道到相邻车道超车时，驾驶人在开始离开原行车路线能看到相邻车道上对向驶来的汽车，以便在碰到对向行驶的车辆之前能超越前车并驶回原来车道所需的最短距离，称为超车视距。超车视距有两种情况：

(1)当后车速度高于前车，以行驶时的车速超越前车时，超车时两车的间距 l_2 等于两车制动距离之差 $l_{制1} - l_{制2}$ 加上汽车 1 的反应距离 l_1，如图 4-11 所示。

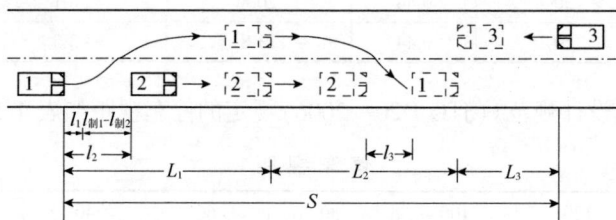

图 4-11　不等速超车视距

(2)等速超车视距。

后车尾随前车行驶，即车速相同，判断认为有超车可能时，加速转入对向车道进行超越。超车视距由三部分组成，即后车加速进入对向车道所行驶的距离 d_1；后车进入对向车道进行超车至超过前车又回到原车道上行驶的距离 d_2；超车完成后与对向来车的距离在超车过程中对向来车行驶的距离 d_3，如图 4-12 所示。

如图 4-12 所示，超越车从开始加速到进入对面车道，这段时间所走过的距离为 d_1，在对面车道内行驶距离时，发现迎面来车，会车视距为 $D_{超min}$。经判断，若继续超越，可能与迎面来车相撞，就暂时放弃超车，回到原来的车道内；倘若确有把握不会碰撞，就继续行进，直到完成超车。如图 4-12 所示的是后一种情况，超越车又经过 $2/3d_2$ 的距离，结束超车。即超越车在对面车道上行驶总距离为 d_2。回到原车道时，它与迎面来车之间的距离为 d_3。为了安全，一般规定 d_3 为 $30\sim100\mathrm{m}$，d_4 为超越车走过时，迎面来车所驶过的距离。

我国《公路路线设计规范》(JTG D20—2006)规定的二级公路、三级公路、四级公路的超车视距如表 4-18 所示。

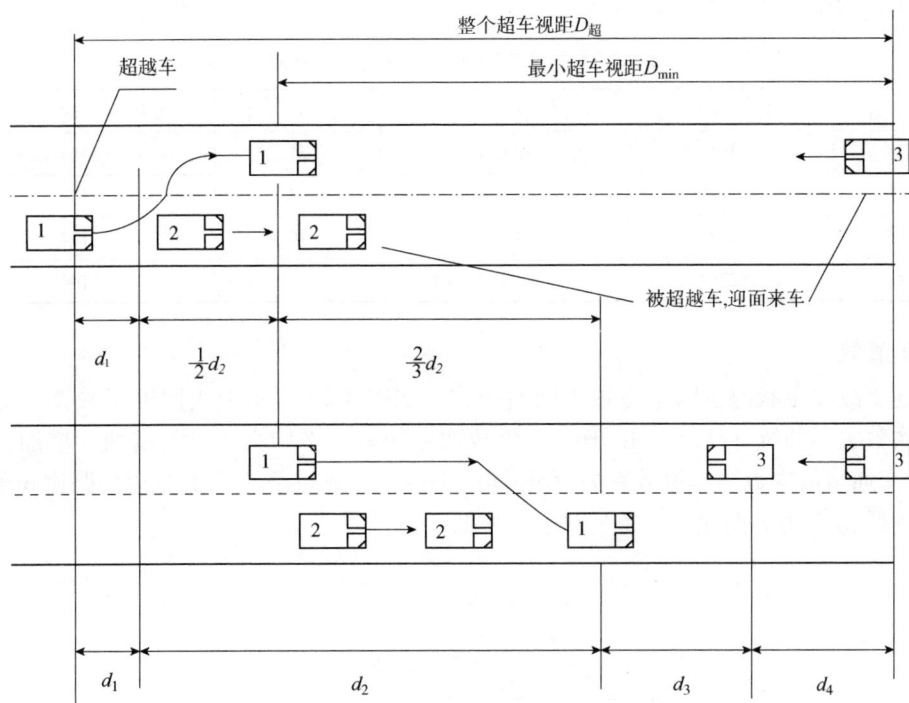

图 4-12　加速超车视距

超 车 视 距　　表 4-18

设计速度(km/h)		80	60	40	30	20
超车视距(m)	一般值	550	350	200	150	100
	最小值	350	250	150	100	70

　　汽车在弯道上行驶时,弯道内侧行车视线可能被树木、建筑物、路堑边坡等障碍物阻挡而使行车视距受到影响。因此,在路线设计时,必须检查平曲线上的视距是否能得到保证,如有遮挡时,则必须清除视距区段内侧横净距内的障碍物。

第二节　道路横断面与交通安全

一、横断面形式及车道数与交通安全

1.道路横断面形式

　　道路横断面是指垂直于道路中心线沿道路宽度方向的断面,其组成包括道路建筑红线范围内的各种人工结构物,如行车道、人行道、分隔带、绿化带、设施带等,通常以道路中心线相对称。横断面设计对于满足交通需要,保证交通运输的通畅和安全,适应各项设施的要求,及时排除地面积水,以及合理安排地上杆线和地下管线,都具有十分重要的意义。横断面形式分为单幅路、双幅路、三幅路和四幅路四种。

　　根据我国某城市 76 条道路的事故调查资料,该市城市道路对应不同横断面形式的事故率如表 4-19 所示。

某市城市道路不同横断面形式的事故率　表 4-19

横断面形式	事故数(次)	事故率(次/亿车公里)	道路数(条)	平均事故率(次/亿车公里)
单幅路	1 191	10 011	61	164
双幅路	111	520	4	130
三幅路	273	1 341	10	134
四幅路	220	415	4	104

2.车道数

交通事故发生状况也因车道数不同而变化。如图 4-13 所示为美国道路种类与交通量及事故次数关系的统计结果。由图可知,事故次数随着日平均交通量的增加而增加。同时可看出,交通事故次数与车道数有关,在相同的平均日交通量条件下,8 车道公路比 6 车道公路事故率低,6 车道公路比 4 车道公路事故率低。

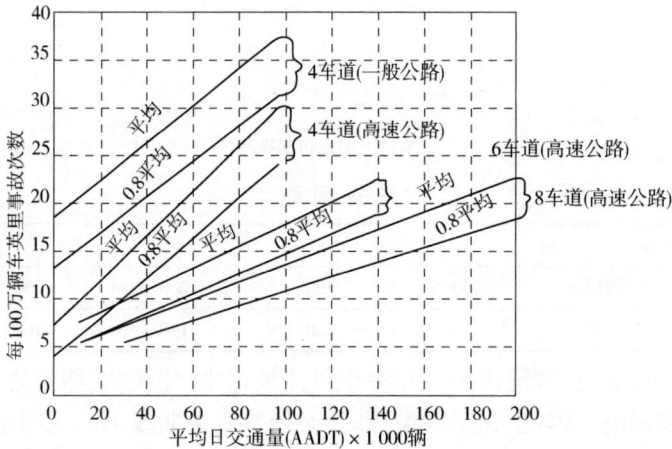

图 4-13　美国道路种类与交通量及事故次数关系的统计

城市道路交通量大,交通组成复杂,因此交通事故的规律性不如公路上明显。但从宏观分析可知,车道数越多,通行能力越大,行车越畅通,道路状况越安全。根据某市城市道路的事故调查资料,得到该市城市道路对应不同车道数的事故率,如表 4-20 所示。

某市城市道路不同车道数的事故率　表 4-20

车道数类型	事故数 (次)	事故率 (次/亿车公里)	道路数 (条)	平均事故率 (次/亿车公里)	不同车道数事故率 (次/亿车公里)
2 车道	169	1 584	18	88	88
4 车道	511	2 075	25	83	86
4 车道有中央分隔带	4	150	2	75	
4 车道有机非分隔带	59	404	4	101	

车道数类型	事故数（次）	事故率（次/亿车公里）	道路数（条）	平均事故率（次/亿车公里）	不同车道数事故率（次/亿车公里）
6 车道	357	1 078	11	98	
6 车道有中央分隔带	20	76	1	76	83
6 车道有机非分隔带	214	450	6	75	
8 车道	109	273	3	91	
8 车道有中央分隔带	75	162	2	81	
8 车道既有中央分隔带又有机非分隔带	220	284	4	71	81

　　分析表 4-20 数据发现,事故率随车道数的增加而降低。2 车道的单幅路事故率最高。当车道数为 4 车道时,增加中央分隔带将对向车流分离,事故率明显降低。增加机非分隔带后,虽然可以将机动车与非机动车分离,但对向车流问题没有得到解决。在我国,机动车与非机动车的事故一般较轻,而对向车辆发生的交通事故往往相对严重。当车道数为 6 车道时,增加中央分隔带或增加机非分隔带后,事故率均有所降低,但两者之间的区别并不明显。当车道数为 8 车道时,4 块板形式比 2 块板形式更加安全。总体来说,8 车道事故率最低,安全状况最好。

3.行车道宽度

　　根据美国和英国研究的结果,车道较宽时则事故较少。机动车 2 车道路面如宽度大于 6m,其事故率较路面宽度为 5.5m 的道路要低得多。目前美国的标准车道宽度规定为 3.65m,我国《城市道路工程设计规范》(CJJ 37—2012)规定,不同道路设计车速下机动车车道最小宽度取值见表 4-21。但如果车道过宽,例如大于 4.5m,则由于有些车辆试图利用富余的宽度超车,反而会增加事故。画有车道标线的公路,由于规定车辆各行其道,其事故率会降低。

机动车车道最小宽度　　　　　　　　　　　　　　　　表 4-21

车型及车道类型	设计车速(km/h)	
	>60	≤60
大型车或混行车道(m)	3.75	3.50
小客车专用车道(m)	3.50	3.25

　　一些调查研究表明,车道宽度变宽,交通事故减少。日本的道路宽度与昼夜间交通事故次数关系见表 4-22。由表可知,随着道路宽度的增加,昼夜事故次数减少,但道路宽度增加会使车速增高、车流增大,从而使平均每公里事故发生次数增加,特别在相当于干线道路宽度以上的道路上,事故发生的可能性更高。除此以外,交通事故也与道路性质相关,也因路肩、中央分隔带、路面状况而异。

日本的道路宽度与昼夜间交通事故次数关系 表 4-22

昼夜 / 路宽	昼	构成率	夜	构成率	合计	构成率	每公里交通事故发生次数
3.5m 以下	20 733	4.7	4 342	2.1	25 075	3.9	0.1
3.5~5.5m	78 881	18	21 958	10.7	100 839	15.7	0.1
5.5~9.0m	217 775	49.8	103 347	50.2	321 122	49.9	1.8
9.0~13.0m	60 766	13.9	36 285	17.6	97 051	15.1	1.8
13.0~19.5m	45 120	10.3	32 165	15.2	76 385	11.9	5.5
19.5m 以上	10 632	2.4	7 762	3.8	18 394	2.9	7
其他道路	3 227	0.7	1 004	0.5	4 231	0.7	—
合计	437 134	100	205 963	100	643 097	100	—

二、路肩与交通安全

路肩是指行车道外缘到路基边缘,具有一定宽度的带状部分。路肩的作用主要是:增加路幅的富余宽度;保护和支撑路面结构,供临时停车使用;为公路其他设施提供设置场地;汇集路面排水。

路肩的结构对车辆的行驶安全也极为重要。车辆一旦离开路面进入土质路肩区,由于路肩结构与路面结构差异较大,车辆很容易失去控制而发生危险。因此,设置一定宽度的路肩并进行加固,对行车安全具有良好的保障作用。

路肩通常包括硬路肩(高速公路和一级公路含路缘带)和土路肩。

硬路肩是指进行了铺装的路肩,常用于高速公路和一级公路。经过高速公路建设及运营实践,硬路肩一般宽度为3.00m 或3.50m,4 车道高速公路宜采用3.50m,6、8 车道高速公路可采用3.00m($v=120km/h$);一级公路硬路肩为3.00m($v=100km/h$)、2.50m($v=80km/h$ 或60km/h)。直线路段的路肩一般应设置向外倾斜的横坡,其横坡值可与行车道路面横坡度相同或稍大于路面横坡度。曲线路段的路肩横坡,内侧与行车道路面横坡度相同,外侧与行车道路面横坡度相同或设置向外倾斜的横坡,应按规定并考虑路面施工方法论证选择。

土路肩是指不进行铺装的路肩,用于各级公路,宽度一般采用0.5m、0.75m,四级公路2 车道土路肩宽度采用0.25m。土路肩的排水性远低于路面,故其横坡度较路面宜增大1.0%~2.0%。

高速公路采用分离式断面时,行车道左侧应设硬路肩,其宽度为1.25m($v=120km/h$)、1.00m($v=100km/h$)、0.75m($v=80km/h$ 或60km/h)。

当路肩较窄时,在路肩上停留的汽车会占去一部分路面,以较大速度行驶的汽车极易与其发生相互碰撞。路肩较宽时,可以给驾驶人以较大的操作空间,这不仅可以增加驾驶人的安全感,而且还可以给故障车辆提供临时停靠的地点,不致阻塞交通,有利于行车安全。紧急状态下,路肩还可以作为事故救援的通道。

美国国家公路合作研究项目(National Cooperative Highway Research Program,简称NCHRP)633 号报告针对路肩的宽度对交通安全的影响进行了量化的分析,推荐使用如表4-23所示的事故发生率修正系数(Accident Modification Factors)。这里的 Accident

Modification Factors（AMFs）是指事故在不同设计参数的情况下的修正系数,或是折减系数。

美国基于平均路肩宽度的事故发生率修正系数（AMFs）　表4-23

类　　别	平均路肩宽度（ft）							
	0	3	4	5	6	7	8	10
没中央分隔带,多车事故	1.39	1.00	0.90	0.80	0.72	0.64	0.58	0.46
没中央分隔带,所有事故	1.22	1.00	0.94	0.87	0.82	0.76	0.71	0.63
有中央分隔带,单车事故	1.17	1.00	0.95	0.90	0.85	0.81	0.77	0.69
有中央分隔带,多车事故	1.51	1.00	0.87	0.76	0.66	0.58	0.50	0.38
有中央分隔带,所有事故	1.43	1.00	0.89	0.79	0.70	0.62	0.55	0.44

注:平均路肩宽度对于没中央分车带的公路是指右路肩;对于有中央分车带的公路是指同一方向的左右路肩之和。

三、分车带与交通安全

分车带是道路行车上纵向分离不同类型、不同车速或不同行驶方向车辆的设施,以保证行车速度和行车安全。分车带常用水泥混凝土路缘石围砌,也可用水泥混凝土隔离墩或铁栅栏,还可以在路面上画出白色或黄色标线,以分隔行驶车辆。

分车带对解决机动车与机动车和机动车与非机动车的分离,提高道路通行能力,保证交通安全具有十分重要的作用。按其在横断面上的不同位置和功能,分为中央分车带及两侧分车带。

1.中央分车带

中央分车带是指在高速公路、一级公路及城市双幅路和四幅路断面道路中间设置的分隔上下行驶交通的设施。

中央分车带的作用:分隔上下行车流;杜绝车辆随意掉头;减少夜间对向行车眩光;显示车道的位置,诱导视线;为其他设施提供场地。

我国《公路工程技术标准》（JTG B01—2014）规定,高速公路、一级公路整体式断面必须设置中间带,不同设计速度对应中间带宽度见表4-24。

分离式断面中央分车带宽度宜大于4.50m。此时中央分车带宽度可随地形变化而灵活运用,不必等宽,且两侧行车道亦不必等高,而应与地形、景观相配合;中央分车带应做成向中央倾斜的凹形;行车道左侧设置左侧路缘带。当行车道与中央分隔带均用水泥混凝土修筑时,分隔带应用彩色路面以示区别。城市道路采用狭窄分隔带时,常在其上嵌以路钮与猫眼。

中 间 带 宽 度　表4-24

设计速度（km/h）		120	100	80	60
中央分隔带宽度（m）	一般值	3.00	2.00	2.00	2.00
	最小值	2.00	2.00	1.00	1.00
左侧路缘带宽度（m）	一般值	0.75	0.75	0.50	0.50
	最小值	0.75	0.50	0.50	0.50
中间带宽度（m）	一般值	4.50	3.50	3.00	3.00
	最小值	3.50	3.00	2.00	2.00

中央分车带的宽度一般情况下应保持等宽度。当宽度发生变化时,应设置过渡段。中央分车带过渡段以设在回旋线范围内为宜,其长度应与回旋线长度相等;中央分车带宽度较宽时,过渡段以设在半径较大的圆曲线范围内为宜。

美国国家公路合作研究项目(National Cooperative Highway Research Program,简称NCHRP)633号报告对中央分车带的宽度对交通安全的影响进行了量化的分析,推荐使用如表4-25所示的事故发生率修正系数(Accident Modification Factors,简称 AMFs)。

美国基于中央分车带宽度的事故发生率修正系数(AMFs)　　　　表 4-25

类别	中央分车带宽度(ft)							
	10	20	30	40	50	60	70	80
所有事故	1.00	0.91	0.83	0.75	0.68	0.62	0.57	0.51

2.两侧分车带

两侧分车带是布置在横断面两侧的分车带,其作用与中央分车带相同,只是布置的位置不同。两侧分车带常用于城市道路的横断面设计中,它可以分隔快车道与慢车道、机动车道与非机动车道、车行道与人行道等。

四、路基与交通安全

路基是行车部分的基础,它由土、石按照一定尺寸和结构要求建筑成带状的土工结构物。对于公路,路基是指道路路面下面的基础结构。高于原地面的填方路基称为路堤,即高路基;低于原地面的挖方路基称为路堑,即矮路基。在我国公路项目的论证评审及施工过程中,矮路基方案因为地下水的影响、排水不畅、基础处理、线形组合及横向通道设置使纵断面起伏等一系列问题常被否决,这使得我国的高等级公路路基多为高路基。而高路基对于行车安全十分不利,一旦车辆发生意外,很容易造成严重的交通事故。表4-26为我国某省公路翻车事故统计,图4-14为该省公路翻车事故的死亡率与全部事故平均死亡率的对比关系。由此可知,在公路(尤其是高等级公路)上,由于路基较高,容易发生翻车事故。翻车事故所造成的死亡率高于道路交通事故的平均死亡率,因此事故比较严重。

某省公路翻车事故统计分析　　　　表 4-26

公路等级	事故次数(次)	受伤人数(人)	死亡人数(人)	死亡率(%)	事故总数(次)	事故形态种类	平均死亡率(%)
高速公路	187	49	13	21.0	1 984	11	
一级公路	49	44	14	24.1	3 661	11	
二级公路	150	137	39	22.2	5 881	11	19.58
三级公路	200	157	52	24.9	5 972	11	
四级公路	52	47	26	35.6	1 690	10	
等外路	56	66	24	26.7	1 877	10	

在道路基础宽度一定时,因路面宽度的要求,高路基结构会导致坡度增加,而路基边坡

变陡通常将加重交通事故的严重性。在行车辆在大坡度的陡路基上发生意外时其事故类型接近于坠车。就减轻事故伤害而言,采用矮路基及缓边坡更有利。

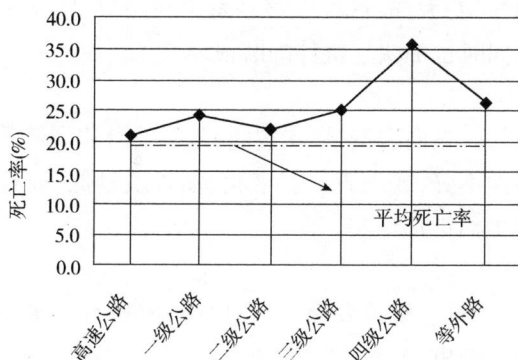

图4-14 某省高速公路翻车事故死亡率与平均死亡率对比关系

➡第三节 道路路面与交通安全

一、路面分类及质量与交通安全

1.道路路面种类

从路面结构的力学特性以及设计方法的相似性出发,可以将路面主要划分为柔性路面、刚性路面和半柔性路面三类,这里主要研究柔性路面和刚性路面对道路安全的影响。

各种沥青路面与碎石都属于柔性路面。它是一种与荷载保持紧密接触且将荷载分布于土基上,并借助粒料嵌锁、摩阻和结合料的黏结等作用而获得稳定的路面。它具有一定的抗剪和抗弯能力,在重复荷载作用下容许有一定的变形。柔性路面是以路面的回弹弯沉值作为强度指标,利用弯沉仪测量路面表面在标准试验车后轮的垂直静载作用下轮隙回弹弯沉值,用来评定路面强度。

水泥混凝土路面属于刚性路面,它具有较大的刚性与抗弯能力,是能直接承受分布车辆荷载到路基的路面结构,承载能力取决于路面本身的强度。铺设适当的基层可为刚性路面提供良好的支撑条件。

2.道路路面质量对交通安全的影响

1)沥青路面质量对交通安全的影响

对于沥青路面来说,具有平整无接缝、结构柔、振动小、噪声低、行车较舒适、施工及成型快、周期短、维修方便等优点,但是其强度和稳定性受基层、土基影响较大,沥青混合料力学性能受温度影响大,因此沥青路面可能发生的病害会对道路安全产生如下影响:

(1)泛油。

汽油是由于在高温情况下,沥青混合料中沥青含量过多或空隙率太小,就会形成泛油,轻则形成沥青黏膜,重则形成"油海"。油黏在轮胎上,降低了行车速度,增加了行驶阻力。雨天,多余的沥青降低了路面防滑性能,影响行车安全。

（2）油包、油垄。

由于石料级配不当，油量过大，使得路面在车辆水平力作用下推移变形。车辆制动或起动时的摩擦力比匀速行驶时要大，故这种病害多发生在路口、停靠站的路面上。油包、油垄严重影响行车的舒适性，同时也加快了机件的磨损。

（3）裂缝。

裂缝主要分为横向裂缝、纵向裂缝、块状裂缝、龟裂及滑移裂缝等。它是由于施工不良、路基沉陷，造成路面整体性不好，或沥青材料老化、沥青质量低、油石比过小等原因造成的，影响路面的平整度，干扰车辆正常行驶。

（4）麻面。

麻面主要是由于施工不符合规范要求、油石比小、搅和不均匀等造成，严重时可使行车颠簸，对于非机动车交通影响更大。

（5）滑溜。

由于集料硬度和磨光值不够或路面使用时间长，路表集料棱角被磨成圆滑或平滑状，会形成磨光现象。表面滑溜还表现在石料的磨损或路面泛油现象，会危及行车安全，对道路交通的影响很大。

（6）松散与坑槽。

这种现象产生的原因主要是由于沥青与矿料之间的黏附性较差，在水或冰冻的作用下，沥青从矿料表面剥离所致；或者另一种可能性是由于施工中混合料加热温度过高，致使沥青老化失去黏性，表现为沥青从矿料表面脱落，在车辆的作用下沥青面层呈现松散状态，以致从路面剥落形成坑凹，进而会引起道路安全的隐患。

2）水泥混凝土路面质量对交通安全的影响

水泥混凝土路面是一种刚性路面，其内在质量对交通安全有很大影响，主要表现在：其对地基的不均匀沉降适应能力差，地基不均匀沉降及水泥混凝土质量不好会产生断板、错台，且不易修补；接缝多，一旦填缝材料失效，地表水从接缝渗入基层乃至路基，使混凝土板在车辆行驶的作用下，产生挤力将基层细料掏走，导致板端（底）脱空、断板；若处理不及时，地表水渗入积聚在破损后的基层内并透过基层渗入路基，使基层和土基吸水软化、失稳，支承力下降，引起路面损坏加剧，直接影响行车舒适性，危及行车安全。

3）路面强度及路面稳定性对交通安全的影响

路面强度是指路面整体对变形、磨损和压碎的抵抗力。路面强度越高，耐久性越好，则越能适应较大的行车密度和复杂的车辆组成，即路面抵抗变形、磨损和压碎的能力越优，其使用耐久性越好，保证行车安全及行车舒适。因此，路面应具有足够的强度，在行车和自然因素的作用下，不产生不允许的变形、过多的磨损和压碎现象。

路面稳定性是指路面强度不随气候、环境（如温度、湿度）变化而变化的能力。如由质量不高的沥青铺装的路面在高温时会变软而产生轮辙和推移等现象，在低温时易变脆、开裂；又如路基中若含水分过多，在春融季节，路面强度会降低，在车辆作用下发生路面翻浆现象。这不仅影响行车过程的舒适性，还极易引发交通事故。为了保证路面使用的全气候性，应使路面强度随气候因素变化的幅度尽量减小，具有足够的稳定性。

二、路面平整度与交通安全

平整度是路面表面相对于真正平面的竖向偏差,它是道路路基质量和路面质量的直接反映。平整度差的道路会加剧车辆磨损、增大燃油消耗、影响行车舒适性、降低行车速度、危及行车安全。路面平整度不好主要反映在两个方面:一是形成波浪或搓板;二是有坑槽、车辙或凸起。车辆在有波浪或搓板的路面上行驶,车辆上下(或左右)起伏、摆动,时而行驶在短波长、高频率、低振幅路段,时而在长波长、低频率、高振幅的路面上行驶,造成驾驶人和乘客心理紧张,旅行劳累,在弯道上行驶或超车时,稍有疏忽,车辆便会驶离正常车道,发生交通事故。

汽车在有坑槽、凸起的道路上行驶,极易损坏轮胎和钢板(弹簧),造成驾驶人和乘客心理紧张,也容易引发行车安全事故。

1.平整度标准

平整度是路面表面的平整程度,是路面质量的重要指标之一,它直接影响到行车平稳性、乘客舒适性、路面寿命、轮胎磨损和运输成本。

根据《公路工程质量检验评定标准　第一册　土建分册》(JTG F80/1—2012),我国沥青路面平整度采用连续式路面平整度仪或3m直尺控制施工质量,其数据如表4-27所示。用3m或4m直尺量测路面平整度是当前各国仍在沿用的简易方法,表4-27的允许偏差实际上为验收或养护路面而定,并非从汽车行驶的路面行车质量与理论的推导值。

施工中沥青路面面层平整度控制标准　　　　　　　　　　　　　　表4-27

沥青路面种类	允许偏差		检查频率				检查方法	
	平整度仪	3m直尺	范围	数量				
				平整度仪	3m直尺		平整度仪	3m直尺
	(mm)	(mm)	(m)					
沥青混凝土	≤2.5	≤5	100	连续	公路		10杆	2车道测1条轨迹测	连续或随机抽样
沥青碎石									
上拌下贯式	≤3.5	≤8			城市道路	路宽(m)	<9 → 5杆 9~15 → 10杆 >15 → 15杆	4车道测2条轨迹测	
表面处治	≤4.5	≤10							

我国水泥混凝土路面平整度,规定用3m直尺连续量测三次,取最大三点的平均值控制施工质量。高速公路和一级公路的允许偏差为3mm,其他公路为5mm。

2.路面粗糙度

路面粗糙度可用车辆纵向紧急制动距离、纵向摩擦系数和横向摩擦系数来表示。目前,常用摆动式摩擦系数测定仪测定路面的摩擦系数。

3.路面构造深度

路面构造深度是用于评定路面表面的宏观粗糙度、路面表面的排水性能及抗滑性能的指标。路面构造深度越小,表明路面越光滑。在一般情况下,路面摩擦系数变小,会丧失渗水、排水的功能,容易产生汽车滑水现象,造成严重的交通事故,因而路面必须保持一定的粗糙度。目前,国内新推广的等粒径石子沥青路面(SMA路面),可以在一定程度上解决小雨时路面与车轮的排水问题,从而减少交通事故。

三、路面抗滑性与交通安全

路面抗滑性反映了路面安全方面的使用性能,可通过测定路表抗滑性能指标来评定。路面的抗滑性能必须满足两个方面要求:表面的抗滑性和耐久性。抗滑性与路面结构、表面的纹理和表面处理有关;耐久性则与路面的内在质量及与路面材料的耐磨性有关。

美国宾夕法尼亚州调查的路面状况和交通事故率的关系表明,如果路面干燥时发生事故危险的比例是1的话,那么路面潮湿、降雪和结冰时,危险比例大致相应为2、5和8,如表4-28所示。

路面状况与交通事故率关系   表4-28

路面状况	每百万车公里交通事故率	路面状况	每百万车公里交通事故率
干燥	1.6	降雪	8.0
湿润	3.2	结冰	12.8

路面抗滑性能是指车辆轮胎受到制动时沿路表面滑移所产生的力。路面抗滑性能主要是取决于路表的细构造和粗构造。细构造是指路面集料表面的构造(粗糙度);粗构造指面层表面外露集料之间形成的构造。为了行车安全需要,路面的抗滑性应当达到一定的标准。当道路表面的抗滑能力小于要求的最小限度时(纵向摩擦系数,水泥混凝土路面为0.5~0.7,沥青混凝土路面为0.4~0.6,沥青表面处治及低级路面为0.2~0.4,干燥路面数值取高限,潮湿时取低限),车辆行驶中稍一制动就可能产生侧滑而失去控制。特别是道路表面潮湿或覆盖冰雪时,发生侧滑的危险性增大,在弯道、坡路和环形交叉处,尤其容易发生滑溜事故。

衡量路面抗滑性的重要指标是路面摩擦系数,又称为路面抗滑系数,它是指汽车在水平路面上行驶或制动时,路面对轮胎滑移的阻力与轮载的比值,即:

$$f = \frac{F}{P} \tag{4-10}$$

式中:f——路面摩擦系数;

F——路面对轮胎滑移的阻力;

P——车轮的荷载。

路面摩擦系数按摩擦阻力的作用方向,分为纵向、横向摩擦系数。路面摩擦系数与路面对轮胎滑移阻力成正比,与轮胎所受荷载成反比,和接触面积无关。而摩擦系数的大小取决于路面类型、道路表面的粗糙程度、路面干湿状态、轮胎性能及其磨损情况等,并与轮载的大小成反比,与接触面积无关。为保证汽车安全行驶,路面必须有较大的摩擦系数。我国采用一定车速下的纵向摩擦系数或制动距离作为路面抗滑能力的指标。

考察事故原因,单纯因路滑造成的事故仅占一定比率,加大路面的摩擦系数虽可减少事故与损害程度,却不能根除事故。反之,如摩擦系数过大,则行驶阻力大、耗油量大、车速降低且舒适性差。因此,路面防滑也要综合地从安全、迅速、经济上考虑。

我国用摆式仪测定摩擦系数,它可以测定路面干燥或湿润条件下的纵向、横向的摩擦系数。沥青路面抗滑标准如表4-29所示。

沥青路面抗滑标准　　　　　　　　　　表 4-29

路段分类 公路等级	一般公路			环境不良路段		
	摩擦系数	构造深度（mm）	石料磨光值	摩擦系数	构造深度（mm）	石料磨光值
高速公路 一级公路	0.52~0.55	0.6~0.8	42~45	0.57~0.60	0.6~0.8 （1.0~1.2）	47~50
二级公路	0.47~0.50	0.4~0.6	37~40	0.52~0.55	0.3~0.5 （1.0~1.2）	40~45
三级公路 四级公路	≥0.45	0.2~0.4	≥35	≥0.50	0.2~0.4 （1.0~1.2）	≥40

如表 4-29 所示的环境不良路段指高速公路的立交、加速与减速车道、其他各级公路指交叉路口、急弯、陆坡或集镇附近。表列数值对低级公路或年降雨量小于 500mm 地区可用低值，反之用高值，年降雨量小于 100mm 的干旱地区可不考虑抗滑要求，括号内数值是易形成薄冰的路段。

路面的抗滑性差显然会增加事故的发生率，但单方面提高路面的摩擦系数，虽然可以在一定程度上减少交通事故的发生及其损害后果，但并不能从根本上消除交通事故的发生；路面摩擦系数过大反而使车辆行驶阻力增加，油耗增大，轮胎磨损加快，车速降低，行车舒适性下降。因此，路面防滑需要从安全、快速、经济等多方面综合考虑。

➡第四节　道路交叉与交通安全

道路交叉是指不同方向的道路间相交的部位，不同方向的道路通过交叉口相互连接起来，构成道路网络。道路交叉口作为道路网的重要枢纽点，是不同方向道路上的车流、人流汇集的地方。在该处，由于车辆与车辆之间、车辆与横过道路行人之间的相互干扰，降低行车速度，容易造成交通阻塞，同时因车辆之间、车辆与行人之间抢行而导致交通事故的发生。道路交叉按照道路相交状态的不同分为平面交叉和立体交叉。

一、平面交叉与交通安全

1.概述

在平面交叉口处，由于多个不同方向的交通流汇入，致使交通量大幅度增加，而且由于驾驶人和行人在"抢行心理"的作用下，使得各方向交通流存在许多可能导致事故发生的潜在冲突点，在平面交叉口处，驾驶人在观察交汇道路时其视线常常容易受到路旁建筑物或前进大型车辆的遮挡等原因而受到影响，形成视线盲区，这些原因都可以导致交通事故的发生。据统计，车辆通过信号交叉口的时间延误约占全程时间的 31%，发生在交叉口的交通事故占道路事故总数的 35%~59%。因此，可以说交叉口是道路交通的咽喉。同时平面交叉口规模的不同，发生交通事故的形态也不相同。据统计，在规模较大的平面交叉口，车辆之间的事故约占 85%，人车之间的事故约为 15%；而规模较小的平面交叉口，车辆之间的事故约占 73%,而人车之间的事故约占 27%。

美国有关研究机构论证了交叉口内影响道路安全的主要因素有:相交道路数、交叉角度、视距、线形、辅助车道、渠化交通、路面摩阻系数、转弯半径、照明、车道和路肩、机动车道、道路优先权分配(作用、标志、信号等)、驶进交叉口的车速等。

2. 平面交叉的类型与交通安全

根据平面交叉相交道路条件和交通管制方式的不同,可将其划分成不同的形式。澳大利亚有关研究机构对不同形式的交叉口作过对比调查研究,不同形式交叉口的事故率如表 4-30 所示。

交叉口类型与事故率   表 4-30

	交叉口类型	调查数量	平均事故率(次/10^7 进入交叉口车辆数)
十字交叉口	市区:信号控制	138	1.7
	市区:无信号控制	31	2.4
	高速:信号控制	35	2.5
	郊区:无信号控制	128	5.2
T形交叉口	市区:信号控制	32	1.4
	市区:无信号控制	58	1.5
	高速:信号控制	15	1.1
	郊区:无信号控制	210	1.3
多条路相交	市区:无信号控制	13	1.2
	环形交叉口	68	1.6
	公路错位 T 形交叉	28	2.9

对于无信号控制的交叉口,无论是十字交叉口和 T 形交叉口,事故率偏高,主要是由于道路交通的优先权分配和视距保证的问题。而对于环形交叉口,驶入交叉口的车速是交通安全的关键因素。

一般来说,当交叉口交通量发展到接近停车或让路标志交叉口所能处理的能力时,应对交叉口采取信号控制;城市分主、次干路时,停车线应设在次干路上以便让路;交叉口交通阻塞,可用实行单向交通等办法来解决,但附近的交叉口可能受到左、右转弯车增多的不利影响,应慎重考虑。

3. 平面交叉的道路条数及交角与交通安全

根据道路向交叉口汇集条数将交叉口划分为三路交叉、四路交叉和五路交叉等。随着交叉口道路汇集条数的增加,交叉口内交通流的冲突点、合流点和分流点会显著增加。一般平面交叉的相交道路宜为 4 条,不宜超过 5~6 条。在未设交通信号或无交通警察指挥的交叉口,车辆相撞的危险性更大,交叉口内的交错点如表 4-31 所示。

平交路口的交叉角应近于直角,主干路应近于直线,平面与纵断线形应缓和。错位交叉、斜向交叉等变形交叉应改善交叉状况,采取设置渠化岛等措施,增大相交道路车流方向的交角,以利于车辆安全行驶,提高通行能力。

交叉路口道路条数与冲突、合流、分流点数　　　表 4-31

交错点类型	无信号控制			有信号控制		
	相交道路的条数			相交道路的条数		
	3 条	4 条	5 条	3 条	4 条	5 条
分叉点	3	8	15	2 或 1	4	4
汇合点	3	8	15	2 或 1	4	6
左转车流冲突点	3	12	45	1 或 0	2	4
直行车流冲突点	0	4	5	0	0	0
交错点总数	9	32	80	5 或 2	10	14

4.平面交叉的渠化及车道设计与交通安全

平面交叉的交通渠化是指在道路上通过划线、设置交通标志或导流岛等利用其他分隔措施按交通量的大小分隔车道,有效的分隔或控制冲突的交通流,规范交叉口内交通流的行驶轨迹,减小冲突区域,从时间和空间上协调好交叉口各向车流的运行,提高交叉口的通行效率和安全性。

1)左转车道与交通安全

在城市交叉口,左转弯可能带来一些问题,如增加冲突、延误和事故,并经常使交通信号复杂化。在郊区主要道路交叉口处,这些问题尤其严重,因为这些地方左转弯交通量很大。因此,左转弯的处置会对主干道的安全和运营产生重要影响。开辟左转车道是公认的改善交叉口安全性的方法之一,它可以有效地减少交叉口处左转车引起的交通事故。

美国国家公路合作研究项目(National Cooperative Highway Research Program,简称 NCHRP)"交叉口渠化设计指南"研究表明,在非信号控制交叉口,设置左转车道可以降低事故率 35% ～ 75%。开辟左转车道对交通量大、车速高的交叉口的安全改善效果尤为显著。

2)右转车道及变速车道与交通安全

右转车道是平交路口右转车流量大时为保证直行车流畅通而设在外侧行车道的附加车道,它能提高交叉口的通行能力。右转专用车道的设置要使转向车辆与其后面的车辆之间发生事故的风险降低到最低,特别是在高交通量、高速度的主要道路上。尤其对于那些追尾事故率异常突出的进口道,开辟右转专用车道的效果特别明显。

变速车道包括加速车道和减速车道。加速车道是在高速公路上为保证汽车驶入高速车流前能安全加速,且不干扰其他车辆而设;减速车道是为汽车驶离高速公路驶向另外公路而设。这两种车道又称为变速路段或变速区间,有利于合流、分流并减少事故。

5.平面交叉的视距及照明与交通安全

1)视距与交通安全

无论交通控制措施如何,驾驶人在距离交叉口一定距离以外都应该对交叉口情况有所了解,以防止造成不必要的冲突。因此,在交叉口一定距离范围内保持通视,足够的视距有助于交叉口的交通安全。改善交叉口的视距有助于减少车辆紧急制动引起的追尾事故、由于转弯车辆对可穿越间隙估计不足引起的与直行车辆发生的直角碰撞事故。

美国联邦公路局(Federal Highway Administration,简称 FHWA)综合关于交叉口的研究成果得到改善交叉口视距对降低交叉口事故率的效果指标,见表 4-32。

改善交叉口视距效果 表 4-32

对　策	控制类型	区域	交叉口形状	事故数降低率(%)
改善一个象限的视距	相交道路停让控制	乡村	4 路交叉	5
改善二个象限的视距	相交道路停让控制	乡村	4 路交叉	9
改善三个象限的视距	相交道路停让控制	乡村	4 路交叉	13
改善四个象限的视距	相交道路停让控制	乡村	4 路交叉	17
改善四个象限的视距	信号控制	乡村	4 路交叉	0

2)照明与交通安全

安装照明设施是减少公路交叉口夜间事故的另一措施。根据美国联邦公路局公布的数据,在信号交叉口安装有效的照明设施可降低事故发生率30%,减少伤亡事故17%,在非信号交叉口可减少事故发生率47%。

二、立体交叉与交通安全

立体交叉是利用跨线构造物使道路与道路(或铁路)在不同高程相互交叉的连接方式。采用立体交叉可使各方向车流在不同高程的平面上行驶,消除或减少了冲突点;车流可连续运行,减少了对高速道路的干扰。但是,不少事故调查发现,立交范围内的事故率较高,其主要影响交通安全的因素包括:立交类型与布局、立交间距和匝道曲线半径等。

1.立交类型与交通安全

常见的立交形式主要有苜蓿叶形、菱形、环形、喇叭形等,不同形式立交的安全性也有所不同,如表 4-33 所示。

立交形式的种类不同对交通安全的影响也不同(表 4-34),根据英、美两国的调查,菱形立体交叉在节约工程费用及减少事故率方面均较好,特别是在载重汽车混合率高的情况下更应使用菱形交叉。

常用立交形式安全性 表 4-33

主要形式	无冲突点;左转匝道线形差,车速低;上、下线左转匝道出入口之间存在交织运行
苜蓿叶形	次线与匝道连接处为平面交叉,对行车安全不利
菱形	无冲突点,行车较安全,交通组织方便;存在交织运行;车速较低
环形	无冲突点,行车较安全,交通组织方便;存在交织运行;车速较低
喇叭形	无冲突点和交织运行,行车安全;线形较差,车速低
定向式	无交织,无冲突点,行车安全;车速高;当匝道为左进或左出时,对行车不利
组合式	取决于组合所采用的基本形式

不同类型立交的事故率对比 表 4-34

立体交叉种类	事故起数(起)	立体交叉个数(个)	每一立体交叉年事故起数(起)
部分苜蓿叶形与喇叭形	29	3	9.7
环形	16	5	3.2

立体交叉种类	事故起数(起)	立体交叉个数(个)	每一立体交叉年事故起数(起)
菱形	4	2	2.0
高速道路间连接	6	2	3.0

2.立交间距与交通安全

高速公路的安全性能很大程度上取决于立交的间距,立交间距大的高速公路事故会小一些。立交间距的大小主要取决于其所在区域道路网的交通需求,合理的立交间距应能均匀地分散交通。若立交间距过大,则从使用者的角度考虑,不能满足交通需求,且不能充分发挥道路的潜在功能;反之,间距过小,不仅降低通行能力和行车速度,而且会导致交通运行困难,增加交通事故的风险。

如表4-35所示,对比列出了美国道路交通事故与立体交叉出入口匝道的关系。从表中可以看出,无论城市道路还是公路,事故率都随着立体交叉进出口匝道间距的减少而增加。由于城市道路交通流量大、车辆类型多,加上又有非机动车和行人的干扰,交通运行情况复杂,因此城市道路立体交叉的交通事故明显多于公路立体交叉。当出入口匝道间距从0.2km增加到8km时,对于公路立体交叉而言,出口一侧的交通事故率会降低20%,入口一侧降低100%;对于城市道路立体交叉而言,出口一侧的交通事故率会降低90%,入口一侧降低60%。

交通事故与立体交叉出入口匝道的关系　　　　　　　表4-35

道路种类	出入口匝道间距(km)	出 口		入 口	
		事故数(起)	事故率(次/百万车公里)	事故数(起)	事故率(次/百万车公里)
城市道路	$d<0.2$	722	131	426	122
	$0.2\leq d<0.5$	1 209	127	1 156	125
	$0.5\leq d<1.0$	786	110	655	105
	$1.0\leq d<2.0$	280	75	278	84
	$2.0\leq d<4.0$	166	63	151	59
	$4.0\leq d<8.0$	19	69	200	75
	$d\geq 8.0$	—	—	—	—
公路	$d<0.2$	160	76	117	80
	$0.2\leq d<0.5$	459	75	482	82
	$0.5\leq d<1.0$	559	69	560	72
	$1.0\leq d<2.0$	479	69	435	64
	$2.0\leq d<4.0$	222	68	169	51
	$4.0\leq d<8.0$	46	62	52	40
	$d\geq 8.0$	—	—	—	—

3.匝道相关参数与交通安全

1)匝道曲线半径

匝道曲线半径对交通安全的影响分为圆曲线半径和竖曲线半径两种情形。公路匝道圆曲线是匝道比较常用的一种线形,它可以调整路线前进方向,以适应地形的变化,从而形成一条连续畅通的道路。匝道圆曲线半径越小,越不利于行车,即越容易发生危险。

公路立交匝道竖曲线主要是为了实现变坡点处坡度的变化的过渡曲线,包括凸曲线与凹曲线两种。匝道竖曲线半径的大小,将直接影响过渡效果的好坏,进而影响行车安全。

2)匝道纵坡度及坡长

匝道纵坡度及坡长对交通安全的影响非常大,尤其当坡度比较大时,事故率明显增大,往往是造成事故的直接原因。汽车在匝道中行驶,应设置足够的纵坡度和坡长,否则容易造成汽车驶离匝道,向一侧滑移或者造成货物散落或汽车中心偏移,危及行车安全。因此,匝道的纵坡度及坡长要控制在一定范围之内。

3)匝道管理

匝道管理通常利用交通信号、标志或活动门(栏杆)来控制由匝道进入或离开主线的交通流。匝道管理能通过控制车辆进出公路、平滑进出公路的交通流、强制车辆低速有序地进入公路等方式来提高道路的安全性。

根据美国实施匝道管理的经验,匝道管理,尤其是实施匝道车流调节,减小了车辆停停走走的现象,减小了追尾事故发生的可能性。匝道车流调节分散了排队进入主线的车辆,减少了侧向剐蹭和合流事故的发生。

剑桥公司对美国明尼苏达州的匝道车流调节系统的运行效率和安全性的研究结果表明:实行车流调节后消除了季节因素对立交区域内交通事故的影响,且去除季节性因素后,车流调节减少了26.2%的事故。

正确布置道路标志与方向指示牌,对于防止错误利用立交的出口而引起的交通事故具有重要意义,它们的尺寸应当与交叉道上的车速相适应,使得驾驶人能够清楚看见、了解并有足够的反应时间。在立交上,必须设置大量的路线标志与禁止驶入交道的标志。

➡第五节　桥梁隧道与交通安全

近年来,随着公路建设的发展,桥梁和隧道的发展也越来越快,长、特长的桥梁隧道层出不穷,但是随之而来的交通事故率也在不断增加,恶性事故时有发生,并且桥梁和隧道发生交通事故时,造成的人员伤亡和财产损失往往比一般路段要严重得多。因此,桥梁和隧道对交通安全的影响不容忽视。

一、桥梁与交通安全

1.桥梁的分类

桥梁的种类繁多,它们都是在长期的生产活动中通过人们反复的实践和不断地总结,逐步创造变化发展起来的。通常,人们习惯地按照桥梁的受力特点、用途、大小规模以及建桥材料等进行分类:

(1)按照受力体系分类,桥梁可分为梁桥、拱桥和悬索桥三大基本体系。梁桥以受弯为主,拱桥以受压为主,悬索桥以缆索受拉为主。由三大基本体系的相互组合,派生出在受力上也具组合特征的多种桥型,如刚构桥和斜拉桥等。

（2）按用途来划分，有公路桥、铁路桥、公铁两用桥、农用桥、人行桥、运水桥（渡槽）及其他专用桥梁（如通过管路、电缆等）。

（3）按桥梁跨径的不同，分成特大桥、大桥、中桥和小桥。《公路工程技术标准》（JTG B01—2014）规定的大、中、小桥划分标准见表4-36。

桥涵分类　　　　　　　　　　　　　　　　　　　　　　　表4-36

桥涵分类	多孔跨径总长 $L(m)$	单孔跨径 $L_k(m)$
特大桥	$L>1\ 000$	$L_k>150$
大桥	$100\leqslant L\leqslant 1\ 000$	$40\leqslant L_k<150$
中桥	$30<L<100$	$20\leqslant L_k<40$
小桥	$8\leqslant L\leqslant 30$	$5\leqslant L_k<20$
涵洞	—	$L_k<5$

（4）按照主要承重结构使用的材料来划分。有圬工桥（包括砖、石、混凝土等），钢筋混凝土桥，预应力混凝土桥，钢桥和木桥等。木材易腐蚀，而且资源有限，因此除了少数临时性桥梁外，一般不宜采用。目前我国在公路上使用最广泛的是钢筋混凝土桥、预应力混凝土桥和圬工桥。

（5）按跨越障碍的性质可以分为跨河桥、跨线桥（立体交叉）、高架桥和栈桥。高架桥一般指跨越深沟峡谷等以代替高路堤的桥梁。为将车道升高至周围地面以上并使其下面的空间可以通过车辆或其他用途而修建的桥梁称为栈桥。

（6）按上部结构行车道的位置，分为上承式桥、中承式桥和下承式桥。桥面位于主要承重结构之上者称为上承式桥，桥面位于桥跨结构高度中间的称为中承式桥，桥面位于承重结构之下的称为下承式桥。

在建桥时，有时为了其美观、方便施工和节约开支，会选择不同的桥型。有些桥型如中、下承式拱桥，斜拉桥，悬索桥的宽度、布置以及采用不当防护的桥梁和窄桥对道路交通安全影响明显。

2.桥梁选址与交通安全

在着手设计桥梁之前，首先要选择合理的桥位，这常常是影响桥梁设计、施工、使用及安全的全局问题。桥梁选址应研究的内容如下：

（1）桥位对地形、地貌等方面的要求：应尽量选在两岸有山嘴、高地等河岸稳定、两岸便于接线的开阔地段；还应避开在桥位上下游有山嘴、石梁、沙洲等干扰水流的河段。

（2）桥位区所处的工程地质环境及其稳定性：尽量选在基岩和坚硬土层外露或埋藏较浅、地质构造简单、稳定的地段；避免活动性断层、滑坡、泥石流、强岩溶及其他不良地质地段。

（3）河段和通航情况：应尽量选在河道顺直、稳定、较窄，滩地较高，河槽明显的河段；同时还必须考虑未来河床变形的影响以及维护费用。为保证河道通航，桥梁选址应尽量选在航道稳定、顺直且具有足够通航水深的河段上；桥位应避开险滩、浅滩、急弯、卡口、汇流口和水工设施、港口作业和锚地，其距离应满足通航安全的要求。

（4）遵循工程地质选址的原则：同时对桥址提出工程地质评价和建议，从工程地质的角度对桥位方案进行比选。

（5）地表植被和动植物环境因素：应选择植被丰富的地段，桥梁建造时应尽量保留现状植被，可保水固水、防止土体坍塌、延长地基使用年限、增强土体稳定性，同时还要考虑在建造和日后营运过程中，尽量减少对于周边环境中生物圈的扰动，保持其生存原貌。

（6）气象和附近交通状况：应考察桥址处的天气情况，桥梁、结构物主要所在地大气边界层空气流动特性的影响，其所在地的近地风特性是进行结构物抗风设计与验算的基本依据。同时还要桥梁两端的公路网应能沟通各主要运输点，充分满足区域内外的交通需求。

除了以上几点以外，桥址的选择应服从路线的总体方案，并应照顾桥头接线的技术要求以及其他的经济技术合理性的问题，同时应考虑国民经济发展的需要，考虑与其他方面建设、规划的相互协调，即做到统筹兼顾、技术合理。

因此，综合来说，桥址的选择应保证与公路线形搭配良好，满足平纵、纵纵配合，上跨桥梁的位置和弯道末端的桥梁不会出现视线盲区或视线诱导不畅等现象。其次，应确保满足以上所列出的内容，否则就有可能造成桥梁损坏、影响通航、冲坏路基桥梁等现象，危及交通安全。

3.跳车与交通安全

桥梁的跳车通常发生在桥头、涵背、桥面损坏和桥梁伸缩缝处。这类跳车来得突然，严重影响行车舒适和交通安全，极易引发追尾、侧翻、断轴，甚至引发车辆冲出路基等事件。

桥头（涵背）跳车主要由桥（涵）台和桥（涵）头路基的沉降差造成，沉降差分结构物、路基固有的沉降差和设计、施工造成的沉降差，设计和施工造成的沉降差往往是主要的。引起路基顶面整体下沉量由三个部分组成，即地基基础在路基、路面的恒载与汽车（动载）的作用下，地基下沉；路基在车辆长期行车作用下及路基填土自重的作用下，路基填土的密实度相对增加，路基压缩（路基的填土高度相对变小）引起下沉；路面结构层（尤其是高等级公路的基层、垫层）在行车的作用下，结构层密实度增加，结构厚度相对减薄引起下沉。

减少桥头（涵背）填土沉降主要应防止地基基础下沉、路基填土压缩引起的沉降、路面结构层压缩引起的沉降；应当充分考虑填土施工的可行性和日后填土的累计沉降，选用排水性好、强度高、累计沉降小的材料填筑；在不能有效压实之处采用贫混凝土、无砂大孔混凝土材料或级配碎石（砂砾）填筑；做好防水、排水工作，以防雨水对填土的冲刷、掏空；对软土地基、土质差、高路堤压缩引起桥头沉降的预防措施方法还有：填土预压，加设桥头搭板，地基加固（如旋喷桩、灌浆法、深层搅拌、强夯、砂桩、石灰桩等），预抬高路基与优化桥涵设计方案（适应于沉降发生得早、快、后期沉降少的地段），采用过渡路面等方法处理。此外还要加强对桥头填土高程的监测，一旦发现有下沉的迹象，要及时采取压浆（抬高桥头搭板）、补强和重新铺筑桥头路面等方法处理，防止下沉加大，危及行车安全。

桥面铺装受桥梁恒载限制，通常厚度较小，位于弹性体系上的桥面受到车轮荷载的反复作用和温度影响，容易产生开裂或出现坑槽，不便于维修，危及行车安全。提高桥面铺装质量的根本在于提高桥面和桥梁上部结构主体的连接整体性及提高面层的强度。应当加强桥梁大梁和行车道板的连接，加强桥面和行车道板的联系。在提高面层强度的同时要设置必要的桥面面层厚度，以提高它的抗冲击变形和温度作用变形能力，全面提高桥面铺装层质量。桥面伸缩缝损坏对行车安全危害也很大，而且不易维修，一旦发生事故易造成封闭交通或阻塞交通。其中橡胶板式伸缩缝较容易损坏,橡胶板伸缩缝的锚栓和板身强度不足、安装不牢,在高速车辆特别是重车的碾压冲击下极易损坏脱落。加强轻型浅埋异型钢伸缩缝装置(钢缝)及 TST 伸缩缝在高速公路中常使用,它的抗冲击能力、耐久性、防水性均优于橡胶板式伸缩缝,行车平稳,使用效果较好。

影响桥面伸缩缝使用质量的因素主要有:伸缩缝的选择、伸缩缝的质量、施工及安装质量。伸缩缝的选择要充分考虑伸缩量、行驶交通的类型和桥面铺装层结构类型。重型车较多的地方伸缩缝本身以及与桥梁联系的刚度(强度)要足够。沥青混凝土和水泥混凝土桥面所选用的伸缩缝应有区别。伸缩缝的安装质量也是保证伸缩缝使用效果和寿命的关键。伸缩缝两侧的桥面必须平整,没有明显的高差、错台;安装好的伸缩缝的各项尺寸与高程应符合规定;伸缩缝的锚固件与桥梁钢筋应焊接牢固;锚固混凝土的强度最好稍高于桥面混凝土强度,以防止该处混凝土在冲击作用下提前损坏。此外还应注意伸缩缝与桥梁连接处的混凝土(特别是滑移箱体下方)是否密实,必要时采取压浆等特别处理,保证伸缩缝与桥梁有效连接。

二、隧道与交通安全

1.隧道的分类

按隧道长度的不同,分成特长隧道、长隧道、中隧道和短隧道。《公路隧道设计规范(第二册)》(JTG D70/2—2014)规定的特长、长、中、短隧道划分标准见表 4-37。

隧 道 分 类　　　　表 4-37

隧道分类	特长隧道	长隧道	中隧道	短隧道
长度(m)	$L>3\,000$	$1\,000<L\leqslant3\,000$	$500<L\leqslant1\,000$	$L\leqslant500$

2.隧道选址与交通安全

对隧道的选址,应该全方位地考虑路线的功能和规划的要求,隧道只是路线中的构造物,原则是:

(1)必须与公路总体设计相协调适应(交通量、公路等级等)。

(2)隧道位置应选择在稳定的地层中。

(3)越岭隧道应进行较大范围的方案选择,进行全面的技术、经济比较,选择在地质条件较好的地段穿越。

(4)沿河傍山隧道,其位置宜向山侧内移,避免一侧洞壁过薄产生偏压。

(5)选择隧道位置时,应注意洞口位置和有关工程的处理,一般宜采取"早进洞,晚出洞"的原则。

在地形图上比选时,为了明确路线是否经济(如绕道太远或地质条件很差导致投资太大)、技术上是否可行(如避开滑坡或其他不良地质地段)、是否符合实际需要(如远离基本走向),需要作比选方案的经济分析。

由于隧道的进出口位置对环境保护、施工现场布置及废弃材料的堆放有较大的影响,洞口位置选择好坏,将直接影响隧道施工、造价、工期和运营安全,因此选择时要结合洞口的地形,地质条件、施工、运营条件以及洞口的相关工程(桥涵、通风设施等),多方位地论证隧道进出口的具体位置。应注意以下几点：

(1)隧道的洞口部分在地质上通常是不稳定的,设计时应考虑避开滑坡、崩塌、泥石流等不良地质地段。确定洞门位置时,应着重考虑以确保边、仰坡的稳定性,以免造成难以整治的病害。隧道一般应设在山体稳定、地质条件好、排水有利的地方,应"宜长不宜短",应"早进洞、晚出洞",尽量避免"大挖大刷",破坏山体稳定。

(2)洞口不应设在沟谷低洼处和汇水沟处,隧道不要直穿鞍部、哑口,通常鞍部在地质上是薄弱点,断层破碎带、富水带是不稳定地层。沟谷地势狭窄,施工条件差,防洪困难,工程地质条件也较差,还常常有断层、滑坡、冲积层等不良地质现象,地下水也较丰富,对施工、营运和养护管理都不利,所以最好移到沟谷一侧有足够宽度的山嘴处。

(3)当洞口处为悬崖陡壁时,根据地质情况采用贴壁或采用接长明洞的办法,将洞口堆到坍方范围以外 3~5m 处。

(4)洞口地形平缓时,一般也应"早进洞、晚出洞"。这时洞口位置选择余地较大。应结合洞外路堑、填方、弃渣场地、工期等具体确定。需要时可接长明洞,以确保施工和运营安全。

(5)考虑洞口边仰坡开挖过高和洞口段衬砌结构受力,洞口位置宜与地形等高线大体上正交。特别是在土质松软、岩层破碎、构造不利的傍山隧道更应注意。道路隧道一般不宜设计斜交洞门。若为斜交时,应尽可能加大斜交角度(一般大于等于 45°),或采取工程措施,以降低垂直等高线方向的开挖高度。

(6)长大隧道在洞门附近应考虑施工场地、弃渣场以及便道等的位置。

(7)洞口附近有居民点时,考虑提前进洞,尽可能减少附近地上构筑物、地下埋设物与隧道的相互影响,并减少对环境(农业、交通、居民生活)的影响。

(8)洞口路肩应高出设计洪水位(包括浪高)以上0.5m,以免洪水浸入隧道。

(9)考虑通风设备排出的废气和噪声对周围环境的影响程度和解决办法。

3.隧道设计与交通安全

1)隧道线形设计与交通安全

隧道线形是平面线形、纵断面线形和横断面的集合体,是车辆运行的直接载体,一旦确定,无论优劣,都很难改变。因此,设计人员在设计隧道线形时如何正确理解和合理运用技术标准、规范中的规定,对选择最佳洞口位置、合理控制隧道平面工程造价、实现全路段方案整体最优具有重大意义。

(1)平面线形与交通安全。

隧道的平面线形设计和明线道路一样,要按《公路路线设计规范》(JTG D20—2006)规定进行,但应考虑到隧道的特点。因此,隧道的平面线形设置应符合以下规定：

①隧道平面线形必须与隧道自身建设条件及连接区间的道路整体线形协调一致。

②当设为曲线时,不宜采用设超高和加宽的平曲线。

③隧道内一般不宜采用 S 形曲线。

④隧道的平曲线半径应满足停车视距与会车视距的要求。隧道洞口以外的线形配合要有利于诱导驾驶人的视线,提供开阔的视野。

⑤设置较大半径的平曲线时,应避免小偏角的出现,一般偏角应大于 7°,否则会引发交

通事故。

（2）纵断面线形与交通安全。

隧道纵坡同样必须根据《公路路线设计规范》（JTG D20—2006）进行线形设计,不过对其要求更严格。纵断面的线形设置应符合以下规定:

①从行车安全性、运营通车规模、施工和竣工后的排水等需要方面考虑,在隧道内不应采用平坡。在施工时,为了使隧道用水和施工用水能在坑道内的排水侧沟中流出,至少需要0.3%的坡度。如果预计用水量相当大,则需采用0.5%的坡度,必要时还可以适当加大。

②隧道纵坡的大小对通风影响很大,从隧道通风部分可以知道,汽车排出的有害物质随纵坡的增大而急剧增多(尤其是载重汽车),坡度越大,汽车废气排放量就越大。隧道内最大纵坡不应大于3%。在隧道内不能设置平坡,即使在明洞和短于50m的隧道内也不能使用平坡。

③如受到地形地貌限制导致大量人工边坡及展线困难时,高速、一级公路的中、短隧道纵坡可适当加大,但不宜大于4%;短于100m的隧道纵坡可与该公路隧道外路线的指标相同,但是必须对行车安全性、通风设备和运营费用、施工效率的影响等做充分的技术经济综合论证。

④隧道纵坡的变化不宜过于频繁,变坡点数不宜多于3个。

⑤对于间隔100m以内的短隧道群,可视为长隧道,宜整体考虑其平、纵线形技术指标。

（3）引线与交通安全。

引线的平面、纵断面线形,应当保证进洞时的设计车速,有足够的视距,保证行驶安全。隧道引线段的线形设计应符合以下规定:

①洞口的引线路段要有良好的行车视线,线形不能在隧道口内外附近发生明显的变化。隧道洞外的连接线应与隧道线形相协调。

②长、特长隧道的出口方向应避免在洞口接小半径曲线。

③隧道入口引线段避免设置较大的纵坡,特别要避免长大纵坡(急转弯组合大下坡时最劣设计)。车辆应以较低速度进入隧道,以免车速太高引发交通事故。

④隧道洞口内外各3s运行速度行程长度范围的平面、纵断面线形应一致。

（4）横断面与交通安全。

根据《公路隧道设计规范(第二册)》（JTG D70/2—2014）和《公路隧道设计细则》（JTG/T D70—2010)规定,可总结隧道横断面的要求如下:

①建筑限界高度,高速公路、一级公路、二级公路取5.0m;三、四级公路取4.5m。当设置检修道或人行道时,不设余宽;当不设检修道或人行道时,应设置不小于25cm的余宽。

②隧道路面坡度,当隧道为单向交通时,应取单面坡;当隧道为双向交通时,应取双面坡。坡度应根据隧道长度、平、纵线形等因素综合分析确定,一般取1.5%～2.0%。

③当路面采用单面坡时,建筑限界底边线与路面重合;当采用双面坡时,建筑限界底边线应水平置于路面最高处。

④高速公路和一级公路隧道应设置检修道。其他公路应根据隧道所处地区的行人密度、隧道长度、交通量及交通安全等因素确定人行道的设置。检修道或人行道宜两侧设置;检修道或人行道底端距离隧道路面的高度可按20～80cm取值,并综合考虑检修人员步行时

的安全、紧急情况下驾乘人员拿取消防设备方便、满足其下放置电缆和给水管等的空间尺寸要求。

⑤隧道内轮廓设计除应符合隧道建筑限界的规定外,还应满足洞内路面、排水设施、装饰的需要,并为通风、照明、消防、监控、营运管理等设施提供安全空间,同时考虑围岩变形、施工方法影响的预留富余量,使确定的断面形式及尺寸符合安全、经济、合理的原则。公路等级和设计速度相同的同一条公路上隧道的断面宜采用相同的内轮廓。

⑥长、特长隧道应在行车方向的右侧设置紧急停车带。双向行车隧道的紧急停车带应双侧交错设置。紧急停车带宽度,包含右侧向宽度应取3.5m,长度应取40m,其中有效长度不得小于30m。紧急停车带的间距不宜大于750m。停车带的路面横坡,长隧道可取水平,特长隧道可取0.5%~1.0%或水平。

⑦不设检修道、人行道的隧道,可不设紧急停车带,但应按500m间距交错设置行人避车洞。

2)隧道照明、标志与交通安全

隧道的照明设计及洞口外地段的设计,对交通安全有着重要意义。对于不设照明的隧道洞内比洞外要黑,车辆驶入隧道时,驾驶人眼睛感受的光线由强到弱突然变化,会产生"黑洞效应",造成驾驶人短暂的视觉失控,无法辨认障碍物和方向;汽车由洞内驶向洞外时,外部亮度突然极强,驾驶人在极强的眩光下感到很不舒服,这些都极易引发道路交通事故。洞内废气浓度远大于洞外,废气颗粒形成烟雾,将洞内光线吸收和形成散射,降低能见度,危及行车安全。因此除了能通视,行车密度不大的短隧道可不设白天照明设施外,长度超过100m的隧道都应设置白天照明设施。

因此,对隧道的照明设计除应满足《公路隧道设计规范(第二册)》(JTG D70/2—2014)对照明的规定外,在洞口外地段可采取在路旁及洞口附近铺草皮和植树,洞口设遮阳棚或减光格栅等措施,尽量使洞口外地段保持低亮度,与洞口段的低亮度相协调,这样既节约照明费用,又能让驾驶人的视线尽快适应隧道内的环境,有利于交通安全。

隧道的交通标志主要包括标志牌和标线两部分。标志牌主要有离隧道进口或收费站1 000m和500m处的预告标志牌,隧道进口处的禁止非机动车辆和行人通行,禁止载有危险物品的车辆通行,禁止超车、停车等的标志牌和限速、限高等标志牌。还应在隧道洞门中央设立红绿灯,在洞内发生交通事故或火灾时封闭交通。隧道洞内的标志牌主要有紧急停车带、紧急电话指示标志牌,行车横洞指示标志牌等。标线主要有洞内行车道标线、行车横洞指示标线及洞外车辆掉头等。洞内行车道标线为禁止超车的实线。洞内标线应用热塑反光材料制作,清晰地显示车道,诱导车辆安全行驶。同时还应在隧道的两侧边墙上安装红、黄色反光轮廓标,右侧为黄色反光轮廓标,左侧为红色反光轮廓标。

3)隧道通风、消防与交通安全

由于隧道洞内地层易产生有害的气体,再加上汽车产生的大量废气,洞内狭窄排气不畅,这些都导致了洞内空气污浊,严重危害到人体的健康和行车安全。因此,对隧道内通风条件的改善,显得尤为重要,通常可以通过以下几种方法来实现:

(1)尽可能地缩短隧道的长度,合理地设置隧道的平面、纵断面线形。例如,隧道内的纵坡控制在2%以下,并最好采用单面坡。

（2）如果不能缩短隧道的长度,对于长隧道来说,应采用机械通风方式通风,主要形式有:纵向式(利用隧道断面作通风渠道,通过通风机向洞内提供新鲜空气或吸出洞内被污染的空气,适用于长度小于1 500m 的单向行驶隧道;如果是长度大于2 000m 的超长隧道,可在洞中适当位置设通风斜井或竖井采用分段纵向式方法通风),半横向式(在隧道顶部设置风渠,通过风渠和通风孔向洞内提供新鲜空气或吸走污染空气,一般适用于1 000~2 000m 的隧道)和全横向式(在半横向式的基础上增加下部风渠,由下部风渠进风,上部风渠出风达到清洁洞中空气的效果)。

（3）隧道火灾原因。

隧道内发生火灾事故的频率随着隧道长度和交通量的增加而增加,对于公路隧道,事故频率最高的多为单洞双向交通或无硬路肩、检修道狭窄的隧道。据有关资料统计,火灾产生的主要原因有:

①隧道或者车辆的电气短路起火。

②发生塌方、车辆碰撞、剐蹭等意外事故起火。

③汽车紧急制动时制动器起火。

④汽车化油器起火。

⑤汽车装载的易燃品自然起火。

（4）隧道火灾特点。

隧道火灾危险性大,一些隧道工程中,消防器材匮乏,无消防自动灭火系统,一旦发生火灾,不仅会使交通发生堵塞,还给扑救工作带来很大困难。一般公路隧道都具有如下所述的火灾特点:

①消防扑救难度大。隧道内火场引起的局部热气流可逆风移动,当洞内纵向风速小时,热气流甚至可以到达上风方向洞口,烟雾弥漫,能见度差,温度过高,从而给消防人员扑救带来巨大的困难。

②火灾蔓延速度快。受到隧道净空限制,车辆在行驶时产生的炽热气流可顺风传播很远,一旦遇到易燃物即很快燃烧,这样火点即可从一辆车跳跃到另一辆车,给火势蔓延提供了条件。

③隧道内温度急剧升高。隧道内发生火灾时,可燃的能量最多10%传给烟气,大部分传给衬砌和围岩,并且隧道内散热条件较差,导致隧道内温度急剧升高。

④产生大量烟雾以及有毒气体。洞内火灾产生的热烟,首先集中在隧道顶部,而很长一段隧道的下部仍是新鲜空气。当洞内有较大的纵向风流时,才会使隧道全断面弥漫烟气,使人迷失方向并可能中毒死亡。

因此,隧道必须考虑到消防要求。由于隧道洞内空间狭小,救援、交通疏导和灭火难度均较大,因此隧道洞内的混凝土应具备一定的耐火性,布管、布线等设施均应达到消防安全要求。其次,隧道通风要考虑有对洞内火灾的防患措施,当洞中发生火灾时,要能限制通风风速,防止火势蔓延(一般洞中风速不大于 6m/s);通风机还要有反转装置,随时调整送风方向,及时疏导洞内的烟雾。长隧道要配备正常需要量的通风机,以防出现紧急情况。另外,长隧道(一般 500m 以上)还要设置专门存放专用消防器材的洞室,室内配备灭火器、沙桶、水箱、水柜等灭火物品。必要时还要设置报警、消防装置以及如排烟口、横向通道、备用电源、防火闸门等其他应急设施。只有通风及消防工作做好了才能保证隧道行车安全。

复习思考题

1.为了保证道路交通安全,线形组合的设计原则有哪些,应避免哪些平曲线与竖曲线组合方式?

2.简述道路路面分类以及与交通安全之间的关系。

3.立体交叉安全设计要考虑哪些因素?

4.从交通安全的角度简述桥梁和隧道选址的原则。

第五章 交通环境与交通安全

在人、车、路、环境构成的道路交通系统中,道路交通环境是交通活动的基础条件和关键要素之一,对交通安全有明显的影响。掌握道路交通环境影响车辆运行安全的相关因素,通过改善道路交通条件、完善交通设施、加强恶劣气候条件下的交通管理及优化道路景观等,可有效地减少交通事故的发生。

➡️第一节 交通条件与交通安全

影响交通安全的道路交通条件因素包括交通流状态、交通组成及车流速度等,交通安全与道路交通条件适宜与否密切相关。

一、交通流状态与交通安全

1.交通流状态与交通安全的关系

交通流从自由到阻塞状态是一个非常复杂的过程,大致可以分为:自由流、非自由流和阻塞流三个阶段,其中非自由流可以分为稳定流、不稳定流和饱和流。不同的交通流状态下,对应不同的交通安全水平,其关系如图5-1所示。从图中可看出,交通流处于自由状态或稳定流状态前期时,其交通安全水平和道路服务水平均较高;随着饱和度增大,交通流进入稳定流后期,超车危险性越来越大,行车安全性较差,事故率迅速增长,在接近饱和交通流状态以前达到最高峰;交通流处于阻塞状态时,车辆的轨迹、行驶自由度完全被限制,没有任

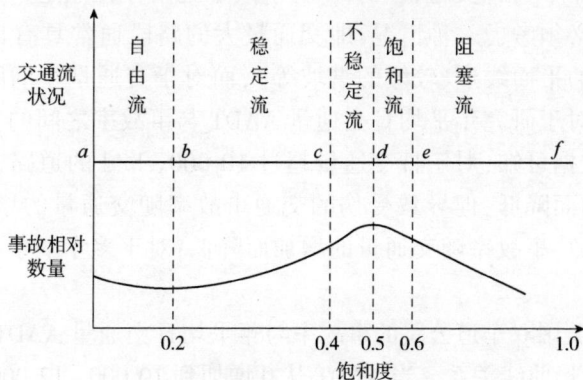

图5-1 不同的交通流状态下对应的交通安全水平

何超车机会,车速缓慢,事故率迅速降低。

从驾驶人角度而言,畅通的交通状况有利于驾驶人保持良好的心态和稳定的情绪,而拥挤和堵塞的交通状况则易使驾驶人心态变坏,且随着拥挤和堵塞时间的增加其情绪变得急躁而不稳定,驾驶人驾车过程中的不良情绪更容易引发交通事故。

2.交通量

道路上交通量的大小对交通事故的发生有着直接的影响。交通量与交通流饱和度直接相关,而交通流饱和度影响交通事故的频率和严重程度,因此交通事故与交通量的大小有密切关系。一般认为,交通量越小,事故率越低;交通量越大,事故率越高。但实际情况并不完全符合这种规律,图5-1为交通事故率与饱和度的关系。从图中可以看出,交通量对事故率的影响分为以下几种情况:

(1)a点表示交通量很小时,车辆之间的间距较大,驾驶人基本上不受同向行驶车辆的干扰,可以根据个人习惯选择行车速度。绝大多数驾驶人都能保持符合车辆动力性、经济性、制动性和安全性的行驶车速,只有当个别驾驶人忽视行驶安全而冒险高速行车,遇到视距不足、车道狭窄或其他紧急情况时,来不及采取措施,才会发生交通事故。

(2)$a—b$段表示当道路上的交通量逐渐增加时,驾驶人不再单凭个人习惯驾车,必须同时考虑与其他车辆的关系,由于对向来车增多,使驾驶人的驾驶行为更加谨慎,因而交通事故相对数量有所下降。

(3)$b—c$段表示当道路上的交通量继续增大时,在道路上行驶的车辆大部分尾随前车行驶,形成稳定流。在这种情况下,超车变得比较困难,因而与超车有关的事故也有所增加。

(4)$c—d$段表示当交通量进一步增大,形成不稳定流。此时,超车的危险越来越大,交通事故相对数量也随交通量的增加而增大。

(5)$d—e$段表示当交通量增加到使车辆间距已大大减小,不能够超车时,交通流密度增大,形成饱和交通流。由于饱和交通流的平均车速低,因此事故相对数量也降低。

(6)$e—f$段表示如果交通量进一步增加,则产生交通阻塞。这时,车辆只能尾随前车缓慢行驶,在道路的服务水平大幅度下降的同时,交通事故也大为减少。

要详细调查交通量对事故率的影响程度难度很大,因为交通事故发生时的交通量一般难以准确把握,但年平均日交通量AADT与事故率之间存在一定的联系。当分析AADT与事故率的关系时,必须考虑一种情况,即交通量大的路段通常具有良好的道路设计(包括宽阔的路面、平缓的平面线形、较缓的纵坡等),而对于交通量小的路段来说,这些几何要素相对差一些,这对于研究年平均日交通量AADT与事故率之间的关系具有重要影响。由英国的事故调查数据可知,对于日交通量超过10 000veh/d的道路,导致死亡的交通事故率随交通量的增加而降低,但导致受伤的交通事故率随交通量的增加而增加。同时发现,对于单个车辆事故,事故率随交通量的增加而降低;对于多车辆事故,事故率随交通量的增加而增加。

如图5-2所示为美国双车道公路的事故率与年平均日交通量AADT的关系,由图可知,事故率与AADT呈U形曲线关系。当AADT从0增加到10 000~12 000veh/d时,事故率降低;当AADT从10 000~12 000veh/d继续增加时,事故率开始增加。

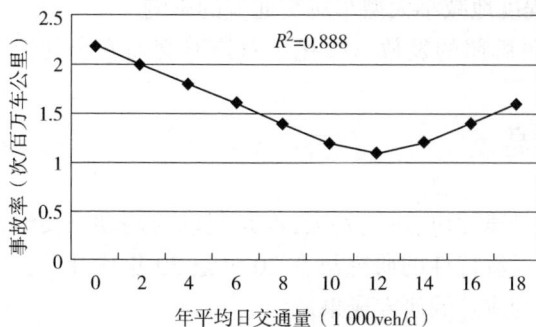

图 5-2　双车道公路事故率与年平均日交通量的关系

二、交通组成与交通安全

1.混合交通的现状

我国道路交通组成比较复杂,除了高速公路、一级公路以及一些城市市区主干道较好地实行了人车分离、机非分离外,其余绝大多数道路上的交通流均呈现混合交通的特点。混合交通是指车辆与行人或者非机动车与机动车在同一道路上混合通行的交通状态。另外,性能悬殊较大的机动车在同一道路上混合通行的交通状态也属于混合交通。

城市道路的交通组成非常复杂,包括客车、货车和摩托车等,按照车辆的大小差异又可将其分为大、中、小等车型。道路交通实际表明,道路交通流的车种和车型构成越复杂,对交通安全越不利。对城市道路交通事故数据的统计分析表明:大型车辆、载货车、摩托车是影响交通安全的主要因素,在道路交通流中随着大型车辆、载货车、摩托车比例的增加,事故率也随之增加。

正常情况下城市道路交通流中一般是小型车辆居多。当一个城市的道路构成不能对过境车辆进行有效分离时,即使过境车辆避离城市主干道,市内交通流中大型车辆及载货车比例也将明显增大。城市道路交通流中大型车辆比例增大导致事故率增加的原因:一是大型车辆对紧随其后行驶的小型车的视距产生影响;二是对原本有序的交通流产生明显干扰从而导致事故率增加。载货车比例增大导致事故率增加,是由于客车的动力性能明显优于载货车,使得客车行驶过程中的车速整体上要高于载货车,从而导致车速分布的离散性增大,引发交通事故而使事故率增加。摩托车比例增大导致事故率增加的原因:一是摩托车行驶过程中轨迹较为随意的特点,导致其他车辆常常措手不及;二是摩托车行车速度较客车、载货车的差异性导致车速分布更离散,车速方差变大,使事故率增加。

因此,要提高城市道路交通安全性,必须加强对大型车、载货车、摩托车的管理,可以采取以下措施:

(1)对城市过境车辆进行有效分离,使过境车辆尽可能走城市外环线。

(2)对载货汽车实施限时、限地禁行措施,即对部分交通繁忙主干道路白天禁止载货货车通行,对城市中心区域或其他重要区域禁行载货车。

(3)合理地对城市部分道路设置公交专用道。城市道路白天交通量大,当货车被实施禁行后,主要的大型车就是大客车,其中尤其以公交车为主,因此设置公交专用道,将公交车与其他车型分离,能最大程度地减小大型车对交通流的影响。

(4)减少摩托车许可牌照的发放。摩托车对道路交通安全的影响显著,应适当降低其数量。

2.混合式交通的特点

1)机动车交通特点

机动车的行驶特点是速度快、速度差大,但是起动与制动需要时间,车辆沿道路线形行驶。国外对于机动车交通流特性的研究早在20世纪30年代开始,至今对机动车流交通模型的研究已经取得了较为成熟的研究成果。

2)非机动车交通特点

非机动车交通在我国的城市交通中占有重要地位,是我国居民出行的主要方式之一。据2013年的统计,某人口数量多于200万的大型城市中,非机动车平均出行量约占城市居民总出行量的17.8%,与公交车平均出行量之比约为9∶50;在人口数量为100万~200万的某中等城市中,非机动车平均出行量约为21.3%,与公交车出行量的比值为37∶50;在人口数量小于100万的某小城市,非机动车出行量约占50%,公交车平均出行量只占14.7%,两者的比值为85∶25,居民出行基本靠步行与自行车。

在现阶段和今后相当长一个时期内,非机动车仍将是我国城市居民中近距离出行的合适工具,非机动车较远的出行距离在6~10km,其优点和用途在3km范围内是公共交通和其他交通方式无法替代的,主要包括:

(1)节能环保。在能源日益枯竭的今天,能源已成为制约国民经济发展的重要因素。降低交通所消耗的能源,选择节能性交通工具意义重大,非机动车就是最为节能的交通工具。另一方面,依靠人力或电力行驶的非机动车,不会排出废气、发出巨大的噪声。因此,非机动车是较为清洁的交通方式之一。

(2)灵活方便。非机动车交通的另一优点就是方便、灵活、机动性高,自主性及对道路的适应性强。自行车可以实现"门"到"门"的交通,短距离出行无须换乘,受道路条件限制较小,可以自由选择路径,在许多条件下自行车出行更省时。许多城市实践证明,非机动车在0.5~6km范围内具有较强的竞争力。

(3)非机动车停放和运行时占空间较小。非机动车的静态占地面积为 $1.85 \sim 2.1 m^2$,而机动车的静态占地面积大得多,以小汽车为例,其静态占地面积在 $15.4 \sim 25.2 m^2$。通常,停放1辆机动车的用地可以停放8~12辆非机动车,这使得自行车比机动车占用更小的空间,从而节省更多的土地和交通资源。在城市道路上,一条3.5m宽的机动车道的理论通行能力为1 800~2 000veh/h,而3.5m宽的非机动车道,自行车的通行能力为3 000~3 500veh/h,由此可见,自行车对道路的利用效率要远高于机动车。

(4)经济耐用。非机动车具有价格低、使用费用少、维修方便的特点。

(5)健身和营造"适宜的居住环境"氛围。骑自行车有利于身心健康,在温度与环境适宜、无交通安全问题的道路上骑自行车出行,无疑是一种身心放松的好方法。在自行车和行人共存的环境中,更容易建立一种安全、舒适的休闲氛围。

当然,除了具备上述优点以外,非机动车交通也存在着如下缺点:

(1)稳定性不高。非机动车只有两点接触地面,重心较高,运行时处于动态平衡,当速度发生剧烈的变化或受到外力的横向干扰时容易失去平衡。

(2)安全保障低。非机动车行驶时呈蛇形运动轨迹,运行自由度较大。由于骑车人驾驶水平的差异,在高密度车流中行驶时,相互间容易发生磕碰;由于行动灵活,易于拐弯或在较小的空当内穿行,容易与其他机动车发生碰撞而引发事故;由于非机动车自身缺乏保护设施,一旦与机动车发生事故,将给非机动车骑行者带来严重的伤害。

(3)舒适性和适应性差。受体力的限制,在坡度较大、地形复杂的地区,非机动车的使用受到极大限制。同时,非机动车也不适合长距离、长时间的出行。由于非机动车缺少类似机动车驾驶室的防护设备,因此受气候条件及季节变化影响较大,在风、雪、雨、雾等恶劣气象条件下,其使用受到极大的限制。此外,老人、儿童、残疾人等体弱的人均难以利用。

3)行人交通特点

步行在我国居民出行方式中占据较大比例,调查数据表明:我国城市步行交通在总出行量中约占40%。确保行人交通安全,解决行人与机动车交通的冲突,是交通管理的重要任务。

步行交通的基本特点是:

(1)步行是以步行者自身体力为动力的出行方式,一般只能适用于近距离和低速的出行。

(2)行人没有任何保护装置,是交通弱者,容易受到伤害。

(3)步行所占空间很小,通达性很高,几乎任何处所均可达到。

(4)步行仅受个人意志支配,可自由选择步行路线和步行位置。

(5)步行速差小。在完全自由无障碍条件下行走时,行人的步幅在0.75m左右,行人速度为0.8~1.8m/s。据南京的观测资料,当没有行人信号灯时步速约为1.94m/s,行人信号灯时的步速约为1.4m/s。

(6)行人违规穿行与延误有关,当行人在信号交叉口等待时间超过30s后,会以较大的概率选择强行穿越;在无信号灯的路口等待时间超过20s后,也会以较大的概率选择强行穿越。

4)混合式交通的特点

混合交通流由机动车流、非机动车流及行人流三部分构成,三种交通流都具有不同的特点与运动规律。由于在我国城市交通中,多数道路在机动车和非机动车之间没有物理隔离设施,少数出行者交通素质不高以及交通管理较落后等多方面原因,不论是机动车还是非机动车,为了获得较大的行驶空间与行驶速度,经常借用附近车道的空间,从而对附近的车流造成干扰。为了交通安全,大部分车辆不得不减速并离开机非车道分界线一段距离,交通流的整体运行效率也随之降低。据北京和上海的调查:若车道之间没有隔离设施,则机动车流、非机动车流的车速相对有隔离设施的车流会各自下降约15%。可见,机非干扰有两种形式:一种是违规占道,即少数车辆阻挡附近车道的车流;另一种是交通阻尼,即多数车辆为了安全而降低车速或拉大同附近车道的距离。违规占道是引发交通事故的主要原因;交通阻尼是干扰的主要表现形式,也是导致车流速度下降的主要原因。

交叉口处的混合交通更为复杂,随着机动车保有量增长,机非冲突越来越严重,所带来的问题日益突出,主要表现在:

（1）机非混行使道路通行效率下降。在路段上，当机动车与自行车交通量均较大时，经常出现机动车在自行车道上频繁停靠，而自行车也经常越线占用机动车道行驶，降低了道路的通行效率；在交叉口，机动车和自行车争先抢行、相互干扰的情况也很严重，造成交叉口交通秩序混乱，影响了交叉口的通行效率。

（2）安全性差，交通安全隐患严重。由于自行车交通方式随意性强，而自行车骑行者的交通遵守意识不强，机动车与自行车间容易发生交通事故。以交叉口为例，在没有特殊交通管理措施的情况下，当红灯时间过长时，经常出现机动车和自行车抢行、双方互不相让、堵塞交叉口的尴尬局面，不仅造成交叉口通行能力下降，而且带来很大的安全隐患。而在机动车与自行车发生交通事故后，受伤害最大的往往是自行车骑行者。

（3）自行车停车设施严重短缺。我国城市自行车交通当前面临着停车难的问题。由于自行车停车问题始终未引起有关规划、管理部门和社会的重视，导致目前普遍存在自行车停车场不足、停车困难、自行车占路停车等现象，严重影响了道路交通功能的正常发挥，致使交通拥挤阻塞现象频繁发生。

解决上述问题应该从各个方面着手。遵守法规意识淡薄的问题，可以通过长期的严格管理和积极的宣传教育加以引导。交通设施的建设则需要规划设计者和交通管理者为各种交通方式提供应有的"路权"，保证道路交通的连续、畅通。有效的交通管理方法是解决混合交通问题的必备手段，这只能通过对混合交通流特性的深刻认识来寻找。

3.混合式交通对交通安全的主要影响

1）概述

由于各种交通方式完全不同的交通特性，混合交通对出行效率和安全带来极大影响。相关资料表明，在混合交通环境下发生的交通事故数量为事故总数的55%左右。混合交通也是导致死亡事故的重要根源，2014年我国道路交通事故死亡人员中步行者、摩托车驾驶人、拖拉机驾驶人、非机动车驾驶人占总死亡人数的22.2%。因此，治理混合交通，提高非机动车和行人交通安全是缓解我国道路交通事故问题的重点。

2）混合交通对交通安全影响机理

冲突是导致道路交通事故发生的根本原因。频繁的冲突不仅影响车辆的行驶速度，造成频繁减速和停车，同时还加剧驾驶人的神经紧张和疲劳程度，严重的冲突和事故更是直接威胁到出行者的人身安全。混合交通的存在导致交通冲突大量增加，由于不同交通方式的运行速度差大，行人非机动车路径的不规则性等直接增大了冲突概率。

一方面在机非混行的道路上，机动车与非机动车在有限的空间里同向行驶，由于二者的运行速度、动力性能、稳定性差异较大，导致了冲突形成；另一方面，当机动车在路边停车占用非机动车行驶路径时，非机动车流会向机动车流"挤压"，增大了机非冲突机会。相比机非冲突，机人冲突更严重，行人过街路径垂直于机动车流，导致"截断"车流的结果，即使在有人行横道和信号灯控制路段，如果有行人违规穿行车道，也会影响到行人和驾驶人的安全。

在交叉路口，混合车流对交通安全的影响更大。据资料统计，美国平面交叉路口事故数占总事故数的36%左右；德国城市道路交通事故的60%~80%发生在平面交叉路口；日本对死亡事故发生地点的统计表明，发生在交叉路口及其附近的事故数占总事故数的42.2%；我国城市交通事故的抽样统计表明，发生在交叉路口的交通事故数约为30%。交叉路口事故多发的根本原因是大量冲突的集聚,以最基本的十字形交叉路口为例,含交叉冲突点16个,分流、合流冲突点8个,总计共24个冲突点。当车道数增加到双车道时,冲突点数激增到52个。若加入非机动车和行人的影响,冲突点数将增加得更快。不仅如此,冲突点的密度比起其数量更加值得重视,在无信号灯或者只有简单信号灯控制的路口,可能产生三向或更多向的车流死锁,由此造成的长时间延误比一般的冲突后果更加严重。

4.改善混合式交通环境的交通安全对策

1)减少机非冲突的防范措施

(1)物理隔离设施实施机非分流。

在路段,可以采用机非分隔带(绿化带)、分隔栏杆以及突起路缘带等方式实现机动车与非机动车流分离,如图5-3、图5-4所示。

图5-3 利用隔离栏杆实现机非分流

图5-4 利用突起路缘带实现机非分流

随着我国居民出行机动化提高,非机动车出行比例降低,针对非机动车道利用效率不高的现状,可以采用非机动车—行人一体化处理,如图5-5所示。

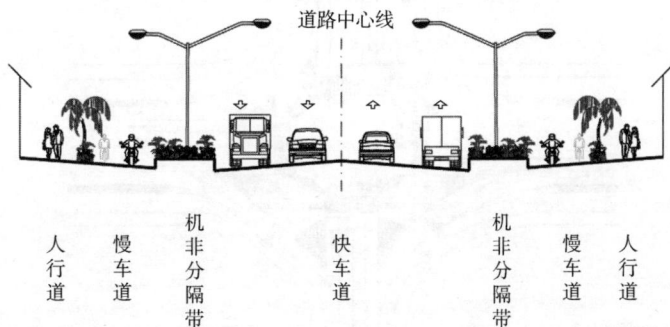

图5-5 非机动车—行人一体化处理模式

在交叉口,通过规定机动车和非机动车的通行空间、停车空间达到机非分离的目的,具体的处理方式包括:左转非机动车二次过街、非机动车停车区间提前等。

(2)通过信号设计实施机非分流。

在典型的交叉口信号控制中,非机动车信号的处理方式一般与机动车共用机动车绿灯,当信号控制为4相位方案时,会出现左转、直行非机动车与右转机动车流冲突;2相位控制时,会出现左转非机动车与直行、右转机动车流冲突,直行非机动车与左转、右转机动车流冲

突。为减少此类冲突,可以采用的非机动车信号处理方式有:

①设置左转自行车相位。设置一个单独的左转自行车相位,可以将机动车与自行车的冲突分离,减少交叉口通行的混乱程度,提高交叉口通行能力和行车安全性。

②自行车绿灯早断。考虑非机动车较机动车速度慢,在绿灯尾驶出的非机动车与机动车产生冲突,可以采用自行车绿灯提前截止,截止时间取决于机动车和自行车到达冲突区的时间差。

2)减少人—机冲突的防范措施

(1)路段行人过街的处理。

为确保行人过街安全,本着节约投资的理念,可以采用行人二次过街模式,结合路段行人信号控制,以满足行人过街安全。行人二次过街模式如图5-6所示。

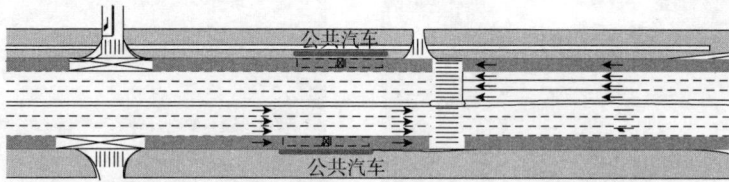

图5-6 路段行人二次过街模式

(2)交叉口行人过街的处理。

在交叉口范围内,机动车、非机动车和行人三种交通流在有限的空间里运转,必须明确规定各自的运行路线,针对行人过街特性,采用行人横道、渠化岛等为行人提供路径或驻足空间,基本的处理模式包括两类:渠化岛和无渠化岛。如图5-7所示为有渠化岛的过街模式。

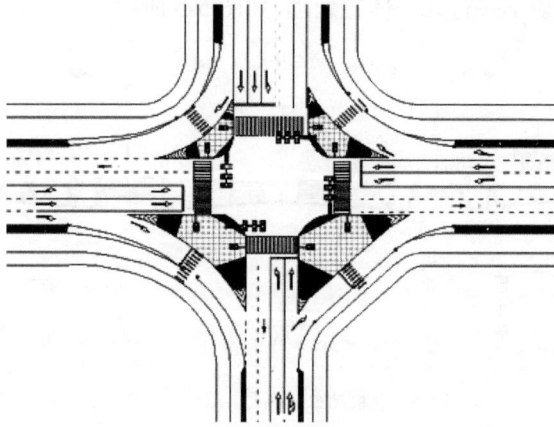

图5-7 行人过街渠化岛模式

三、车流速度与交通安全

1.车流速度控制与事故关系

原联邦德国在石油危机时,车速限制从100km/h降至80km/h,交通死亡事故下降了22%;

石油危机后,车速限制恢复到100km/h,交通死亡事故上升了12%。英国车速从104km/h限制至80.47km/h时,交通受伤事故减少了10%;车速限制从80km/h提高到104km/h时,死亡和重伤事故增加了7%。芬兰、瑞典等国也有类似统计。目前,国内外交通研究者对事故与速度的关系进行了大量、广泛的分析研究,取得了比较一致的共识。车辆在公路上的运行车速特别是不同路段的速度差与事故率和事故严重程度息息相关。

此外,综合考虑路段交通流的流量、速度及密度三者间的相互关系,依据道路、交通、气候等条件对高速公路主线交通流安全高效运行的限制要求,确定能够允许的最大交通量下的最佳速度和最佳密度,并相应采用可变限速控制技术对高速公路主线交通流进行速度控制,以达到运输效率和交通安全的平衡。

欧洲国家快速道路上较早采用了可变限速控制技术,学者们针对可变限速控制系统实际工程应用效果进行了评价分析。以往研究发现,快速道路上实施可变限速控制之后,交通事故频次有所减少,交通事故率有所下降。例如,Harbord等对英国M25和M4两条高速公路上可变限速控制系统的安全效果进行了评价,结果表明该系统实施后控制路段内伤亡交通事故减少了10%,仅财产损失事故减少了30%;Rivery针对法国A13高速公路可变限速控制系统进行了评价,结果表明该系统降低了控制路段内交通事故发生约17%。另有部分研究分析了可变限速控制技术对于危险交通流状态的影响,结果表明可变限速控制能够有效减少控制路段内危险交通流情况出现频次。例如,Van等针对荷兰某高速公路200km路段内可变限速控制效果进行评价,结果表明可变限速控制有效减少了交通流速度波动的幅度,减少了交通流冲击波发生的数量;Luoma等针对芬兰快速道路上采用的不良天气下可变限速控制系统进行评价,发现可变限速控制有效降低了不良天气下行驶车辆平均速度以及速度离散。

2.车速差与事故关系

事故的严重程度取决于碰撞时车速的瞬时变化 d_v(尤其在0.1~0.2s的范围内),当 d_v 超过20~30km/h时,发生严重事故的可能性开始增加;当 d_v 超过80~100km/h时,事故中便会有人员死亡。如果车辆发生正面碰撞,由于两辆车的制动距离都有限,行驶车速对 d_v 和事故严重性的影响是最大的。在有行人的事故当中,当车辆与行人发生碰撞时的车速从40km/h增加到50km/h时,行人死亡的概率会增加2.5倍。即使驾驶人在发生碰撞之前采取制动措施,d_v 也会随着碰撞速度增加而增加,而碰撞速度是随着初始速度的增加而增加的。因此,随着车速的提高,事故率和事故的严重程度一般都会提高。

双车道公路的平均速度、速度差与伤亡事故率的关系式如下:

$$r = 0.018\ 02v_a + 0.018\ 84v_d - 1.942\ 94 \tag{5-1}$$

式中:r——伤亡事故率;

v_a——速度累计曲线中的85%位车速;

v_d——速度差,$v_d = v_{85} - v_{15}$。

在对大量的事故多发点(不包括道路交叉口)进行速度调查后发现速度、速度标准差与事故率关系并不十分密切,其回归公式为:

$$r = 0.082\,73v_b + 0.075\,02v_s - 1.606 \qquad (5\text{-}2)$$

式中:r——事故率;

v_s——速度样本方差;

v_b——平均车速。

其回归系数并不太高,但是当加入速度单位变化率 v_e 后,回归关系就比较密切,公式为:

$$r = 0.018\,01v_b + 0.230\,3v_s + 0.230\,3v_e - 11.07 \qquad (5\text{-}3)$$

式中:v_e——平均速度在 100m 长度上的变化值,为实际测量的换算值;

其他符号意义同上。

3.车流速度离散性与事故关系

在高速公路车流中,车速的离散性(即个体行驶速度与平均车速的差值分布情况)对交通事故也有重大的影响。个别车辆与车流的平均车速相差越大,其发生交通事故的概率就越大,如表 5-1 和图 5-8 所示。

高速公路车速与事故统计数据　　　　　　　　　表 5-1

高速公路	平均车速 (km/h)	车速标准离差 (km/h)	事故数量 (次/年)	交通量 (veh/年)	里程 (km)	亿车公里事故率 (%)
成渝高速	87.61	17.16	206	7 708 800	114	23
石太高速	71.00	20.32	244	3 972 470	213.4	29
广佛高速	58.13	13.01	145	42 223 200	16	21
京石高速	93.00	26.63	1065	8 719 852	269.6	45
沪宁高速	79.86	14.22	194	12 511 608	70.08	21
沈大高速	79.50	12.73	887	12 334 480	375	19
京津塘高速	88.70	22.57	140	12 859 680	35	31

由图 5-8 可以看出,事故率随着车速标准离差的增多而呈指数增长,即车速分布得越离散,事故率越高。该模型为车速管理提供了有力的依据,对车辆进行高速和低速限制,而且使二者的差值尽可能小,降低车速分布的离散性,从而降低事故的发生率。

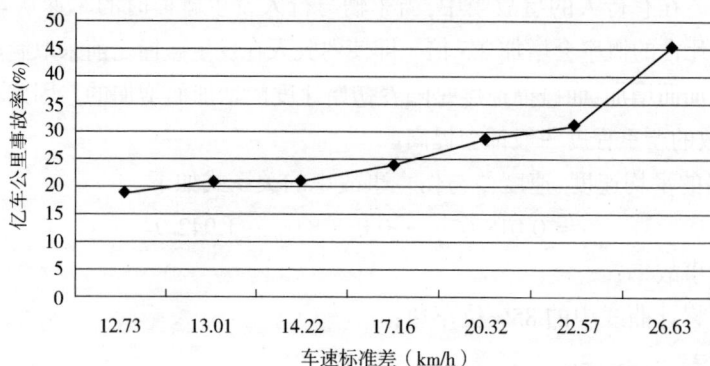

图 5-8　车速标准离差与亿车公里事故率关系曲线

➡第二节　天气及景观条件与交通安全

一、不良天气与交通安全

不良的天气可能降低车辆轮胎与地面的摩擦力,影响驾驶人视距,增加驾驶人紧张感,降低交通安全性。不良天气主要包括雨天、雾天、冰雪天等。

1.雨天行车的交通安全

1)雨天对交通安全的影响

(1)概述。

数据统计表明,交通事故与降雨量有关。以上海地区为例,2004年各级日降雨量与相应的日均交通事故指数关系如图5-9所示。图中降雨量在10mm左右的事故率最高,随着降雨量增大,事故率反而下降,这和交通量减少、驾驶人更谨慎有关。

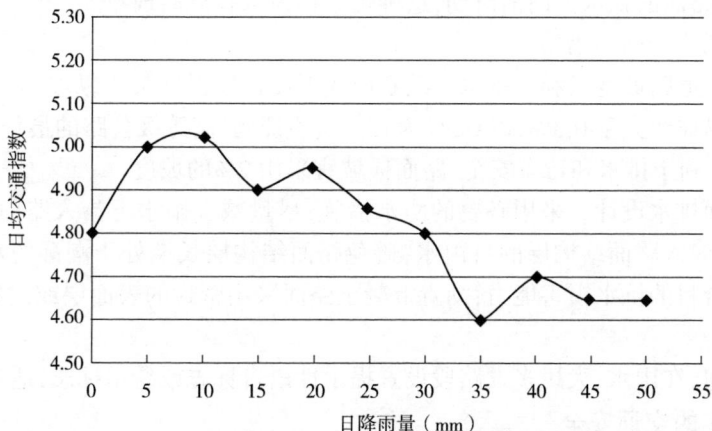

图5-9　日降雨量与日均交通事故指数关系

雨天的事故类型有:

①撞击路侧安全设施或行人。雨天环境下,驾驶人的视野受到刮水器运动范围的限制,前风窗玻璃和侧后视镜附着雨水影响驾驶人清晰观察路侧环境,使其不能及时发现障碍物而引发碰撞事故。在交叉口,车辆左转时,驾驶人容易忽略前照灯照射范围外人行横道上的行人,也可能诱发事故。

②追尾事故。雨天时,因路面潮湿,与干燥的路面相比制动距离更长。因此尾随前车的后车若以同晴天一样的跟车距离,遇到意外情况突然停车时,容易发生追尾事故。如表5-2所示。

③正面碰撞。由于车辆轮胎和路面的摩擦系数下降,车辆轮胎的横向摩擦力减小,在弯道处,由于离心力作用,导致车辆产生滑移与对向车道上的车辆发生正面碰撞。

(2)雨天对道路交通安全影响原理。

雨水作用导致路面摩擦系数降低是雨天道路交通安全性较低的关键,路面潮湿或积水都会影响路面摩擦系数。路面潮湿时,表面上有一层很薄的水膜,使车轮与路面和路面材料之间隔着一道"润滑剂",水膜将路面上的微小坑洼填平,使轮胎与地面的紧密接触受到严重影响。据测试,0.75cm 厚的水膜,当车速达到 80km/h 时,摩擦系数仅为 0.15;当车速超过 100km/h 时,摩擦系数接近于零。

不同车速在雨天条件下的制动距离(m) 表 5-2

路面条件 \ 车速(km/h)	50	60	70	80	90	100	110
干燥沥青路面	12.3	17.8	24.0	31.5	39.9	49.2	59.5
湿润沥青路面	24.6	35.5	48.2	63.0	79.7	98.4	119.1

车辆在积水路面上行驶时,轮胎与路面的直接接触受到妨碍,轮胎一边排开积水一边向前滚动,轮胎接地处只有一部分直接与路面接触,其余部分是通过水膜与路面间接接触,随着车速的提高,虽然有较多的积水被轮胎高速排出,但由于水的惯性作用,部分未能及时排出的积水,在轮胎与路面间形成楔形水膜,由此引起的浮力支撑了轮胎的垂直负荷,使轮胎浮起,轮胎将在路面的积水上向前滑动,这种现象称为水膜滑溜现象。

2)雨天交通安全防治措施

①适当增大道路坡度以利于排水。纵断面线形设计应保证最小纵坡不小于 0.3%,一般高等级公路的纵坡要大于 0.3%,以 0.5% 为宜。实践证明,高等级公路的最佳纵坡为 0.5%~2%。另外,为了利于排水和行车安全,路面横坡宜采用 2% 的坡度。

②改良路面排水设计。采用必要的防水措施,尽量减少雨水下渗入路面结构层以及路基内;尽快排除渗入路面结构层的自由水,避免路面结构层长期处于潮湿的水饱和状态;提高沥青面层混合料的抗水损害能力;沥青混凝土路面采用密封的表面层或设置封水层,尽量减少雨水渗入。

③限制车速,在雨水、大风多发路段设置提示性语言标志或警示标志,适当限制车速。

2.雾天行车的交通安全

1)雾对交通安全的影响

(1)概述。

在雾天条件下,能见度降低,视野变窄,车辆在高速行驶时容易发生追尾,酿成重大交通事故。表 5-3 为雾天发生交通事故年度汇总。与其他天气相比,浓雾出现概率极低,一年之内浓雾的时段也不会超过 600h,由此可知,大雾天气下交通事故发生的频率是非常高的。

雾天发生事故年度汇总 表 5-3

年份(年)	事故起数(起)	死亡人数(人)
2003	6 161	1 318
2004	5 180	1 497
2005	3 381	1 167

大雾引发的道路交通事故有以下特点:

①由于生理条件的限制,驾驶人很难确切感知大雾的严重程度。

②由于地理、气候条件的差异,不同路段大雾的能见度不同,驾驶人很难根据各路段不

同的能见距离及时调整车速和车间距。

③在大雾情况下,可视距离会远远小于绝对安全间距,一旦发生追尾相撞,容易引发多车追尾事故和二次事故。

(2)雾天对交通安全影响原理。

雾天环境下,能见度降低,视线障碍大,驾驶人可视距离大大缩短,容易判断失误,导致前后车辆追尾碰撞事故。表5-4列出了高速公路上雾况与视距关系。

高速公路雾况与视距关系 表5-4

种　　类	视距(m)	种　　类	视距(m)
淡雾	300~500	特浓雾	<50
浓雾	50~150		

①能见度降低。由于雾使光线发生散射,能吸收光线,使视物明度下降,致使驾驶人对车距、车速估计不足,对交通标志、路面设施的识别困难,容易引发追尾事故。

②减小车辆与路面的摩擦系数。雾水与积灰、尘土混合,导致轮胎与路面的附着系数减小,特别是北方冬季,冰雾在道路表面形成一层薄冰,使附着系数下降更为明显,从而导致制动距离延长、行驶打滑、制动跑偏等现象发生。

③造成驾驶人心理紧张。由于大雾影响,驾驶人很难正确判断,心理压力增大,一旦发生意外,采取措施不当而引发交通事故。

2)雾天交通安全防治措施

(1)主线交通诱导控制。

在高速公路上出现紧急情况、需要控制主线交通流时,通过可变情报板(CMS)、可变限速标志(CSLS)发布交通警示信息及采取人工诱导的方式将主线上的交通流转移到其他替代道路上去,以确保高速公路主线交通安全。这种交通控制方式能在短时间内有效地控制高速公路主线上的车流,从而预防因雾或其他紧急情况导致的交通事故的发生。目前,我国高速公路交通管理部门雾天所采取的交通管制方式多以主线交通控制与进口匝道控制相配合的管制方式为主,即在关闭进口匝道的同时,在高速公路主线上实施分流。

(2)车辆安全辅助驾驶系统。

汽车安全辅助驾驶系统是使汽车在较差的环境中能够识别路况信息,并辅助驾驶人安全行车,为汽车提供安全辅助驾驶功能。汽车安全辅助驾驶系统主要有两大类:红外热成像仪的汽车安全辅助驾驶系统和低照度的汽车安全辅助驾驶系统。基于地理信息系统(Geographic Information System,简称GIS)技术将道路前方路况信息、交通信息输送至汽车驾驶室的车载终端,以视频或语音信号提示驾驶人操作事项。

(3)限制行驶速度及行车间距。

当公路沿线出现雾情而未达到实施封闭交通管制措施的标准时,通过可变情报板(CMS)、可变限速标志(CSLS)发布雾情警示信息、限速以及增距指令来达到限制行车速度、增大行车间距的目的,可在一定程度上改善道路的行车安全。

(4)匝道控制。

匝道控制是根据雾区能见度的实际情况,采取间隔放行或完全封闭进口匝道的管制措施,可以有效地降低高速公路主线上的车流密度,从而达到预防交通事故的目的。

(5)掌握公路雾况规律。

由于各路段的位置、地理环境及周围空气温度、湿度的不同,各路段雾况也不同,交通管理部门必须积累经验,掌握公路全线的雾况规律,根据雾况及时采取相应管制措施。

(6)紧急交通事故救援。

在发生交通事故时,及时实施交通控制,并通知交警、路政、医院和消防等部门进行救护,以最大限度地降低事故的严重程度。

3.冰雪天气行车的交通安全

1)冰雪天气对交通安全的影响

(1)概述。

冰雪天气给人们出行带来极大不便,积雪和低温易导致车辆零件冰冻,引发故障,使车辆控制难度增大;积雪和冰冻严重危害桥梁等结构物,给交通带来安全隐患;冰雪降低公路的通行能力,当冰雪达到一定厚度时,可阻碍车辆通行,严重时甚至发生雪崩、雪阻,使交通完全中断;飘雪导致能见度降低;最后,雪花会覆盖交通标志版面,使标志失去作用。

(2)冰雪天气对交通安全影响原理。

①冰雪堆积使路面变滑,汽车转向及制动的稳定性下降,汽车操纵困难。据英国的气象条件与交通事故资料统计,雪天高速公路事故发生率是干燥路面的5倍,结冰时事故发生概率是干燥路面的8倍。路面状况与滑溜事故车辆数关系如表5-5所示。

路面状况与滑溜事故车辆数关系(英国)　　　　　表5-5

路面状况 车型	干　燥		降雪、冰灯		合　计	
	滑溜事故	总事故	滑溜事故	总事故	滑溜事故	总事故
小汽车(veh)	17 987	171 297	3 656	6 499	21 643	177 796
公共汽车(veh)	288	9 522	78	212	366	9 734
1.5t 以下的货车(veh)	1 191	12 900	270	540	1 461	13 440
1.5t 以上的货车(veh)	1 111	8 072	163	431	1 274	8 503

②在冰雪天气下,路面附着系数仅为正常干燥路面附着系数的1/8~1/4,车速越高,路面附着系数越小,车辆制动距离增大,制动困难,对行车安全威胁极大。表5-6列出了不同车速在冰、雪天条件下的制动距离。

不同车速在冰、雪天条件下的制动距离(m)　　　　　表5-6

车速(km/h) 路面条件	50	60	70	80	90	100	110
干燥沥青路面	12.3	17.8	24.0	31.5	39.9	49.2	59.5
冰雪路面	49.2	71.0	95.5	126.0	150.0	196.9	238.2

③当雪后天晴时,由于积雪对阳光的强烈反射作用,产生眩光,即雪盲现象,也会使驾驶人视力下降,成为安全行车的潜在危险。

2）冰雪天气交通安全防治措施

（1）交通组织措施。

根据高速公路路网及相邻路网的结构特征、交通特性，针对恶劣天气下考虑纳入路网的控制节点和道路条件，从以下几个层次开展交通组织：

①节点交通控制与组织。当高速公路发生恶劣天气等灾变事件而引起交通拥挤、堵塞现象时，能够在路网结点处实施限流、分流、封闭等交通组织措施，达到预设的控制效果。

②通道交通控制与组织。当高速公路因恶劣天气发生拥挤、堵塞时，可以合理利用影响范围内的相邻的平行道路和相交道路，以通道管理的理念，将高速公路主线和周边道路纳入交通组织的范围，通过限制主线流量、速度，分流部分车流到周边道路，达到控制目的。

③路网交通控制与组织。将整个区域的路网作为一个整体来实施控制和交通组织，根据路网的 OD 分布和整个路网的结构特征，结合路网等级交通诱导、通道控制、节点组织等，以路网综合性能最优为目的，实施交通组织。

（2）道路工程改善措施。

目前，国内不少地方采用撒融雪剂或石米的办法。融雪剂的主要成分是盐，盐可以降低水的冰点，撒了盐的路面水要到零度以下才能结冰，可以达到融雪的效果。但是，由此造成的后遗症也非常严重，不仅会对基础设施造成破坏，尤其是对混凝土和钢筋，而且会在一定程度上影响生态环境。

除雪防滑的常用措施有机械除雪，机械除雪因为其环保、快速、适应性强而被广泛采用。现有的除雪设备有：专用除雪机械、多功能养护车装备除雪装置、平地机以及用装载机等轮式机械改装后的除雪机械等。

二、道路景观与交通安全

1.道路景观的构成

道路景观是从美学观点出发，在满足交通功能的同时，充分考虑道路空间的美观、用路者的舒适性以及与周围景观的协调性，让使用者（驾驶人、乘客以及行人）感觉安全、舒适和谐的道路景色。道路景观设计涉及的学科知识较多，包括城市规划、环境设计、建筑及空间设计、道路美学、园林学、环境心理学等。

以路权为界，道路景观可分为自身景观和沿线景观。自身景观包括道路线形、道路构造物、服务设施以及道路绿化等。沿线景观是指道路所处的外部行驶环境，是构成道路整体景观的主体，同时也是乘客在行驶过程中的主要观赏对象。道路自身景观可以通过景观设计等加以修饰，道路沿线景观只能在规划和设计阶段，通过选择与周围景观协调的路线来实现。

按照不同的结合方式可以将其分为：道路线形要素的景观协调、道路与道路沿线的景观协调、道路与自然环境及社会的协调。道路景观所包括的具体内容见表5-7。

按客体构成要素，道路景观可分为自然景观和人文景观。自然景观主要指自然形成的地形、地貌（平原、山区、草原、森林、大海、沼泽等），植物景观，动物景观，水体景观以及四季气象时令变化带来的景观。这些景观物又属于生态系统，故又可称生态景观。人文景观是指公路沿线的风土人情，沿线生活的人们用自己的智慧和双手创造的各种社会、民族、宗教、文化、艺术等特殊工程物(城镇、村寨、庙宇、水坝和大桥等)以及道路自身。

道路景观构成要素 表 5-7

类 型	具体形式	内 容
道路线形要素的 景观协调	视觉上协调	视觉上,平面线形与纵断面线形各自协调、连续
	立体上协调	平面线形与纵断面线形互相配合,形成立体线形
道路与道路沿线 的景观协调	行车道旁边的 环境	中央分隔带的绿化;路肩、边坡的整洁;标识清楚完整;广告招牌规则 协调;商贩集中,不占道路
	构造物环境	对跨线桥、立体交叉、电线杆、护栏、隧道进出口、隔声墙等的设计有 一定的艺术特色,体现一定的区域建筑特色
道路与自然环境 及社会环境的协调	道路与自然环境 及社会环境的协调	道路与沿线的地形、地质、古迹、名胜、绿化、地区风景间的协调;沿线 与城市风光、格调的协调

按使用者视点不同,道路景观可分为内部景观和外部景观。行驶在道路上或驻足于道路附属设施(停车场、服务区、观景台)内的驾驶人和乘客所见到的景观称为内部景观。从道路沿线居住地等其他道路以外的视点所看到的包括道路在内的景观称为外部景观。

道路景观与交通安全之间时相辅相成,既相互促进又相互制约的辩证关系。优美舒适、功能科学合理的道路景观设计不仅能起到美化道路交通环境、保护自然环境的目的。也能对良好的交通安全环境起到积极地营造和辅助作用。同时,由于功能要求的差异,道路景观和交通安全二者之间又存在相互制约的方面,不合理的道路景观设施或施工养护行为会对交通安全造成不利的影响。

2.道路绿化与交通安全

道路绿化在视觉上给人以柔和而安静的感觉,并把自然界的生机带进了城市。它的形状、色彩和姿态具有可观赏性,丰富了道路的景观,有助于创造优美的视觉环境,提供舒适的行驶条件。

道路绿化景观主要涉及树种的选择、植被高度、株距及绿化效果,这些方面对交通安全有着十分重要的作用。一般情况下,绿化应与道路环境中的景观诸元素协调,应该让用路者从各方面来看都有良好的效果。

有些道路绿化成了视线的障碍,道路使用者看不清街道面貌,从街道景观元素协调来看就不适宜。绿化应具有诱导视线、防眩、缓冲、遮蔽、协调、指路标记、保护坡面、沿线保护等安全功能。

如图 5-10 所示,在弯道中央分隔带种植树木,应在夜间行车时,能遮挡对向车灯光线,避免产生眩光。

3.道路照明与交通安全

道路上的照明条件是影响交通安全的重要因素。道路照明是防止夜间交通事故最有效的手段之一。合理的道路照明布局,可以给

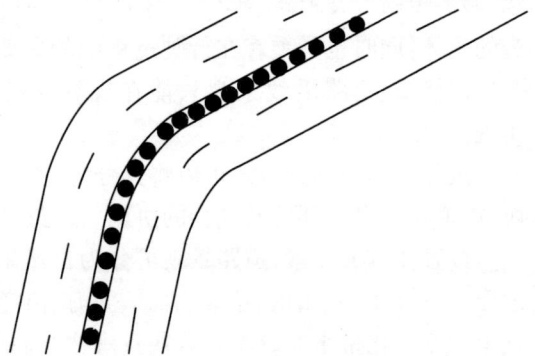

图 5-10　种树防眩晕示意图

驾驶人提供前方道路方向、线形等视觉信息,使照明设施具有良好的诱导性。同时,合理的照明设计,又可以体现道路夜间景观的魅力,具有美化环境、改善景观的作用。

随着夜间交通量的日益增加,为避免交通事故的发生,保持夜间交通的通畅,提高道路服务水平,必须让驾驶人和行人得到障碍物的状况、信号、标志等视觉信息,以减少和防止交通事故的发生,道路照明必须满足交通的要求,具有明视的功能、正常的显色,并要保持相对稳定性。

道路照明质量是在人的视觉要求条件下确定其相应的技术标准。路段、交叉口、场站、桥梁和隧道等道路工程设施以及所有的交通管理设施和服务设施,在夜间或光线不足的情况下,都需要借助道路照明来保障夜间的交通安全。交通管制的信号和标志也离不开光和色彩,因此道路照明在交通系统中,起着便于各种信息进行传递的作用。

4.路侧建筑与交通安全

现代城市中,街道上建筑艺术的视觉效果与道路的交通性质、交通组织和交通管理有密切关系。城市道路景观,可以看成是路和建筑与其他元素组成的景观。

一条道路的景观的好坏,建筑是否与道路协调是最主要的因素,而建筑与道路宽度的协调则是关键。不同交通性质道路的建筑高度 H 与道路宽度 D 的比例关系不同,一般认为 $1<D/H<2$ 时,既具有封闭空间的能力,又不会有压迫感。在这种空间比例下的步行和驾车可取得一定的亲切感和热闹气氛,而且绿化为两侧建筑群体空间提供了一个过渡,使两侧高大建筑群之间产生了一种渐进关系,从而避免了两侧建筑群体的空间离散作用,不会使人感到突然和单薄。对于商业街 D/H 宜小,这样空间紧凑,显得繁华热闹,而居住区需要对建筑群有一定的观赏机会,这种比例就应大些;交通干道的道路宽度较大,建筑物的尺寸、体量也会较大,而且高低错落,这时可按低的建筑高度 $D/H=1/4$ 来控制,这样可以看清建筑的轮廓线,让人有和谐明朗的印象。

→第三节　夜间行车与交通安全

随着我国道路运输业的快速发展,夜间行车量较以往有了很大的提高,但随之而来的是夜间交通事故的频繁出现,这已成为一个突出的社会问题。图5-11列出了2009年我国某城市道路交通事故的24h分布情况,由图可以看出,总的交通事故主要发生在白天。我们把一天按时间分成两段:白天(08:00~21:00)和晚上(21:00~08:00),统计结果表明白天的交通事故数占全天的66.5%。严重事故发生时段,明显地出现在17:00~21:00这4个小时中,事

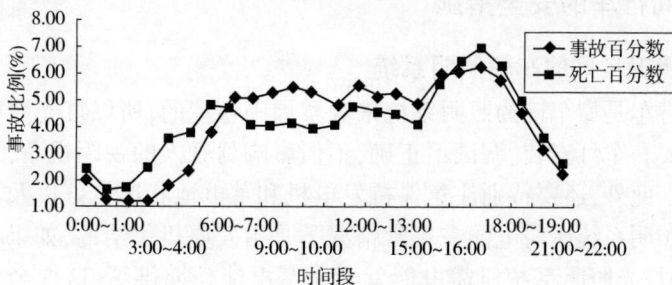

图5-11　道路交通事故的24h分布

故数占全天事故数 24%,死亡数占全天死亡 25%。从图上显示,在事故发生高峰期(17:00 ~ 21:00),事故死亡状况严重,死亡人数最多时刻在 20:00 左右。可以看出夜间交通事故问题更为严重。

夜间事故多发原因是多方面的,其中驾驶人的夜间视力降低是主因,夜间光线亮度低,驾驶人视线和视野严重下降,车型以大车为主,大车机械性能较差,再加上超载和驾驶人疲劳驾驶等原因,事故就更容易发生,严重度也更大。

一、夜间行车的不良影响

夜间视力是位于视网膜杆体细胞和锥体细胞相互作用的效应体现,进入黑暗处的最初几分钟主要是锥体视觉的适应过程,但几分钟后,杆体视觉的感受性明显改善,并高于锥体视觉的感受性。夜间行车时,车灯照射下产生耀眼现象。随后无灯暗区使驾驶人暂时看不清前方状况,这就是所谓的暗适应感知阶段,从车灯照射到暗区内识别目标这段时间为暗适应时间,随后进入判断阶段和动作阶段。夜间行车的不良影响主要包括以下几个部分:

1.视线不良

夜间自然光线变差,这是与白天行车的一个本质上的差别。夜间汽车灯光或路灯照射的范围和亮度有限,能见度变差,视野变小。驾驶人在行车中对道路以及周围驾驶环境的情况看不清楚,对道路的观察、判决仅局限于灯光所能照射到的范围,驾驶人收集到的交通信息量大大减少,甚至在会车时,由于远光灯炫目会使得驾驶人出现短暂的视线盲区。因夜色而引起道路及其他物体颜色的变化,使驾驶人不能正确判断弯道的半径大小,不易区分上、下坡与平路及左右情况,容易顾此失彼等。

2.容易疲劳

驾驶人夜间行车改变了驾驶人的生活规律,易使人的生物钟出现短时的生理性紊乱,而容易产生疲劳感。另外,夜间行车的特殊环境,使驾驶人在行车中处理各种交通情况要比白天付出更多的精力。同样的情况下,夜间判断需要的时间较白天长,加上夜间周围环境比白天单调,驾驶人更易出现精神和视力疲劳,使交通事故发生概率大大增加。

3.驾驶操作难度大

夜间行车由于光线暗淡、视野狭窄、参照物减少、目标背景清晰度较差,驾驶人反应时间增长,对道路上的各种情况判断难度较白天大,导致驾驶人判断失误次数增多。特别在会车、超车或遇到险情时,要比白天难于处理,稍不注意,就会发生交通事故。

二、保证夜间行车的安全措施

1.维持技术状况良好的车辆照明系统

驾驶人夜间行车是靠车辆的照明系统来观察周围环境的,所以灯光照明的好坏对夜间行车安全至关重要。车灯安装、调试不正确,不但影响驾驶人的视距视角,还会给迎面来车驾驶人造成眩目。此外,还要特别注意保持发电机和蓄电池状况良好以及车灯本身的搭铁牢固。汽车灯光照明系统所需电能在正常情况下是由发电机供给的,如果发电机或调节器工作不良,车辆的灯光照明系统所需电能就会由蓄电池长期供给,这样会对蓄电池造成损害。发动机低速运转时,发电机输出的电量不能满足照明系统的需要,此时的电量就由蓄电池暂时补充供给,如果蓄电池状况不好,就会影响照明系统的正常工作。照明系统的正常使用是建立在有持续稳定电能供给的基础之上,车灯搭铁线连接不实也会造成灯光时有时无,严重时造成灯泡的损毁。因此,应对车辆的照明系统经常进行检查、保养和维护。

2.正确判断道路地形

夜间行车,由于视线受限,对道路的观察和判断比较困难,驾驶人应根据交通标志、路旁地形、发动机声音和灯光照射距离帮助自己观察判断和选择车速。一般来说,当车速自动减慢和发动机的声音变得沉闷时,表明行驶阻力增大,汽车正在爬缓坡或驶经松软的路面;当车速自动增快和发动机声音变得轻松时,表明行驶阻力减小或汽车在下缓坡。当灯光投射距离由远变近时,表明汽车驶近或驶入上坡道、驶近急弯或将要到达起伏坡的低谷地段;当灯光投射距离由近变远时,表明汽车由陡坡进入缓坡或由弯道驶入直线。当灯光离开路面时,应当注意前方可能出现急弯或面临大坑或正驶上坡顶;当灯光由路中移向路侧时,表明前方出现一般弯道,如果是连续弯道,灯光必然相应地从道路的一侧扫移到另一侧。当前方路面出现黑影时,如驶近时逐渐消失,表明路面上有浅小凹坑,如黑影不消失,表明路面上有深大凹坑。

3.严格遵循交通规则

夜间行车要根据气候、地形、时间、环境暗亮度等情况适当降低车速,在弯道、坡道、桥梁、狭路等视线不良的地方更应减速慢行,跟车距离要增大。夜间行车视线受限,这时要增大跟车距离,以防发生追尾碰撞事故。

另外,夜间行驶必须注意正确使用灯光,《中华人民共和国道路交通安全法(2011 年修正)》对夜间行车使用灯光作出了明文规定:

(1)在没有中心隔离设施或者没有中心线的道路会车时,距相对方向来车 150m 内不能使用远光灯。

(2)在没有中心隔离设施或者没有中心线的窄桥、窄路与非机动车会车时不能使用远光灯。

(3)机动车在夜间没有路灯、照明不良或者遇有雾、雨、雪、沙尘等低能见度情况下行驶时,同方向行驶的后车与前车近距离行驶时,不能使用远光灯。

(4)通过急弯、坡路、拱桥、人行横道或者没有交通信号灯控制的路口,应交替使用远近光灯示意。如有违反以上行为者,处罚款,并扣分。

4.基于智能交通技术的夜间安全行车保障措施

随着 ITS 技术的发展,充分利用检测技术、通信技术和计算机技术等先进手段来改善交通安全,辅助驾驶成为新的趋势,现状针对夜间安全行车的保障措施主要包括:

(1)连续波雷达预警系统。

该系统采用频率调制的高频电子载波,比较反射信号和发射信号,得到被测距离成比例的频率差,求得距离;利用返回信号的多普勒偏转,可确定被测物体的相对速度。车载电脑根据自车速度和障碍物的速度计算出最小安全行驶间距,进而得到危险预警距离。

(2)智能防眩设施。

该设备是针对改善驾驶人眼睛部分的照度以减少眩光的影响,其原理是对光线进行有效控制、反射折射掉强光中的紫外线等有害成分,增强夜间路面、行人和障碍物等的反射光线。现有的技术主要是通过调光玻璃达到其目的,调色可以通过将卤化银胶体分布在玻璃中,当遇到强光时,卤化银成为胶体状,从而消除眩目的影响。

(3)全球定位导航系统。

该系统采用车载电脑,利用GPS接收信号确定车辆的绝对位置,通过各种传感器测定车辆在电子地图中的相对位置,交通信息中心实时将交通动态信息通过通信设备传到车载电脑,并根据当前交通状况计算最优路径,并将图像传输到车载终端视频,驾驶人利用该信息选择路径。

(4)车辆辅助驾驶系统。

夜间安全行车视觉增强装置最初应用于军事需求,该装置由传感器模块、显示模块、控制模块和定位模块组成,其视野在垂直方向不小于20°,在水平方向不小于40°,而且可通过调整,观察车辆侧面和后面。该装置可以使车辆在夜间的行驶速度达到白天的50%~60%,并能在110m远处识别55cm的物体,极大改善了夜间行车安全性。

➡第四节　道路作业区与交通安全

一、道路作业区的定义及划分

1.概述

道路作业区是指在道路交通事故处理和道路养护维修过程中临时关闭一个或几个车道形成一段禁行区域。它属于行车条件变化路段,为了保障作业区施工人员安全及该路段或影响区域车辆顺利通行,需要对施工养护影响区内车道进行控制。研究表明,施工区事故多发的原因主要包括:

(1)施工区的存在,对正常的交通流造成了一定的干扰。

(2)施工区缺少适当的安全防护设施和交通控制设施。

(3)施工作业占用的道路空间使车道数减少或车道变窄,造成道路环境的突变。

(4)施工区构成了道路空间范围内的障碍物,增加了车辆撞击固定物的危险。

(5)驾驶人跟车过近,粗心驾驶和判断失误。

综合国内外的研究成果,施工区的交通事故主要有以下特点,如表5-8所示。

施工区事故特点 表5-8

事故严重性	严重伤害事故较施工前多
事故类型及事故率	主要事故类型包括追尾事故、同向刮蹭、撞固定物等,其中追尾碰撞占35%~52%,总体事故率较施工前高
事故发生时间	夜间事故与施工前相比增加较多,且伤害程度较高
事故地点	交通事故主要发生在上游过渡区、缓冲区和工作区,特别是工作区。有的研究表明,工作区的事故数占全部事故的70%

2.道路作业区区域划分

道路作业区是为道路施工和养护作业所设置的交通管理区域,一般分为施工预告区、上游过渡区、缓冲区、施工作业区、下游过渡区和施工终端区 6 个区域,分别如图 5-12 中 1～6 所示。

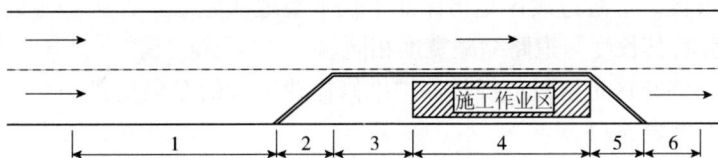

图 5-12 施工区划分示意图

(1)施工预告区。施工预告区是指从作业控制区起点设置施工标志到上游过渡区之间的路段,用以警告车辆驾驶人已经进入施工作业路段,提醒驾驶人前方需要变道行驶,使驾驶人在到达施工作业区之前有足够的时间按交通标志调整行车状态。按《城市道路施工作业交通组织规范》(GA/T 900—2010)规定,施工预告区长度设置参照表 5-9。

施工预告区长度设置   表 5-9

设计车速 v(km/h)	施工预告区长度 L(m)
$v \leqslant 50$	$L \geqslant 40$
$50 < v \leqslant 70$	$40 < L \leqslant 100$
$70 < v \leqslant 80$	$100 < L \leqslant 300$

(2)上游过渡区。上游过渡区是在施工作业区前使交通流变化车道转移出原来正常的行驶路径,引导交通流驶入临时通行道路上的一段渐变段区域,其最小长度见表 5-10。

上游过渡区长度最小值   表 5-10

设计车速 v(km/h)	最小值(m)	设计车速 v(km/h)	最小值(m)
20	20	60	40
30	25	70	70
40	30	80	85
50	35	>80	100

(3)缓冲区。缓冲区是过渡区到施工区之间一段空间,它的设置主要考虑到假设行车驾驶人判断失误,有可能直接从过渡区闯入施工区,造成人员伤害和设备的损坏,其长度根据道路限制车速确定,见表 5-11。

缓 冲 区 长 度   表 5-11

限制车速 v(km/h)	缓冲区长度(m)
<40	15
40	40
60	110
80	160

(4)施工作业区。施工作业区是道路养护维修作业的工作场所,也是作业人员工作、堆

放建筑材料、停放施工设备的地方,为了减小道路施工作业对交通的延误影响,必须规定工作区路段的最大长度,一般不得超过3km。

(5)下游过渡区。下游过渡区是指保证车辆平稳地从施工工作区旁边的车道横向过渡到正常车道的路段,其长度与道路缩减宽度相同。

(6)终止区。终止区是通过或绕过养护维修作业地段的车辆提供一个调整行车状态的路段,终止区长度见表5-12。

终　止　区　长　度　　　　　　　　　　　　　表 5-12

限制车速 v(km/h)	终止区长度(m)
≤50	10~30
50~80	30~35

二、道路作业区与交通安全

1.道路养护维修作业区与交通安全

道路维修养护作业区是道路施工、养护、改造的活动场所,在保证养护设备和施工人员安全的前提下,实现不中断交通的道路路面养护维修作业。因此,道路养护维修作业通常是在不封闭交通的情况下进行的,高速的交通流和复杂的现场作业环境容易造成道路上养护作业的高风险性。同时,由于养护维修作业须占用部分车道,从而使得道路上车道数减少或车道变窄,形成道路瓶颈路段,造成交通不畅和堵塞。此时一旦养护作业管理不力,交通标志、安全设施摆放不完善或驾驶人、施工人员稍有疏忽,极易引发道路交通事故,同时养护维修作业区构成了道路空间范围内的障碍物,增加了车辆与固定物相撞的危险。

由此可见,道路养护维修安全作业不仅关系到养护维修作业的正常进行,也关系到人民生命和国家财产安全。因此,为保护养护维修作业人员和设备的安全,使养护维修作业人员能够按照规定进行作业,同时,为了保证车辆能够安全通过养护维修作业控制区域,给道路使用者提供必要的畅通及安全的交通环境,加强养护维修作业安全管理具有极其重要的意义。

2.道路事故处理作业区与交通安全

道路上发生交通事故后,为了对事故责任进行认定,需要进行事故现场勘查和现场救护,因此,往往需要关闭一个或几个车道形成作业区。确定合适的事故处理作业区,一方面要能够尽可能保持交通运行,另一方面要使得现场救护和现场勘查工作能够顺利进行。作业区的确定目前没有通用的方法,处理人员一般要根据路段的宽度、车道数目、车流量大小、周围替代道路条件以及事故本身的严重程度来综合判断合适的作业范围,确定采取全封锁、单向封锁、缩减车道、改道等管制方式。为了避免路过车辆与事故现场发生冲突而导致二次事故,需要设置一段缓冲区。缓冲区的大小要考虑封闭车道的宽度、车辆行驶速度等因素。当被封闭的车道越宽,路过车辆躲避现场的回旋空间越小,因此,需要设置更长的缓冲区;而车辆的限速越高,后续车辆的可能速度越大,应该相应加长缓冲区长度。

在作业区前限制车速可以保障事故处理的交通安全,但过低的限速会降低作业区的道路利用率,降低作业区的通行能力,在作业区前方易形成较大的速度方差和交通拥挤或堵塞,引起驾驶人的急躁情绪和争道抢行等行为,反而会降低作业区的运行效率和安全性。因此,限速需要与其他交通安全设施一起进行。

现象管制设施主要有警车、交通锥和红色警示灯等。交通锥是最常用的管制设施,除了警示作用外还可以完成引导交通的功能。警示设施根据现场保护和管制的要求布置在现场前方的适当位置。在事故现场实施管制时,要根据道路条件、交通状态、事故状态以及是否存在中央分隔设施来确定合适的管制形态,管制形态有干线管制、隧道管制、交叉路口管制等。确立适当的道路交通事故处理作业区,是事故现场处理工作中十分重要的一个环节,也决定着事故处理作业区的安全程度。

三、道路作业区的交通安全管理

1.交通流速度控制

导致施工区交通事故发生的原因有许多,包括驾驶人的过失、视距不足、道路表面状况差、施工障碍物、交通控制和信息不够、施工材料、设备和人员管理不善等。其中一半以上的事故与驾驶人的过失有关,而不安全的车速是驾驶人常见过失之一。因此有必要采用有效措施降低车辆通过施工区的速度并减小车辆速度之间的离散性。

常见的施工区车速控制措施包括警车、缩小车道宽度、雷达警报器、可变信息标志、速度监控显示屏、临时振动带等。

1)警车(交通警察)

利用警车控制施工区车辆速度是最有效的方法之一。这种方法在美国等国家使用较为普遍。根据警车工作方式,可分为两类:动态和静态。动态即警车在施工区范围内巡逻;静态为警车停驻在路旁。

2)缩小车道宽度

车辆速度可以通过缩小施工区车道的宽度来控制。通过使用多种渠化设施缩小车道宽度,如设置锥形交通路标、防撞桶和混凝土护栏等。由于缩小车道宽度所需费用很少,因此对施工时间长的项目是一种相对经济的速度控制措施。

如图5-13所示为德国公路部门的研究结果,可以看出车道宽度缩小能有效降低交通流的速度。

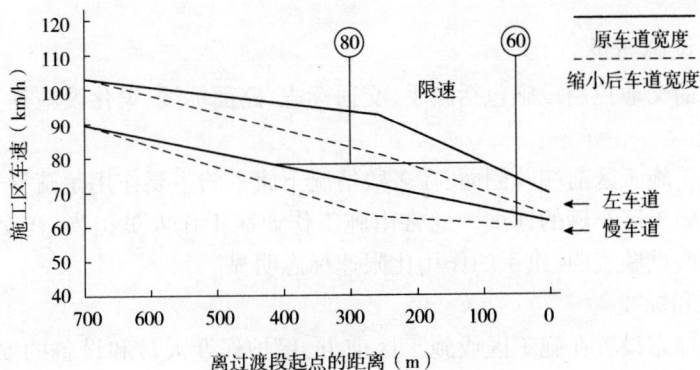

图5-13　车道宽度与交通流速度的关系

然而,采用车速变窄进行速度控制也有一些缺点,比如较窄的车道难以为侧向运动或驾驶人的过失提供足够的空间,驾驶人可能会提高车头间距来弥补侧向净空的损失,这会降低施工区的通行能力而可能导致对交通流的干扰,增加事故发生的概率。

有研究表明,车道变窄会使施工期间的事故率上升17.6%,而正常车道宽度的施工区事故率仅上升6.6%。车道变窄对安全的影响还有待进一步的研究。

3)临时振动带

临时振动带是一种黏附在路面上的橡胶条,通过产生噪声和振动引起驾驶人注意前方的异常交通状况。

振动带在施工区的应用非常有限,其效果取决于振动带的类型及在不同交通和天气条件下的功能。振动带在降低车速方面的效果不是特别明显,其主要作用是提醒驾驶人注意前方的道路情况。

4)雷达警报器

雷达警报器是一种发射微波频率波段的电子雷达系统,它能激发车辆上的雷达探测装置。雷达警报器让驾驶装有雷达探测装置的车辆驾驶人认为在当前行驶路段上有交警出现,从而降低行驶速度。雷达警报器的效果与雷达探测装置的使用率有着直接的关系。另外,使用的微波频率波段类型和车辆类型也会影响减速效果。

5)可变信息标志

可变信息标志主要针对目前道路状况,为驾驶人提供一些实时和动态信息。具体来讲,可变信息标志用来提供绕行信息、车道缩减、限速信息等,告知驾驶人前方路况或提醒驾驶人减速行驶。可变信息标志一般不会对交通流产生干扰,在夜间或恶劣天气条件下使用特别有效。可变信息标志适宜于施工期短的项目。如果使用时间较长,效果会有一定程度的降低。

6)速度监控显示屏(动态速度显示标志)

与带雷达的可变信息标志相似,速度监控显示屏通过雷达测速,把测得的速度显示在显示屏上。采用这种措施时,一般假定驾驶人一旦知道他们的车速过快,会将车速降低。

综上所述,各种速度控制措施或多或少都能降低通过施工区车辆的行驶速度,然而,任何一种措施都无法单独将车辆速度降到期望水平,因此将上述速度控制措施组合使用,将获得最佳效果。

2.交通控制设施布设

施工区常用的交通控制设施包括旗手、交通标志、路面标线、渠化设施等。

1)旗手

旗手一般处于施工区前端及侧面,在多数情况下旗手的主要作用是疏导交通,同时也能很好地控制通过施工区车辆的速度。通常由施工作业区工作人员担当,在交通状况复杂时由交警担当。一些试验表明,旗手的作用比限速标志明显。

2)交通标志和标线

施工区交通标志设置在施工区或施工区前方,保护作业人员和设备的安全,警示、提醒和诱导车辆安全通过施工区域,施工区需设置的标志一般有警告标志、禁令标志和指示标志等。

3）渠化设施

渠化设施用来警示施工区交通状况的改变情况,诱导道路使用者安全、顺利地通过施工区。渠化设施包括锥形交通路标、交通安全带、导向标、路栏等。

3.交通组织管理措施

作业现场应设专职交通协管员,负责维护现场交通秩序。交通协管员应经过培训,掌握交通法规,能快速、有效地指挥交通,能应付突发的交通情况。应设立专职安全员负责监督现场的安全管理,并及时维护设置的交通安全管理设施。作业人员上路前应进行施工安全教育,从思想上重视作业安全;施工作业时,作业人员应身着黄色反光背心;注重安全作业,不在作业区外流动。施工车辆在施工区内应按规定地点有序停放,进出施工区域时应服从专职交通协管员管理,不得擅自进出。

复习思考题

1.影响道路交通安全的环境因素主要包括哪些?

2.恶劣天气下行车的注意事项有哪些?

3.保证夜间行车的安全措施有哪些?

4.简述车速对道路交通安全的影响及控制措施。

第六章　道路交通事故统计分析

道路交通事故统计分析就是通过对交通事故的统计报表进行分析,即对事故总体进行的调查研究活动,目的是查明交通事故总体的分布状况、发展动向及各种影响因素对交通事故总体的作用和相互关系,以便从宏观上定量地认识交通事故的本质和内在的规律。交通事故的统计分析对综合治理交通和保证道路交通安全有着重要的作用。

➡第一节　道路交通事故统计指标

交通事故总体的数量特征用各种统计分析指标来反映。由于交通事故的复杂性,需要用一系列的指标才能反映出事故总体各方面的数量特征,揭示出事故总体内在的规律性。常用的交通事故统计分析指标如下。

一、总量指标

总量指标是指反映交通事故现象在一定时间、地点、条件下的总体规模和水平,其表现形式为绝对数,也称绝对指标。总量指标既是认识交通事故总体的起点,又是计算其他相对指标的基础。根据所反映的时间状况不同,可分为时点指标和时期指标。前者反映某一时刻上的规模和水平,例如截至某一年时刻的汽车拥有量、人口总数等;后者反映某一时间间隔的累积数量,例如某一年内或某一月份内的事故次数、事故伤亡人数、直接经济损失金额等。

二、相对指标

相对指标是两个有联系的指标的比值,也称相对数。交通事故相对指标是用两个交通事故绝对数的比值来表示的,便于分析和说明两个相对比较指标之间的数量关系。利用相对指标可深入地认识交通事故的发展变化程度、内部构成、对比情况以及事故强度等。相对指标可分为结构相对数、比较相对数和强度相对数。

1.结构相对数

事故结构即事故总体的组成状况,为部分数与总数之比。为了从结构方面认识事故总体,就需要建立结构相对指标。通常用在事故类别分组中,用以表明各类构成占总数量的比值,说明各构成的比例。

$$结构相对数 = \frac{总体中某部分的数值}{总体全部数值} \times 100\% \qquad (6\text{-}1)$$

如表 6-1 所示为我国 2014 年全国道路交通事故死亡人数的构成情况。

2014 年全国道路交通事故死亡人数构成　　　　　　表 6-1

地区	占总数的百分比(%)	地区	占总数的百分比(%)	地区	占总数的百分比(%)	地区	占总数的百分比(%)
北京	1.45	上海	1.54	云南	5.22	河南	2.81
天津	1.41	湖北	3.03	西藏	0.42	陕西	2.83
河北	4.27	湖南	3.07	江苏	7.98	甘肃	2.44
山西	3.55	广东	9.38	浙江	7.52	青海	0.91
内蒙古	1.72	广西	3.68	安徽	4.52	宁夏	0.67
辽宁	3.44	海南	0.98	福建	3.41	新疆	3.24
吉林	2.26	四川	4.55	江西	2.37	重庆	1.66
黑龙江	1.97	贵州	1.36	山东	6.33	总计	100

2.比较相对数

比较相对数是两个同类指标之比,有两种类型:一种是将统一总体中有联系的两个指标相对比,如负伤人数与死亡人数的相对比;另一种是同类现象在同一时期内的指标数在不同地区间进行对比,如通过两地区在同一时期内汽车正面碰撞事故数的对比,可以比较两地此类事故的发生程度:

$$比较相对数 = \frac{甲地某种指标值}{乙地同种指标值} \times 100\% \qquad (6\text{-}2)$$

例如,2014 年中国交通事故的死亡人数为 58 523 人,美国为 32 675 人,二者的比较相对数是:中国是美国的 1.79 倍。再比如 2014 年日本交通事故受伤人数与死亡人数的相对比(比较相对数,常用来反映事故的严重程度)为 181.3:1,美国为 70.4:1,中国为 3.62:1,显然中国交通事故的严重程度明显高于国外一些经济发达国家。

3.强度相对数

强度相对数即两个性质不同,但又有密切联系的绝对数之间的比值,用以表现交通事故总体中某一方面的严重程度。例如常用的交通事故万车死亡率(人/万车)、交通事故十万车死亡率(人/十万车)就是典型的交通事故死亡人数与社会机动车保有量之比和交通事故死亡人数与社会人口总数之比。强度相对数能够反映不同现象之间的相互联系性和影响力,因此,所选用的两项指标之间应当是具有一定客观联系性的。

$$强度相对数 = \frac{某一绝对指标数}{另一有联系而性质不同的绝对指标数} \qquad (6\text{-}3)$$

三、平均指标

平均指标是事故总体一般水平的统计指标,其数值标线为平均数。平均数可以使总体各单位之间的同类指标数的差异抽象化,将共同性因素显现出来,以便于观察总体的一般水平。通常用以表明某地或某一时间段内的平均事故状况。其计算形式有算术平均数、调和平均数、中位数和几何平均数等，在实际工作中多采用算术平均数。

四、动态指标

交通事故动态分析指标是通过事故动态数列计算的分析指标。交通事故动态数列虽然可以反映事故发展变化的过程和趋势，但是要分析事故的变化特点和规律性，还需要计算动态分析指标，如计算增长量、发展速度、增长速度、平均发展速度、平均增长速度等。在交通事故统计分析中，常采用的动态分析指标有动态绝对数、动态相对数和动态平均数。

1.动态绝对数

1）动态绝对数列

动态绝对数列就是将反映交通事故的某一绝对指标在不同时间上的不同数值，按时间先后顺序排列起来形成的数列，如表6-2第二行和第九行中的数值所示。

2）增减量

增减量是指交通事故指标在一定时期内增加或减少的绝对数量。由于使用的基准期不同，增减量可分为定基增减量和环比增减量。前者在每次计算时，都以计算期前的某一特定时期为固定的基准期（一般取动态绝对数列的最初时期作为固定基准期），用以表明一段时间内累积增减的数量；后者在计算时，都以计算期的前一期为基准期，用以表明单位时间内的增减量。

2.动态相对数

动态相对数是同一事故现象在不同时期的两个数值之比，动态相对数指标主要有事故发展率和事故增长率。

1）事故发展率

事故发展率是本期数值与基期数值之比值，用以表明同类型事故统计数在不同时期发展变化的程度。事故发展率又可分为定基发展率和环比发展率两种。

（1）定基发展率是本期统计数与基期统计数的比率，即：

$$K_g = \frac{F_C}{F_E} \times 100\% \tag{6-4}$$

式中：F_C——本期统计数；

F_E——基期统计数。

（2）环比发展率是本期统计数与前期统计数的比率，即：

$$K_b = \frac{F_C}{F_B} \times 100\% \tag{6-5}$$

式中：F_B——前期统计数。

2）事故增长率

事故增长率表明事故统计数以基期或前期为基础净增长的比率，分为定基增长率和环比增长率。

（1）定基增长率是定基增减量与基期统计数的比率，即：

$$j_g = \frac{F_C - F_E}{F_E} \times 100\% \qquad (6\text{-}6)$$

（2）环比增长率是环比增减量与前期统计数的比率，即：

$$j_b = \frac{F_C - F_B}{F_B} \times 100\% \qquad (6\text{-}7)$$

如表 6-2 所示为我国 2005～2014 年全国道路交通事故次数与死亡人数的绝对动态数列、增减量、发展率及增长率等动态指标计算结果。

3. 动态平均数

动态平均数包括平均增减量、平均发展率和平均增长率。

平均增减量是环比增减量时间序列的序时平均数，可用简单算术平均数计算。

平均发展率是环比发展率时间序列的序时平均数，采用几何平均算法。

平均增长率可视作环比增长率的序时平均数，但它是根据平均发展率计算的，而不是直接根据环比增长率计算。

2005～2014 年中国道路交通事故动态统计　　　　表 6-2

年份（年）\\项目	2005	2006	2007	2008	2009	2010	2011	2012	2013	2014
事故次数	450 254	378 781	327 209	265 204	238 351	219 521	210 812	204 196	198 394	196 812
定基增减量	—	−71 473	−123 045	−185 050	−211 903	−230 733	−239 442	−246 058	−251 860	−253 442
环比增减量	—	−71 473	−51 572	−62 005	−26 853	−18 830	−8 709	−6 616	−5 802	−1 582
定基发展率（%）	100	84.1	72.7	58.9	52.9	48.8	46.8	45.4	44.1	43.7
环比发展率（%）	—	84.1	86.4	81.1	89.9	92.1	96.0	96.9	97.2	99.2
定基增长率（%）	—	−15.9	−32.5	−56.6	−79.9	−96.8	−109.1	−116.7	−123.3	−127.7
环比增长率（%）	—	−15.9	−13.6	−18.9	−10.1	−7.9	−4.0	−3.1	−2.8	−0.8
死亡人数	98 738	89 455	81 649	73 484	67 759	65 225	62 387	59 997	58 539	58 523
定基增减量	—	−9 283	−17 089	−25 254	−30 979	−33 513	−36 351	−38 741	−40 199	−40 215
环比增减量	—	−9 283	−7 806	−8 165	−5 725	−2 534	−2 838	−2 390	−1 458	−16
定基发展率（%）	100	90.6	82.7	74.4	68.6	66.1	63.2	60.8	59.3	59.3
环比发展率（%）	—	90.6	91.3	90.0	92.2	96.3	95.6	96.2	97.6	100.0
定基增长率（%）	—	−9.4	−19.1	−30.9	−42.2	−49.5	−55.7	−62.1	−67.0	−68.7
环比增长率（%）	—	−9.4	−8.7	−10.0	−7.8	−3.7	−4.4	−3.8	−2.4	0.0

五、事故率指标

交通事故率是表示一定时期内，一个国家、某一地区或某一具体道路地点的事故次数、伤亡人数与其人口数、登记机动车辆数、运行里程的相对关系。交通事故率作为重要的强度相对指标，既可说明综合治理交通的水平，又是交通安全评价的基础指标，因此其应用广泛。根据计算方法和用途的不同，可分为亿车公里事故率、人口事故率、车辆事故率和综合事故率等，具体算法如下。

1.亿车公里事故率

$$R_V = \frac{D}{V} \times 10^8 \qquad (6\text{-}8)$$

式中:R_V——1 年间亿车公里事故次数或伤、亡人数;

    D——全年交通事故次数或伤、亡人数;

    V——全年总计运行车公里数。

亿车公里事故率是国际上广泛应用的一种事故率指标,其值越小,说明交通安全状况越好。据 1995 年的统计结果,美国全国交通事故的亿车公里事故率为 58 次/亿车公里、英国为 55 次/亿车公里、法国为 27 次/亿车公里、德国为 64 次/亿车公里、中国为 41 次/亿车公里。同年度,上述国家的亿车公里死亡率分别为:美国 1.1 人/亿车公里、英国 0.9 人/亿车公里、法国 1.7 人/亿车公里、德国 1.6 人/亿车公里、中国 10.7 人/亿车公里。

关于车公里数,可采用以下几种计算方法:以每辆车的年平均运行公里数乘以运行车辆数;用道路长度乘以道路上的年交通量(或由年平均日交通量推算出年交通量);以所辖区全年总的燃料消耗量(L)除以单车每公里平均燃料消耗量(L/车公里)。

【例 6-1】 某高速公路一年间共发生交通事故 80 次、伤 50 人、死亡 20 人,其长度为 60km,全程年平均日交通量为 6 000 辆/d,试计算其事故率。

解:根据式(6-8),该高速公路的事故率(R_{V1})、受伤率(R_{V2})和死亡率(R_{V3})分别为:

$$R_{V1} = \frac{80 \times 10^8}{60 \times 6\,000 \times 365} = 60.9\,(\text{次/亿车公里})$$

$$R_{V2} = \frac{50 \times 10^8}{60 \times 6\,000 \times 365} = 38.1\,(\text{人/亿车公里})$$

$$R_{V3} = \frac{20 \times 10^8}{60 \times 6\,000 \times 365} = 15.2\,(\text{人/亿车公里})$$

2.百万辆车事故率

$$R_M = \frac{D}{M} \times 10^6 \qquad (6\text{-}9)$$

式中:R_M——1 年间百万辆车事故次数或伤、亡人数;

    D——全年交通事故次数或伤、亡人数;

    M——全年交通量或某一交叉口进入车辆总数。

一般用百万辆车事故率计算交叉口的交通事故率。

【例 6-2】 某交叉口一年间共发生交通事故 12 起,伤亡 7 人,每天进入该交叉口的平均日交通量为 5 000 辆,试计算其事故率。

解:根据式(6-9),该交叉路口的事故率(R_{M1})和伤亡率(R_{M2})分别为:

$$R_{M1} = \frac{12 \times 10^6}{5\,000 \times 365} = 6.6\,(\text{次/百万辆车})$$

$$R_{M2} = \frac{7 \times 10^6}{5\,000 \times 365} = 3.8\,(\text{人/百万辆车})$$

3.人口事故率

$$R_P = \frac{D}{P} \times 10^6 \tag{6-10}$$

式中：R_P——每 100 万人的事故死亡率；

　　D——全年或一定时期内的事故死亡人数；

　　P——统计区域人口数。

每 100 万人事故死亡率多用于国家或国际地区级的统计区域。若应用于某一城市，则多采用 10 万人口为单位，即每 10 万人事故死亡率。

4.车辆事故率

$$R_V = \frac{D}{V} \times 10^5 \tag{6-11}$$

式中：R_V——每 10 万辆机动车的事故死亡率；

　　D——全年或一定期间内事故死亡人数；

　　V——机动车保有量。

2011 年每 10 万辆车交通事故死亡人数：美国为 17.7，法国为 15.9，英国为 11，日本为 7.7，中国为 62。

上述事故率计算公式中，亿车公里事故率基本上包括了交通安全的人、车、路三要素，作为国际上的指标是合理的，应用于不同地区间也有较好的可比性。式(6-10)的人口事故率和式(6-11)的车辆事故率，在人口少、机动化程度高的发达国家和人口多、机动化程度低的发展中国家之间可能会出现较大差距。显然，采用这两个指标进行国际的事故对比是不切实际和不客观的。因此，国内外有时也采用综合指标计算事故死亡率。

5.综合事故率

$$R = \frac{D}{\sqrt{VP}} \times 10^4 \tag{6-12}$$

式中：R——综合事故率，也称死亡系数，即一年间或一定时期内交通事故死亡率；

　　D——全年或一定时期内事故死亡人数；

　　V——机动车拥有量；

　　P——人口数。

综合事故率是万车事故率与万人事故率的几何平均值，综合考虑了人与车两个方面的因素，但未考虑车辆的行驶里程。

交通事故死亡率是交通安全评价的重要指标。但是，仅根据死亡人数确定的事故死亡率还不能全面地表明事故的伤害程度。因此，有时还必须采用事故当量死亡率这一指标。在当量死亡率中，事故死亡数除了实际死亡人数外，还应再加上按轻伤、重伤折算的当量死亡人数。当量死亡人数按下式计算：

$$D_S = D + K_1 D_1 + K_2 D_2 \tag{6-13}$$

式中：D_S——当量死亡人数；

　　D——死亡人数；

　D_1、D_2——轻伤和重伤人数；

K_1、K_2——轻伤和重伤换算为死亡的换算系数。

系数 K_1 和 K_2 应遵循统一的折算原则制定,这样,该指标就能比较全面地对交通的安全度作出评估。

➡第二节　道路交通事故统计分析方法

一、道路交通事故统计分析的意义

由于道路交通事故的发生是一个随机事件且具有不可避免性,它的现象千变万化,事故原因非常繁杂,每起事故均具有特殊性,但是可以通过对交通事故的调查以及对大量道路交通事故数据的总结分析,得出道路交通事故发生的规律及原因,从而达到减少事故发生次数、降低事故的损害性以及有效预防的目的。

具体而言,对交通事故进行统计分析是交通管理工作的重要内容之一,对指导交通管理、道路设计和规划具有重要意义:

(1)发现和识别事故高发区域、交叉口和路段。

(2)分析道路交通事故现象及成因、特征、规律及交通安全工作中的薄弱环节,明确交通安全管理工作的重点和对策。

(3)证实道路几何设计、车行道设计、交叉口设计、交通控制装置的设置及参数选择的合理性。

(4)证实交通建设投资的合理性。

(5)鉴定交通管理方法及措施的实际效果。

(6)论证交通安全教育和管理机构设置的合理性。

(7)检验交通安全法律、法规的合理性和有效性,对部分款项应进一步完善和补充。

(8)检验驾驶人培训、交通安全教育的作用。

(9)检验道路交通规划的合理性。

(10)分析影响交通安全的因素及其影响的轻重程度,预测交通事故的发展趋势。

(11)评价道路交通系统的安全状况。

(12)为交通安全研究提供数据支持。

二、道路交通事故统计分析的步骤

交通事故统计分析是由采集交通事故原始资料开始,经过原始资料的整理、分组,计算各种统计指标,最后编写出交通事故统计分析报告。

交通事故的原始资料就是每一起交通事故的详细记录,既包括事故本身的具体情况,又包括与该起事故有关的各种要素(事故当事人、事故车辆、出事地段的道路与环境条件,以及发生事故的时间和天气情况等)的状况及相互关系。交通事故原始资料的采集有规定格式,由公安交通管理部门的事故处理人员负责填写。交通事故原始资料是进行事故统计分析的唯一根据。如果原始资料不准确、不全面,即使后面的工作做得再好,也不可能得出正确的结论。因此,在进行交通事故统计分析时,一定要确保原始资料的准确、及时和全面。

采集到的大量交通事故原始资料只是一些凌乱的事故数据,不能反映事故总体的规律性,必须经过归纳整理才能满足进一步分析研究的需要。交通事故统计资料的归纳整理,包括对原始资料的审核、分组和计算必要的统计指标。

审核原始资料是为确保资料的准确性和完整性。资料的完整性主要是指各采集单位应将必要的资料报齐,而且所报的项目不应有遗漏。资料的准确性就是所报原始资料中的数据必须真实可靠。统计分组是根据统计分析的需要,按照一定的特征将事故原始资料进行分组归类。通过统计分组,一方面可将错综复杂的事故原始数据按照要求,把性质相同的数据归纳到一起,以便发现事故总体在某一方面的规律性;另一方面,通过把大量的原始数据分为若干个具有不同特征的组,也深化了对交通事故总体构成的认识。

三、道路交通事故统计分析的方法

交通事故统计分析的方法主要有统计表法和统计图法。

1.统计表法

根据不同的分析目的,将统计分析的结果编成各种表格,即为统计表,其内容包括各种必要的绝对指标和相对指标,是交通事故统计中常用的一种方式。按照统计数字或统计指标的不同特点,统计表可分为静态统计表和动态统计表。

仅列出同一时期事故统计数的表格称为静态统计表。从时间状态上看,表上的统计数是静止的,从而便于对不同地区或不同性质条件的事故现象进行相互对比。静态表中可同时列出相对数和绝对数。

将不同时间事故统计数字列成表格,就称为动态统计表,可用于反映交通事故随时间变化或分布的情况。如表6-3所示为某省历年道路交通事故4项指数的统计表例。

某省历年道路交通事故4项指数统计　　　　　　表6-3

年份(年)	发生数(起)	死亡人数(人)	受伤人数(人)	直接财产损失(万元)
1991	7 556	1 970	5 520	1 049.8
1992	5 777	2 033	4 210	1 230.6
1993	4 917	2 099	2 564	1 613.8
1994	4 512	2 133	3 197	1 776.0
1995	4 137	2 336	2 782	1 698.2
1996	5 424	2 719	3 624	2 576.2
1997	5 735	2 756	3 943	3 030.8
1998	5 887	2 706	4 715	3 303.6
1999	8 233	2 952	6 729	3 445.5
2000	20 870	3 397	17 891	6 479.0
2001	27 845	4 333	20 386	8 639.2
2002	28 114	4 557	21 292	9 462.4
2003	21 791	4 155	18 572	8 561
2004	18 006	4 794	17 880	6 996.0
2005	17 474	4 355	19 771	6 118.5

年份(年)	发生数(起)	死亡人数(人)	受伤人数(人)	直接财产损失(万元)
2006	14 151	3 901	17 987	4 848
2007	13 273	3 682	17 153	3 467.0
2008	8 421	3 027	10 282	2 308.2
2009	8 191	2 931	10 307	2 426.8
2010	7 901	2 877	9 596	2 417.7
2011	14 005	2 758	16 493	4 837.4
2012	18 076	2 691	21 109	10 726.6
2013	17 610	2 669	20 343	7 375.6
2014	16 077	2 647	18 199	6 733.9

2.统计图法

利用一些几何图形或象形图形等,将统计数字或计算出的统计指标形象化,从而反映事故现象的数量关系和发展变化趋势。统计图法的主要作用是:表明现象之间的对比关系;反映事故现象的发展变化趋势;表明事故总体的内部结构;表明事故的分布情况;揭示事故现象之间的相互依存关系等。作为数字的语言,统计图比统计表更鲜明、更直观、更生动有力。但图形只能起示意作用,数量之间的差距往往又被抽象化了。因此,在实际工作中,统计图常常与统计表、文字分析结合应用。常用的统计图有坐标图、直方图和排列图等。

1)坐标图

坐标图是利用曲线的连续变化反映事物动态变化的图形。简单的坐标图是由一个横坐标和一个纵坐标构成的,横坐标一般是连续数列,如时间、年龄等,纵坐标可以是某一绝对指标或相对指标。坐标图借助于连续曲线的升降变化,有很强的直观性,一般常用来表示交通事故中某一特征指标的发展变化过程和趋势。如图 6-1 所示为某省历年道路交通事故起数及全国历年交通事故起数示意图。

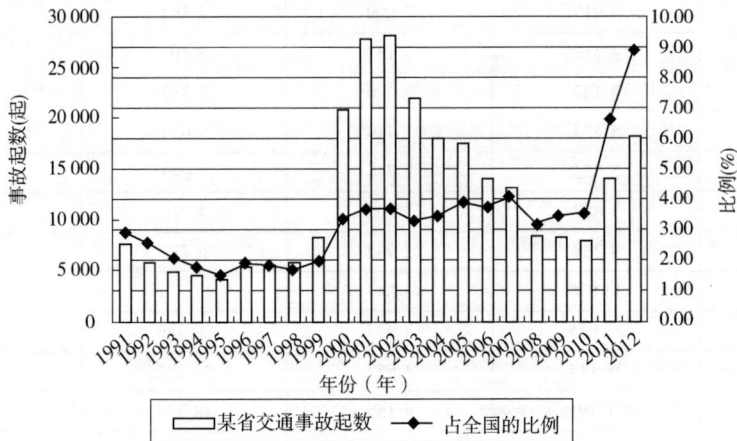

图 6-1 某省历年道路交通事故起数及全国历年交通事故起数示意图

2）直方图

直方图是交通安全分析中较为常用的统计图表。包括平面直方图和立体直方图。立体直方图是由建立在直角坐标系上的一系列高度不等的柱状图形组成，因而也被称为柱状图。直方图的横坐标表示所分析的各种因素，图形的高度则代表了对应与横坐标的某一指标的数值。如图6-2所示为某省2011年各类事故形态事故数构成的比例示意图。

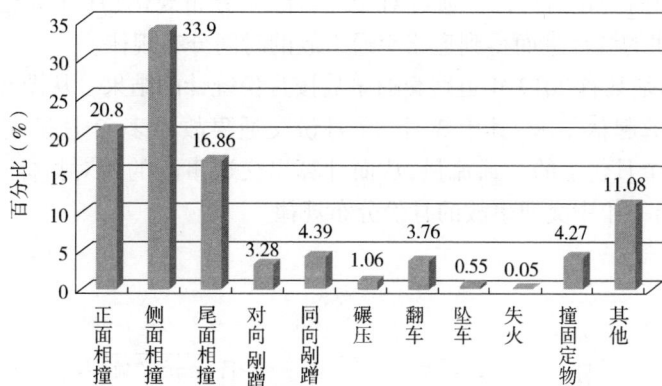

图6-2 某省2011年各类事故形态事故数构成比例示意图

3）排列图

排列图由两个纵坐标、一个横坐标、几个直方图和一条曲线组成，如图6-3所示。左边纵坐标表示频数，右边纵坐标表示累积频率（0~100%），横坐标表示事故原因分类。直方图的高低表示某类原因频数的大小，一般按频数大小自左向右排列。将各类原因的累计频率值以曲线连接，称为巴雷特曲线。按累积频率的大小可将交通事故原因分为3类：累计频率在0~80%的原因称为A类，显然是主要原因；累计频率在80%~90%的原因称为B类，是次要原因；累计频率在90%~100%的因素称为C类，是次要原因。

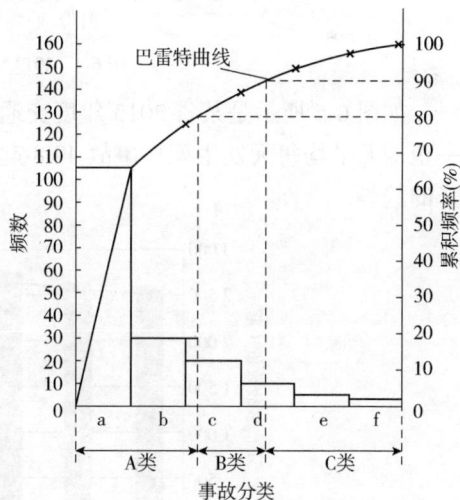

图6-3 排列图

根据分析目的的不同，可以改变横坐标中的因素。例如，分析机动车驾驶人事故原因时可以把横坐标设为酒后开车、超速行驶、无证驾驶、违章超车、违章会车等项目；分析道路交通事故形态时，可以把横坐标设为汽车与自行车相撞、汽车与行人相撞、汽车与拖拉机相撞、汽车自身事故等项目。但分析时所采用的因素不宜过多，要列出主要因素，去掉从属因素，以便突出主要矛盾。

第三节　道路交通事故的分布规律

一、道路交通事故的时间分布

交通事故的时间分布是指某一条道路或某地区交通事故发生次数、死亡人数、受伤人数等统计指标随时间而变化的特征。通过对交通事故年分布规律、月分布规律、周变化规律、小时(日)变化规律的统计进而得到道路交通事故的时间分布规律。

如图 6-4 所示是某省 2013 年道路交通事故按月份统计的结果。从图 6-4 中可清楚地看出,全年交通事故数起伏不大,其中 3 月、12 月份交通事故最多,2 月份交通事故最少。当然,若能统计出各个月份上的交通流量,从而计算出交通事故的相对指标,那么统计结果将能更全面地反映出一年中交通事故的月份分布规律。

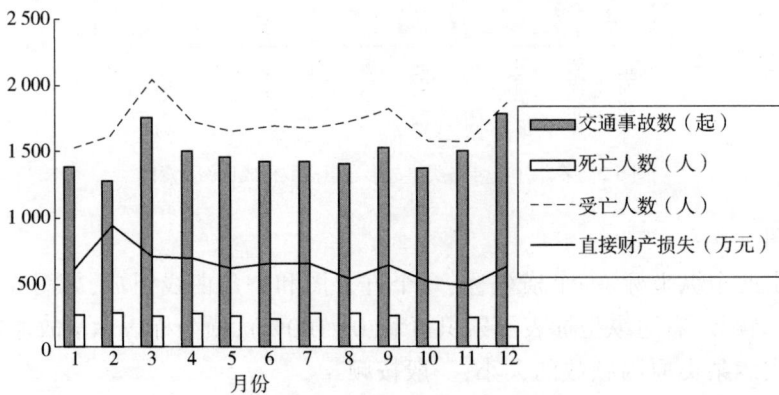

图 6-4　2013 年某省道路交通事故月份分布

如图 6-5 所示是某省 2013 年度交通事故在一周内每一天的分布结果。从图中可知,周一至周五平均每天发生死亡事故 49.8 起,周六、周日平均为 45.0 起,故存在周末死亡事故下降的趋势。

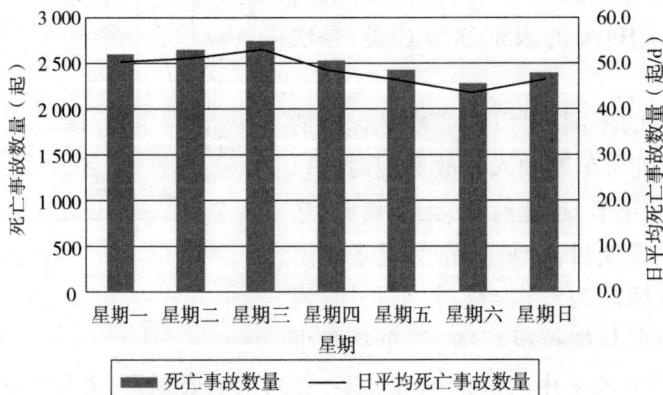

图 6-5　2013 年某省交通事故(死亡事故)周日分布

如图 6-6 所示是我国某高速公路 2013 年度交通事故的小时分布直方图。从图中可以看出两个事故发生时间峰值，即 7:00～10:00 及 17:00～20:00，也就是说清晨和傍晚时分事故次数及死亡人数明显偏高。

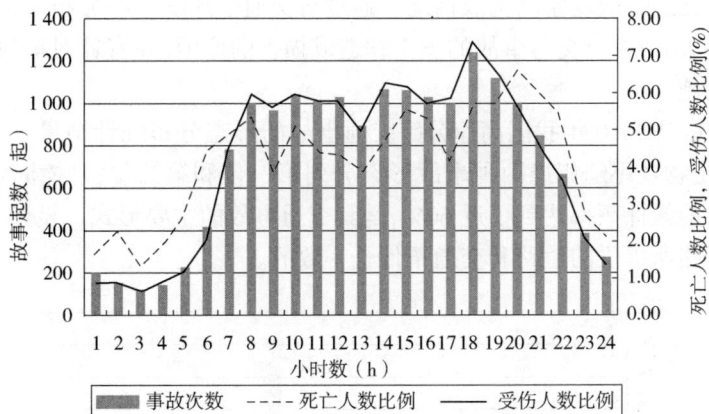

图 6-6　某高速公路交通事故小时分布

二、道路交通事故的空间分布

交通事故的空间分布是指交通事故在城市、郊区、农村、各种类型道路上（表 6-4）以及具体路段、交叉口上的分布情况。由于不同地方的交通环境、交通组成、交通分布等都不相同，交通事故在空间上有不同的分布特征。目前在实践工作中使用较多的交通事故空间分布有：

（1）各省、自治区、直辖市交通事故分布。

（2）各地区（省、市）交通事故与上一年同期的比值。

（3）大中城市交通事故分布。

（4）各地区（省、自治区、直辖市）万车事故率/死亡率及伤人率。

某省各种类型道路上的交通事故分布　　　　　　　　　　　表 6-4

道路类型	次数（次）	百分比（%）	死亡人数（人）	百分比（%）	受伤人数（人）	百分比（%）	直接经济损失(元)	百分比（%）
高速公路	396	2.246 8	167	6.261 7	565	2.773 4	14 425 168	19.544 6
一级公路	1 271	7.211 3	293	10.986 1	1 604	7.873 6	5 149 346	6.976 8
二级公路	3 916	22.218 4	750	28.121 5	4 620	22.678 2	13 312 648	18.037 2
三级公路	2 163	12.272 5	330	12.373 5	2 691	13.209 3	6 899 314	9.347 8
四级公路	1 778	10.087 9	304	11.398 6	2 093	10.273 9	3 891 034	5.271 9
城市道路	6 702	38.025 5	635	23.809 5	7 158	35.136 5	26 543 798	3.596 4
其他	1 399	7.937 6	188	7.049 1	1 641	8.050 0	3 585 271	4.857 7
合计	17 625	100	2 667	100	20 372	100	73 806 579	100

三、道路交通事故的形态分布

交通事故的形态分布也称交通事故的类型分布,是指在某一区域的交通系统上或某一条具体的道路上,正面碰撞、侧面碰撞、追尾相撞、撞固定物、对向刮蹭、同向刮蹭、碾压、翻车、坠车、失火等交通事故现象的构成情况。通过对交通事故的形态分布特征进行的统计分析,可以帮助人们搞清各类交通事故的发生和造成损害的原因,并有针对地研究和采取各种交通安全防护措施。

如图 6-7 所示是 2010 年我国高速公路交通事故的形态分布统计结果。由图可知,在高速公路上,撞固定物及尾随相撞两种事故形态分列第一位和第二位;且撞固定物、翻车及尾随相撞三种事故的累计频率达到了近 60%,是其交通事故的主要形式。显然,上述统计结果与不同类型的道路所提供的道路和交通条件是一致的。

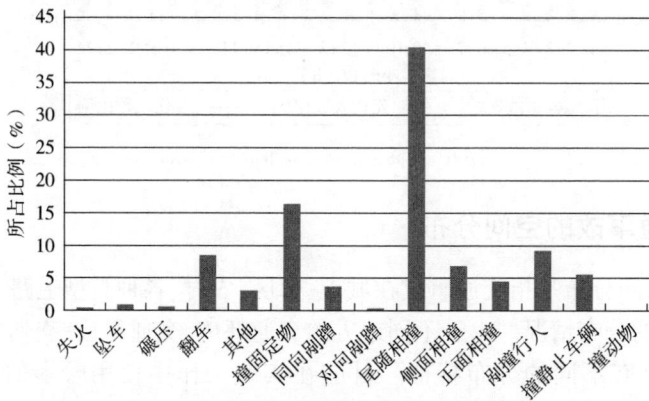

图 6-7   2010 年我国高速公路事故形态分布图

四、道路交通事故的成因分布

道路上发生交通事故的原因是多元化和复杂化的,因而只有对交通事故的成因分布进行统计分析,才能发现形成此类交通事故的原因,进而使得交通状况得到改善。对道路交通事故成因分布规律的研究主要可以从人的因素、车辆的因素、道路的因素以及其他因素几个方面进行分析研究。

如表 6-5 所示为某省 2005 年各等级公路交通事故成因统计资料。从统计数据中可以看出,2005 年该省由于超速行驶、违章超车和不按规定让行所导致的交通事故次数较高。其中由于超速行驶导致的交通事故次数为 754 起,占到了全年交通事故总数的 25.6%;由于违章超车导致的交通事故次数为 277 起,占到了全年交通事故总数的 9.4%;由于不按规定让行导致的交通事故次数为 211 起,占到了全年交通事故总数的 7.2%。

某省 2005 年各等级公路事故成因统计(起)   表 6-5

事故原因	高速公路	一级路	二级路	三级路	四级路	等外路	合计
爆胎	3	1	6	2	0	1	13
不按规定让行	14	13	91	46	15	32	211

事故原因	高速公路	一级路	二级路	三级路	四级路	等外路	合计
超速行驶	84	79	251	183	60	97	754
货车超载	3	0	1	2	1	0	7
机件故障	1	4	10	12	5	5	37
酒后驾车	9	5	62	47	19	32	174
客车超员	0	0	2	0	0	1	3
逆向行驶	20	9	47	37	16	35	164
疲劳驾车	41	6	18	9	4	0	78
违反交通信号	0	2	2	1	1	0	6
违章超车	29	21	97	78	23	29	277
违章变更车道	16	3	8	3	0	2	32
违章穿行机动车道	7	1	7	3	1	0	19
违章倒车	1	0	11	5	1	9	27
违章掉头	9	7	13	9	2	8	48
违章会车	16	8	47	34	15	35	155
违章停车	2	0	4	3	4	0	13
违章占道行驶	4	1	18	19	13	18	73
违章转弯	15	14	53	34	22	27	165
违章装载	5	2	11	12	8	8	46
未保持安全距离	23	5	52	14	9	7	110
加速踏板控制不当	6	6	13	9	4	8	46
制动不当	24	3	29	9	4	6	75
自然	0	1	10	2	1	1	15
其他	47	25	152	76	32	63	395

第四节　道路交通事故影响因素分析方法

　　交通事故是在特定的交通环境下,由于人、车、路、环境诸要素的配合失调而发生的。因此,分析交通事故的成因最主要的就是分析人、车、路、环境等因素对交通事故的影响程度。

　　国外大量的事故统计分析结果表明:在所有的交通事故中,与人相关的交通事故约占事故总数的90%;与道路和车辆以及其他因素相关的交通事故仅占10%。我国各地的交通事故统计分析的结果也表明了这一点。

一、单因素诱发事故的统计与分析

1.人的原因

交通活动中的行为人主要有机动车驾驶人、骑乘者、行人和车上的乘客。2013 年,我国某省交通死亡事故中因各种行为人引发的交通事故分布情况如图6-8所示。

从造成事故的违章行为比例来看，由大到小依次是超速行驶、违章操作、违章超车、逆道行驶、违章装载和酒后驾车。如图6-9所示为2005年机动车驾驶人违法驾驶造成交通事故的比例，其中前五种驾驶人违法行为造成的交通事故死亡人数约占41.8%。每年非驾驶人开车肇事，约占驾驶人员肇事的10%。

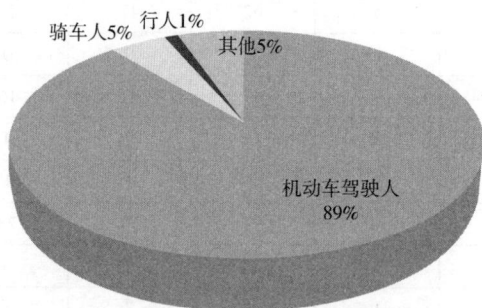

图6-8　2013年某省交通事故中人的原因分布图

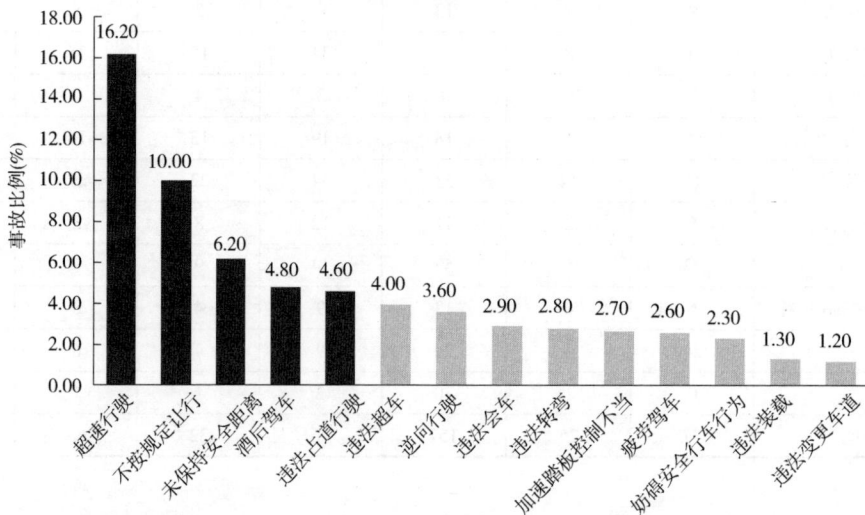

图6-9　2005年机动车驾驶人违法驾驶造成的交通事故比例

驾驶人的驾驶经验对保障交通安全非常重要，事实也证明低驾龄驾驶人更是交通事故的频发人群。2010年全国低驾龄机动车驾驶人肇事导致死亡13 893人，占全部机动车驾驶人肇事导致死亡总人数的27.55%。

自行车交通是我国道路交通的特色。据统计，我国现有非机动车大约6亿辆，在交通死亡事故中，因骑乘者原因造成的死亡人数占全部死亡人数的13%。骑乘者引发交通事故的主要原因是在机动车道内违章行驶、猛拐和抢行。

据全国交通死亡事故情况分析显示，因行人过失造成的死亡人数约占全部死亡人数的12%。行人违章发生交通事故主要表现在不走人行道、无视交通信号和交警指挥而横穿道路。乘车人违章导致交通事故主要表现：将身体部位伸到车外以及在车辆还没有停稳时就上、下车。

另外,还可对事故责任者的年龄、驾龄、职业分布以及事故受害者的年龄、职业等进行更详细的统计研究。

2.车辆的原因

车辆作为现代交通的主要运载工具,其性能的好坏是影响交通安全的重要因素。虽然因车辆技术性能不良引起的交通事故比例并不大,但这类事故一旦发生,其后果一般是比较严重的。

由车辆原因造成的交通事故通常是制动失灵、灯光失效、机件损坏和车辆装载超高、超宽、超载以及货物绑扎不牢等原因所致。另外,由于车辆在行驶过程中,各种机件承受着反复交变荷载,当超过一定数量后也会突然发生疲劳而酿成交通事故。除此以外,一些单位维护制度不完善、不落实,车辆检验方法落后,致使一些车辆常常因带病行驶而肇事。

上述因车辆原因引发的交通事故,在排除责任事故后,其他的可统称为车辆机械事故。根据 2005 年我国交通事故的统计资料(图 6-10)可知,车辆机械事故主要发生在车辆制动系统和转向系统,其中因制动方面故障而引发的交通事故约占机械故障事故总数的 70%。

随着汽车技术的不断发展,因车辆机械故障导致的交通事故比例越来越小。据近年来统计,发达国家这类事故占事故总数的比例在 0.5% 以下。我国目前这类事故还比较多,占事故总数的 5% 左右。

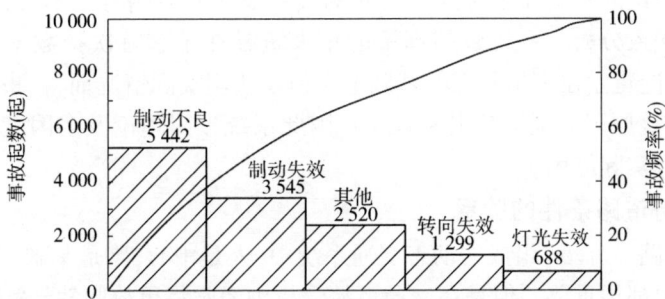

图 6-10　我国交通机械故障事故排列图

3.道路的原因

我国每年因道路原因造成的交通事故占事故总数的 3%~5%。2005 年我国交通死亡事故的地点分布如图 6-11 所示。

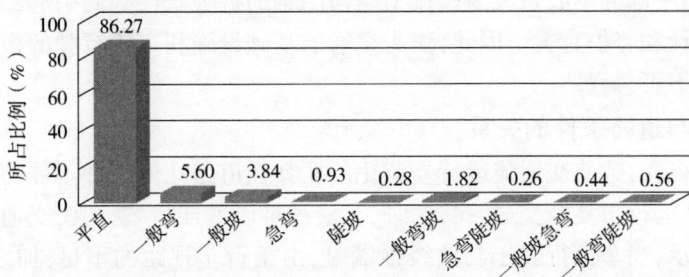

图 6-11　我国交通死亡事故的地点分布

从道路线形上看,死亡事故多发生在平直道路上,这与道路里程中平直路段所占比重大有关。另外,平直路上车速快,也是事故多发的重要原因。急弯陡坡路段事故虽然不多,但是损失严重的群死群伤事故多发生在此类路段。

4.环境因素

道路周围的环境对交通事故有较大影响。一般来说,城市交通干道两侧商业化程度高的路段和公路通过村镇、街道化程度高的路段事故率高于其他路段。据美国加利福尼亚州交通事故死亡率调查发现,不同地区交通事故率的分布有较大差别,市区和野外的高速公路亿车公里事故率分别为 2.43 人/亿车公里和 1.35 人/亿车公里,后者仅为前者的 50%。城市不同区域内道路上的事故率也有较大差异,一般市区商业中心道路上的事故率最高,因此应加强交通复杂地区的交通管理和事故预防工作。

风、雨、雾和冰雪等恶劣天气,严重影响了驾驶人正常驾驶的条件,导致事故多发。尽管不良天气在一年当中所占比例不大,但在此期间的事故率却明显高于正常天气。因此,不良天气下交通事故预防工作显得尤为重要。

二、多因素诱发事故的统计与分析

单因素理论不能全面系统地揭示事故发生的规律,多因素理论的贡献主要在于使人们改变了对交通事故成因的单向性、局部性思维,开始从社会整体的角度来考虑交通安全问题。然而多因素理论的不足在于对因素之间的关系及相互影响考虑不够,没有对因素之间的逻辑关系进行深入分析。系统致因理论的重大贡献在于它首次把数学引进事故研究之中,从而将致因理论建立在定量研究的基础上。但就我国实际情况而言,事故数据往往只记录一种原因(有时该原因甚至不是主要原因),因此系统致因理论及多因素理论目前在全国范围内还不能进行实际应用。

1.人为因素与道路条件的关系

在"人—车—路—环境"组成的动态交通系统中,人是中心,路是基础,车是纽带,三者在交通系统中的作用都很重要。但是在交通事故分析中经常将事故归咎于"人为造成"。许多国家的公众舆论与交通管理机构的官方统计都简单地认为,事故的根本原因是驾驶人的粗心和错误以及汽车的机械问题。但最新研究结果表明:所有事故中完全应由驾驶人负责的为 73.6%,道路条件的原因所占比例约为 17%。这说明在以往的交通事故原因中,路在交通事故中的作用被忽视了。事实上,除部分事故纯粹是由于驾驶人粗心驾驶汽车等主观原因引起的外,有相当一部分事故是人为操作不当与困难的行驶条件共同引起的,而困难的行驶条件则与道路设计和养护有关。因此,作为交通的基础设施和车辆行驶的根本条件,道路对交通安全的影响不可忽视。

2.交通条件与道路条件的关系

混合交通的存在,致使交通流运行复杂化。尤其在道路几何条件不佳、路基路面破损严重的路段,当车辆运行于复杂交通流状态时,车辆很难以最佳状态行驶,交通事故时有发生。大量调查数据显示,当车辆行驶于凸曲线顶端时,由于行车视距的不足,加之当时的交通流运行状态复杂多变,极容易与对向来车发生正面碰撞或刮蹭等事故。

3.道路条件与气候条件的关系

道路表面与轮胎之间的摩擦系数通常用来衡量道路表面的抗滑能力。行车时道路表面的抗滑能力对交通安全有着重要影响。同样一条路,如果表面干燥、清洁,抗滑能力就高;若是表面潮湿或覆盖冰雪,路面抗滑能力就会很低,容易发生交通事故。因此,决定道路表面性能的客观条件主要是气候条件。比如,黑龙江省高等级公路都处于北方寒冷地段,冰冻与降雪对路面的状况影响很大,对交通安全构成很大的威胁。

对于交通事故的影响因素之间的关系,除上述分析的结果外,还有很多影响因素两两组合的作用,以及三因素以上的共同作用。

第五节　道路交通事故机理分析方法

事故是多层次、多方位的,众多因素在一定环境下相互依存、相互影响、相互作用,致使人、物等要素在一定时空发生冲突及抢救处置不良,导致人员的伤亡。

在交通安全系统中,对道路交通事故机理的分析必须考虑到可能导致事故的人、车、道路、交通特性、交通环境和具体的交通管理等因素。

一、概述

在道路交通系统中,由于受到驾驶人、汽车、道路环境因素以及三者的道路交通事件的影响,使道路交通系统行为发生变化,如果这种变化是因道路交通事变引起的,即表现为道路交通不安全状态,经特定时间—空间域内状况的转化则形成道路交通事故。

道路交通事故致因生成模型如图 6-12 所示。从这一模型中可以识别道路交通系统安全化功能的实现途径和道路交通事故的生成过程,即道路交通系统安全化功能的实现途径为:道路交通事件引起道路交通系统发生正常变化,表现为道路交通安全状态,这一状态一直持续在道路交通系统中即可实现道路交通系统的安全化功能;而道路交通事故的生成过程则为:道路交通事变使道路交通系统行为恶化,表现为道路交通不安全状态,这一状态在特定时间—空间域内持续后形成道路交通事故。

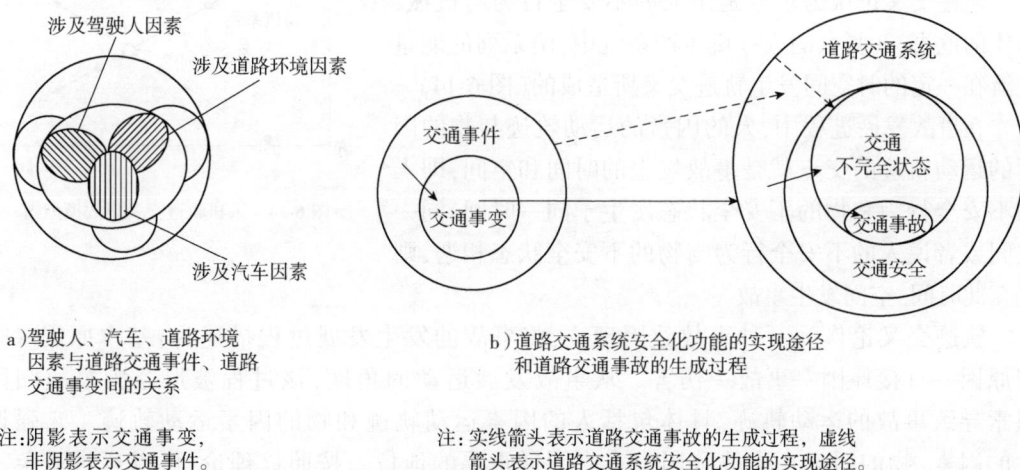

a)驾驶人、汽车、道路环境因素与道路交通事件、道路交通事变间的关系

b)道路交通系统安全化功能的实现途径和道路交通事故的生成过程

注:阴影表示交通事变,非阴影表示交通事件。

注:实线箭头表示道路交通事故的生成过程,虚线箭头表示道路交通系统安全化功能的实现途径。

图 6-12　道路交通事故致因生成模型

事故机理指事故发生的结构、形成方式和作用的逻辑关系及其规律。关于事故机理的研究理论有多米诺骨牌理论、轨迹交叉论、P理论、能量意外释放论、事故因果连锁论等。

二、多米诺骨牌理论

多米诺骨牌理论是由海因里希首先提出的，用以阐明导致伤亡事故的各种原因及与事故间的关系。该理论认为，伤亡事故的发生不是一个孤立的事件，尽管伤害可能在某一瞬间突然发生，却是一系列事件相继发生的结果。该理论认为系统中存在着社会环境和管理缺陷（A_1）、人的过失（A_2）、不安全行为或不安全状态（A_3）、意外事件（A_4）及人身伤亡（A_5），五个因素的连锁反应产生（图6-13）。

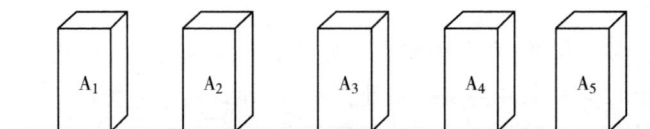

图6-13 多米诺骨牌事故模型图

事故发生的最初原因是人的本身素质，即生理和心理上的缺陷或知识、意识、技能方面的问题等；按这种人的意志进行动作，即出现设计、制造、操作、维护错误；潜在危险则是由个人动作引起的设备不安全状态和人的不安全行为；发生事故则是在一定条件下，这种潜在危险就会发生事故；伤害则是事故发生的结果。该理论的积极意义在于，如果移去因果连锁中的任一块骨牌，则连锁被破坏，事故过程即被中止，达到控制事故的目的。当然，通过改善社会环境，使人具有更为良好的安全意识，加强培训，使人具有较好的安全技能，或者加强应急抢救措施，也都能在不同程度上移去事故连锁中的某一骨牌或增加该骨牌的稳定性，使事故得到预防和控制。当然，多米诺骨牌理论也有明显的不足，它对事故致因连锁关系描述过于简单化、绝对化，也过多地考虑了人的因素。

三、轨迹交叉论

轨迹交叉论认为事故是由人的不安全行为与机械、物质的危害，在复杂的人—机生产系统中，两系列的能量逆流在一定的时空间发生轨迹交叉所造成的（图6-14）。

在事故发展进程中，人的因素的运动轨迹与物的因素的运动轨迹的交点就是事故发生的时间和空间，即人的不安全行为和物的不安全状态发生于同一时间、同一空间或者说人的不安全行为与物的不安全状态相遇，则将在此时间、空间发生事故。

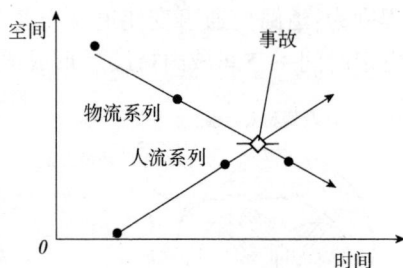

图6-14 人机轨迹交叉事故模型图

轨迹交叉论作为一种事故致因理论，将事故的发生发展过程描述为：基本原因—间接原因—直接原因—事故—伤害。从事故发展运动的角度，该过程被形容为事故归因因素导致事故的运动轨迹，具体包括人的因素运动轨迹和物的因素运动轨迹。它强调人的因素、物的因素在事故致因中占有同样重要的地位。按照该理论，可以通过避免人与物两种因素运动轨迹交叉，即避免人的不安全行为和物的不安全状态同时、同地出现，来预防事故的发生。

四、扰动理论

本尼尔（Benner）认为，事故过程包含着一组相继发生的事件。在这些事件中，可能由于行为者不能适应的"系统外界影响的变化"（扰动），使系统动态平衡过程受到破坏，而造成事故。即把事故看成由相继事件过程中的扰动开始，以伤害或损坏为结束的过程，该解释被称为扰动理论，又称为 P 理论。

所谓事件，是指生产活动中某种发生了的事物，如一次瞬间的或重大情况变化、一次已经避免了或已经导致了另一事件发生的偶然事件。因而，可以把生产活动看作一组自觉地或不自觉地指向某种预期的或不可预测结果的相继出现的事件，它包含生产系统元素间的相互作用和变化着的外界的影响。这些相继事件组成的生产活动是在一种自动调节的动态平衡中进行的，在事件的稳定运动中向预期的结果方向发展。

事件的发生一定是某人或某物引起的，如果把引起事件的人或物称为"行为者"，则可以用行为者和行为者的行为来描述一个事件。在生产活动中，如果行为者的行为得当，则可以维持事件过程稳定地进行；否则，可能中断生产，甚至造成伤害事故。

生产系统的外界影响是经常变化的，可能偏离正常的或预期的情况。这里称外界影响的变化为扰动（Perturbation），扰动将作用于行为者。当行为者能够适应不超过其承受能力的扰动时，生产活动可以维持动态平衡而不发生事故。如果其中的一个行为者不能适应这种扰动，则自动动态平衡过程被破坏，开始一个新的事件过程，即事故过程。该事件过程可能使某一行为者承受不了过量的能量而发生伤害或损坏；这些伤害或损坏事件可能依次引起其他变化或能量释放，作用于下一个行为者，使下一个行为者承受过量的能量，发生串联的伤害或损坏。当然，如果行为者能够承受冲击而不发生伤害或损坏，则依据行为者的条件、事件的自然法则，过程将继续进行。

五、能量意外释放论

能量意外释放论的出现是人们对伤亡事故发生的物理实质认识方面的一大飞跃。1961年吉布森（Gibson）提出了事故是一种不正常的或不希望的能量释放，意外释放的各种形式的能量是构成伤害的直接原因。因此，从能量意外释放论出发，预防伤害事故就是防止能量或危险物质的意外释放，防止人体与过量的能量或危险物质接触。

从能量在系统中流动的角度看，应该控制能量按照预先设计的能量流通渠道流动。如果由于某种原因失去了对能量的控制，就会发生能量的意外释放或逸出，造成事故。如果事故中意外释放的能量作用于人体，并且能量的作用超过人体的承受能力，则将造成人员伤害；如果意外释放的能量作用于设备或影响范围内的其他物体，且能量的作用超过它们的抵抗能力，则将造成设备的破坏、财产的损失。

具体到道路交通系统，在公路上行驶的机动车通常具有很大的能量储备和爆发力，它的能量以动能的外在形式体现，机动车（主要指以内燃机作为动力源的机动车）具有的动能是由化学燃料燃烧产生的热能做功而来；在立交桥、高架桥和各类其他桥梁上行驶的机动车、行人都还具有重力势能，存在因坠落导致能量释放造成对自身和他人伤害的可能。显然，在这个系统中，低能量行人始终是处于弱势的地位，机动车则是能量集聚和释放的主要源头。

物体拥有的能量越大,一旦发生交通事故,可能造成的损失也越大。同时,事故损失的严重程度还与事故中各种能量释放的多少及其释放速度有直接关系。

六、事故因果连锁论

伤害事故的发生不是一个孤立的事件,尽管伤害可能发生在某个瞬间,却是一系列互为因果的原因事件相继发生的结果。亚当斯连锁论见表6-6。

亚 当 斯 连 锁 论　　　　　　　　表 6-6

管理体制	管理失误		现场失误	事　　故	伤害或损坏
目标	领导者在上述方面决策错误或没决策	安全技术人员在下述方面管理失误或疏忽	不安全行为	—	伤害
组织	政策 目标 权威 责任 职责	行为 责任 权威 责任 职责	不安全状态	事故	损坏
机能	注意范围 权限授予	主动性 积极性 业务活动	—	—	—

海因里希把工业伤害事故的发生、发展过程描述为具有一定因果关系的事件的连锁,即:

(1)人员伤亡的发生是事故的结果。

(2)事故的发生是由于人的不安全行为或物的不安全状态。

(3)人的不安全行为或物的不安全状态是由于人的缺点造成的。

(4)人的缺点是由于不良环境诱发的,或者是由先天的遗传因素造成的。

按照事故因果连锁论,事故的发生、发展过程可以描述为:基本原因——→间接原因——→直接原因——→事故——→伤害。

在事故原因的统计分析中,当前世界各国普遍采用因果连锁模型。该模型着重于伤亡事故的直接原因——人的不安全行为和物的不安全状态,以及其背后的深层原因——管理失误。

七、其他方法

1.事故致因综合分析方法

利用事故致因综合分析方法对事故产生诱因的统计分析和产生机理进行分析研究,如图6-15所示。

2.系统方法(Haddon 模型)

William Haddon 将道路交通描述为一个设计得不好的"人造机器"系统,需要对它全面系统地进行"治疗"。他提出了著名的"哈顿矩阵模型"(Haddon 模型),阐明了在车祸发生碰撞前、碰撞时和碰撞后的三个阶段中互相作用的三个因素：人、车和环境，见表6-7。该九格矩阵构成了系统动力学模型，矩阵中每一个格都有机会采取干预以减少道路交通伤害的发生。Haddon模型极大地加深了人们对行为因素、道路因素和车辆因素的认识，正是这些因素影响着道路交通事故的人员伤亡数量和严重程度。

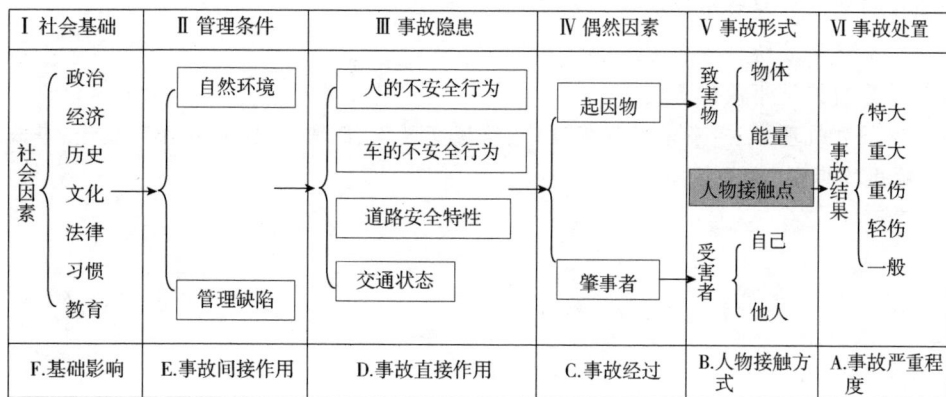

图6-15　综合事故模型图

哈 顿 矩 阵 模 型　　表6-7

阶　　段		因　　素		
		人员	车辆与设备	环境
碰撞前	防止碰撞	信息	车辆性能	道路设计和道路布局
		态度	照明	速度限制
		损伤	制动	行人装备
		交警执法力度	操控	—
		—	速度管理	—
碰撞时	在碰撞时防止受伤	固定装置的使用	乘员固定系统	道路两侧防碰撞物体
		损伤	其他安全装置	—
		—	防碰撞设计	—
碰撞后	生命支持	急救技术	容易进入车内	救援设施
		获得医疗救助	起火的危险	交通阻塞

根据Haddon的观点，"系统"的方法就是寻找和纠正能引起致死性或严重交通伤害的主要原因或设计上的缺点，并通过下列方法来减轻伤害的严重程度和后果：

（1）减少暴露于危险因素的机会。

（2）预防交通事故的发生。

（3）减轻在事故中伤害的严重程度。

（4）通过改进碰撞后的救治措施来减轻伤害的后果。

一些高度机动化国家以往的经验表明，这种道路安全综合措施方法明显减少了道路交通事故死亡率和重度损伤，然而该系统方法应用的可操作性对道路安全的决策者和专业人员来说是一个重大的挑战。

复习思考题

1.道路交通事故的统计指标有哪些？简述其定义。

2.简述道路交通事故统计分析的意义。

3.道路交通事故统计分析方法有哪些？

4.简要分析诱发事故的单因素。

5.简述下列机理方法：多米诺骨牌理论、轨迹交叉论、P理论、能量意外释放论、事故因果连锁、哈顿矩阵模型、事故倾向性。

第七章　道路交通事故鉴定与再现技术

道路交通事故再现分析是在交通事故现场勘查的基础上,以事故现场的车辆损坏情况、停止状态、人员伤害情况和各种形式的痕迹、散落物等为依据,参考当事人和目击者的陈述,应用数学、力学和工程学原理,对事故发生的经过做出分析推断的过程,属定量分析方法。正确的事故再现分析是合理划分事故责任和妥善处理交通事故的基础,同时对交通安全科学研究也有着重要的意义。为了正确地进行事故再现分析,必须掌握与事故有关的各种科学原理和分析方法。

➡第一节　道路交通事故现场勘查

一、交通事故现场

道路交通事故现场勘查,是指公安机关交通管理部门依法运用科学的方法和技术手段对道路交通事故有关的时间、地点、道路、人身、车辆、物品、牲畜等进行的勘验、检查,以及当场对当事人和有关人员进行的调查访问,并将所得结果客观、完整、准确地记录下来的活动。它是处理交通事故的基础工作,是分析交通事故原因、鉴定交通事故责任的根本依据,是取得客观第一手资料的唯一途径。能否正确处理交通事故,与现场勘查的质量有直接关系。

根据现场的完整和真实程度,一般可将现场分为5类:

1.原始现场

原始现场即事故发生后至现场勘查前,在现场的车辆和遗留下来的一切物体、痕迹的状态没有受到人为或自然力的破坏发生改变,保持着事故发生后的原始状况的现场。

2.变动现场

变动现场也叫移动现场,即事故发生后至现场勘查前,事故现场在人为或自然力因素的作用下,现场原始状态的一部分、大部分或全部面貌发生改变的现场。

变动原因通常有下面几种:

(1)抢救伤者:因抢救伤者变动了现场上的车辆和有关物体的位置。

(2)保持不善:现场上的痕迹被过往车辆辗压和行人践踏、抚摸而模糊或消失。

(3)自然影响:因下雨、下雪、刮风、冰雪融化等自然因素的影响,造成现场或物体上遗留的痕迹模糊不清或完全消失。

（4）特殊情况：执行特殊任务的车辆，急需继续执行任务而使车辆离开现场或因其他原因不宜保留现场。

（5）其他原因：如车辆发生事故后，当事人没有发觉，车辆脱离了现场。

3.伪造现场

伪造现场应属于变动现场的范围，指与事故有关或被唆使的人员有意改变现场上车辆、物体、痕迹或其他物品的原始状态，甚至对某个机械进行拆卸或破坏，企图达到逃脱罪责或嫁祸于人的目的而伪造的现场。

4.逃逸现场

逃逸现场也是一种变动现场。交通肇事者为了逃避责任驾车潜逃而导致现场变动，其性质与伪造现场相同。

5.恢复现场

事故现场撤销后，根据现场调查笔录等材料重新布置恢复的现场。恢复现场一般是根据事故分析或复查案件的需要而重新布置的，也可称为事故再现，是根据事故现场肇事车辆损坏的情况、停止状态、人员伤害情况和各种形式的痕迹为依据，参考当事人和目击者的陈述，对事故发生的全部经过做出推断的过程。

二、现场勘查的作用和目的

1.道路交通事故现场勘查的作用

（1）道路交通事故现场勘查是判定道路交通事故过程和确定事故成因的依据，是道路交通事故处理工作的关键环节。要正确处理道路交通事故，首先要弄清道路交通事故的过程，了解道路交通事故的原因以判定道路交通事故的责任。而道路交通事故现场勘查正是收集证据、辨别事故真相的手段。如果现场勘查工作做不好，缺乏客观依据，将无从对道路交通事故事实做出认定。

（2）道路交通事故现场勘查是获取证据的重要手段。通过道路交通事故现场勘查，使现场存在的痕迹、物证成为证据，正是这些证据对道路交通事故处理工作起着决定性的作用，同时也为道路交通事故调查提供线索和方向。

（3）道路交通事故现场勘查为侦破逃逸道路交通事故提供客观依据。道路交通事故发生后，肇事人虽然破坏了道路交通事故现场，但道路交通事故所引起的各种交通元素的变化是客观存在的，通过道路交通事故现场勘查获取痕迹、物证，通过走访目击者、受害人等知情人，可以为侦破道路交通事故案件提供依据。

2.道路交通事故现场勘查的目的

（1）查明事件的性质，判定是否是道路交通事故。通过现场勘查所获得的线索可以帮助判断所发生事故的性质，以区分道路交通事故与利用交通工具进行犯罪的行为。

（2）弄清道路交通事故发生的原因。

（3）收集并提取道路交通事故证据。

（4）调查交通环境与道路交通事故的关系，为改善交通环境，创造安全的交通环境提供依据。

三、现场勘查的内容

1.现场勘查程序

现场勘查程序主要有:尽快赶赴事故现场、采取应急措施、保护现场、现场勘查、确定并监护事故的当事人、询问当事人和调查证人、现场复核、处理现场遗留物、恢复交通,具体见图 7-1。

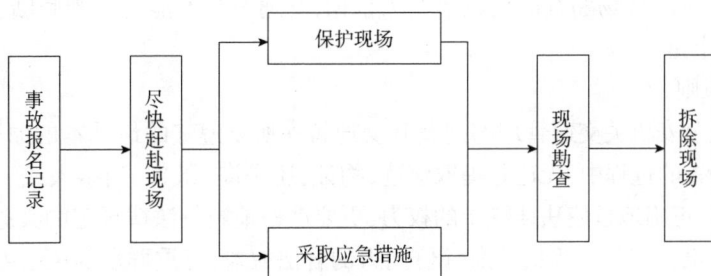

图 7-1　现场勘查程序

2.现场勘查方法

(1)沿着车辆行驶路线勘查。这种方法必须是事故发生地点痕迹清楚。

(2)从中心(接触点)向外勘查。这种方法适用于现场范围不大,痕迹、物体集中,中心明确的现场。

(3)从外向中心勘查。这种方法适用于范围大、痕迹分散的现场。

(4)分片分段勘查。这种方法适用于现场范围大,潜逃、伪造的现场。

3.现场勘查原则

1)迅速、及时的原则

由于道路交通事故现场的特殊性,极易受到人为和自然因素的影响而发生变化或遭到破坏,导致道路交通事故现场失去勘查价值。随着时间的推移还会导致见证人离开现场,甚至造成交通堵塞等。因此,道路交通事故现场勘查是时间性要求很高的工作,要求公安机关交通管理部门,接到道路交通事故报案后,迅速作出反应赶赴现场,为勘查工作争取时间。对可能因时间、地点、气象等原因,导致痕迹或者证据灭失的,应当及时测试、提取、保全。因此,在现场勘查过程中要注重效率,统筹安排,以便能迅速、及时地完成勘查工作。

2)全面的原则

道路交通事故现场为道路交通事故发生的结果,要通过这些静止的场景找到导致事故的原因并不是一件容易的事,因为诱发道路交通事故发生的原因是多方面的,无论是什么类型的道路交通事故现场,都要把现场的一切有关痕迹、物证毫无遗漏地记录、提取下来。只有全面地搜集证据,才有可能查明事故发生的真正原因。

3)细致的原则

道路交通事故现场中有些痕迹、物证不易被发现,但有时恰恰就是这些证据对认定道路交通事故原因起着决定性的作用。因此,在进行道路交通事故现场勘查时一定要细致、有序地进行,为分析道路交通事故成因,认定道路交通事故责任打下良好的基础。从现场实际情况出发,在进行道路交通事故原因分析时,要做到全面、严密,分析各种痕迹、物证与道路交通事故结果的关系,不能忽略任何一个细小的矛盾,更不能放弃对任何一个微小痕迹的分析。同时,要注意结合证人证言、当事人陈述,不能凭主观臆断,更不可以徇私枉法,歪曲事实。对于变动或伪造现场更要分析了解变动的情况,得到合理的解释和科学的鉴定。

4)客观的原则

相同道路交通事故现场的表象后面隐藏的未必是同样的导致事故发生的原因。因此,在进行道路交通事故现场勘查时要以事实为依据,交通警察不能凭主观臆断,应遵循客观的原则,坚持实事求是。

5)合法的原则

依法办案是公安机关交通管理部门及其交通警察所要遵守的最基本的原则,在进行道路交通事故现场勘查的过程中,无论是提取痕迹、物证,还是询(讯)问当事人或证人都要严格按照法律规定办事,正确地行使法律赋予的权力,更要严格地履行法律规定的义务。尤其要注意的是,在进行询(讯)问时,应尊重被询(讯)问人的合法权益,尊重群众的风俗习惯。对于故意破坏现场、无理取闹者,要依法严办;不准随意动用被扣留的车辆、物证及其他物品;当勘查人员与道路交通事故有利害关系以及其他可能影响公正处理的关系时,应当自行回避;注意保密工作,使整个事故鉴定的过程符合相关法律程序。

6)科学的原则

为了保证勘查结果的准确性和可靠性,应该运用先进科学技术手段来勘查物证。由于现代新型材料在汽车工程、道路工程、服装织物等方面广泛应用,许多道路交通事故物证已无法用传统方法来加以鉴别,加之一些细小、浅淡痕迹也难以用常规方法去发现和提取,这就要求在进行现场勘查时,必须依据不同物证的物理和化学特性,相应采用不同的先进科学技术来发现、固定、提取和检验物证,以提高道路交通事故物证勘查的质量,满足道路交通事故案件处理对证据可靠性的要求。

4.现场勘测内容

道路交通事故现场勘查一般包括实地勘查、现场访问、临场分析及现场实验4个方面。

1)实地勘查

实地勘查是以查明道路交通事故过程,发现和提取痕迹、物证为主要目的,对道路交通事故现场进行的勘验、检查、摄影、摄像、丈量、绘图、记录等专项活动,具体包括:

(1)勘验发生道路交通事故的肇事车辆、现场人员、现场路面和有关物体及其状态、痕迹的位置。

(2)勘验发生道路交通事故的肇事车辆、现场人员行进路线的痕迹、物证。

(3)勘验肇事车辆、现场人员、现场路面、有关物体接触部位、受力方向及有关的地面遗留物的分布情况。

(4)勘验肇事车辆的安全技术状况以及装载情况。

(5)勘验道路及交通环境的情况。

(6)重点要勘验第一次接触的痕迹和物证,并在接触部位及周围寻找附着物等。

2)现场访问

现场访问是以查明道路交通事故发生前后当事人、道路、交通环境、车辆等的基本情况,以开辟线索来源为目的而进行的询(讯)问当事人及证人的活动。通过现场访问具体了解的内容通常包括:道路交通事故当事人的基本情况、道路交通事故发生的基本事实、其他与道路交通事故有关的情况等。

3)临场分析

临场分析,是在道路交通事故现场勘查基本结束时,对现场勘查的全部材料进行全面、综合分析研究,初步作出符合实际的推理判断,揭示道路交通事故现场上各种现象的本质及其内在联系,初步分析道路交通事故当事人的道路交通安全违法行为以及导致道路交通事故的过错或者意外情况,判断案件性质以及道路交通事故成因的重要工作程序。但本着严谨的原则,应避免在现场将临场分析的结果当成结论公布给相关人员。

4)现场实验

现场实验是分析案情、查明事故事实、解释某些事故现象以及审查判断某些证据的一种手段。在现场勘查或现场分析过程中,有时对某些痕迹或事实的认识上有分歧或者有怀疑的情况下,就可以通过现场实验来验证、查明某些痕迹或事实形成的原因。

根据道路交通事故的性质,道路交通事故现场勘查又可分为时间调查、空间调查、身心调查、后果调查以及车辆与交通环境调查:

(1)时间调查。调查与事故有关的时间,如事故发生时间、有关车辆的出车时间、中途停车或收车时间等。

(2)空间调查。调查现场内与事故有关的车辆、散落物、尸体等各种痕迹的相对位置,用来确定车辆运动速度、行车路线及接触点等,是分析事故过程的基础。

(3)身心调查。调查当事人的身心状态,如健康状况、心理状态、疲劳、饮酒及服用的药物等情况。

(4)后果调查。调查人员伤亡情况、致伤和致死的部位和原因、车辆损坏和物资损失情况。

(5)车辆与交通环境调查。调查车辆的技术状况以及道路、道路安全防护设施和自然条件对事故的影响等。

●第二节 道路交通事故分析与鉴定

一、事故力学分析与碰撞位置鉴定

1.道路交通事故的力学特点

道路交通事故大部分是汽车与汽车或汽车与其他物体发生碰撞而引起的。从力学观点分析汽车碰撞现象,可发现它具有其他物体碰撞中所不同的特征,这是分析汽车各类碰撞事故的基础。汽车碰撞事故在力学上有以下特点。

1)车辆碰撞可近似看成是塑性碰撞

在力学中,将碰撞分为塑性碰撞和弹性碰撞两种类型,并以恢复系数 e 作为区别物体是弹性碰撞还是塑性碰撞的参数。恢复系数 e 表示为两个相互碰撞的物体碰撞前后相对速度的比值,即

$$e = \frac{v_2 - v_1}{v_{10} - v_{20}} (\text{m/s}) \qquad\qquad (7\text{-}1)$$

式中：v_1、v_2——物体 1 和物体 2 在碰撞刚结束时的速度（m/s）；

v_{10}、v_{20}——物体 1 和物体 2 在碰撞前的速度（m/s）。

显然，弹性碰撞（如橡皮球碰撞墙壁），其碰撞前后相对速度差值不变，恢复系数 $e = 1$；塑性碰撞（如泥巴球碰撞墙壁），碰撞后速度为零，恢复系数 $e = 0$。

实验证明，恢复系数 e 与有效碰撞速度有着密切联系。当汽车以较低的速度互撞或撞刚性固定物时，恢复系数 e 较大，接近于弹性碰撞；当汽车以较高的速度碰撞时，恢复系数 e 趋向于零，接近于塑性碰撞。由于在实际的道路交通事故中，车辆的速度均较高，故可认为汽车碰撞近似于塑性碰撞。

2）车辆碰撞事故可看成是三个过程的连续

车辆碰撞事故一般可看成是由下述三个连续过程构成的：第一个过程是从驾驶人发现危险情况并采取制动措施开始至发生碰撞之前；第二个过程是碰撞本身，即从车辆与车辆或与其他物体相互接触、在接触中进行动量和动能交换并相互挤压直至相互分离的过程；第三个过程是碰撞结束后，车辆与车辆或者与其他物体相互分离瞬间至车辆最终停止的过程。根据事故具体情况的不同，有些事故也可能只具有其中某两个过程，例如汽车碰撞坚固的刚体墙壁，就几乎没有碰撞后的运动过程；汽车单独翻车事故没有第二个过程，即碰撞过程。

车辆碰撞事故的第二个过程持续时间很短，只有 0.1~0.2s，在此过程中车辆速度急剧变化，因此产生巨大的碰撞力，造成车辆损坏变形和人员伤害。发生碰撞的两车从相互接触瞬间起至两车速度变化到相等达到共同速度瞬间为止的速度变化量，也就是车辆在压缩变形阶段的速度变化量，称为有效碰撞速度。

在第三个过程中，车辆以碰撞结束瞬间具有的移动速度和旋转速度为初始条件开始各自运动，直至把运动能量消耗完毕停止。与碰撞过程不同，车辆碰撞后的运动过程一般可延续数秒钟，因此驾驶人可能来得及进行制动或转向盘等操作。这些操作会对车辆在第三个过程中的运动情况和成员的伤害产生影响，在进行事故再现分析时应予以注意。

3）可将碰撞过程中的车辆当作刚体处理

车辆在碰撞过程中，因受到碰撞力的作用而发生损坏变形。一般来说，这种损坏变形局限于车辆碰撞接触部位及其附近区域，而其他大部分仍然完好，故可将汽车视为刚体，简化分析和计算。

4）汽车碰撞时的减速度（或加速度）是造成车内人员伤亡的主要原因

汽车在发生碰撞时，车速会发生急剧改变，这称为第一次碰撞；由于车速急剧改变，车内乘员在惯性力作用下，将与车内结构物发生剧烈碰撞，并因此而受伤，这称为第二次碰撞。汽车在第一次碰撞的加（减）速度越大，车内乘员第二次碰撞的加（减）速度也越大，乘员受到的伤害也越严重。

2.道路交通事故分析中常用的力学方法

（1）运动学及几何方法。

（2）动力学的动量方法（动量守恒定律及动量矩定理）。

（3）动力学的能量方法（能量守恒原理）。

3.路面上碰撞位置鉴定方法

路面上碰撞位置的确定，在道路交通事故分析中具有重要意义。这是因为它直接与路权有关，而是否侵犯他人的路权，是道路交通事故责任划分的重要依据。其次，车速计算也需要知道路面上碰撞位置，以便确定碰撞后车辆滑行的距离和方向。路面上碰撞位置的确定主要有以下几种方法：

（1）根据肇事车制动拖印的转折点确定。因为两车碰撞时，行驶方向会有变化，路面上的拖印会有转折，所以肇事车制动拖印的转折位置往往就是两车碰撞的位置。

（2）根据散落物的位置确定。因为两车碰撞时，车体有振动，减速度又很大，使原来附在车体上的泥土等物体脱落下来，据此可以确定碰撞位置。

（3）根据肇事车停止位置、摩托车停止位置、自行车停止位置及人体（血迹）位置等反推碰撞位置。

（4）根据碰撞前两车的行驶方向推定。

二、事故车辆检验与鉴定

交通事故各方当事人中，至少有一方使用车辆，包括机动车和非机动车。车辆是构成交通事故的前提条件，无车辆参与的事故则不能认为是交通事故。车辆作为交通事故的构成要素，其安全技术状况与事故之间存在着一定的因果关系。事故发生后，事故车辆往往会因碰撞中产生的巨大冲击力而发生车体变形和功能损坏；也存在着事故车辆在事故发生前已经存在着一定的安全隐患，在不符合正常使用标准要求的情况下，上路行驶而导致事故发生的可能性；同时，也存在车辆安全系统及部件因突发性机械故障而引发交通事故的可能性。因此，在进行事故调查工作中有必要对肇事车辆安全技术状况及与事故之间的关系进行鉴定，做出公正、合理的判断。同时，对车辆损毁情况的核实也为民事赔偿提供依据。

1.事故车辆检验与鉴定的作用

根据事故处理和交通事故案件审理工作的需要，目前开展的交通事故车辆检验及鉴定项目主要可以解决以下问题：

（1）车辆属性鉴定。根据发动机工作容积、动力装置功率及车辆相关特征对机动车的车辆属性（轻便摩托车、摩托车或非机动车）进行认定，为交通事故当事人准驾车型的确定及事故责任认定提供依据。

（2）车损评估。对事故车辆损毁程度进行检验及修缮费用估算，为民事赔偿提供依据。

（3）车辆安全技术状况检验。根据相关车辆及部件标准，对事故车辆的安全设施、安全性能进行检验。目前检验的内容包括：安全气囊、安全带、车辆制动性能、车辆转向功能、后视镜、照明、信号、轮胎等安全装置。

（4）车辆安全技术状况与事故关系的鉴定。根据事故车辆安全技术状况的检验结果，结合事故现场、碰撞部位、车辆运动过程、碰撞速度综合分析事故车辆安全技术状况与事故发生的因果关系。确定事故车辆安全系统及部件的损坏或失效是在事故前还是在事故后形成的，对于在事故前已经形成的损坏或失效应判断其是固有存在还是突发产生，明确事故性质

(是过错还是意外)。为事故成因分析及责任认定提供依据。

(5)车辆起火原因鉴定。找出起火原因,为车损理赔和事故原因分析提供依据。为了保证机动车运行安全,我国颁布《机动车运行安全技术条件》(GB 7258—2012),标准中规定任何厂家生产的新车及在用车辆都必须符合该条件。《中华人民共和国道路交通安全法(2011年修正)》第十条规定:准予登记的机动车应当符合机动车国家安全技术标准;第十三条规定:对登记后上道路行驶的机动车,应当依照法律、行政法规的规定,根据车辆用途、载客载货数量、使用年限等不同情况,定期进行安全技术检验。在道路上行驶的机动车辆必须符合国家标准《机动车运行安全技术条件》(GB 7258—2012)的规定,保障车辆运行时的安全。无论是初次领取机动车号牌的出厂新车或是在用车辆的年度检验,都必须执行《机动车运行安全技术条件》(GB 7258—2012)标准。同样,这一标准也是事故车辆运行安全技术条件检验的重要依据,它对事故车检验工作具有指导作用。

2.车辆安全技术鉴定实例

2013年2月,某高速公路发生了一起交通事故,某市公安局交警支队根据相关规定对该起事故中轿车的安全技术状况与事故的关系进行了鉴定。检验发现该车发动机舱盖左前部向后弯折变形,进气罩及左前组合灯破损,前牌照及其装饰框左部破损、弯折。后风窗玻璃缺失,后储物箱后侧左部向前弯折变形,左后组合灯破损,右后组合灯灯罩破损。左后叶子板向前弯折变形,后保险杠左部破损。接通外接电源,左、右前照灯远、近光功能尚存;前、后危险警告信号灯功能尚存;左后制动灯损毁,右后制动灯功能尚存。制动储液罐内油液尚存,制动系各部连接完好,制动踏板工作行程正常,制动功能尚存。转向系各部连接完好,转向功能尚存,其他安全装置未见异常。

经鉴定分析后,得出以下结论:

(1)车辆损坏情况符合事故中碰撞造成的后果。

(2)车辆制动、转向功能尚存,其他安全装置未见异常,可以排除因机械突发性故障而诱发事故的可能性。

三、事故车辆行驶速度分析与鉴定

交通事故车辆行驶速度分析鉴定是指在事故发生后,根据事故现场道路状况及现场遗留的轮胎制动拖印、滚印、侧滑印、车辆倒地划痕、人体挫痕、车辆损坏等情况,对事故车辆速度进行计算、分析。车辆行驶速度鉴定可参照《典型道路交通事故形态车辆行驶速度技术鉴定》(GA/T 643—2006)进行。对交通事故车辆行驶速度分析在整个道路交通事故分析中具有特别重要的意义,一方面是事故责任认定和事故原因分析的需要,另一方面也是道路交通事故分析中的重点和难点。

1.利用事故现场痕迹确定车速

制动痕迹是指车轮被制动时,拖滑轮胎留存在路面上的痕迹。制动痕迹的测量是计算制动前车速的重要依据,准确测量痕迹对计算至关重要。

(1)确认制动印痕的起始点。为了准确测得制动拖印的起始点,测量者可离开拖印一小段距离,并与拖印站成一条直线,然后测量者放低上身,观察路面上颜色的变化,在路面突然变暗处做标记,这样反复几次即可找到制动拖印的开始点。另一种方法是利用制动时坚硬物体的刮痕来确认。

（2）断续印痕的测量。引起断续印痕的原因是由于道路不平,使车辆跳跃,这种断续很短且数量较多。因车辆每次跳跃前后的制动力都很大,这样可抵偿车辆离地时间,故可看成一个整体计算拖印的长度。另一原因是制动的释放和再制动引起的断续间隙,这种间隙少而长,计算时应单独计算。

（3）直行拖压印的测量。在事故现场,真正的直行拖压印很少,将任何一个没有滑出前轮印痕间距的后轮拖压印视为直线拖压印,测量时要测量最长拖压印。

（4）其他拖压印痕的测量。多方向拖压印痕说明车辆处于大面积滑行或滑转状态,后轮已越出前轮印痕之外。半滑转印痕说明车辆已转过180°,背向行驶方向。全滑转印痕说明车辆已转过360°,面向其原来的行驶方向。测量这些印痕时,应沿各轮拖压印曲线进行测量,取其平均长度应用在计算中。

2.借助抛落物体推算碰撞车速

车辆在碰撞瞬间,由于剧烈振动和较大的减速度,车体上的易碎构件或物体可能碎裂、松脱,并受惯性力的作用向车辆行驶方向抛出。此时,如果测出抛落物体的飞行距离和它原来在车辆上的位置高度,则可根据抛物体的运动规律来推算车辆在碰撞瞬间的车速,即碰撞车速。

如图7-2所示,抛落物从车上高度 H 处向车前飞出,飞行 L 后落到地面,则碰撞车速可按下式计算:

$$v_c = L\sqrt{\frac{g}{2H}} \tag{7-2}$$

或经单位转换后:

$$v_c = \frac{7.97L}{\sqrt{H}} \tag{7-3}$$

式中: v_c ——碰撞车速;

　　H ——抛落物原位置高度(m);

　　L ——抛落物飞行距离(m);

　　g ——重力加速度(取 9.81m/s^2)。

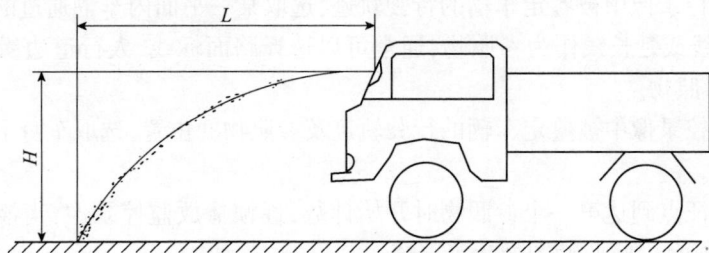

图7-2　从车上碎裂的抛落物示意图

现场测量飞行距离 L 时,应首先确定车辆碰撞接触点的位置。当无法或不能准确地判断碰撞接触点的位置时,还可利用车辆上不同高度处抛落物体的不同落地位置推算碰撞车速。

如图 7-3 所示,碰撞瞬间汽车风窗玻璃和车灯玻璃均破碎坠地。由于不能准确确定碰撞接触点,故无法测量破碎的风窗玻璃和车灯玻璃的飞行距离(即 L_1 和 L_2),但此时仍可根据汽车风窗玻璃和车灯在车上的原始位置以及它们坠地后的中心间距等参数推算碰撞车速,具体计算公式如下:

$$v_C = \frac{7.97(\Delta L + C)}{\sqrt{H_1} - \sqrt{H_2}} \qquad (7\text{-}4)$$

式中:v_C——碰撞车速(km/h);

$\quad \Delta L$——风窗玻璃散落物中心与车灯玻璃散落物中心间的距离(m);

$\quad C$——汽车风窗玻璃与车灯间的水平距离(m);

H_1、H_2——破碎的风窗玻璃与车灯在车上的原始高度(m)。

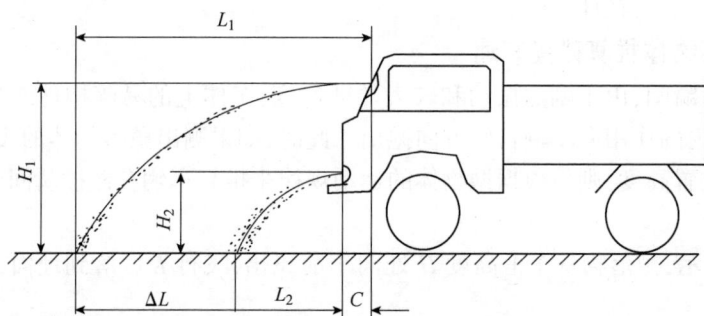

图 7-3 从车上不同高度碎裂的抛落物示意图

3.基于视频的车速鉴定方法

1)利用参照物推算速度

观测被鉴定车辆车身上某一特征点通过监控录像中某两个参照物的时间间隔,设该时间间隔为 t_1,实地测量监控录像中某两个参照物间的距离,设该距离为 l_1,利用速度—时间—位移公式计算车辆通过两个参照物时平均速度。

具体操作步骤如下:

(1)逐帧检查监控录像,观测监控录像中每秒钟的图像帧数,计算每两帧图像间的间隔时间,设该时间为 t'。

(2)根据监控录像中被鉴定车辆的行驶轨迹,选取某一平面内车辆通过的两个可以测量其间距离的点、线或延长线作为参照物,通常可以选择路面标线、人行道边缘或混凝土路面的伸缩缝作为参照物。

(3)根据监控录像中被鉴定车辆的行驶轨迹及参照物的位置,选取车身上的某一特征点作为观察对象。

(4)从该特征点到达第一个参照物时开始计数,逐帧播放监控录像,当该特征点到达第二个参照物时结束计数,此帧图像为第 x 帧。

(5)按照被鉴定车辆的行驶方向,测量两参照物间的距离 l_1。则被鉴定车辆通过两参照点的平均速度可以利用下式计算:

$$v_1 = \frac{l_1}{t_1} = \frac{l_1}{t'x} \qquad (7\text{-}5)$$

2）利用特征点推算速度

当监控录像中未出现可供选取的参照物，或未能观测到特征点与标定物重合的图像时，可以视情况选用以下方法：观测被鉴定车辆车身上某两个特征点通过空间中某一点的时间间隔，如测量车身上两个特征点的距离 l_2。利用速度—时间—位移公式计算车辆通过该空间点时的速度。

具体操作步骤如下：

（1）逐帧检查监控录像，观测监控录像中每秒钟出现图像的帧数，计算每两帧图像间的间隔时间，设该时间为 t'。

（2）选取车身某一侧面（左、右）上离地高度近似相同，且可以测量水平距离的两个特征点。通常选取车辆左侧（或右侧）前后端部、前后轮轴心或前后灯具边缘。

（3）从监控录像中任意一帧图像开始，以与车辆前部特征点重合的空间中的一点 A 为空间特征点。逐帧播放录像，在第 y 帧图像上，车身上的另一特征点与空间特征点 A 重合。

（4）测量车身上两特征点间的距离 l_2，则被鉴定车辆通过 A 点时的速度可以利用下式计算：

$$v_2 = \frac{l_2}{t_2} = \frac{l_2}{t'y} \tag{7-6}$$

4.车速鉴定实例

2012 年某日，甲车由东向西行驶时，与由西向东行驶左转弯的乙车发生碰撞。根据《道路交通事故痕迹物证勘验》（GA 41—2014）有关条款及检验方法，对甲乙两车进行检验，并利用事故数据提取系统（CRASH DATA RETRIEVAL SYSTEM，简称 CDR）提取甲车安全气囊控制模块中记录的数据，对该车发生事故时的速度进行分析。

1）甲车

前风窗玻璃距其左侧边缘 65cm、距其下边缘 52cm 处为中心见放射状碎裂，局部粘附毛发。发动机舱盖前缘左中部（局部）向下弯折变形，伴剐蹭痕迹，表面白色涂层局部呈减层，粘附蓝色物质。左前组合灯灯罩破损。前保险杠左中部破损，距其右端 45～160cm 范围内，表面白色涂层剥脱，局部粘附蓝色物质。前牌照左部弯折变形。车身左侧见剐蹭痕迹，局部粘附蓝色物质。

利用 CDR 系统提取甲车安全气囊控制模块（Airbag Control Module，简称 ACM）中记录的数据（局部摘录），如表 7-1、表 7-2 所示。

CDR File Information（事故数据提取系统记录信息）　　　　　　　　　　表 7-1

User Entered VIN（用户输入车辆识别号码）	××××
Saved on（保存日期）	Wednesday, July 11 2012
Collected with CDR version（事故数据收集版本）	Crash Data Retrieval Tool 3.3（碰撞数据检索工具 3.3）
Reported with CDR version（事故数据记录版本）	Crash Data Retrieval Tool 3.3（碰撞数据检索工具 3.3）
EDR Device Type（事故数据提取设备种类）	airbag control module（安全气囊控制模块）
Event(s) recovered（已恢复事件）	Non-Deployment, Non-Deployment

System Status At Non-Deployment(未部署下的系统状态)　　　表 7-2

Seconds Before AE(s) 碰撞前时间(s)	Vehicle Speed(MPH) 车辆速度(英里/h)	Engine Speed(RPM) 发动机转速(转/min)	Percentthrottle(%) 节气门开度(%)	Brake witch Circuit status 制动踏板工作状
-5	58	1 344	2	OFF
-4	58	2 112	24	OFF
-3	57	1 536	0	ON
-2	44	1 152	0	ON
-1	25	768	0	ON

2)乙车

右后视镜缺失。右前挡风板向后、向左弯折变形。驾驶位座椅右下部向左弯折变形。货箱右前部弯折变形,右侧栏板脱落。右后轮幅板向左弯折变形。车辆左侧前中部有剐蹭痕迹,表面蓝色涂层呈减层,局部粘附白色物质。

3)速度分析

甲乙两车碰撞时,甲车安全气囊控制模块(ACM)的记录功能被激活,记录了该车碰撞前(记录功能开启)5s内的速度及制动操作情况等。根据甲车碰撞前 5s内的车辆速度、发动机转速、节气门开度及制动踏板工作状分析,该车碰撞前采取了制动措施,其制动前速度约为93km/h。

四、道路及交通管理设施检验与鉴定

1.道路检验与鉴定

道路的检验与鉴定对于道路交通事故处理中的责任认定非常重要,道路是道路交通事故的基本构成要素之一,任何道路交通事故的发生都离不开道路,而对于道路交通事故责任认定的一个最大的依据就是路权的原则,发生事故后,要看事故各方在什么类型的道路上行驶,各自走在道路的什么位置上,道路都有哪些限制特征,如速度限制、通行限制等。例如,高速公路或者城市快速路上的行人横穿事故与一般公路上的行人横穿事故的处理方法是不相同的,所以每一起道路交通事故的处理过程都要对道路的特征及等级进行相应的检验与鉴定。

在道路交通事故的处理过程中,人们容易忽略道路因素对事故的影响。实际上道路的缺陷也是造成道路交通事故的主要因素之一,如道路在设计上存在的缺陷(不符合技术标准),道路在使用中形成的几何缺陷,以及道路特征、路面状态和周围环境的变化等,都直接或间接导致道路交通事故的发生。因此,在道路交通事故调查中应加强对道路的技术检验,必要时可聘请专业技术人员进行技术鉴定。这样做,一方面可以查明道路交通事故的原因,为道路交通事故的责任认定提供依据;另一方面,可以及时发现因道路缺陷形成的事故多发点,为进行事故多发点的改造,预防道路交通事故的发生提供依据。道路检验与鉴定的项目主要包括以下几个方面:

(1)道路的几何特征因素检验。

道路的几何特征因素包括道路横断面的宽度、车道的宽度、车道的数量、道路的坡度、弯道的半径、停车视距以及超车视距等方面。

对于城市道路的几何特征因素检验,主要应该检验道路的车道数量以及车道宽度的数值。对于公路,则应该按照《公路工程技术标准》(JTG B01—2014)中规定的几何参数进行检验,包括平曲线的半径、纵坡的坡度、停车视距及超车视距等。由于高速公路在修建过程中一般都是严格按照设计标准建设的,所以在这方面的问题不是太大,一般公路,尤其是以前修建的老路,很多地方的条件往往达不到标准的规定值,所以要进行检验,检验以《公路工程技术标准》(JTG B01—2014)的规定值为标准。

对于城市道路交叉口的几何参数检验中,一个非常重要的指标是视距三角形的检验。

(2)道路的路面质量检验。

对于事故发生地点的路面质量进行检验的主要目的是获得路面的附着系数,不同的路面,附着系数不同,在计算汽车的制动距离时得到的数值不同,对于再现事故车辆事故前的速度非常必要。检验道路路面附着系数最科学的方法是进行现场试验,采用事故车辆或者与事故车辆相同车型的车辆以一定的初速度行驶,紧急制动测量路面的制动拖印长度,然后根据公式 $\varphi = v^2/2gs$ 计算路面的附着系数。另一种方法就是检验路面的铺装材料、路面的新旧程度以及路面的干湿情况,然后根据《典型道路交通事故形态车辆行驶速度技术鉴定》(GA/T 643—2006)中道路附着系数的参考表,选取适当的经验值获得路面的附着系数。

2.道路交通管理设施检验

在道路交通事故处理过程中,尤其在认定责任时,要分析事故参与者是否违反了道路交通管理法律、法规的相关规定,而很多违法行为违反的是交通管理设施的规定,如闯红灯、超速、压黄实线等。这样在认定过程中,首先要对事故现场或者延伸到整条道路的道路交通管理设施进行调查和检验。具体内容主要包括以下几方面:

1)信号灯的检验

在城市道路的交叉口发生的迎面相撞的道路交通事故,事故双方当事人经常为谁违反信号灯指令进行争辩。一般解决方法有以下两种:一是通过监控资料。我国目前大部分城市都重视智能交通系统的发展,很多路口都安装了摄像头,能够监控各个路口的情况,发生事故后,读取现场附近的监视器视频资料,能够正确检验事故发生时的信号灯相位及相序情况。二是在事故发生后,迅速赶到现场,并且找到目击证人。证人的数量可以多一些,如果事故现场撤离后,再寻找目击证人的难度就非常大,根据目击证人的陈述以及信号周期的固有特性,可以鉴定事故双方当事人陈述的真伪。

2)交通标志的检验

对于违反道路交通标志规定的道路交通事故,在进行处罚时要对交通标志的设置规范性进行检验,如超速行驶的道路交通事故,要检验在事故发生之前道路上的限速标志,一般处理事故中都要拍摄照片作为证据。对于交叉口发生的事故,要检验主路与支路上相应的干路先行或支路的减速让行或停车让行标志。另外,对于其他警告标志或者禁令标志等,如果标志的设定与道路交通事故处理过程中的责任划分有关,都要进行相应的检验。

3)交通标线的检验

交通标线的检验也是非常重要的,道路上施画的标线是规范交通参与者行为的重要依据,尤其是禁止标线,如中心双黄实线、单黄实线都是禁止车辆越线行驶的,如果发生正面碰撞的事故,则事故处理人员一般是根据碰撞接触点在中心线的哪一侧来认定事故双方的责任。对于在道路交叉口或者路段中的行人过街人行横道线的施画也是非常重要的,机动车与横穿的行人发生的道路交通事故,认定责任的主要依据是行人横穿是否走在人行横道线上。所以,在涉及路权的问题上,很重要的方面就是对道路上施画的交通标线的检验与鉴定,要检验交通标线施画的位置以及事故发生地点,从而综合分析道路交通事故的成因,认定道路交通事故责任。

4)道路隔离设施的检验

道路的隔离设施主要包括中央分隔带、护栏、隔离墩等,其重要作用是规范交通参与者的行为,保证交通的有序化,从而起到保证安全的作用,保护交通的弱者。中央分隔设施(包括绿化带、护栏等)的主要作用是分隔对向的车流,同时防止行人或非机动车横穿道路。机非分隔设施主要分隔机动车与非机动车,避免相互干涉,而且有利于交通安全。但在上述交通隔离设施的设置过程中,有时遇到道路两边有单位或者路口处,要留出一定的开口,这样就经常造成横穿事故或者进出口道路交通事故。所以在留有开口处,行人过街比较多的地方,一定要设置完整的过街设施,包括护栏中间的隔离墩、人行横道线、人行横道预告标示、人行横道警告标志等。这些措施与道路隔离设施共同构成了交通管理的设施。在道路上进行施工的地点,一般都要设置专用的施工标志,要放置适当的锥形隔离墩,如果隔离墩的安放位置不合适,也会带来安全隐患,容易导致道路交通事故,所以如果遇到此类的道路交通事故,应依据相关规划和设计标准对交通设施进行检验。

3.信号灯鉴定实例

2012 年某日,甲车沿 A 路由东向西行驶至事故地点处,与沿 B 路由南向北行驶的乙车发生事故。

市公安局交警支队根据《典型道路交通事故形态车辆行驶速度技术鉴定》(GA/T 643—2006)有关条款及检验方法并结合委托人提供的材料,对甲、乙两车各自进入事故路口时及发生碰撞时,对应的交通信号灯指示状态进行计算分析。

1)分析计算

受检视频包括 A、B、C、D、E 共 5 段,视频具体内容在此略去不述。

根据视频 D 中 18:23:40:14,路口东侧由西向东方向直行信号灯由红灯变为绿灯,18:23:44许,位于路口东侧的甲车与同方向并排的其他车辆共同向西运动。由于路口东侧由西向东方向直行信号灯与路口西侧由东向西方向直行信号灯控制状态同步,因此,甲车进入现场路口时由东向西方向的信号灯为绿灯。

视频 E 中观察到两个时段与事故发生时现场路口信号灯控制情况相同,即路口北侧由南向北方向直行信号灯绿灯被东西方向 BRT 信号打断,BRT 通行结束后路口北侧左转信号灯由红灯变为绿灯。

乙车进入路口时由南向北信号灯灯控状态:

(1)视频 C 中每秒钟有 30 帧图像,设帧间间隔为 t',则有:

$$t' = \frac{1}{30}$$

利用时间—速度—位移关系式,求解乙车通过路口南侧人行横道线北边缘至路口南侧接缝线间距离 l_1 的平均速度 v。由视频 C 中 18:23:38:21,乙车从左向右进入画面;18:23:41:07,乙车到达路口南侧路面接缝线,此段时间共 76 帧,假设乙车刚进入画面就越过路口南侧人行横道线北边缘,则有:

$$t_{max} = 76t' = \frac{76}{30}(\text{s})$$

根据现场测量,l_1 为 900mm,将参数代入速度公式求解:

$$v = \frac{l}{t} \geqslant \frac{l_1}{t_{max}} = v_{min} = 9 \times \frac{30}{76} \approx 3.55(\text{m/s}) = 12.78(\text{km/h})$$

根据乙车事发前的平均速度 v,求解乙车自路口南侧停车线南边缘至路口南侧接缝线间距离 l_2 所需的时间 t_2,计算如下:

$$t_2 = \frac{l_2}{v} \leqslant \frac{l_2}{v_{min}} = \frac{16.5}{3.55}(\text{s})$$

由视频 C 中 18:23:41:07 时乙车的位置,结合乙车自路口南侧停车线南边缘至路口南侧接缝线间距离所需的时间 t_2,计算乙车到达路口南侧停车线的时间为 18:23:36:18。

(2)根据视频 E 中检验所见,路口西侧由西向东方向绿灯亮起前 4 秒 17 帧,路口北侧由南向北方向直行信号灯由绿灯变为黄灯。视频 C 中 18:23:41:03,路口西侧由东向西方向直行信号灯由红灯变为绿灯,结合视频 E 中信号灯灯控情况分析,路口北侧由南向北方向直行信号灯于 18:23:36:16 时为黄灯亮起。

根据视频 A、B、D 的检验情况,结合现场勘查所见路口东侧由西向东方向直行信号灯与路口西侧由东向西方向直行信号灯同步控制的情况,可以认定甲乙两车碰撞时现场路口由东向西方向直行信号灯为绿灯、南向北方向直行信号灯为红灯。

综上,乙车到达路口南侧停车线时,路口北侧由南向北方向直行信号灯应为黄灯。

2)鉴定意见

甲车由东向西进入现场路口时的信号灯为绿灯;乙车由南向北通过路口南侧停车线时路口北侧直行信号灯为黄灯;两车碰撞时现场路口由东向西方向直行信号灯为绿灯、由南向北方向直行信号灯为红灯。

五、事故痕迹类鉴定

事故痕迹鉴定主要依靠交通事故物证鉴定技术。交通事故物证,是指交通事故处理人员依法收集、获取的能够证明交通事故真实情况的物质、物品和痕迹。传统的物证技术主要是针对刑事物证检验的内容,其中包括手印、足迹、工具和枪弹痕迹,很少涉及交通事故的车辆轮胎痕迹、车体、人体和路面痕迹,另外车辆在碰撞运动中形成动态痕迹特征,在一般物证检验中也是一个空白,而这些事故痕迹往往能够说明车辆的运动速度、方向、接触点等,从而起到描述事故形态的证据作用。因此,交通事故物证鉴定技术不同于一般的物证技术,有其自己的研究内容和研究对象。同时它又是物证技术学的一个组成部分,属于它的一个应用分支,可以利用物证技术学的基本理论和方法指导交通事故物证鉴定技术的整体研究。

1.痕迹鉴定分类

交通事故痕迹物证同其他物证一样,来源广泛、种类繁多。按照痕迹的存在的载体不同,交通事故痕迹可分为人体体表痕迹、衣着痕迹、车体痕迹、路面痕迹、固定物痕迹、附着物、散落物等。

2.痕迹鉴定方法

1)痕迹排除法

通过对碰撞的车辆进行对比分析,如果正碰撞,碰撞面的宽度不相符;斜碰撞两车痕迹无折变凹陷;附着漆片颜色不符;有凹陷、孔洞,找不到形成该痕迹的突出物;这种情况下可直接排除,否则不宜排除,为有可能形成,需进一步调查。

2)痕迹比对判断法

(1)加层痕迹与减层痕迹的相互对应,事故双方车辆的物证交换情况。

(2)通过静态痕迹的特征,观察凹陷痕迹与造痕体是否相互对应。

(3)追尾事故,观察凹陷痕迹与造痕体是否相互对应时,应当注意后车在制动时的点头效应。

(4)观察事故现场停车方位、车辆行驶方向与车辆痕迹形成的角度是否相符。

3)直接观察法

直接观察法就是直接通过感官对痕迹物证进行观看和体察。首先确定痕迹物证存在获附着的位置,揣摩这些物质存在于此的原因。一般的记录方法是利用照相机的摄像技术,将物证的影像直接拍摄下来。

4)显微镜观察法

显微镜观察法是根据不同痕迹物证检验的需要,可以将其进行放大的方法,可以通过目镜用眼睛进行观察,还可以通过显微摄影取得显微照片留作证据。

5)血痕检验

血痕检验道路交通事故现场中血迹是最常见的遗留物,是非常有力的物证。血痕检验是项极其严肃而细致的技术性很强的工作,必须进行系统的检验工作。

6)形象痕迹鉴定

形象痕迹鉴定在道路交通事故中,一般以车辆之间相互接触的接触点或接触面上的形象痕迹为检验鉴定对象,解决车辆之间的接触点和接触方式的问题。如轮胎花纹的种属认定,为车辆碾轧人体的事实提供了充足的证据。

7)整体分离痕迹鉴定

整体分离痕迹鉴定、车辆接触痕迹鉴定,亦是快速查找和认定肇事嫌疑车辆的基本方法。

8)化学物证鉴定

化学物证鉴定在道路交通事故中,车辆与车辆、车辆与人体的相互接触过程中,在对方的接触点上总会留下自身的或携带的各种微量的化学物质,如自身微量的油漆、金属物质、玻璃碎片、塑料橡胶等,以及油脂、灰尘、人体衣着纤维等。对上述微量物质用化学方法进行检验鉴定,其结论是认定或排除嫌疑肇事车辆、准确判断事故接触点的重要依据。

9)生物物证鉴定

生物物证鉴定道路交通事故涉及人员伤亡,且绝大多数伤亡人员有开放性伤口,这就为生物物证技术鉴定提供了条件。在肇事车辆上通常会粘附有伤亡人员的血迹、毛发、组织等生物物证,同时这些物证形成方式具有特殊性,其位置和方向具有排他性,不仅能准确认定肇事车辆,而且能分析出事故发生瞬间双方的位置关系和活动状态。另外,车辆上所粘附的昆虫尸体及携带的植物组织亦是研究对象,在肇事车辆与对方接触过程中,车辆接触面上携带的昆虫尸体或植物组织会随之转移,恰当运用生物物证鉴定认定肇事车辆是常用的工作方法之一。

10)法医学检验鉴定

法医学检验鉴定因交通事故死、伤者伤痕形状和位置,可判定其与车辆接触的关系,从而达到认定或否定肇事车辆。

3.痕迹鉴定实例

2014年某日,在某市庙上路7km处,甲乙两车涉嫌发生碰撞。根据《道路交通事故痕迹物证勘验》(GA 41—2014)等有关条款及检验方法,市公安局交通警察大队对甲乙两车的痕迹进行检验。

1)检验所见

(1)甲车:货箱右侧栏板外侧距地高101~105cm,距其后端78~87cm见由前向后的条状擦印,且粘附黑色物质,提取该处黑色附着作为检材备检。

(2)乙车:右后视镜缺失,左后视镜偏转移位,镜面破裂,后视镜罩壳外缘见新旧程度不同的两种刮蹭痕迹,局部呈减层,提取后视镜罩壳少许作为样本备检。

2)微量物证鉴定

经在显微镜下检验,发现检材黑色附着物质软,样本黑色物质质软。经相互比较检验发现,检材黑色附着物与样本黑色物质的颜色、质地相同。经Nicolet 6700傅里叶变换红外光谱仪检验,发现检材黑色附着物与样本黑色物质的红外光谱一致。经Quanta 650-EDAX Apollo X扫描电镜/X射线能谱仪检验,检材黑色附着物与样本黑色物质中均检出碳、氧、铝、硅和钙等主要元素。

经综合评断认为,检材黑色附着物与样本黑色物质的颜色、质地相同,红外光谱一致,检出的主要元素成分相同,两者是同种类物质。

3)分析说明

甲乙两车所检见的痕迹在部位、颜色及材质等方面可以相互印证,符合甲车右侧栏板后部与乙车左后视镜发生过刮蹭碰撞所形成的特征。结合痕迹方向分析,甲乙两车接触时甲车的速度大于乙车的速度。

六、道路交通事故技术鉴定项目所需材料

道路交通事故的鉴定除了要按照有关规定进行,还需要提供一些必备的材料,具体见表7-3。

道路交通事故技术鉴定项目所需材料　　　　表7-3

鉴定项目	鉴定内容	所需鉴定材料	其他材料
事故痕迹(形态)鉴定	车辆间(或单车)的碰撞痕迹(形态)	(1)涉案事故车辆及其行驶证、车辆登记信息详单; (2)事故现场照片(数码照片); (3)道路交通事故现场图	(1)事故现场勘验笔录; (2)当事人或目击证人的笔录; (3)交警对事故形态的分析; (4)其他与事故相关的材料
	人、车碰撞痕迹(形态)	(1)涉案事故车辆及其行驶证、车辆登记信息详单; (2)被鉴定当事人,或其体表损伤、尸体检验、鉴定报告书及照片(数码照片); (3)被鉴定当事人就医材料,如病历、就医期间所拍摄的各种影像资料; (4)事故现场照片(数码照片); (5)道路交通事故现场图	(1)事故现场勘验笔录; (2)当事人或目击证人的笔录; (3)交警对事故形态的分析; (4)其他与事故相关的材料
车辆属性鉴定	车辆属性(如:判断被鉴定车辆是否属于机动车、非机动车或残疾人助动车等)	被鉴定车辆	(1)被鉴定车辆行驶证、车辆登记信息详单; (2)事故现场照片(数码照片); (3)道路交通事故现场图
车辆安全技术状况与事故关系鉴定	车辆安全技术状况检验	被鉴定车辆	同上
	车辆安全技术状况与事故发生之间的因果关系(如:判断轮胎爆胎、制动、转向、灯光等与事故关系的鉴定)	(1)涉案事故车辆及其行驶证、车辆登记信息详单; (2)事故现场照片(数码照片); (3)道路交通事故现场图	(1)事故现场勘验笔录; (2)当事人或目击证人的笔录; (3)交警对事故形态的分析; (4)其他与事故相关的材料
交通行为方式鉴定	驾车人鉴定	(1)涉案事故车辆及其行驶证、车辆登记信息详单; (2)被鉴定当事人,以及其体表损伤或尸体检验、鉴定报告书及照片(数码照片); (3)被鉴定当事人就医材料,如病历、就医期间所拍摄的各种影像资料; (4)事故现场照片(数码照片); (5)道路交通事故现场图	同上
	两轮车骑行或推行	同上	同上

鉴定项目	鉴定内容	所需鉴定材料	其他材料
车速鉴定	基于事故形态(过程)及车辆形变的车速鉴定	(1)涉案事故车辆(及其行驶证、车辆登记信息详单); (2)事故现场照片(数码照片); (3)道路交通事故现场图	(1)事故现场勘验笔录; (2)当事人或目击证人的笔录; (3)交警对事故形态的分析; (4)事故形态鉴定意见书; (5)涉案车辆安全技术状况检验(鉴定)意见书; (6)其他与事故相关的材料
	基于监控录像的车速鉴定	(1)事故现场(路口、路段或车载)监控录像; (2)涉案事故车辆(及其行驶证、车辆登记信息详单)	(1)事故现场照片(数码照片); (2)道路交通事故现场图; (3)当事人或目击证人的笔录
	基于被鉴定车辆EDR("黑匣子")数据的速度鉴定	涉案事故车辆(及其行驶证、车辆登记信息详单)	同上
事故路口信号灯情态鉴定	车辆进入事故路口时的信号灯状态鉴定	(1)事故路口监控录像; (2)涉案事故车辆(及其机动车行驶证或车辆登记信息详单); (3)道路交通事故现场图	同上
交通事故重建	交通事故过程重建	(1)涉案事故车辆(及其行驶或车辆登记信息详单); (2)被鉴定当事人,以及其体表损伤或尸体检验、鉴定报告书及照片(数码照片); (3)当事人就医材料,如病历、就医期间所拍摄的各种影像资料; (4)事故现场照片(数码照片); (5)道路交通事故现场图	(1)事故现场勘验笔录; (2)当事人或目击证人的笔录; (3)交警对事故形态的分析; (4)事故形态鉴定意见书; (5)涉案车辆安全技术状况检验(鉴定)意见书; (6)其他与事故相关的材料

第三节　典型汽车碰撞事故再现技术

一、单车事故

单车碰撞路边固定物或坠车等,但不与其他车辆相碰撞的事故称为单车事故。

1.单车正向碰撞固定障壁

由于驾驶人酒后驾车、疲劳驾驶或者视线不良等原因,正向碰撞路边固定障壁的情况时有发生。分析这种事故有以下两条途径。

(1)运用弹性恢复系数k,由碰撞后速度v反推碰撞前速度v_0。也就是先根据碰撞固定障壁后反弹拖印的长度s,计算碰撞后反弹的速度v,即根据下式:

$$v = \sqrt{2g\varphi s}$$

再根据弹性恢复系数 k 的定义式：

$$k = \left| \frac{v}{v_0} \right| \qquad (7\text{-}7)$$

可得碰撞前速度：

$$v_0 = \frac{v}{k} = \sqrt{2g\varphi \frac{S}{k}} \qquad (7\text{-}8)$$

道路交通事故中弹性恢复系数 k 一般为 0.1~0.3，塑性变形越大，k 越小，甚至 $k \to 0$。当 k 很小时，计算结果很不稳定。

（2）根据塑性变形的经验公式计算碰撞前速度 v_0。据国外资料介绍，由多种轿车碰撞固定壁实验结果归纳出塑性变形量 x 与碰撞速度存在线性比例关系，原则上可分为以下两种情况：

① 当轿车正面碰撞固定壁时：

$$v_0 = 86x + 4.8 \qquad (7\text{-}9)$$

② 当轿车头部碰撞树、杆、柱等固定物时：

$$v_0 = 67x \qquad (7\text{-}10)$$

式中：x——轿车头部塑性变形深度（m）；

v_0——碰撞初瞬时轿车的速度（km/h）。

2.单车斜向碰撞路边护栏

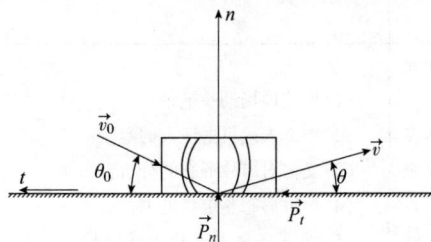

图 7-4　单车斜向撞护栏示意图

当车辆方向失控时，常常斜向撞在护栏或其他障壁上，并且反弹到前方才停下来。如图 7-4 所示，设碰撞前车速为 v_0，其方向与护栏的夹角为 θ_0（称为入射角）。碰撞后反弹的速度为 v，其方向与护栏的夹角为 θ（称为反射角）。由于不是正向碰撞，用车头塑性变形计算车速的经验公式不适用，可以采用以下两种方法。

（1）用法向弹性恢复系数 k。碰撞后速度的法向分量 v_n 与碰撞前速度的法向分量 v_{0n} 之比就是法向弹性恢复系数 k，即：

$$k = \frac{v_n}{v_{0n}} = \frac{v \sin\theta}{v_0 \sin\theta_0} \qquad (7\text{-}11)$$

所以：

$$v_0 = \frac{\sin\theta}{\sin\theta_0} \frac{v}{k} \qquad (7\text{-}12)$$

当护栏的刚性不大时，弹性恢复系数 k 可以达到 0.5 以上。通常情况下反射角 θ 小于入射角 θ_0，但也可能出现相反的情况。这是因为护栏切向摩擦力冲量比较大，使切向速度分量因摩擦而减少的程度超过法向速度分量减少的程度。

（2）采用切向摩擦系数 μ。如图 7-4 所示，把护栏对车辆的碰撞冲量 $\vec{P}$ 分解为切向冲量 $\vec{P_t}$ 和法向冲量 $\vec{P_n}$，那么将冲量方程：

$$m\vec{v} - m\vec{v_0} = \vec{P}$$

分别投影在切向(t)和法向(n)得到:

$$(-mv\cos\theta)-(-mv_0\cos\theta_0)=P_t$$

$$mv\sin\theta-(-mv_0\sin\theta_0)=P_n$$

定义切向摩擦系数 μ 为:

$$\mu=\frac{P_t}{P_n}=\frac{-m(v\cos\theta-v_0\cos\theta_0)}{m(v\sin\theta+v_0\sin\theta_0)} \tag{7-13}$$

经整理得到:

$$v_0=\frac{\cos\theta+\mu\sin\theta}{\cos\theta_0-\mu\sin\theta_0}\cdot v \tag{7-14}$$

这里定义的切向摩擦系数 μ 与普通所用摩擦系数在概念上有所区别。普通所用摩擦系数是指摩擦力达到最大值时,最大摩擦力 F_{max} 与法向反力 N 的比值。当摩擦力没有达到最大值时,没有定义什么系数。这里按式(7-13)定义的摩擦系数,只是切向冲力(或冲量)与法向冲力(或冲量)的比值,没有规定切向冲力是否已经达到摩擦力的最大值。也就是说,当切向冲力达到摩擦力最大值时,就是普通的摩擦系数,而当切向冲力没有达到摩擦力最大值时,也定义了摩擦系数。当然它要比普通摩擦系数小,而且随着入射角 θ_0 的增大而减小。例如普通摩擦系数 $\mu=0.5$ 时,它所对应的临界入射角 θ_0' 为:

$$\theta_0'=90°-\arctan 0.5=90°-26.6°=63.4°$$

于是,当 $\theta_0\le\theta_0'=63.4°$ 时,摩擦系数都采用 $\mu=0.5$。但当 $\theta_0>63.4°$ 时, $\mu<0.5$,而且随 θ_0 的增大而逐步减小直至 $\theta_0=90°$ 时, $\mu=0$。当然,此时已经不是斜向碰撞,而是正向碰撞,式(7-8)的计算结果已经变成无穷大而不能使用了。

3.单车坠崖(坠车)

行驶在山区公路上的长途汽车,常常因驾驶人疲劳驾驶或车辆机械故障等原因而飞出路外,坠落到山脚下,造成特大事故。对于这种情况,可以按以下两种情况来分析计算。

(1)若能找到车轮坠落点 P(图7-5),并测量得到它的水平距离 x_1 和高差 h,就可按抛物线计算:

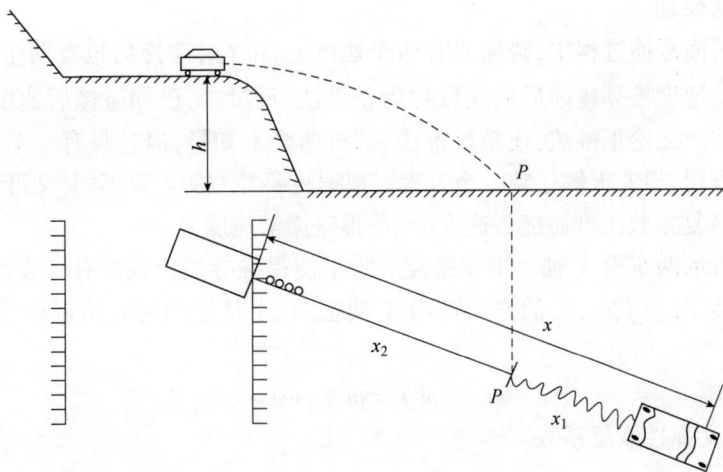

图7-5　路外坠车示意图

$$x_1 = v_0 t$$

$$h = \frac{1}{2}gt^2$$

联立上述两式,消去时间 t,得到:

$$v_0 = x_1 \sqrt{\frac{g}{2h}} \tag{7-15}$$

(2)若找不到坠落点 P 的位置,但能测量得到停车位置总的水平距离 x 和高差 h 及车辆落下后与地面间的滑动摩擦系数 μ。那么可以由:

$$x_1 = v_0 \sqrt{\frac{2h}{g}}$$

$$x_2 = \frac{v_0^2}{2g\mu}$$

相加得:

$$x = x_1 + x_2 = v_0 \sqrt{\frac{2h}{g}} + \frac{v_0^2}{2g\mu}$$

这是 v_0 的二次方程,有两个解,其中有用的一个解为:

$$v_0 = \mu\sqrt{2g}\left(\sqrt{h+\frac{x}{\mu}} - \sqrt{h}\right) \tag{7-16}$$

二、一维碰撞事故

两车一维碰撞也称为直线碰撞,它是指碰撞前后两车质心始终保持在同一直线上。只要用一个坐标轴就能描述两车的碰撞过程。它一定是对心碰撞,而不是偏心碰撞;它一定与碰撞面正交,而不是斜交;它也不能与车辆侧面相撞,而只能是正面对正面或正面对后面(追尾)碰撞。因此,一维碰撞包含两车正面碰撞和追尾碰撞两种。

1.一维正面碰撞

两车一维正面碰撞过程中,碰撞前有两个速度 v_{10} 和 v_{20},碰撞后也有两个速度 v_1 和 v_2。若已知碰撞前的速度推算碰撞后的速度称为正推法;反过来,已知碰撞后速度,推算碰撞前速度称为反推法。无论正推法,还是反推法,都有两个未知量,但是只有一个坐标轴方向的动量守恒投影方程,想要求解还缺一个方程。根据将要补充的方程不同,又可分两种情况。

1)用弹性恢复系数正推碰撞后速度(或反推碰撞前速度)

如图 7-6 所示两车沿 X 轴一维正碰撞。为了使得推导的公式具有一般性,我们假定碰撞前后两车速度 v_{10}、v_{20}、v_1、v_2 的方向都沿 X 轴正向,于是把动量守恒定理投影在 X 轴上,得到:

$$m_1 v_1 + m_2 v_2 = m_1 v_{10} + m_2 v_{20} \tag{7-17}$$

同时,再定义弹性恢复系数:

$$k = \frac{v_2 - v_1}{v_{10} - v_{20}} \tag{7-18}$$

这个定义与式(7-7)是一致的,因为对固定面碰撞时,$v_{20}=v_2=0$,而且 v_1 与 v_{10} 方向相反,其中一个应取负值,保证 k 是正值。

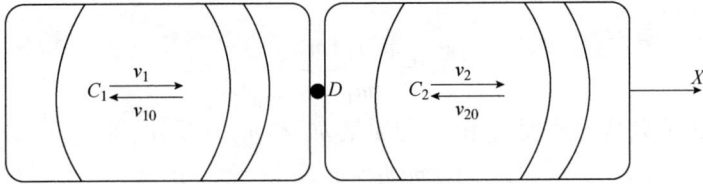

图 7-6　两车一维碰撞示意图

有了弹性恢复系数公式(7-18),便可与动量守恒公式(7-17)联立求解得到正推法公式:

$$v_1=v_{10}-\frac{m_2}{m_1+m_2}(1+k)(v_{10}-v_{20}) \tag{7-19}$$

$$v_2=v_{20}+\frac{m_1}{m_1+m_2}(1+k)(v_{10}-v_{20}) \tag{7-20}$$

这是以碰撞前车速表示碰撞后车速。也可以反过来,以碰撞后车速表示碰撞前车速,即反推法公式为:

$$v_{10}=\frac{m_1v_1+m_2v_2}{m_1+m_2}+\frac{m_2}{m_1+m_2}\cdot\frac{v_2-v_1}{k} \tag{7-21}$$

$$v_{20}=\frac{m_1v_1+m_2v_2}{m_1+m_2}-\frac{m_1}{m_1+m_2}\cdot\frac{v_2-v_1}{k} \tag{7-22}$$

在这两个公式中,弹性恢复系数都在分母中,当 $k\to0$ 时,这两个公式不能使用。因为从理论上讲,根据 k 的定义式(7-7),$k=0$,$v_2=v_1$,碰撞后两车速度相等而不分离,$(v_2-v_1)/k$ 变为零比零不定式。即使 $k\neq0$,但 k 比较小时,式(7-21)和式(7-22)的计算结果也很不稳定。

2)用塑性变形与有效碰撞速度的经验公式反推碰撞前速度

选用弹性恢复系数的方法求解一维碰撞问题,其求解过程非常简单。若是正推法就代入式(7-19)和式(7-20),若是反推法就代入式(7-21)和式(7-22),而且无论是正面碰撞还是追尾碰撞都同样求解,只要注意速度方向的正负号就可以了。但是,弹性恢复系数的选择带有很大的主观随意性,即使是经验丰富的道路交通事故专家,也要根据事故车辆损坏的情况,才能凭经验选定。因此把事故车辆损坏后留下的塑性变形与碰撞前两车的速度差建立联系,要比选取弹性恢复系数更直接一些。据国外资料介绍,轿车头部塑性变形平均深度 x,与该车的有效碰撞速度 v_e 的关系如下:

$$v_e=105.3x \tag{7-23}$$

式中:v_e——有效碰撞速度(km/h);

x——轿车头部塑性变形平均深度(m)。

1 车和 2 车的有效碰撞速度 v_{1e} 和 v_{2e} 定义为:

$$v_{1e}=v_{10}-v_c$$

$$v_{2e}=v_c-v_{20}$$

根据有效碰撞速度定义式得到:

$$v_{10} = v_c + v_{1e} \tag{7-24}$$

$$v_{20} = v_c - v_{2e} \tag{7-25}$$

而公共速度为:

$$v_c = \frac{m_1 v_1 + m_2 v_2}{m_1 + m_2} \tag{7-26}$$

1 车和 2 车的有效碰撞速度 v_{1e} 和 v_{2e} 与质量 m_1 和 m_2 成反比,即:

$$m_1 v_{1e} = m_2 v_{2e} \tag{7-27}$$

上述就是一维正面碰撞用反推法求两车碰撞初瞬时速度的主要公式。

2.一维追尾碰撞

追尾碰撞与上一节正面碰撞都是一维碰撞,采用弹性恢复系数求解的正推法式(7-19)、式(7-20)和反推法式(7-21)、式(7-22)都是一样适用的。即反推法公式:

$$v_{10} = v_c + v_{1e} \tag{7-28}$$

$$v_{20} = v_c - v_{2e} \tag{7-29}$$

而共同速度为:

$$v_c = \frac{m_1 v_1 + m_2 v_2}{m_1 + m_2} \tag{7-30}$$

1 车和 2 车的有效碰撞速度 v_{1e} 和 v_{2e} 与质量 m_1 和 m_2 成反比,即:

$$m_1 v_{1e} = m_2 v_{2e} \tag{7-31}$$

追尾碰撞与正面碰撞相比有以下不同之处。

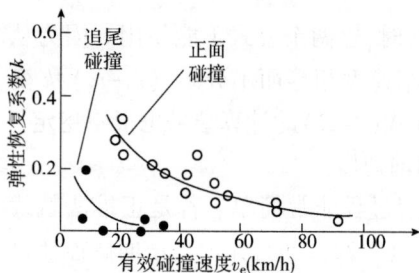

图 7-7 弹性恢复系数和有效碰撞速度的关系

(1)被撞的轿车尾部刚度较小,碰撞时塑性变形很大,弹性变形可以忽略不计,弹性恢复系数 $k \to 0$。图 7-7 就是两轿车碰撞时弹性恢复系数 k 与有效碰撞速度 v_e 的函数关系。图中显示对于追尾碰撞,当有效碰撞速度 $v_e > 20$km/h 时,弹性恢复系数几乎等于零。此时,碰撞压缩变形达到最大值时的共同速度 v_c 也就是碰撞后开始滑行时的初速度 v_1 和 v_2,即:

$$v_1 = v_2 = v_c = \sqrt{2g\varphi S}$$

式中:S——两车一起滑行的距离(m)。

当轿车追尾大货车时,往往钻进大货车货箱下面,根本就没有反弹,就属于这种情况。

(2)两车追尾碰撞时,后面主撞车在碰撞前后一般都有制动拖印,但前面的被撞车往往没有制动拖印。这是因为被撞前根本不知道后面有车撞过来,被撞后才开始制动,实际上已经自由滚动了一段距离。此时仍可假定 $v_1 = v_2 = v_c$。

(3)被撞车尾部的塑性变形平均深度 x_2 与有效碰撞速度 v_{2e} 的关系为:

$$v_{2e} = 17.9x_2' + 4.6 \tag{7-32}$$

$$x_2' = \frac{2m_1}{m_1 + m_2} x_2 \tag{7-33}$$

式(7-33)为被撞车尾部塑性变形平均深度因两车质量不等而引进的换算公式。其中,m_1 为主撞车质量(kg),m_2 为被撞车质量(kg)。当 $m_1 = m_2$ 时,$x_2' = x_2$ 不用换算,因为式

(7-32)是按照质量相等的两轿车进行追尾碰撞试验结果总结出来的,把它推广到质量不等的两轿车追尾碰撞中,应该按式(7-33)进行换算。

三、二维碰撞事故

两车碰撞事故中,除了少量属于对心碰撞,碰撞后滑行过程中车体没有转动,或者转动不大,可以不予考虑之外,绝大部分都是非对心碰撞,碰撞后车体既平动又转动,平动和转动都消耗动能,两者同样重要。因此本章的主要任务是把车体运动作为既平动又转动的二维平面运动,并且按照平面运动动力方程,建立碰撞前后两车六个速度分量之间的矩阵关系,以便编写计算机软件进行求解。

1.两车二维对心碰撞

当两车之间的碰撞冲力通过各自的质心时,称为对心碰撞。如何判断是不是对心碰撞,主要根据碰撞后车体是否转动,如果车体只平动不转动就是对心碰撞。有时虽有一些转动,但转动不大,不予以考虑,也就可以按对心碰撞处理。

如图7-8所示,1车和2车碰撞前行驶速度分别为$\vec{v}_{10}$和$\vec{v}_{20}$,速度的方向角分别为α_{10}和α_{20};碰撞后滑行速度分别为$\vec{v}_1$和$\vec{v}_2$,速度的方向角分别为α_1和α_2。那么根据动量守恒方程:

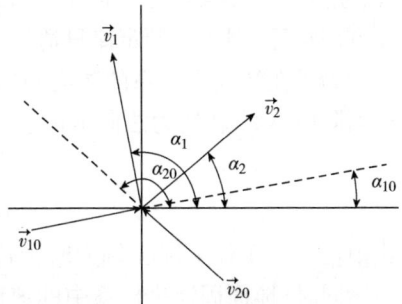

图7-8　二维对心碰撞示意图

$$m_1\vec{v}_1+m_2\vec{v}_2=m_1\vec{v}_{10}+m_2\vec{v}_{20}$$

把它分别投影在x、y轴上得到:

x轴:

$$m_1v_1\cos\alpha_1+m_2v_2\cos\alpha_2=m_1v_{10}\cos\alpha_{10}+m_2v_{20}\cos\alpha_{20} \tag{7-34}$$

y轴:

$$m_1v_1\sin\alpha_1+m_2v_2\sin\alpha_2=m_1v_{10}\sin\alpha_{10}+m_2v_{20}\sin\alpha_{20} \tag{7-35}$$

这两个投影方程联立起来可以求解两个未知量。如果已知各车速度的方向,再已知碰撞前的两车速度,就可以求碰撞后两车的速度。反之,在道路交通事故分析中常常先按滑行距离,算出碰撞后的速度,然后便可按式(7-34)、式(7-35)求出碰撞前的速度:

$$v_{10}=\frac{m_1v_1\sin(\alpha_{20}-\alpha_1)+m_2v_2\sin(\alpha_{20}-\alpha_2)}{m_1\sin(\alpha_{20}-\alpha_{10})} \tag{7-36}$$

$$v_{20}=\frac{m_1v_1\sin(\alpha_{10}-\alpha_1)+m_2v_2\sin(\alpha_{10}-\alpha_2)}{m_2\sin(\alpha_{10}-\alpha_{20})} \tag{7-37}$$

2.两车二维非对心(偏心)碰撞理论计算

1)描述二维非对心碰撞的三套坐标系

非对心碰撞的主要特点是碰撞后车辆滑行时,不仅发生平动,而且发生转动。转动的大小决定于碰撞冲力$\vec{P}$与其偏离质心C的距离h的乘积。偏心距h越大,转动的程度越大。为了建立车体平面运动动力方程,需要采用三套直角坐标,如图7-9所示。

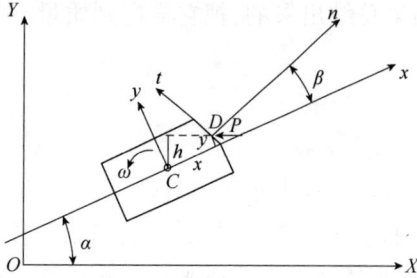

图 7-9　二维非对心碰撞的三套坐标系示意图

（1）车体坐标系 xCy。以车体质心 C 为坐标原点，车体纵轴为 x 轴，将 x 轴逆时针旋转 $90°$ 为 y 轴。该坐标系主要用来确定碰撞点 D 相对质心的位置坐标（从事故车上直接量取）。

（2）碰撞面法向坐标系 nDt。以碰撞面法线为 n 轴，逆时针转 $90°$ 为 t 轴。这个碰撞面法向坐标系主要用来分解碰撞冲力为法向冲力 P_n 和切向冲力 P_t，并且分别沿法向和切向建立动量方程。碰撞时的变形压缩和弹性恢复发生在法向。

（3）地面固定坐标系 XOY。通常以事故车行驶的道路方向为 X 轴，逆时针转 $90°$ 为 Y 轴，原点 O 可不必确定。固定坐标系主要用来描述两车的运动参量速度、加速度、滑行距离及方向角等，因为牛顿定律只适用于固定坐标系。

为了在法向坐标系的法向和切向建立动量方程，需要将碰撞点相对质心的车体坐标分量列阵 $(x,y)^T$ 转换为法向坐标系的分量列阵 $(x_n,y_t)^T$，即：

$$\begin{Bmatrix} x_n \\ y_t \end{Bmatrix} = \begin{bmatrix} \cos\beta & \sin\beta \\ -\sin\beta & \cos\beta \end{bmatrix} \begin{Bmatrix} x \\ y \end{Bmatrix} \tag{7-38}$$

式中：β——车体坐标 X 轴逆时针转到碰撞面法线 n 的角度。

同时，地面固定坐标系中的速度分量列阵 $(v_x,v_y)^T$ 也要转换为碰撞面法向坐标系中的速度分量列阵 $(v_n,v_t)^T$，即：

$$\begin{Bmatrix} v_n \\ v_t \end{Bmatrix} = \begin{bmatrix} \cos(\alpha+\beta) & \sin(\alpha+\beta) \\ -\sin(\alpha+\beta) & \cos(\alpha+\beta) \end{bmatrix} \begin{Bmatrix} v_x \\ v_y \end{Bmatrix} \tag{7-39}$$

式中：α——车体纵轴相对固定坐标 X 轴的夹角；

$(\alpha+\beta)$——碰撞面法线 n 相对固定坐标 X 轴的夹角。

2）二维非对心点碰撞动力方程

现在讨论二维非对心碰撞时，碰撞冲力作用点是已知的，故称为点碰撞。

分别以 1 车和 2 车为研究对象，受碰撞力 P_n、P_t 作用，如图 7-10 所示。令碰撞后两车速度在法向坐标系的分量分别为 v_{1n}、v_{1t} 和 v_{2n}、v_{2t}，碰撞前两车速度分量分别为 v_{10n}、v_{10t} 和 v_{20n}、v_{20t}，两车碰撞前后转动角速度分别为 ω_{10}、ω_{20} 和 ω_1、ω_2。令两车质量分别为 m_1、m_2，两车绕质心的转动惯量分别为 J_1、J_2。那么，对两车分别应用动量定理得到：

$$m_1(v_{1n}-v_{10n}) = -P_n \tag{7-40}$$

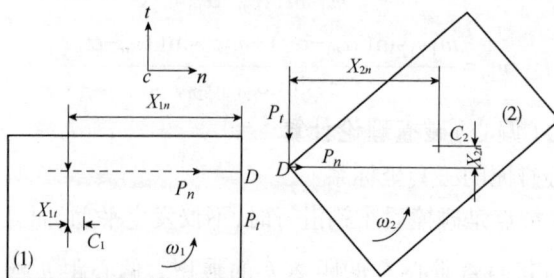

图 7-10　二维非对心点碰撞示意图

$$m_1(v_{1t}-v_{10t})=-P_t \tag{7-41}$$

$$m_2(v_{2n}-v_{20n})=P_n \tag{7-42}$$

$$m_2(v_{2t}-v_{20t})=P_t \tag{7-43}$$

再应用动量矩定理分别得到：

$$J_1(\omega_1-\omega_{10})=P_n x_{1t}-P_t x_{1n} \tag{7-44}$$

$$J_2(\omega_2-\omega_{20})=-P_n x_{2t}-P_t x_{2n} \tag{7-45}$$

为了消去碰撞冲力 P_n 和 P_t，需要引入碰撞点 D 处的弹性恢复系数 k 和切向摩擦系数 μ，即定义 D 点处弹性恢复系数：

$$k=-\frac{v_{rn}}{v_{ron}}=-\frac{(v_D)_{1n}-(v_D)_{2n}}{(v_D)_{10n}-(v_D)_{20n}} \tag{7-46}$$

式中：v_{rn}——碰撞后，在碰撞点 D 处两车公法线方向的相对速度（m/s）；

v_{ron}——碰撞前，在碰撞点 D 处两车公法线方向的相对速度（m/s）。

分别以两车质心为基点，求碰撞点 D 处的法向速度之差为：

$$v_{rn}=(v_D)_{1n}-(v_D)_{2n}=(v_{1n}-\omega_1 x_{1t})-(v_{2n}-\omega_2 x_{2t})$$

$$v_{ron}=(v_D)_{10n}-(v_D)_{20n}=(v_{10n}-v_{20t}x_{1t})-(v_{20n}-\omega_{20}x_{2t})$$

所以：

$$k(v_{10n}-w_{10}x_{1t})-k(v_{20n}-w_{20}x_{1t})=-(v_{1n}-w_1 x_{1t})+(v_{2n}-w_2 x_{2t}) \tag{7-47}$$

再定义 D 点处切向摩擦系数：

$$\mu=\frac{P_t}{P_n}=\frac{切向冲力}{法向冲力}$$

引入式（7-40）~式（7-43），得到：

$$\mu=\frac{m_1(v_{1t}-v_{10t})}{m_1(v_{1n}-v_{10n})}=\frac{m_2(v_{2t}-v_{20t})}{m_2(v_{2n}-v_{20n})}$$

或者：

$$\mu(v_{10n}+v_{20n})-(v_{10t}+v_{20t})=\mu(v_{1n}+v_{2n})-(v_{1t}+v_{2t}) \tag{7-48}$$

再将式（7-40）~式（7-45）6 个式子中消去 P_n 和 P_t，并用矩阵表示为：

$$[A_0]\{X_0\}=[A]\{X\} \tag{7-49}$$

式中速度分量列阵为：

$$\{X_0\}=[v_{10n},v_{10t},v_{20n},v_{20t},\omega_{10},\omega_{20}]^T$$

$$\{X\}=[v_{1n},v_{1t},v_{2n},v_{2t},\omega_1,\omega_2]^T$$

六阶矩阵 $[A_0]$ 和 $[A]$ 为：

$$[A_0]=\begin{bmatrix} m_1 & 0 & m_2 & 0 & 0 & 0 \\ 0 & m_1 & 0 & m_2 & 0 & 0 \\ \dfrac{m_1 x_{1t}}{2} & -\dfrac{m_1 x_{1n}}{2} & \dfrac{m_2 x_{1t}}{2} & \dfrac{m_2 x_{1n}}{2} & J_1 & 0 \\ -\dfrac{m_1 x_{2t}}{2} & \dfrac{m_1 x_{2n}}{2} & \dfrac{m_2 x_{2t}}{2} & -\dfrac{m_2 x_{2n}}{2} & 0 & J_2 \\ \mu & -1 & \mu & -1 & 0 & 0 \\ k & 0 & -k & 0 & -kx_{1t} & kx_{2t} \end{bmatrix} \tag{7-50}$$

$$[A] = \begin{bmatrix} m_1 & 0 & m_2 & 0 & 0 & 0 \\ 0 & m_1 & 0 & m_2 & 0 & 0 \\ \dfrac{m_1 x_{1t}}{2} & -\dfrac{m_1 x_{1n}}{2} & \dfrac{m_2 x_{1t}}{2} & \dfrac{m_2 x_{1n}}{2} & J_1 & 0 \\ -\dfrac{m_1 x_{2t}}{2} & \dfrac{m_1 x_{2n}}{2} & \dfrac{m_2 x_{2t}}{2} & -\dfrac{m_2 x_{2n}}{2} & 0 & J_2 \\ \mu & -1 & \mu & -1 & 0 & 0 \\ -1 & 0 & 1 & 0 & x_{1t} & -x_{2t} \end{bmatrix} \tag{7-51}$$

3）二维非对心面碰撞转化为点碰撞

遇到重大道路交通事故时,车损坏比较严重,碰撞部位不是一个点,而是一个面(称为二维非对心面碰撞),有的甚至车辆整个头部都撞坏,根据力线平移定理,可在碰撞面上任选一点 O,作为碰撞力作用点,同时还有一个碰撞力偶 M。这就是说除了作用在 O 点的 P_n 和 P_t 外,还有一个 M。建立动力方程时,除了弹性恢复系数 k、切向摩擦系数 μ 之外,还有一个力矩恢复系数 k_m。多了这第三个参数,对矩阵的求解带来很大的困难,好在可以将法向冲力的作用线平移一段距离 e,把碰撞力偶 M 吸收进去(图7-10)。这样就把本来是面碰撞的问题转化为点碰撞来处理。

通过力线平移把力偶吸收之后,多了一个距离 e,还是存在第三个参数。不过这个参数 e 不必选取,可以通过碰撞点坐标的优化过程得到体现。

3.两车二维点碰撞反推法求解的两种选择

对于矩阵方程(7-49),可以已知碰撞前速度分量 $\{X_0\}$,求碰撞后速度分量 $\{X\}$——称为正推法。也可先根据碰撞后滑行距离先求出碰撞后速度分量 $\{X\}$,再求碰撞前速度分量 $\{X_0\}$——称为反推法。对于反推法还可以有以下两种选择:

(1)矩阵 $[A_0]$ 和 $[A]$ 中两个参数 k 和 μ 凭经验选定作为已知量,而且 $\{X\}$ 已知,就可按矩阵方程(7-49)求解碰撞前速度 $\{X_0\}$。

(2)将参数 k 和 μ 作为未知量,而将碰撞前两车的角速度 ω_{10} 和 ω_{20} 作为已知量,此时只要将式(7-49)中的矩阵进行分块处理即可。

四、汽车与两轮车的碰撞事故

汽车与两轮车碰撞时只考虑平动不考虑转动,因为汽车质量大,碰撞过程中基本上不发生转动,即使有一点转动,也不予考虑。两轮车及行人虽有转动,甚至转动很大,但因为质量小,转动惯量小,转动部分的能量可以忽略不计。这样汽车和两轮车都不考虑转动,都按对心碰撞处理。

1.汽车与摩托车的碰撞

汽车与摩托车的碰撞多数发生在交叉路口,碰撞的形式主要分两种情况:一种是摩托车的正面撞击汽车的侧面,另一种是汽车的正面撞击摩托车。

1)摩托车正面撞击汽车的侧面

根据摩托车正面撞击汽车后,汽车行驶的方向有没有明显的变化又可分以下两种情况。

（1）摩托车正面撞击后使汽车的行驶方向发生明显变化。这种情况往往发生在摩托车速度比较高，而汽车的质量又比较小的时候。假设：

m_1、v_{10}、v_1 为汽车的质量（kg）和碰撞前、后的速度（km/h）；

m_2、v_{20}、v_2 为摩托车的质量（kg）和碰撞前、后的速度（km/h）；

m_p、v_p 为摩托车驾驶人的质量（kg）和碰撞后的速度（km/h）。

如图 7-11 所示，虚线长方形表示汽车被撞击的位置，实线长方形为汽车被撞后制动停止的位置，S 为碰撞后制动拖印的长度（m），因碰撞而引起的汽车滑行方向的偏角为 θ。如果摩托车连人撞击汽车侧面后倒地不反弹，这是因为汽车侧面蒙皮刚性不大，即使反弹，速度也不大。同时不考虑切向摩擦力对摩托车和人体的影响。这样就可假定碰撞后摩托车和驾驶人的速度为零，即：

$$v_2 = v_p = 0 \qquad (7\text{-}52)$$

而汽车碰撞后的速度可由制动拖印长度计算：

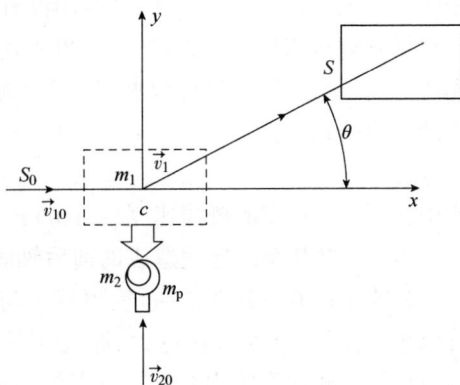

图 7-11　摩托车正对面撞击汽车侧面示意图

$$v_1 = \sqrt{2g\varphi S}$$

于是就可应用动量守恒定理：

$$m_1\vec{v}_{10} + (m_2 + m_p)\vec{v}_{20} = m_1\vec{v}_1 + m_2\vec{v}_2 + m_p\vec{v}_p = m_1\vec{v}_1 \qquad (7\text{-}53)$$

将它分别投影在 x 轴和 y 轴上，得到：

$$m_1 v_{10} = m_1 v_{1x} = m_1 v_1 \cos\theta$$
$$(m_2 + m_p) v_{20} = m_1 v_{1y} = m_1 v_1 \sin\theta$$

所以：

$$v_{10} = v_1 \cos\theta \qquad (7\text{-}54)$$

$$v_{20} = \frac{m_1}{m_2 + m_p} v_1 \sin\theta \qquad (7\text{-}55)$$

对于这两个公式有两点需要说明：

①式（7-54）、式（7-55）是根据式（7-52）和式（7-53）得来的，也就是假定摩托车和人碰撞后速度为零。如果认为摩托车和人与汽车侧面是完全塑性碰撞，碰撞后这三者一起滑行具有共同速度，即假定：

$$v_2 = v_p = v_1 \qquad (7\text{-}56)$$

那么，式（7-54）、式（7-55）变为：

$$v_{10} = \left(1 + \frac{m_2 + m_p}{m_1}\right) v_1 \cos\theta \qquad (7\text{-}57)$$

$$v_{20} = \left(1 + \frac{m_1}{m_2 + m_p}\right) v_1 \sin\theta \qquad (7\text{-}58)$$

当汽车质量（m_1）远远大于摩托车和人的质量（$m_2 + m_p$）时，两套公式差别不大，采用前一套也可以。

②如果汽车车顶比较矮,摩托车速度又比较高,碰撞时驾驶人可能越过汽车车顶,落到另一侧,此时假定摩托车驾驶人没有与汽车碰撞,上述各公式中令 $m_p=0$ 即可。

（2）摩托车正面撞击汽车的侧面后,汽车的行驶方向没有明显的变化。

当汽车的质量比较大或者摩托车的速度不太大时,虽然汽车的侧面受到摩托车正面的撞击,但汽车的行驶方向不会有明显的变化,也就是偏斜角 θ 很小,很难准确测定。有时连碰撞位置也很难确定,因为制动拖印没有明显的转折点。在这种情况下,汽车的行驶速度只要根据制动拖印长度计算就行了,也不用区分碰撞前和碰撞后。但是摩托车碰撞前的速度无法应用动量守恒方程进行求解。为了解决这类问题,国外的研究者做了大量的模拟试验,得到经验公式为:

$$v=1.5D+12 \tag{7-59}$$

式中:v——摩托车的碰撞速度(km/h);

D——摩托车因碰撞造成的前后轴间距离的减少量(cm)。

公式中没有摩托车的质量,也就是与摩托车的型号无关,但是与被撞汽车的质量有关。可以想象,当汽车的质量越大,摩托车撞击它时,摩托车轴距减少量就越大。取得经验式(7-57)所做碰撞实验用的标准汽车的质量为 1 950kg。用于其他质量的汽车就需要进行如下质量换算:

假设事故汽车的质量为 m_1,摩托车(包括驾驶人)的质量为 m_2,摩托车的轴距减少量为 D,那么先按式(7-59)计算碰撞标准车时的速度 v,再按下式换算成碰撞事故车时,摩托车碰撞前的速度:

$$v_{20}=\frac{1+\frac{m_2}{m_1}}{1+\frac{m_2}{1\,950}}v=\frac{1+\frac{m_2}{m_1}}{1+\frac{m_2}{1\,950}}(1.5D+12) \tag{7-60}$$

2)汽车的正面碰撞摩托车

在汽车与摩托车碰撞的交通事故中,绝大部分属于这种类型。汽车是主撞车,所以碰撞发生在汽车的头部。可以在头部的中央,也可以在左前角或右前角。对被撞的摩托车而言,可以撞在它的侧面中央,也可以撞在它的头部或尾部。不仅如此,摩托车行驶的方向与汽车行驶的方向不一定正好垂直(正交),也可以斜交任何角度,甚至正面碰撞或追尾碰撞都可以,这是因为不考虑汽车和摩托车的转动,属于对心碰撞,不管碰撞冲力作用在哪里,如同作用在质心一样。

我们仍然假设 m_1、v_{10}、v_1 分别为汽车的质量和碰撞前、后的速度;m_2、v_{20}、v_2 分别为摩托车的质量和碰撞前、后的速度;m_p、v_p 分别为摩托车驾驶人的质量和碰撞后的速度。

如图 7-12 所示,虚线长方形表示碰撞时汽车的位置,实线槽形为碰撞后制动停止的汽车头部的位置。

再假设:S_1、S_2、S_p 分别为碰撞后汽车、摩托车及其驾驶人滑行的距离;θ_1、θ_2、θ_p 分别为碰撞后汽车、摩托车及其驾驶人滑行方向的偏角。

于是根据动量守恒定理有:

$$m_1\vec{v}_{10}+(m_2+m_p)\vec{v}_{20}=m_1\vec{v}_1+m_2\vec{v}_2+m_p\vec{v}_p \tag{7-61}$$

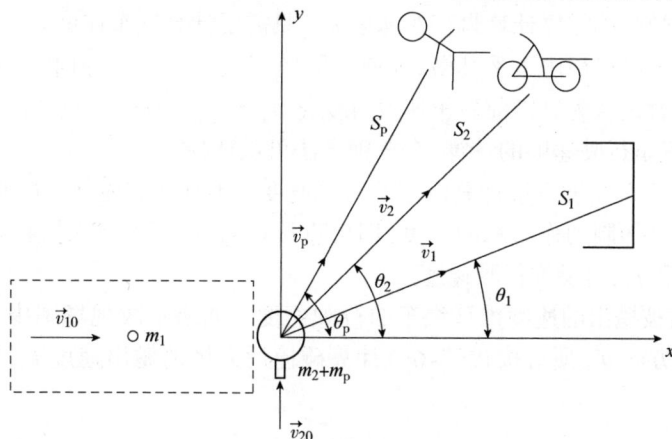

图 7-12　汽车正面撞击摩托车示意图

假定摩托车行驶方向与汽车行驶方向垂直(正交)如图 7-11 所示,那么将方程(7-61)分别投影到 x 轴和 y 轴上得到:

$$m_1 v_{10} = m_1 v_1 \cos\theta_1 + m_2 v_2 \cos\theta_2 + m_p v_p \cos\theta_p$$
$$(m_2 + m_p) v_{20} = m_1 v_1 \sin\theta_1 + m_2 v_2 \sin\theta_2 + m_p v_p \sin\theta_p$$

还是采用反推法,碰撞前汽车的速度为:

$$v_{10} = \frac{m_1 v_1 \cos\theta_1 + m_2 v_2 \cos\theta_2 + m_p v_p \cos\theta_p}{m_1} \tag{7-62}$$

碰撞前摩托车的速度为:

$$v_{20} = \frac{m_1 v_1 \sin\theta_1 + m_2 v_2 \sin\theta_2 + m_p v_p \sin\theta_p}{(m_2 + m_p)} \tag{7-63}$$

式中,碰撞后汽车的速度 v_1 由制动拖印长度 S_1 求得:

$$v_1 = \sqrt{2g\varphi_1 S_1}$$

对于沥青路面,汽车轮胎与路面的滑动附着系数 φ_1,通常取 0.5~0.7。

碰撞后摩托车的速度 v_2 也由路面留下的划痕长度 S_2 求得:

$$v_2 = \sqrt{2g\varphi_2 S_2}$$

摩托车倒地后在沥青路面上滑动摩擦系数 φ_2,通常取 0.45~0.65。碰撞后摩托车驾驶人被抛出的速度 v_p 可按水平抛物(或单车坠崖)公式(7-64)计算:

$$v_p = \mu\sqrt{2g}\left(\sqrt{h + \frac{S_p}{\mu}} - \sqrt{h}\right) \tag{7-64}$$

式中:h——人被抛出时重心的高度(m);

μ——人体落到地面后与路面间的滑动摩擦系数,通常取 0.4~0.6。

式(7-62)和式(7-63)是正交对心碰撞条件下,由动量守恒导出的通用公式,在道路交通事故实际应用中可以进行简化。

2.汽车与自行车的碰撞

汽车与自行车的碰撞与汽车与摩托车的碰撞在理论上是完全一样的,上述各计算公式对汽车与自行车的碰撞也都是成立的。但是,结合自行车的特点,又可有一些简化。首先,自行车没有车速限制,不需要计算自行车速度 v_{20},只需要计算汽车速度 v_{10}。其次,自行车质量不过 $10\sim20kg$,与汽车相比微乎其微,即使连同骑车人与汽车碰撞时,对汽车动量的影响也可忽略不计,也就是认为碰撞前后车速没有变化: $v_{10}=v_1$。因此,动量守恒方程在这里已经自动满足。对于汽车行驶速度的计算,有 3 种方法可供选择:

(1)用制动拖印总长度直接计算汽车的行驶速度。不管在碰撞前开始制动,还是碰撞后才开始制动,只要已知制动拖印总的长度,即可直接计算汽车的行驶速度,而不必先计算碰撞前后的车速 v_{10} 和 v_1,再反推行驶速度。

(2)用骑车人被抛出的速度推算汽车的行驶速度。如果事故现场图中能已知骑车人被抛出的距离 S_p 和方向 θ_p,便可按式(7-64)计算碰撞后人体的抛出速度 v_p,并计算汽车碰撞前后的速度:

$$v_{10}=v_1=v_p\cos\theta_p$$

如果汽车碰撞前还有制动拖印,当然还要在 v_{10} 的基础上反推行驶速度。

(3)用自行车在路面上留下的划印推算汽车的行驶速度。与假定人体与汽车的碰撞属于完全塑性碰撞相类似,也可假定自行车与汽车的碰撞为完全塑性碰撞,也有相似的公式:

$$v_{10}=v_1=v_2\cos\theta_2$$

并且进一步作相似的计算。当然这种方法可靠性要差一些,仅供参考。

五、汽车与行人的碰撞事故

我国目前存在大量的混合交通道路,所以常常发生汽车碰撞行人的交通事故或简称行人事故。在汽车与行人的交通事故中,汽车行驶速度的计算有以下 3 种途径:

1.根据汽车制动拖印长度直接计算其行驶速度

若在碰撞行人的前后,汽车采取了紧急制动措施,路面上留下了明显的制动拖印,则汽车行驶速度 v 为:

$$v=\sqrt{2g\varphi S} \tag{7-65}$$

式中: φ ——路面附着系数,通常取 $0.5\sim0.7$;

S ——汽车制动拖印长度(m)。

这里的 S 包括碰撞行人前后总的制动拖印长度。

2.根据行人被抛出的距离计算汽车撞人时的速度

首先假定汽车和行人间的碰撞是完全的塑性碰撞(即没有弹性恢复),碰撞后人和车具有相同的速度。行人被撞后,往往先倒向发动机罩,之后从发动机罩或前风窗玻璃上大致沿水平方向抛出,呈抛物线轨迹落在地面上,落地后在路面上滑行,最后停止。

与单车坠崖公式(7-64)完全一样推导得图 7-13。

$$v=\mu \cdot \sqrt{2g}\left(\sqrt{h+\frac{x}{\mu}}-\sqrt{h}\right) \tag{7-66}$$

式中: v ——汽车的碰撞速度(m/s);

h ——行人撞飞高度(飞出时人的重心高度)(m);

x ——抛距(m),包括飞行距离和滑行距离;

μ ——人体在路面上滑行的摩擦系数,通常取 $0.4\sim0.6$。

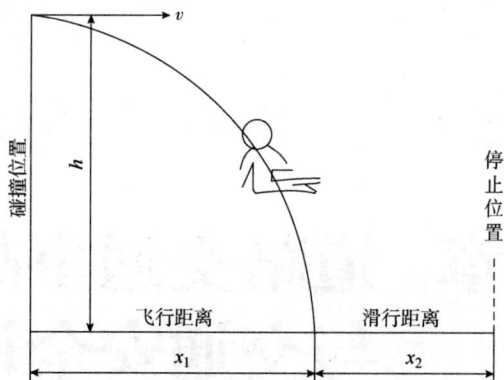

图 7-13　人体被车辆撞飞后的滑行轨迹示意图

3.按车头变形估算

据国外资料介绍,轿车前围板或发动机盖上因撞人留下的凹陷深度与车速呈线性关系,如图 7-14 所示。其范围用公式表示为:

最小值

$$v_{min}(km/h) = 3.92x(cm) + 13.6 \qquad (7\text{-}67)$$

最大值

$$v_{max}(km/h) = 2.55x(cm) + 33.0 \qquad (7\text{-}68)$$

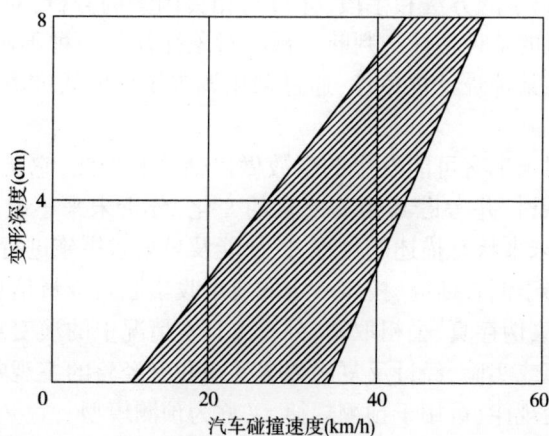

图 7-14　行人撞车前脸凹陷深度与车速的关系

复习思考题

1.道路交通事故现场勘查的方法有哪些?

2.如何判断车辆行驶轨迹?

3.简述路面上碰撞位置分析的方法。

4.简述汽车碰撞事故的类别及其各自特点。

5.交通事故痕迹类鉴定的方法有哪些?

第八章 道路交通事故预测与交通安全评价

交通事故预测与交通安全评价在道路交通安全方面起着重要的作用,认识并利用交通事故的客观规律,科学预测及客观评价事故的发展变化,对于预防和控制交通事故具有重要意义。

→第一节 道路交通事故预测方法

一、概述

所谓预测,就是用科学的方法和手段,通过对相关因素的分析,对未来将要发生的事情或事物的发展趋势所做的某种估计与判断。预测对象往往是一种不确定事件(现象),该现象的发生与发展是具有某种统计规律性,通过采用调查统计的研究方法对现象发生和发展的规律性进行探究。

交通事故预测是对未来有可能发生的事故做出估计和推测,它是通过对交通事故的过去和现在状态的系统探讨,并考虑其相关因素的变化,分析未来事故的危险程度和发展趋势,而做出对交通事故未来状态描述的过程,以便能及早采取措施进行防治。

整个预测过程起始于调查研究,按照一定的要求收集原始资料信息,选择科学分析方法对原始资料加工整理、去伪存真、去粗取精,分析出真实情况中的演变规律;然后再对这些演变规律经过进一步研究或实验,经过反复的数据处理和有经验的主观判断,确定出那些能代表或者说明未来的演变规律,可用于预测规律,又称为预测模型。

交通事故预测的步骤包括:

(1)确定预测目标。

(2)收集并分析有关信息。

(3)建立预测模型。

(4)进行预测。

(5)分析与评价预测结果。

二、交通事故预测方法

1.定性预测分析方法

所谓的定性预测是在数据资料掌握不多,或需要短时间内做出预测的情况下,运用专家的经验和判断能力,用逻辑思维方法,把有关资料予以加工,进而对交通事故的发展趋势和特点做出定性的描述。

1)德尔菲法

德尔菲法(Delphi)是20世纪40年代美国兰德公司研究员赫尔默和达尔奇设计出的预测方法。德尔菲法是专家会议法的发展,其实质是多次反复无记名的咨询。它不同于专家会议法把一组专家召集在一起对预测对象发表意见,因为召集专家开会往往会对一种良好的预测形成某种干扰。如在公开场合出现附和权威意见的倾向,口才较好的易占上风,不愿在公开场合承认自己的错误等。德尔菲法通过中间机构以匿名的方式征求专家的意见,最后取得专家们一致意见的预测。参加预测的成员相互并不了解,可以消除成员间的相互影响,成员也可以改变自己的意见而无须作公开说明。德尔菲法一般要经过4轮反馈,其步骤如下:

(1)由预测主管部门提供背景资料,并立出预测事件一览表,由咨询对象填写具体意见。

(2)将咨询意见整理归纳后反馈给咨询对象,由咨询对象对不同意见进行判断修改。

(3)上述过程重复3~5轮,再对咨询的结果进行统计处理,最后得出预测结果。

【例8-1】 预测近5年内影响我国道路交通安全的主要因素。将列举出的5种因素进行排序,分出主次,以便在预防工作中抓住主要矛盾,采取有效措施。5种因素分别是:

(1)交通参与者的安全教育水平

(2)交通安全管理水平

(3)规章制度建设

(4)管理者的安全意识

(5)区域经济发展形势

解: 为完成上述预测,选定的预测方法是德尔菲法,预测过程如下:

(1)选定6名对道路交通灾害事故有研究成果的专家成立专家咨询小组。

(2)把咨询的问题送给专家让他们根据要求进行预测。

(3)收集专家意见,进行数学处理,检验一致程度(结果见表8-1)。

(4)如果一致性较差,则把结果反馈给专家,让专家重新考虑自己的意见,直到结果一致性达到要求。

(5)集中专家意见,最后做出预测结果。

第一轮预测结果 表8-1

专家＼位次	1	2	3	4	5
1	A	B	C	D	E
2	B	E	C	A	D
3	A	C	D	E	B
4	C	D	A	B	E
5	D	A	B	E	A
6	E	B	A	D	C

上述是6名专家对五种影响因素的排列情况,未进行数学处理,先将表8-1转化为原因位次表(表8-2)。

第一轮原因位次　　　　　　　　　　　　　　　　表8-2

专家 因素	1	2	3	4	5	6	位次和
A	1	4	1	3	5	3	17
B	2	1	5	4	3	2	17
C	3	3	2	1	3	5	16
D	4	5	3	2	1	4	19
E	5	2	4	5	4	1	21

计算一致性系数:

$$CI = \frac{12S}{m^2(n^3-n)} \tag{8-1}$$

式中:CI——反映协调程度指数的一致性系数;

　　　m——专家人数,此例中 $m=6$;

　　　n——影响因素数量,$n=5$;

　　　S——每一种影响因素的位次数总和 X_i 与平均位次和 $\bar{x}$ 差的平方;

　　　$\bar{x}$——平均位次和,此例中 $\bar{x}=(1+2+3+4+5)\times(6/5)=18$;

　　　X_i——每一种影响因素的位次数总和。

据此公式得到:

$$S_A=(17-18)^2=1,S_B=(17-18)^2=1,S_C=(16-18)^2=4$$

$$S_D=(19-18)^2=1,S_E=(21-18)^2=9,S=1+1+4+1+9=16$$

$$CI=\frac{12\times16}{6^2\times(5^3-5)}=4.4\%$$

预测结果说明专家意见的一致程度很差,其预测结果的可靠性也很低,因此要进行第二轮咨询,结果见表8-3。

第二轮咨询结果　　　　　　　　　　　　　　　　表8-3

位次 专家	1	2	3	4	5	6	位次和
A	1	3	1	2	2	1	10
B	2	1	2	3	1	3	12
C	3	2	5	1	3	2	16
D	4	5	3	4	4	5	25
E	5	4	4	5	5	4	27

计算一致性系数得:

$$CI = \frac{12 \times 234}{6^3 \times (5^3 - 5)} = 65\%$$

与第一轮相比,已执行程度有了很大的提高,但一般要求一致性系数要达到70%以上,预测结果才是可靠的。因此,需要进行第三轮咨询,具体步骤同前两轮。从第二轮结果可以基本得出结论,劳动者的安全教育水平是最主要的原因,因为其位次总和是最小的。

2)主观概率法

人们对某一事物的结果都持有个人的信念量度,即"心中有数"。主观概率法就是通过各种数值表示人们对事件的有利和不利的可能性进行的预测。主观概率是某人对某事发生程度的一种主观估计量。如某人对某一事件可能出现的机会估计为70%,即出现的概率为0.70,但对同一事件,在相同情况下,不同的专家会有不同的态度,有时甚至会完全相反。主观概率法是在调查个人信念程度的基础上,用来寻求对未来事件进行最佳主观估计的一种有效方法。其基本原理就是在0和1之间对概率值或累计概率进行分档,调查某一事件在不同档可能发生的概率,借以求出合理的主观估计。

主观概率法适应性很强,可以在各种场合使用。在应用时应结合实际情况,对预测提出切合实际的要求,进行调查和整理分析。

【例8-2】 已知某地区十年的交通事故起数(表8-4),用主观概率法对未来几年该地区的交通事故情况进行估计,要求预测数偏差不超过±1万起。

交 通 事 故 起 数 表8-4

年度(年)	2003	2004	2005	2006	2007	2008	2009	2010	2011	2012
事故数	24 154	58 207	45 167	39 391	30 873	39 337	37 915	36 856	140 280	142 326

解: 预测步骤如下:

(1)制定调查表。将交通事故起数作为一个随机变量进行估计,并采用累积概率分布函数,避免出现误差。调查表见表8-5。

交 通 事 故 起 数 调 查 表 表8-5

累计概率(%)	1	12.5	25	37.5	50	62.5	75	87.5	99
交通事故起数									
说明									

在调查中,将某事肯定发生记为1,肯定不发生记为0,交通事故起数可能有几种,每一种可能发生的程度各不同,调查表对不同交通事故起数发生的概率进行调查,将概率分档,在不同档中由被调查者填写可能出现的交通事故起数。表中的累计概率99%表示可能的最大值,说明实际交通事故起数小于或等于该数值;50%是最大最小的中间值;说明交通事故起数大于或小于该值的机会各为50%;75%是最大中间值;25%是最小中间值;12.5%、37.5%、62.5%、87.5%表示可能发生的程度的不同层次,使主观估计定量化。

(2)汇总整理。将被调查者填写的调查表和简单的文字加以整理,把文字说明整理成有说明力的条文,主观估计汇总结果见表8-6。

调查汇总（单位：万起）   表 8-6

累计概率（%）	1	12.5	25	37.5	50	62.5	75	87.5	99
1	14.00	14.80	12.50	15.85	16.00	16.23	16.65	17.50	18.00
2	13.20	14.69	16.74	18.39	18.63	19.00	19.35	20.12	20.60
3	16.00	16.26	16.68	16.82	17.16	17.30	17.51	17.78	18.00
4	12.00	13.40	15.00	16.00	16.75	17.21	17.50	17.68	18.00
5	11.30	11.90	12.85	13.65	15.69	17.52	18.63	19.13	20.00
6	16.00	16.46	16.90	17.36	17.80	18.26	18.70	19.06	19.50
7	18.40	18.50	18.60	18.70	18.80	18.90	19.00	19.40	19.60
8	14.46	15.68	16.58	16.87	17.16	17.64	18.49	19.23	20.16
9	13.15	13.62	14.42	16.23	17.21	18.00	18.25	18.62	19.00
10	15.60	16.03	16.42	16.95	17.50	18.03	18.62	18.85	19.21
平均	14.41	15.13	15.97	16.68	17.27	17.81	18.27	18.74	19.21

（3）分析判断。根据汇总表可以得出以下结论：

①交通事故起数最低为 14.41 万起。

②交通事故起数最高为 19.21 万起。

③取累计概率为 50% 的交通事故起数 17.27 万起为预测值。

④取误差为 ±1 万起，预测区间为 16.27 万～18.27 万起。

⑤预测区间 16.27 万～18.27 万起，相当于从 25%～75% 的范围，发生概率为 0.75-0.25 = 0.5，即交通事故起数在 16.27 万～18.27 万起的可能性为 50%。

3）其他定性预测方法

（1）调查预测法。

进行事故预测，必须开展广泛的调查研究，了解实际情况。调查预测法是通过深入调查，发现问题，摸清情况，有目的地对所掌握的情况进行综合分析、评估、判断，预测发展的前景。就其方式讲，有直接调查（从实际出发，获取第一手材料）和间接调查（通过书本、档案资料等，掌握间接经验），就其具体方法而言，有普遍调查、典型调查、抽样调查。实践中，通过人的五感（视、听、触、嗅、味）和借助仪器、仪表监测来搜集信息，及时发现和揭露人、车、路、环境等各个方面的不安全因素，掌握哪些交通参与者有不安全行为或可能出现不安全苗头，是"危险人"；哪些车辆有潜在危险，构成隐患；哪些地点存在危险因素，是危险源（点）等等。详细了解这些情况，再依靠过去的经验和综合分析研究的能力来预测其发展的后果。

（2）因果预测法。

从事物变化的因果关系出发，观其原因测其结果。要利用这一方法，必须对事物变化的因果关系有定性的分析。任何事故的发生，是有它的必然原因的，亦即事故发生与其原因有着必然因果关系。造成伤害事故的原因，有直接的，也有间接的，有显在的，也有潜在的，有近因，也有远因，因而要善于观察分析，认识事物发展的规律性，明了可能带来事故的不安全因素，即事故的起因，而后由表及里，由此及彼，从原因中预测结果。

（3）案例引申法。

案例引申法是对已经发生过的道路交通事故进行循踪追迹，深入剖析其根源，然后加以引申,将过去的趋势延伸到未来,预测未来时间上同类事件的危险潜在性。过去的事故案例是进行预测的基础,因此,这种方法的关键是要掌握事故案例资料(包含自己单位和外单位的事故资料),从中再认识,构思出一个发生同类型事故的"事故模型"。在此基础上,还可以根据逐步积累的经验和知识,再进一步调整、校正,提高模型的准确性,然后据此,对同类事件的危险潜在性进行预测,不使同类事故再现。

2.定量预测分析方法

定量预测法是在历史数据和统计资料的基础上,运用数学或其他分析技术,建立可以表现的数量关系的模型,并利用它来预测交通事故在未来可能出现的数量。

1)回归分析预测法

回归分析预测法是应用数理统计原理找出交通事故这种随机事件的统计规律,确定对交通事故影响较大的相关因素,建立交通事故与相关因素间定量关系的表达式。由于回归预测法的精度可用显著性检验来检查,因此得到广泛应用。回归分析预测法一般分为两种:一种是一元回归预测法,就是用两个相关因素进行分析与预测,如机动车保有量与交通事故的关系;另一种是多元回归预测法,就是用几个相关因素进行综合分析与预测,如道路、人口、机动车保有量、经济水平等与交通事故的关系。回归分析法具有预测结果比较接近实际、易于表示数据的离散型并给出预测区间等优点,在工矿企业伤亡事故趋势预测中已得到广泛的应用。

(1)回归分析法,可分为两个步骤:

①根据试验或观察数据,绘制散点图,大体确定变量之间的相互关系。

②根据散点图初步确定相关关系方程表达式的类型,建立经验回归方程,从而对变量之间的关系程度进行精确的计算与分析,把经验提升到理论高度,以便更好地指导实践。散点图是利用有对应关系的两个变量分别作为坐标,且将这两个变量的统计值标在该坐标系中所成的图形上。在绘制散点图之前,应先根据实验或观测取得一组互相对应的数据编制成数据表,然后根据数据表画出散点图,再进行计算和分析。

(2)一元线性回归分析法。

因为线性相关关系,需要利用数学方程式,对实际统计数据配合一条适当的线性修均线,其直线方程为:

$$y = a + bx \tag{8-2}$$

式中:x、y——自变量和因变量;

a、b——参数表示直线的纵截距和斜率。

式(8-2)是研究线性函数关系的方程表达式,当 a 与 b 确定之后,回归直线也可确定。参数 a、b 一般用量小二乘法求解,它要求理论计算值和实际值 y 的离差平方和 $\sum_{i=1}^{n}(y_i - \bar{y})^2 =$ 最小值,即:

$$\sum_{i=1}^{n}(y_i - \bar{y})^2 = 最小值 \tag{8-3}$$

设有 n 对 x 与 y 的数值,若 $\bar{y}$ 值以 $y = a + bx$ 代入,则此离差平方和成为 a 与 b 的函数,用 $W(a,b)$ 表示,即:

$$W(a,b) = \sum(y - a - bx)^2 \tag{8-4}$$

为了使 $W(a,b)$ 成为最小,可分别求 $W(a,b)$ 对 a 及 b 的偏导且令其等于 0,即:

$$\frac{\partial W}{\partial a}=-2\sum(y-a-bx)=0 \tag{8-5}$$

$$\frac{\partial W}{\partial b}=2x\sum(y-a-bx)=0 \tag{8-6}$$

整理以后得到以下标准方程:

$$\begin{cases} \sum y=na+b\sum x \\ \sum xy=a\sum x+b\sum x^2 \end{cases} \tag{8-7}$$

解方程组得到参数 a、b 分别为:

$$\begin{cases} a=\dfrac{\sum x\sum y-\sum x^2\sum y}{(\sum x)^2-n\sum x^2} \\ b=\dfrac{\sum x\sum y-n\sum xy}{(\sum x)^2-n\sum x^2} \end{cases} \tag{8-8}$$

一元线性回归用于交通事故趋势分析时,方程式中各变量代表的具体意义:x 为时间顺序号;y 为事故数据;n 为事故总数。

【例8-3】 某地区近十年来的交通事故伤亡人数如表 8-7 所示,先用一元线性回归法预测事故的发展趋势。

某地区近十年交通事故死亡人数统计 表 8-7

时间顺序号(x)	伤亡人数(y)	x^2	xy	y^2
1	66	1	66	4 356
2	75	4	150	5 625
3	73	9	219	5 329
4	94	16	376	8 836
5	68	25	340	4 624
6	34	36	204	1 156
7	35	49	245	1 225
8	32	64	256	1 024
9	53	81	477	2 809
10	58	100	580	3 364
合计 $\sum x=55$	$\sum y=588$	$\sum x^2=285$	$\sum xy=2\ 913$	$\sum y^2=38\ 348$

解:首先,根据伤亡人数的统计数值绘制散点图,得出伤亡人数与时间的关系为直线关系。然后,利用式(8-8)求出参数 a、b。

$$a=\frac{\sum x\sum y-\sum x^2\sum y}{(\sum x)^2-n\sum x^2}=\frac{55\times2\ 913-385\times588}{55^2-10\times385}=80.2$$

$$b=\frac{\sum x\sum y-n\sum xy}{(\sum x)^2-n\sum x^2}=\frac{55\times588-10\times2\ 913}{55^2-10\times385}=-3.89$$

因此回归直线方程为:

$$Y=80.2-3.89x$$

在回归分析中还应研究计算得到的回归直线是否符合实际数据的变化趋势。为此引入相关系数 r 的概念,其计算公式为:

$$r = \frac{L_{xy}}{\sqrt{L_{xx} - L_{yy}}} \tag{8-9}$$

式中,$L_{xy} = \sum xy - \frac{1}{n}\sum x \sum y$,$L_{xx} = \sum x^2 - \frac{1}{n}(\sum x)^2$,$L_{yy} = \sum y^2 - \frac{1}{n}(\sum y)^2$。

相关系数 r 取不同的数值时,分别表示实际数据和回归直线之间的不同符合情况。

①$r = 0$ 时,表示回归直线不符合实际数据的变化情况。

②$0 < |r| < 1$ 时,表示回归直线在一定程度上符合实际数据的变化趋势。$|r|$ 越大,说明回归直线与实际数据变化趋势的符合程度越大;$|r|$ 越小,则符合程度越小。

③$|r| = 1$ 时,表示回归直线完全符合实际数据的变化情况。

(3)一元非线性回归。

非线性回归分析法是通过一定的变换,将非线性问题转化为线性问题,然后利用线性回归的方法进行回归分析。

非线性回归有很多种,选用哪一种曲线作为回归分析,则要根据实际数据在坐标系中的变化分布形状,也可根据专业知识确定分析曲线。常用的非线性回归曲线有以下几种:

①双曲线 $1/y = a + b/x$。令 $y' = 1/y, x' = 1/x$,则有 $y' = a + bx$。

②幂函数 $y = ax^b$。令 $y' = \lg x, x' = \lg x$,则有 $y' = a + bx'$。

③指数函数 $y = ae^{bx}$。令 $y' = \ln y, a' = \ln a$,则有 $y' = a + bx'$。

或指数函数 $y = ae^{\frac{b}{x}}$。令 $y' = \ln y, x' = 1/x, a' = \ln a$,则有 $y' = a + bx'$。

④对数函数 $y = a + b\lg x$。令 $x' = \lg x$,则有 $y' = a + bx'$。

⑤S 形曲线 $y = 1/a + be^{-x}$,令 $y' = 1/y, x' = e^{-x}$,则有 $y' = a + bx'$。

(4)经典交通事故回归分析预测模型。

①英国伦敦大学斯密德公式。

斯密德教授于1949年根据他对欧洲20个国家的交通事故调查结果,用回归分析的方法,得出交通事故死亡人数的非线性回归模式:

$$\frac{D}{V} = 0.003\left(\frac{P}{V}\right)^{\frac{2}{3}} \tag{8-10}$$

式中:D——当年交通事故死亡人数(人);

V——当年汽车保有量(veh);

P——当年人口数(人)。

②美国的伊·阿拉加尔公式。

伊阿拉加尔对美国的48个州的道路交通死亡事故的30多个相关因素的分析,选出影响较大的6个因素,然后用回归方程预测"百万辆汽车的事故死亡率 y"。经过实践检验,预测值与实际值基本相符。该公式为:

$$y = 0.5215x_1 + 0.85242x_2 - 0.2831x_3 - 0.2597x_4 + 0.1447x_5 - 0.1396x_6 \tag{8-11}$$

式中:y——死亡数/百万辆车数(veh);

x_1——公路通车里程/总里程(km);

x_2——汽车经检验的数量(veh);

x_3——道路面积/地区面积(km^2);

x_4——年平均温度(℃);

x_5——地区内人均收入(美元);

x_6——其他因素。

上述经验模型实际上还是统计回归模型,鉴于具有预测的背景条件已经发生变化,经验模型不能被用于与模型建立的背景条件不同区域的宏观预测。

2)马尔柯夫预测方法

如果事物每次状态的转移只与相互接近的前一次有关,而与过去的状态无关,则称这种无后效性的状态转移过程为马尔柯夫过程。具备这种时间离散、状态可数的无后效性随机过程称为马尔柯夫链。通常用概率来计算和分析具有随机性质的这种马尔柯夫链状态转移的各种可能性大小,以预测未来特定时刻的状态。

马尔柯夫链是表征一个系统在变化过程中的特性状态,可用一组随时间进程而变化的变量来描述。如果系统在任何时刻上的状态是随机性的,则变化过程是一个随机过程,当时刻 t_i 变到时刻 t_{i+1},状态变量从某个取值变到另一种取值,系统就实现了状态转移。系统从某种状态到各种状态的可能性大小,可用转移概率来描述。

大量的研究表明,车辆在行驶的过程中人、车、道路、环境等因素具有随机时变特性,即随着时间的推移,这些因素对道路交通安全功能的影响关系和程度将随之而发生改变,进而导致事故的发生概率和道路所处风险状态也会随之而改变。道路交通事故的发生具有较强随机性和不确定性,所以导致道路所处的风险状态也呈现出一种很强的随机时变特性,并且其变化态势只与现在某一状态有关,而与过去道路所出的风险状态无关。这样,我们利用马尔柯夫链理论来研究道路交通安全状态的变化趋势,进而为改善道路安全状况的决策提供一个新的有效依据。

(1)马尔柯夫预测原理。

假定系统的初始状态可用状态向量表示为:

$$S^{(0)} = [S_1^{(0)}, S_2^{(0)}, S_3^{(0)}, \cdots, S_n^{(0)}] \tag{8-12}$$

状态转移概率矩阵为:

$$P = \begin{bmatrix} P_{11} & P_{12} & \cdots & P_{13} \\ P_{21} & P_{22} & \cdots & P_{23} \\ \vdots & \vdots & \ddots & \vdots \\ P_{n1} & P_{n2} & \cdots & P_{n3} \end{bmatrix} \tag{8-13}$$

状态转移矩阵是一个 n 阶矩阵,满足概率矩阵的一般性质,既有 $0 \leqslant p_{ij} \leqslant 1$ 且 $\sum_{j=1}^{n} P_{ij} = 1$。也就是说,状态转移矩阵的所有行向量都有概率向量。

一次转移向量 $S^{(1)}$ 为:

$$S^{(1)} = S^{(0)} P \tag{8-14}$$

二次转移向量 $S^{(2)}$ 为:

$$S^{(2)} = S^{(1)}P = S^{(0)}P^2 \tag{8-15}$$

类似地：

$$S^{(k)} = S^{(k-1)}P = S^{(0)}P^k \tag{8-16}$$

（2）应用实例。

【**例 8-4**】 某地区交通管理部门对辖区 1 250 个驾驶人进行交通安全意识调查时，发现交通安全意识状况，分布如表 8-8 所示。

驾驶人安全意识检查状况　　　　　　表 8-8

安全状况	很好	一般	差
代表符号	$S_1^{(0)}$	$S_2^{(0)}$	$S_3^{(0)}$
人数	1 000	200	50

解：根据统计资料，一年后驾驶人的交通安全意识状态变化规律：安全状态很好的驾驶人继续保持很好的有 70%，有 20% 交通安全意识状态为一般，10% 的驾驶人变化为差，即 $P_{11} = 0.7, P_{12} = 0.2, P_{13} = 0.1$。原有安全状态一般的驾驶人由于各种原因难以转化为很好的状态，仍保持原状者为 80%，有 20% 则直接滑落向差的状态，即 $P_{21} = 0, P_{22} = 0.8, P_{23} = 0.2$。安全意识较差的驾驶人一般很难恢复为好或一般状态，即 $P_{31} = 0, P_{32} = 0, P_{33} = 1$。因此，状态转移矩阵为：

$$P = \begin{bmatrix} P_{11} & P_{12} & P_{13} \\ P_{21} & P_{22} & P_{23} \\ P_{31} & P_{32} & P_{33} \end{bmatrix}$$

预测一年后驾驶人的交通安全意识状态变化为：

$$S^{(1)} = S^{(0)}P = S^{(0)} = \begin{bmatrix} S_1^{(0)} & S_2^{(0)} & S_3^{(0)} \end{bmatrix} \begin{bmatrix} P_{11} & P_{12} & P_{13} \\ P_{21} & P_{22} & P_{23} \\ P_{31} & P_{32} & P_{33} \end{bmatrix}$$

$$= \begin{bmatrix} 1000 & 200 & 50 \end{bmatrix} \begin{bmatrix} 0.7 & 0.2 & 0.1 \\ 0 & 0.8 & 0.2 \\ 0 & 0 & 1 \end{bmatrix} = \begin{bmatrix} 700 & 360 & 190 \end{bmatrix}$$

即一年后，仍然处于良好交通安全状态好的驾驶人有 700 个，转化为一般的 360 个，被定为差的 190 个。预测说明，该地区驾驶人交通安全意识状态恶化趋势较快，需要进一步加强交通安全意识的宣传教育工作。

3）灰色预测方法

灰色系统（Grey System）理论是我国著名学者邓聚龙教授 20 世纪 80 年代初创立的一种兼备软硬科学特性的新理论。该理论将信息完全定义为黑色系统，将信息部分明确、部分不明确的系统定义为灰色系统。灰色预测则是应用灰色模型 GM(1, 1) 对灰色系统进行分析、建模、求解、预测的过程。由于灰色建模理论应用数据生成手段，弱化了系统的随机性，使紊乱的原始序列呈现某种规律，规律不明显的变得较为明显，建模后还能进行残差辨识，即使较少的历史数据，任意随机分布，也能得到较高的预测精度。因此，灰色预测在社会经济、管理决策、农业规划、气象生态等各部门和行业都得到了广泛的应用。

（1）道路交通事故的灰色性分析。

交通事故作为一个随机事件，其本身具有相当大的偶然性和模糊性。如果把某地区的道路交通作为一个系统来看，则此系统中存在着一些确定因素（灰色系统称为白色信息），如道路状况、信号标志等；同时也存在一些不确定因素（灰色系统称为灰色信息），如车辆状况、气候因素、驾驶人心理等。以此可以认为一个地区的道路交通安全系统是一个灰色系统，可以应用灰色系统的理论进行研究。

（2）灰色系统预测建模方法。

设原始离散数据序列 $x^{(0)} = \{x_1^{(0)}, x_2^{(0)}, \cdots x_N^{(0)}\}$，其中 N 为序列长度，对其进行一次累加生成处理：

$$x_k^{(1)} = \sum_{j=1}^{k} x_j^{(0)}, \quad \hat{x}_{k+1}^{(0)} = \hat{x}_{k+1}^{(1)} - \hat{x}_k^{(1)} \qquad (k = 1, 2, \cdots, N) \tag{8-17}$$

则以生成序列 $x^{(1)} = \{x_1^{(1)}, x_2^{(1)}, \cdots x_N^{(1)}\}$ 为基础建立的灰色生成模型：

$$\frac{\mathrm{d}x^{(1)}}{\mathrm{d}t} + ax^{(1)} = u \tag{8-18}$$

称为一阶灰色微分方程，记为 $\mathrm{GM}(1,1)$。式中，a、u 为待辨识参数。

参数辨识过程如下：

①构造数据矩阵 B：

$$B = \begin{bmatrix} \dfrac{-(x_2^{(1)} + x_2^{(1)})}{2} & 1 \\ \vdots & \vdots \\ \dfrac{-(x_N^{(1)} + x_{(N-1)}^{(1)})}{2} & 1 \end{bmatrix}$$

②构造数阵向量 y_N：

$$y_N = [x_2^{(0)}, x_3^{(0)}, \cdots, x_N^{(0)}]^T$$

③做最小二乘法计算，求参数 a、u：

$$\hat{a} = [a, u]^T = (B^T B)^{-1} B^T y_N$$

④建立离散响应方程：

$$\hat{x}_t^{(1)} = \left(x_1^{(t)} - \frac{u}{a}\right) \mathrm{e}^{-a} + \frac{u}{a}$$

$$\hat{x}_{k+1}^{(1)} = \left(x_1^{(1)} - \frac{u}{a}\right) \mathrm{e}^{-ak} + \frac{u}{a} \tag{8-19}$$

式中：$x_1^{(1)} = x_1^{(0)}$。

将 $\hat{x}_{k+1}^{(1)} =$ 计算值作累减还原，即得到原始数据的估计值：

$$\hat{x}_{k+1}^{(0)} = \hat{x}_{k+1}^{(1)} - \hat{x}_k^{(1)} \tag{8-20}$$

$\mathrm{GM}(1,1)$ 模型的拟合残差中往往还有一部分动态有效信息，可以通过建立残差 $\mathrm{GM}(1,1)$ 模型对原模型进行修正。记残差 $\varepsilon_{k+1}^{(1)} = (x_k^{(1)} - \hat{x}_k^{(1)})$ 组成的序列为 $\varepsilon_k^{(1)} = (x_k^{(1)} - \hat{x}_k^{(1)})$，一般 $N' \leqslant N$。用上述方法建立累加残差生成模型：

$$\hat{x}_{k+1}^{(1)} = \left(\varepsilon_1^{(1)} - \frac{u_1}{a_1}\right) \mathrm{e}^{-a_1 k} + \frac{u_1}{a_1} \tag{8-21}$$

式中：a_1、u_1——残差模型参数。

累减后得 $\varepsilon^{(1)}$ 的还原估计值：

$$\hat{x}_{k+1}^{(1)} = \left[\varepsilon_1^{(1)} - \frac{u_1}{a_1} \right] \left[e^{-a_1(k+1)} - e^{-a_1 k} \right], \hat{\varepsilon}_1^{(1)} = \hat{\varepsilon}_1^{(1)} \qquad (8-22)$$

【例 8-5】 灰色系统预测举例某地区近 8 年的交通事故千人负伤率如表 8-9 所示,用灰色系统预测法 GM(1,1),预测该地未来 2 年的交通事故千人负伤率。

某地区交通事故近年来的千人负伤率　　　　表 8-9

年份(年)	2004	2005	2006	2007	2008	2009	2010	2011	2012
千人负伤率	56.165	55.65	49.525	34.585	14.405	9.525	8.970	6.475	4.110

解: ①由表 8-9,由直接累加法可以得到:

$$x^{(0)} = \begin{bmatrix} 56.165 & 55.65 & 49.525 & 34.585 & 14.405 & \cdots & 4.110 \end{bmatrix}$$

$$x^{(1)} = \begin{bmatrix} 56.165 & 111.815 & 161.34 & 195.925 & 210.33 & \cdots & 239.41 \end{bmatrix}$$

②建立数据矩阵:

$$B = \begin{bmatrix} -83.99 & 1 \\ -136.578 & 1 \\ \vdots & \vdots \\ -237.355 & 1 \end{bmatrix}$$

$$y_N = \begin{bmatrix} 55.65 & 49.525 & 34.585 & 14.405 & 9.25 & \cdots & 4.110 \end{bmatrix}^X$$

③计算:

$$(B^T B)^{-1} = \left\{ \begin{bmatrix} -83.99 & -136.578 & \cdots & 237.355 \\ & & & \\ 1 & 1 & \cdots & 1 \end{bmatrix} \begin{bmatrix} -83.99 & 1 \\ -136.578 & 1 \\ \vdots & \vdots \\ -237.355 & 1 \end{bmatrix} \right\}^{-1}$$

$$= \begin{bmatrix} 3055661.7 & -1511.1775 \\ -151.1755 & 8 \end{bmatrix}^{-1}$$

$$= \begin{bmatrix} 4.9494 \times 10^{-5} & 9.3493 \times 10^{-3} \\ 9.3493 \times 10^{-3} & 1.8910475 \end{bmatrix}$$

④计算:

$$a = 0.37285, u = 93.3336$$

$$\hat{a} = (B^T B)^{-1} B^T y_N = \begin{bmatrix} 4.9494 \times 10^5 & 9.3493 \times 10^{-3} \\ 9.3493 \times 10^{-3} & 1.8910475 \end{bmatrix} \begin{bmatrix} -27081.32 \\ 183.245 \end{bmatrix}$$

$$\hat{a} = \begin{bmatrix} a \\ u \end{bmatrix} = \begin{bmatrix} 0.37258 \\ 93.3336 \end{bmatrix}$$

即有: $a = 0.37258, u = 93.3336$。

⑤进行灰色系统预测计算:

$$\hat{x}_{k+1}^{(1)} = 250.331 - 194.16 e^{-0.37258}, \hat{x}_{k+1}^{(0)} = \hat{x}_{k+1}^{(1)} - \hat{x}_k^{(1)}$$

计算可以得到该地区未来两年的交通事故千人负伤率分别为 3.06 和 2.11。

4) 其他定量预测方法

(1) 时间序列预测法。

时间序列预测法又称外推法或历史延伸法,是指将预测对象按照时间顺序排列取来,构成一个所谓的时间序列,从分析时间序列的变化趋势特征等信息选择适当的模型和参数建立预测模型,并根据惯性原则假定预测对象以往的变化趋势会延续到未来,从而做出相应的预测,包括移动平均法和指数平滑法等。

该预测方法的一个明显特征是所用的数据都是有序的。这类方法预测精度较低,且对于波动性较大的时间序列的预测效果不理想,模型不能清楚地表现随机波动因素对道路交通事故的影响。

(2) 神经网络预测法。

神经网络预测法是指通过以往历史数据的学习,找出数据变化趋势之间的非线性关系,并将其存储在网络具体的权值和阈值中,从而预测未来数据的走势。该预测方法在解决非线性和不确定的问题上有很大的优势,通过对实例训练自动获取知识,不需要分析和整理,对难以用数学方法建立精确模型的问题能够进行有效建模,具有表示任意非线性关系和自组织、自学习的能力。但是在使用过程中也存在大量问题,比如推理路线固定不灵活,隐藏节点层的感知器在系统中不能解释等。

➡第二节　道路交通安全评价指标与方法

一、道路交通安全评价概述

安全评价就是对被评价系统的整体安全程度进行评估,以此来确定人类对该系统安全水平的认可程度,并为系统的进一步改善提供信息基础。它是系统安全管理的重要环节。

道路交通安全评价是借助安全系统工程的相关理论,对道路交通系统安全的安全状态进行定性与定量分析,得出关于某一地区、线路或地段安全程度的评估结论,用以指导本地区的道路交通安全管理工作,或者对道路工程设计等方面提出指导性的改进意见。依据评价对象的不同,道路交通安全评价可分为宏观评价与微观评价。

道路安全宏观评价的主要目的在于分析随着区域的社会变革、经济和技术的发展,道路安全状况的变化,研究区域经济、机动车保有量、人口及其构成与道路安全(道路事故率)的相互关系,并在此基础上制定宏观的技术和政策方面的道路安全性改善对策。不少国家将宏观层面上的道路安全评价问题列入国民健康范畴进行研究。

道路安全微观评价是从不同的角度分析影响道路安全、产生道路交通事故的各种具体因素,为改善道路交通安全状况制定技术与政策措施。对于道路交通领域的工程技术人员,则着重研究道路、交通环境因素与道路事故的关系,以指导道路安全设计。但由于影响道路安全的因素很多,相互有交叉,因而还必须从其他角度考虑安全问题。

依据评价的方法可以分为单一指标评价和多指标综合评价。依据指标的属性可以分为定性评价和定量评价。

交通安全评价的步骤包括：

(1)明确系统目标,熟悉安全管理方案。

(2)分析系统要害。根据评价的目标,集中收集有关资料和数据,对组成系统的各个要素及系统的性能特征进行全面分析,并找出评价项目。

(3)确定评价指标体系,科学地、客观地、尽可能全面地考虑各种因素。

(4)制定评价结构、评价准则,对所确定的指标进行定量化处理并使之规范化,确定各指标的结构与权量。

(5)确定评价方法。

(6)进行单项评价,就系统的某一特殊方面进行详细评价。

(7)综合评价,提出系统安全管理的改良方案。从系统的整体观点出发,综合分析问题,选择适当且可能实现的优化方案。

二、道路交通安全评价指标

长期以来,我国与世界大多数国家均采用事故统计方法进行交通安全度的评价,交通事故评价方法体系如图 8-1 所示。

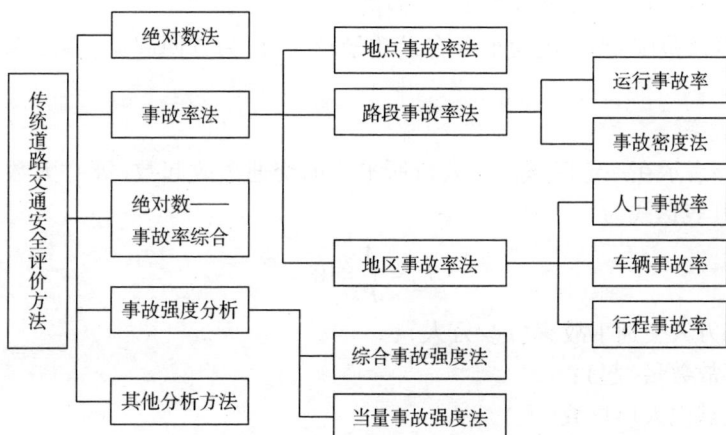

图 8-1 常用的道路交通安全评价方法体系示意图

1.绝对数

绝对数指标是反映交通事故状况的基本指标,常用的有事故次数、死亡人数、受伤人数、直接经济损失等,习惯上称为四大指标。绝对数指标简单、清晰,是其他评价指标的计量基础,上述绝对数一般在事故记录中可直接获得。但绝对数指标是静态的、孤立的,无法反映实际道路、交通条件的差异对事故的影响。

2.相对数

在相对数指标中,人们引入了一些相关因素作为比较的基础,这些相关因素与事故有着直接或内在的联系,从而使相对于这些相关因素的事故指标有较好的可比性。这样的相关因素很多,常用的有车辆保有量、交通量、人口和区域面积等。

1)公里事故率

公里事故率即平均每公里的事故数,也称事故频数。由于将公路长度作为考虑因素,使

事故次数更具有可比性,是仅次于事故次数的基础指标,其表达式为:

$$R_L = \frac{A}{L}$$ (8-23)

式中:R_L——公里事故率(起/km);

    A——事故数量(起);

    L——辖区内公路里程数(km)。

2)车辆事故率

车辆事故率表示在一定区域内按单位机动车保有量所平均的交通事故起数,最常用的是万车事故率,其表达式为:

$$R_V = \frac{A}{V} \times 10^4$$ (8-24)

式中:R_V——每万车交通事故率(起/万车);

    A——事故数量(起);

    V——机动车保有量(veh)。

将事故数量 A 换成其他绝对值指标,如死亡人数、受伤人数、直接经济损失等,则车辆事故率还可表示车辆死亡率、车辆受伤率、车辆损失率等。

当研究的区域范围变大,机动车保有量数量较大时,为方便起见,事故率也可用百万车或亿车来计量。

3)人口事故率

人口事故率表示在一定区域内按人口所平均的交通事故起数(死亡人数、受伤人数、直接经济损失),其表达式为:

$$R_P = \frac{A}{P} \times 10^4$$ (8-25)

式中:R_P——每万人交通事故率(起/万人);

    A——事故数量(起);

    P——区域内人口总数(人)。

4)综合事故率

综合事故率是万车事故率与万人事故率的几何平均值,其表达式为:

$$R_{PV} = \frac{A}{\sqrt{PV}} \times 10^4$$ (8-26)

式中:R_{PV}——综合事故率,当 A 采用死亡人数时,R_{PV} 也称死亡系数;

    A——事故数量(起);

    V——机动车保有量(veh);

    P——区域内人口总数(人)。

5)运行事故率

车公里事故率是指在一定区域内,按所有机动车行驶一年的公里数总和所平均的交通事故起数(或伤亡人数)。通常以百万车公里事故率或亿车公里事故率来表示:

$$R_K = \frac{A}{K} \times 10^8$$ (8-27)

式中：R_K——一年间每亿车公里事故数(起/亿车公里)；

A——区域内一年总运行车公里数内发生的事故(起)；

K——区域内一年总运行车公里数(km)。

3.当量事故数与当量事故率

相对数指标虽然考虑了相关因素,但大多是对某一因素单独考虑、计算,每一种事故率都反映了事故的一个侧面,对综合因素的反映是不够的,既然事故是多因素的综合作用的结果,则应采用一些综合指标。这里介绍的是一些国家采用的事故综合指标。

1)当量事故次数

当量事故次数,有时也称当量死亡人数。它是考虑到在交通事故中,事故次数对事故严重性的描述是不够的,同样的事故次数,严重程度不同,其损失及对社会的危害程度也不同,不能将不同严重性的事故数简单累加,而是根据死亡、受伤及经济损失对社会危害性的大小赋予不同的权值,提出当量事故次数。常用的算法如下：

(1)当量事故数。

$$A_{EQ}=A+k_1D+k_2W+k_3L \tag{8-28}$$

式中：A_{EQ}——当量事故数；

A——实际事故次数(起)；

D——死亡人数(人)；

W——受伤人数(人)；

L——直接经济损失(万元)；

k_1——死亡的权重；

k_2——受伤的权重；

k_3——直接经济损失的权重。

(2)当量死亡人数。

$$D_{EQ}=D+k_1W_G+k_2W_F+k_3L \tag{8-29}$$

式中：D_{EQ}——当量死亡人数(人)；

D——实际死亡人数(人)；

W_G——重伤人数(人)；

W_F——轻伤人数(人)；

L——直接经济损失(万元)；

k_1——重伤的权重；

k_2——轻伤的权重；

k_3——直接经济损失的权重。

2)当量事故率

当量事故率是以当量事故数(当量死亡人数)来计算前面的各种事故率,从而更综合地反映事故水平。如当量车公里事故率为：

$$R_{KEQ}=\frac{A_{EQ}}{K}\times10^8 \tag{8-30}$$

式中：A_{EQ}——当量事故数；

K——区域内一年总运行车公里数(km)。

3)致死率

致死率 d 是通过死亡人数占伤亡人数的比例来表征事故的严重水平,其表达式为:

$$d = \frac{D}{W+D} \times 100 \tag{8-31}$$

式中:D——死亡人数(人);

$\quad W$——受伤人数(人)。

4)事故强度分析法

(1)综合事故强度分析法。

$$K = \frac{10^4 \times M}{\sqrt{RCL}} \tag{8-32}$$

式中:K——死亡强度指标,K 越小,安全度越高;

$\quad M$——当量死亡人数(人);

$\quad C$——当量汽车数(veh);

$\quad R$——人口数(人),$R=0.7P$,其中 P 为人口总数;

$\quad L$——道路因素。

其中:

$$M=死亡人数+0.33\,重伤人数+0.10\,轻伤人数+0.2\,直接经济损失(万元)$$
$$C=汽车+0.4\,摩托车和三轮车+0.3\,自行车+0.2\,畜力车$$
$$R=0.7P$$

(2)当量事故强度。

$$K_d = \frac{D_d}{\sqrt[3]{PN_dL}} \times 10^3 \tag{8-33}$$

式中:K_d——当量死亡强度;

$\quad D_d$——当量死亡人数(人);

$\quad N_d$——当量汽车数(veh);

$\quad L$——辖区道路总里程(km);

$\quad P$——辖区人口总数(人)。

以上各种指标,它们都有各自的特点,从不同的侧面、不同的深度,反映了事故的水平。

上述传统道路交通安全评价方法主要基于单一指标,从道路交通系统安全的某一方面进行评价,具有一定的说明效果,但并不全面。道路交通安全系统的影响因素很多,具有多个属性标度,必须利用多个指标综合的对道路交通系统的安全状况进行评价,将多个描述评价对象不同方面且量纲不同的定性和定量指标,转化为无量纲的评价值,综合这些评价值,得出对评价对象的一个整体评价,这样才有可能得出正确的评价结论,并且可以利用评价过程中产生的信息,进一步明确道路交通系统安全建设管理中的薄弱环节,从而有的放矢地制定针对性的改进措施。

4.道路交通安全评价指标体系建立原则

1)整体完备性原则

道路交通安全的评价是一个涵盖多因素的、多目标的复杂系统,单一因素评价指标只能从某一侧面反映系统的某种性能,而不能反映系统的整体特点和效益。因此,评价指标体系应力求从各个不同角度反映出被评价系统的主要特征和状况,而且还要反映系统的动态变化,能体现出系统的发展趋势。

2)科学性原则

具体指标的选择应该建立在充分认识、研究系统的科学基础上,并且能够反映评价系统。既有定量分析指标又有定性分析指标,既有宏观性指标又有微观性指标,做到定量与定性、微观和宏观相结合。

3)可操作性原则

指标体系不是越庞大越好,要考虑到指标的量化及数据取得的难易程度和可靠性,尽量选择那些有代表性的综合指标和主要指标。

4)可比性原则

在确定评价指标和标准时,必须考虑到时间和空间变化的影响,合理选用相对指标和绝对指标,以保证各方案指标的可比性。

5)层次性原则

指标体系应根据研究系统的结构分出层次,在此基础上将指标分类,这样才能使指标体系结构清晰,便于使用。

6)动态性和稳定性相结合的原则

指标体系内容不易变动过频,在一定时期内,应该保持其相对的稳定性,但指标体系也要随评价系统的发展逐步调整。

7)相对独立性原则

为了降低信息的冗余度,指标体系中的各种指标应力求保持相对独立。

三、道路交通安全评价方法

道路交通安全问题既是技术问题也是社会问题,不仅涉及交通基础设施、车辆安全等技术因素,还与机动化水平、人口及其构成、教育水平等社会因素有关。目前,国内外交通安全评价方法,可以从 3 种不同的角度进行分类:

按照研究对象可以分为宏观评价和微观评价。宏观评价一般是从国家、区域层面上分析道路交通安全与人口及其构成、机动化水平、路网、经济等因素的关系,依此制定宏观的道路交通安全改进对策。微观评价一般是在区域路网或某一段路上分析道路交通安全与道路特征、交通特征、交通参与者能力和素质、车辆性能、环境等因素的关系,依此制定道路基础设施、交通安全管理等安全改进对策。

按照评价时间范围可以分为事前评价和事后评价,事前评价采用的是道路开通前的信息,事后评价采用的是道路营运后的信息。

按照评价目的可以分为两类:一类用于评价道路交通安全水平;另一类用于评价道路交通安全管理水平。

1.宏观交通安全评价模型

1)OPPE 的"学习心理学模型"

该模型采用了一种纵向比较的方法。该模型公式为:

$$R_t = e^{at+b} \tag{8-34}$$

式中：R_t——第 t 年的车公里死亡率；

$\quad\quad t$——时间；

$\quad a$、b——参数。

用时间序列分析法得出的结果与所选取的基准年份和时间长度密切相关。随着所选取的基准年份和时间长度的不同，所得到的安全程度在纵向比较时会产生一定的歧义，因此模型中基准年份和时间长度如何选择是一个很关键的问题。

2）宏观道路安全灰色评价方法

宏观道路安全灰色评价方法认为，在确认道路交通安全水平时，没有必要甚至不可能在知晓全部统计指标后，再进行评价。运用灰色理论的"非唯一性"原理，通过对少量已掌握信息的筛选、加工、延伸和扩张等，结合定性、定量分析方法，可以将道路交通安全水平确定在某一灰域内，以实现对道路交通安全整体水平的评价。

道路交通安全灰色评价方法的聚类计算步骤如下：

（1）确定道路交通安全评价对象。给出评价对象个数 n，评价指标项数 m，评价灰类种数 k。

（2）给出评价对象 i 关于评价指标的原始样本矩阵 D^0：

$$D^0 = \begin{vmatrix} d_{11}^0 & d_{12}^0 & \cdots & d_{1m}^0 \\ d_{21}^0 & d_{22}^0 & \cdots & d_{2m}^0 \\ \cdots & \cdots & \cdots & \cdots \\ d_{n1}^0 & d_{n2}^0 & \cdots & d_{nm}^0 \end{vmatrix} \tag{8-35}$$

（3）对原始样本矩阵的无量纲处理，得处理后矩阵 D：

$$D = \begin{vmatrix} d_{11} & d_{12} & \cdots & d_{1m} \\ d_{21} & d_{22} & \cdots & d_{2m} \\ \cdots & \cdots & \cdots & \cdots \\ d_{n1} & d_{n2} & \cdots & d_{nm} \end{vmatrix} \tag{8-36}$$

（4）确定各评价指标灰类的白化权函数。

白化权函数，是用来描述某项评价指标灰数（经无量纲处理后的指标集）围内数值的"偏好"程度。

（5）求各项评价指标关于每种灰类的聚类系数：

$$u_{jt} = \frac{A_{jt}}{\sum_{j=1}^{m} A_{jt}} \tag{8-37}$$

式中，$j \in (1,2,\cdots,m)$；$t \in (1,2,\cdots,k)$；u_{jt} 为第 i 项评价指标将评价对象归入 t 种灰类的聚类系数；A_{jt} 为第 j 项评价指标属于第 t 种灰类的特征值。

（6）求评价对象综合各项评价指标关于每种灰类的聚类值：

$$\sigma_{it} = \sum_{i=1}^{m} f_{it}(d_{ij}) \times u_{jt} \tag{8-38}$$

式中，$i \in (1,2,\cdots,n)$；$j \in (1,2,\cdots,m)$；$t \in (1,2,\cdots,k)$；σ_{it} 为第 i 评价对象归属于第 t 种灰类的聚类值；$f_{it}(d_{ij})$ 为第 j 项评价指标属第 t 种灰类的白化权函数在白化值的权数取值。

（7）对评价对象进行聚类：

$$\sigma_{it}^* = \max_{1 \leqslant t \leqslant k} (\sigma_{it}) \qquad (8\text{-}39)$$

3）层次分析法（AHP）

（1）层次分析法定义。

层次分析法（The Analytic Hierarchy Process，简称 AHP），是美国匹兹堡大学教授萨蒂于 20 世纪 70 年代提出的，近年已经开始在我国管理界得到应用，是一种定性分析和定量分析相结合较新的多目标决策方法。它是将决策问题按总目标、各层子目标、评价标准直至具体的备择方案的顺序分解为不同的层次结构，然后利用求解判断矩阵向量特征的办法，求得每一层次的各元素对上一层次某元素的优先权重，最后再用加权和的方法递阶归并各备择方案对总目标的最终权重，此最终权重最大者即为最优方案。这里所谓的"优先权重"是一种相对的量度，它表明各备择方案在某一特点的评价准则或子目标下优越程度的相对量度，以及各子目标对上一层目标（或总目标）而言重要程度的相对量度。层次分析法比较适合于具有分层交错评价指标的目标系统，而且目标值又难于定量描述的决策问题。其用法是构造判断矩阵，求出其最大特征值及其所对应的特征向量 W，归一化后，即为某一层次指标相对于上一层次某相关指标的相对重要性权重。

（2）层次分析法在城市道路交通安全评价上的应用。

将城市道路交通安全评价指标分为主要交叉口评价指标 B_1、主要路段评价指标 B_2、区域评价指标 B_3，共 3 项指标；第二层共计 19 项指标。指标体系如表 8-10 所示。

城市道路交通安全评价指标体系 表 8-10

目 标 层	准 则 层	指 标 层
城市道路交通安全评价指标 A	主要交叉口评价指标 B_1	速度比 C_{11} 交通事故率 C_{12}、违章率 C_{13} 延误 C_{14}、交叉口管理水平 C_{15} 交叉口饱和度 C_{16}
	主要路段评价指标 B_2	区间速度 C_{21} 交通事故率 C_{22}、违章率 C_{23} 交通阻塞密度 C_{24} 交通标志标线完备率 C_{25} 路段饱和度 C_{26}
	区域路网评价指标 B_3	平均行驶速度 C_{31}、安全度 C_{32} 交通管理设施完备率 C_{33} 交通规划与管理组织水平 C_{34} 区域交通管理水平 C_{35} 社会公众满意度 C_{36} 公共交通安全意识水平 C_{37}

具体步骤如下所述:

①构造判断矩阵。

②对每一层的判断矩阵,对其大特征根和相应的特征向量通常采用方根法求其近似解。

③层次单排序及一致性检验。

④层次总排序及一致性检验。

4)概率数理统计法

$$Z = \frac{Y - \tilde{Y}}{\sqrt{\bar{Y}}} \qquad (8\text{-}40)$$

式中:Y——事故的数目;

$\tilde{Y}$——事故理论允许值;

$\bar{Y}$——事故发生次数的估计值。

正常事故数:$-1.96 \leqslant Z \leqslant 1.96$;异常事故数:$Z < -1.96$ 或 $Z > 1.96$。

5)综合模糊评价法

基于模糊逻辑的交通安全评价模型是利用模糊关系合成原理,从多个影响因素对被评价区域的交通安全隶属等级状况进行综合评价的一种方法。该评价方法不仅可以根据多个区域的交通安全评价综合值的大小,对评价对象比较和排序,也可以根据最大隶属度原则确定评价区域的交通安全等级。其优点是可以有效处理交通安全模糊性的问题,不足之处是该评价模型忽略了指标间的相对权重,且各个评价指标隶属函数还没有系统的确定方法。

综合模糊评价模型建立步骤如下:

(1)确定指标集和评语集。按照评价主体不同,将指标分为多个子集 $U = \{U_1, U_2 \cdots U_n\}$;并建立评语集 $V = \{V_1, V_2 \cdots V_m\}$,$m$ 为评语的个数。

(2)确定指标权重集。通常采用主观赋权法和客观赋权法来确定各指标权重值,即 $A = (a_1, a_2 \cdots a_n)$,其中 $a_i < 1$,$\sum a_i = 1$。

(3)确定各指标的隶属函数。常用 B 样条函数与高斯函数。

(4)构建评价矩阵:

$$R = \begin{bmatrix} R_1 \\ R_2 \\ \vdots \\ R_n \end{bmatrix} = \begin{bmatrix} r_{11} & r_{12} & \cdots & r_{1m} \\ r_{21} & r_{22} & \cdots & r_{2m} \\ \vdots & \vdots & \vdots & \vdots \\ r_{n1} & r_{n1} & \cdots & r_{nm} \end{bmatrix} \quad (i = 1,2,\cdots n \quad j = 1,2,\cdots m)$$

式中:r_{ij}——单元素 U_{ij} 被评为 V_{ij} 的隶属度。

(5)模糊合成:

$$B = AR = \begin{bmatrix} a_1 & a_2 & \cdots & a_n \end{bmatrix} \begin{bmatrix} r_{11} & r_{12} & \cdots & r_{1m} \\ r_{21} & r_{22} & \cdots & r_{2m} \\ \vdots & \vdots & \vdots & \vdots \\ r_{n1} & r_{n2} & \cdots & r_{nm} \end{bmatrix}$$

(6)通过模糊合成得到综合评价结果后,根据综合评价结果向量的大小进行排序。

2.微观交通安全评价模型

1)路段评价

(1)交通事故率法。

路段交通事故率指标,以每亿车公里交通事故次数表示。即:

$$AH = \frac{N}{QL} \times 10^8 \tag{8-41}$$

式中:AH——事故率;

$\quad$ Q——路段年交通量,$Q = 365 \times AADT$(年平均日交通量);

$\quad$ L——路段长度(km);

$\quad$ N——路段内发生的交通事故次数(起)。

交通事故率表征了某一路段发生交通事故的危险程度。它与交通参与者遵章行驶的状态有关,与交通流量紧密相连,是较为科学的路段安全评价指标。

(2)绝对数—事故率法。

绝对数—事故率法是将绝对数法和事故率法结合起来评价交通安全度的方法。以事故绝对数为横坐标,以每公里事故率为纵坐标,按事故绝对数和事故率的一定值,将绝对数—事故率分析图划出不同的危险级别区。Ⅰ区、Ⅱ区、Ⅲ区分别代表不同的危险级别,Ⅰ区为最危险区,亦即是道路交通事故起数和事故率均为最高的事故多发道路类型,据此,可以直观地判断不同路段的安全度,如图 8-2 所示。

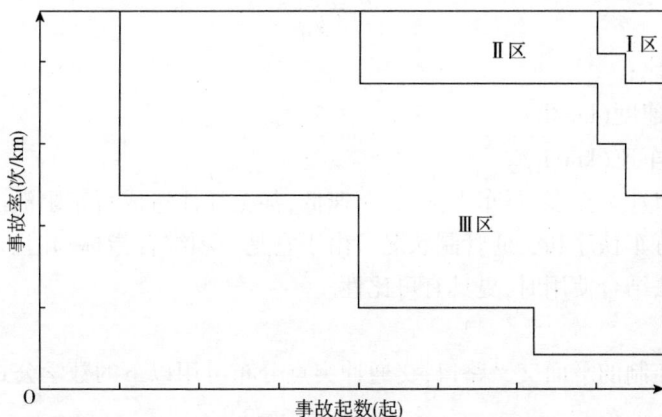

图 8-2　绝对数—事故率分析图

(3)概率法。

在所有长度同样安全的道路上,发生事故是偶然事件。如果忽略驾驶人的疲劳随着行程的增加而增长的影响,则在个别路段之间的事故分布应当符合概率论的规律。如道路交通事故资料的分析所指出,在道路的不同公里内通过 100 万辆汽车发生的事故数(100 万车公里的事故数),符合泊松分布规律。在任一路段发生 K 起事故的概率,可用下式表示:

$$P_n(K) = \frac{Y_n}{K!}e^{-Y} \tag{8-42}$$

式中：Y——1km 道路上事故的平均数；

n——分布的参数。

在通常的协调水平条件下，如果任一路段的计算事故概率 $P_n(K)$ 比实际发生的小，那么该路段就受降低交通安全性的其他附加因素的影响，路段就属于危险等级，一般协调水平采用 2.5% 或 5%。

2）路口评价

（1）交通事故率法。

交叉口事故率是评价路口安全的综合指标。交叉口事故率用每百万台车发生交通事故的起数表示，即：

$$A_1 = \frac{N}{M} \times 10^6 \tag{8-43}$$

式中：A_1——交叉口事故率；

N——交叉口范围内发生的事故起数（起）；

M——通过交叉口的车辆数（veh）。

（2）速度比辅助法。

速度比以通过交叉路口的机动车行驶速度与相应路段上的区间车速的比值表示，即：

$$R_1 = \frac{V_1}{V_H} \tag{8-44}$$

式中：R_1——速度比；

V_1——路口速度（km/h）；

V_H——区间车速（km/h）。

一般在交叉口冲突点多，行车干扰大，车速低，甚至往往造成行车阻滞。因此，速度比能够表征交叉口的行车秩序和交通管制状况。由于它是一项综合指标，并且是一个无量纲值，当与交通事故率法结合使用时，更具有可比性。

（3）冲突点法。

在没有交通控制的平面交叉路口，交通冲突点分布可用以下的数学公式表达：

$$C_j = \frac{n^2(n-1)(n-2)}{6} \tag{8-45}$$

$$C_i = n(n-2) \tag{8-46}$$

$$C_k = n(n-2) \tag{8-47}$$

式中：C_j——交叉冲突点数量；

C_i——合流冲突点数量；

C_k——分流冲突点数量。

该法用于分析交叉口车流潜在的冲突点多少，进行微观的安全度设计，通过某个交叉点的汽车越多，则发生事故的概率越高，适用于进口车道为单车道的交叉口。

复习思考题

1. 试分析交通事故预测的目的和意义。
2. 试分析各种交通事故预测方法的优缺点及适用条件。
3. 试分析交通安全评价的目的和意义。
4. 试分析各种交通安全评价方法的优缺点及适用条件。
5. 交通安全评价应遵循哪些原则?

第九章 道路交通安全设计

道路交通安全设计是在道路交通设计与运营的实践中逐步形成的,即在道路设计阶段考察其交通安全性能,发现并纠正其中的安全隐患,可有效地改善道路交通安全状况。

➡第一节 道路接入安全设计

道路接入区域是道路交通事故的频发区,也是造成交通延误的道路瓶颈区。道路接入安全设计旨在提高交通系统的安全性。按照设计对象的不同,可分为交叉口交通安全设计、路段交通安全设计、匝道安全设计等。

一、交叉口交通空间安全设计

交叉口交通空间安全设计主要是通过交叉口空间设计,达到减少交通冲突,帮助驾驶人正确决策、降低进出口车速等目的。交叉口的空间要素主要包括交叉口的形式、视距以及交叉口渠化等。

1.交叉口选型设计

交叉口形式是指相交道路在交叉口处的衔接方式,有十字形、T形、Y形、错位交叉、畸形交叉以及立体交叉等。这里主要讨论平面交叉情形。城市道路中交叉口形式选择和改建,是一个比较复杂的技术经济问题,涉及的因素比较多,如交叉口的现状、交通量需求、交通组成、四周建筑物、道路排水、资金投入和道路用地等。应当根据具体情况进行具体分析,做出不同的规划设计方案加以比较,择优选用。从总的方面讲,合理的规划交叉口形式,有利于减少或消除车流冲突点,以提高交叉口的通行能力,确保交叉口车辆的行驶安全。通常,交叉口的选型设计可根据如下原则进行:

1)选用形式比较简单的交叉口

在进行城市道路交叉规划时,特别是对新建或扩建城市道路,应尽可能选用正交或接近90°的十字形交叉口或T形交叉口。这两种形式的交叉口具有规划简单、布置方便、交通畅通、视野开阔、安全性好、整齐美观等优点,是世界各国城市道路规划中最常用的形式。

2)尽量使相邻交叉口道路直通

在城市市区,除了因受地物条件限制,如道路必须沿河流、城墙、铁路等布设T形交叉口外,在一般情况下,干道与干道的交叉应优先选用十字形交叉口,而不宜选用T形交叉口。

交通组织管理证明,T形交叉口虽然形式简单,但很容易造成干道网中的一条道路不能直通,到头后必须左右拐弯,严重影响交通。

3)尽量避免规划斜交的交叉口

在进行城市道路交叉规划时,要尽量避免出现斜交的交叉口,特别是要避免出现锐角很小的斜交。因为斜交的交叉口不仅对交通不利,而且锐角处的沿街建筑也很难布置。对于已有斜交的交叉口,可以采用以下方法进行改造:在可能的情况下改斜交为十字形交叉;尽量将小锐角斜交改为大锐角斜交;将Y形交叉口改为正交或T形交叉口。

4)避免规划畸形和多路的交叉

在进行城市道路交叉规划时,要避免出现畸形和多路(多于4条)的交叉口,这种布置形式不仅增加车流冲突点,增加交通组织的难度,而且容易出现交通事故。对于已有的畸形和多路(多于4条)的交叉口,可以采取如下的简化方法:改建成环形交叉,设置中心岛以简化交通;在允许的情况下封路改道,把多条道路交叉或畸形交叉改成正交;在许可的条件下调整交通,把双向交通改成单向交通。

2.交叉口视距设计

无论交通控制措施如何,为了保证交叉口处的行车安全,驾驶人在距离交叉口一定距离以外都应该对交叉口情况有所了解,以保证双方能有足够的距离采取制动措施而在冲突点前安全停车,或者顺利驶过交叉口,避免发生车辆碰撞。因此,在交叉口一定距离范围内保持通视,有足够的视距有助于提高交叉口的交通安全,这一距离必须大于或等于停车视距。改善交叉口的视距有助于减少车辆紧急制动引起的追尾事故和因转弯车辆对可穿越间隙估计不足引起的与直行车辆发生的直角碰撞事故。

由相交道路上的停车视距所构成的三角形称为视距三角形。在《城市道路交叉口规划规范》(GB 50647—2011)中规定,平面交叉口红线规划必须满足安全停车视距三角形限界的要求,安全停车视距不得小于表9-1的规定。视距三角形限界内,不得规划布设任何高出道路平面高程1.0m且影响驾驶人视线的物体。值得注意的是,交叉口视距三角形皆有车辆与车辆、车辆与行人、车辆与非机动车辆等组合情形,因此,应视具体情况加以综合分析,以确定最不利的视距三角形。

交叉口视距三角形要求的安全停车视距 表9-1

路线设计车速(km/h)	60	50	45	40	35	30	25	20
安全停车视距(m)	75	60	50	40	35	30	25	20

1)全无控制交叉口视距

城市道路中,只在流量非常低的交叉口不采用任何控制措施。事故统计表明,无控制交叉口的事故绝大部分与视距有关。所以,在无控制交叉口的交通安全设计中,应特别关注其视距是否满足要求,如图9-1所示。

由于无控制交叉口在进口道无任何控制措施,同时未能在路权上明确车辆的优先权,往往会发生车辆抢行而导致交通事故发生,而且由于路权未得到明确,事故后期责任判定也比较困难,因此应尽量避免在道路上设置此种类型的平面交叉口。

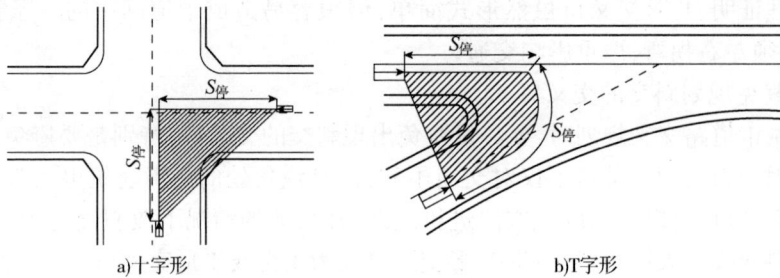

a)十字形　　　　　　　　　　　　　b)T字形

图 9-1　无控制交叉口视距三角形

2)设置让行标志交叉口视距

根据交叉口相交道路的重要度实施优先通行的交叉口,其交通安全分析的重点仍然是各种行车视距是否满足要求。按照停车让行交通标志的规定,次要道路车辆驶进交叉口时必须是完全停车让行,因此,针对停车让行交叉口,各次要道路停车让行平面交叉口视距示意图如图 9-2a)所示。

当实施减速让行标志管理时,次要道路车辆进入交叉口时不一定要完全停车,因此,视距三角形沿次要道路的边长要大于停车标志交叉口的情形。通常,对于支路上行驶的车辆,在无观测数据的情况下,可将车辆从正常行驶速度减速到正常行驶速度的 40% 所行驶的距离作为沿支路的视距长度,如图 9-2b)所示。

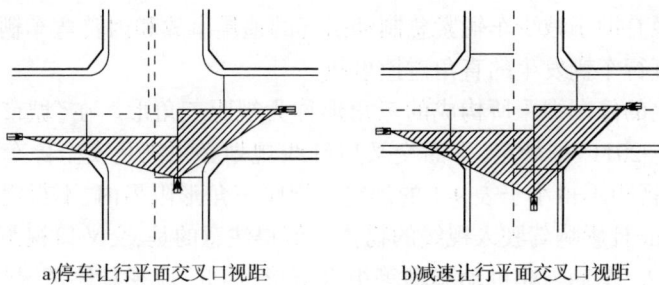

a)停车让行平面交叉口视距　　　　　　b)减速让行平面交叉口视距

图 9-2　让行交叉口视距三角形

3)信号控制交叉口视距

信号控制交叉口的视距,应确保各进口道排队首车均能被其他可能存在冲突的进口道排队首车的驾驶人看见,所以信号控制交叉口的视距要求不高。如图 9-3 所示为信号控制交叉口视距。

3.交叉口安全渠化

交叉口渠化是指采用路边标识、交通岛等设施,明确行车轨迹、分离冲突点和冲突的交通流,最佳地引导交叉口各类交通流有序、安全且高效地进出交叉口。交叉口渠化还将增加各类交通流对危险的有效判断时间,为行人和机动车交通流提供安全待行区域,并为设置其他交通设施(如标志、信号灯等)提供恰当的空间。

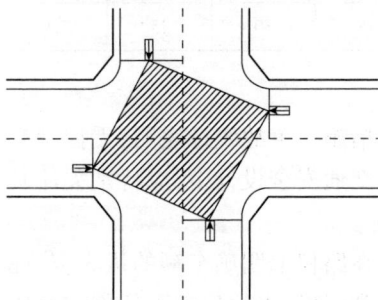

图 9-3　信号控制交叉口视距三角形

渠化所考虑的安全原则有：减少可能产生冲突的交通流以直角或近似直角碰撞的冲突区域面积；确保交通流之间以较低的相对速度汇合；通过限制车道宽度或几何线形设计，控制车辆通过交叉口的速度；为通过交叉口的车辆或过街行人提供安全的待行区；在交叉口范围内为各类交通流提供清晰明确的行驶路径；合理使用交通岛以保证交叉口交通流的安全与效率。

1）交叉口拓宽设计

当交叉口相交道路的交通量较大、转弯车辆较多、车速较快时，若交叉口进口道仍然采用路段上的车道数，会导致转弯车辆和直行车辆受阻，出现分流与合流困难的局面，且易发生交通事故。在这种情形下，对交叉口进行拓宽设计，改善交叉口的通行条件，提高交叉口的通行能力。

道路交叉口的拓宽设计是在交叉口内增加左右转车道，以提高交叉口的通行能力的设计方法。交叉口的拓宽设计主要解决3个问题：拓宽车道数、拓宽车道位置以及拓宽车道长度。

（1）交叉口拓宽车道数设计。

交叉口拓宽的车道数主要取决于进口道的各向交通量、交通组织方式和车道的通行能力等。一般应比路段单向车道数多增加1~2条车道。

（2）交叉口拓宽车道位置设计。

交叉口拓宽位置的选择是交叉口拓宽设计的关键。如果向进口车道的左侧拓宽，可采取利用中央分隔带、占用部分对向车道等措施；如果向进口车道的右侧拓宽，可利用行车道右侧的绿化带、拆迁部分房屋设施等。

①右转专用车道的设置。

《城市道路交叉口规划规范》（GB 50647—2011）中规定：当高峰15min内每信号周期右转车平均到达量达4辆或道路空间允许时，宜设置右转专用车道，以保证右转车随到随通过，有效地改善右转车的行驶条件。通常，右转专用车道的设置方法有：在原直行车道中分出右转专用的车道；拓宽进口道，新增右转专用车道；交叉口进口道设专用右转车道时，为不影响横向相交道路上的直行车流，右侧横向相交道路的出口道应拓宽一条右转专用车道。

②左转专用车道的设置。

《城市道路交叉口规划规范》（GB 50647—2011）中规定：当交叉口高峰15min内每信号周期左转车平均交通量超过2辆时，宜设置左转专用车道。每信号周期左转车平均交通量达10辆或需要左转专用车道长度达90m时，宜设置2条左转专用车道。通常，左转专用车道的设置方法有：在原直行车道中分出左转专用的车道；当设有较宽的中间带（一般不小于4.5m）时，将道口一定长度的中间带压缩宽度，由此增加开辟出左转车道；当设有较窄中间带（宽度小于4.5m）时，利用中间带后宽度仍不够，可将道口单向或双向车道向外侧偏移，增加不足部分宽度；当相交道路不设中间带时，可通过两种途径开辟出左转车道：一是向进口道的一侧或两侧，增加进口道路幅总宽度，在进口道中心线附近开辟出左转车道；二是不扩宽进口道，占用靠近中心线的对向车道作为左转车道。

（3）交叉口展宽车道长度设计。

交叉口在展宽段应尽可能确保不同车道功能效益的最大化。改建及治理型交叉口，当

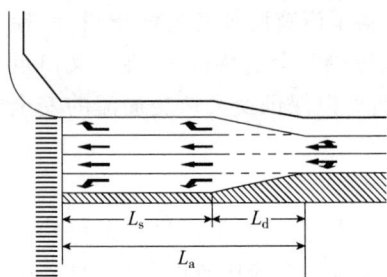

图9-4 进口道展宽长度示意

其左转车设计流量达到设置左转专用车道条件且设有中央分隔带时,应在满足行人过街中央驻足区空间要求的条件下,充分利用分隔带空间增加左转专用车道。

进口道拓宽长度 L_a 由拓宽渐变段长度 L_d 与拓宽段长度 L_s 组成(图9-4)。拓宽渐变段的长度 L_d 按表9-2的规定取值,干路拓宽渐变段最短长度不应小于20m,支路不应小于15m。拓宽段长度按下式计算:

$$L_s = 9N$$

式中:N——高峰15min内每一信号周期的左转或右转车的平均排队车辆数(veh)。

平面交叉口进口道拓宽段及拓宽渐变段长度(m)　　　　　表9-2

交叉口	拓宽段长度			拓宽渐变段长度		
	主干路	次干路	支路	主干路	次干路	支路
主—主	80~120	—	—	30~50	—	—
主—次	70~100	50~70	—	20~40	20~40	—
主—支	50~70	—	30~40	20~30	—	15~30
次—次	—	50~70	—	—	20~30	—
次—支	—	40~60	30~40	—	20~30	15~30

无交通量资料时,拓宽段长度 L_s 应按表的规定取值,支路最小长度不应小于30m,次干路最小长度不应小于40m~50m,主干路最小长度不应小于50~70m,与支路相交应取下限值,与干路相交应取上限值。

当需设置两条转弯专用车道时,拓宽段长度可取一条专用车道长度的0.6倍。

出口道长度由出口道拓宽和拓宽渐变段组成。当出口道拓宽段内不设公交停靠站时,支路出口道拓宽段长度不应小于30m,次干路出口道拓宽段长度不应小于45m,主干路不应小于60m;拓宽渐变段长度不应小于20m。当出口道拓宽段内设置公交停靠站时,应再加上站台长度,渐变段长度应符合港湾式公交停靠站的设置要求。

2)交叉口交通岛设计

(1)交通岛的分类。

①导流岛:用于控制和引导车流行驶;用以指引行车方向,它在渠化交通中起着很大作用,许多复杂的交叉口,往往只需用几个简单的导流岛,就能组织好交通,减少或消灭冲突点。

②分隔岛:用于分隔反向和同向车流;用来分隔机动车和非机动车、快速车和慢速车,以及对向行驶的车流,保证行车速度和交通安全的长条形交通岛,有时也可在路面上画线来代替分隔岛。

③中心岛:设在交叉口中央,用来组织左转弯车辆和分隔对向车流的交通岛。

④安全岛:用于行人横过路口时暂时避让的地点;供行人过街时避让车辆之用。在宽阔的交通繁忙的街道上,宜在人行横道线中央设置安全岛,以保证行人过街安全。

（2）交通岛设置条件。

①需分隔右转弯曲线车道与直行车道时，应设置导流岛。

②信号交叉口中，左转弯为两条车道时，在左转弯与直行车道间应设置导流岛。

③左转车道与对向直行车道间应设置分隔岛。

④T形交叉口中，次要道路岔口的两左转弯行迹间应设置分隔岛。

⑤对向行车道间需提供行人穿越道路的避险场所，或需设立标志、信号柱时，应设置分隔岛。

（3）交通岛的设置形式。

目前，交通岛的设置基本是按照《城市道路交叉口规划规范》（GB 50647—2011）B.0.3式样进行设置。行人及非机动车过街采用两次过街形式实现，因其基本式样为类似Y形，所以称为Y形过街，见图9-5a）；在实际过街运用中，由于存在非机动车通行量极大及管理问题，又在Y形过街方式上演化为十字形过街形式，见图9-5b）。

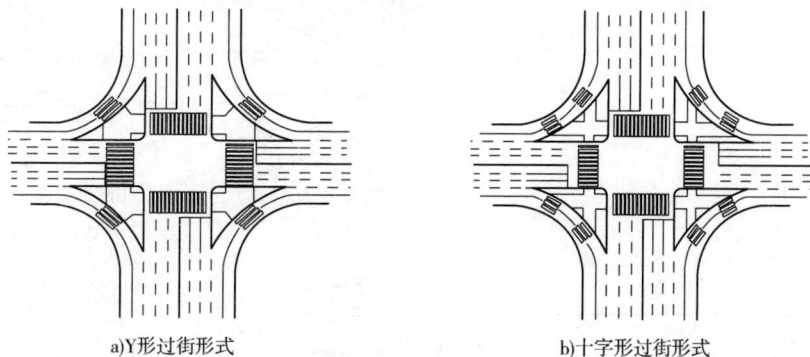

a)Y形过街形式　　　　　　　　　　　b)十字形过街形式

图9-5　交通岛的设置形式

（4）交通岛设计要点。

①必须直接明了地显示正常行驶路径，有利于跟车行驶，确保车辆行驶的连续性。岛的外形和交通流的流向平行或者能够保障交通顺畅流动的平滑曲线，最小曲线的半径必须符合左右转的要求。

②岛个数不宜太多。有多个转向车道的交叉口需要3个或更多的交通岛来渠化各种不同的运行轨迹，但太多的交通岛容易让初次到达的驾驶人产生误解，因此要慎重使用。

③保障行人过街安全。行人和非机动车应该可以沿着清楚的路线通过安全岛，视线不能被挡住。安全岛的尺寸和位置应保证为行人提供足够的驻留空间。

④做好交通岛的排水设计。在交叉口面积大的平面交叉口上，交通岛铺设面排水方面的设计，需要考虑是否需要提高加固、沿岛是否需要设排水沟、车道是否需要使用穿越管渠等。

⑤交通岛不应设在竖曲线顶部。交通岛面积不宜小于$7.0m^2$，面积窄小时，可用路面标线表示。转角交通岛兼作行人过街安全岛时，面积（包括岛端尖角标线部分）不宜小于$20m^2$。

导流岛间倒流车道的宽度应适当，避免因过宽而引起车辆并行、抢道。当需要设右转专用车道而布设转角交通岛时，右转专用车道曲线半径大于25m，并应按设计车速及曲线半径大小设置车道加宽,加宽后的车道应符合表9-3的规定。

右转专用车道加宽后的宽度(m)　　　　　　　表9-3

设计车辆 曲线半径(m)	大型车	小型车
25~30	5.0	4.0
>30	4.5	3.75

导流岛一般采用缘石围成高出路面的实体岛。当岛面积较小时,可采用交通标线表示的隐形岛。导流岛边缘的线形为直线与圆曲线组合,其端部最小圆曲线半径为0.5m,如图9-6所示偏移距 S 和内移距 Q,应根据设计速度取值参考表9-4。当导流岛特别大时,导流岛端部内移距在主要道路一侧按1/20~1/10过渡,次要道路一侧为1/10~1/5。导流岛各部分要素及其最小值按图9-7和表9-5取用。

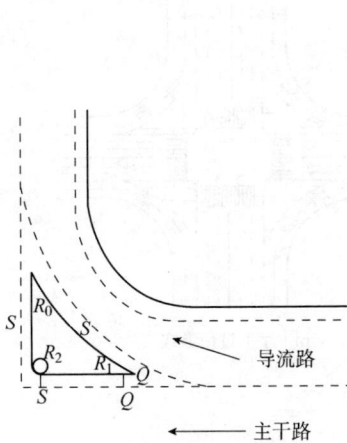

图9-6　偏移距、内移距及端部
圆曲线半径最小值

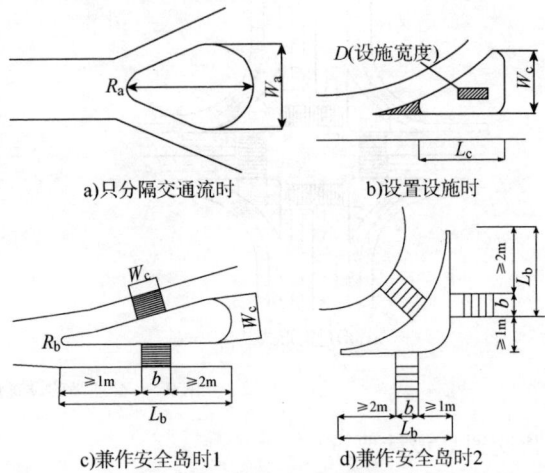

a)只分隔交通流时　　　b)设置设施时

c)兼作安全岛时1　　　d)兼作安全岛时2

图9-7　导流岛各部分要素

岛偏移距、内移距、端部圆曲线半径最小值　　　　　表9-4

设计速度(km/h)	偏移距 S(m)	内移距 Q(m)	R_0(m)	R_1(m)	R_2(m)
≥50	0.50	0.75	0.5	0.5~1.0	0.5~1.5
<50	0.25	0.50			

导流岛各部分要素的最小值　　　　　表9-5

区分	(a)			(b)			(c)	
各要素	W_a	L_a	R_a	W_b	L_b	R_b	W_c	L_c
最小值(m)	3.0	5.0	0.5	3.0	(b+3)	1.0	(D+3)	5.0

二、路段交通接入空间安全设计

影响道路路段交通安全的空间要素包括:道路线形的组合、道路横断面类型和机动车道宽度、路段行人过街及交通分隔设施、路段开口交通安全等,其中道路线形组合、横断面设计以及机动车道宽度设计详见第四章相关内容。因此,路段交通安全设计应寻求这些影响要素的最佳化。

1.路段行人过街交通安全设计

路段行人过街交通安全设计既要保障行人过街的安全性和便捷性,又要尽量减少行人过街对车辆通行的干扰。行人过街方式主要有立体过街和平面过街两种。

1)路段行人立体过街交通设计

当不得不建设立体过街设施时,特别需要考虑下列条件:

(1)照明条件。照明条件对于夜间地下过街设施的利用率有很大影响,为了确保行人过街安全,建议地下通道或人行天桥应确保其照明(可以结合利用太阳能),夜间亮度可适当调低。

(2)治安及环境卫生。治安条件和环境卫生也是影响立体过街设施有效利用的另一重要因素,应强化相应的管理。

2)路段行人平面过街交通设计

行人平面过街是指通过地面人行横道进行过街。为确保行人过街安全,在下列地段不宜设置人行横道:

(1)弯道、纵坡变化路段等视距不良的地方。

(2)车辆转弯进出又不能禁止的地方。

(3)瓶颈路段。

另外,当路段人行横道在信号控制交叉口附近时,宜对其实施信号控制并与该交叉口进行协调控制。路段人行横道应设置相应的交通标志、标识,包括注意行人标志、人行横道标志、人行横道预警标示等。

2.进出交通安全设计

道路进出交通安全设计,旨在为主要道路两侧用地内的交通提供适当出入的同时,减少其与主线交通的冲突,保障交通安全的一系列交通设计。出入口的设置一般遵循以下原则:

(1)在满足进出交通需求的前提下严格控制出入口数量。

(2)出入口的布置应与道路周边土地利用规划相结合,除片区用地开发强度较高(如大型居住区、工厂等)需单独设置出入口外,道路沿线其他用地的出入口应考虑合并设置。

(3)出入口设置应尽量减小对主线快速交通的影响。

进出交通安全设计主要包括:开口设置、开口视距、中央分隔带、右进右出、左转车道、掉头车道等的设计。

1)道路开口与交通安全

研究表明,路段交通事故率会随着两侧出入口的增加而增加(表9-6)。因此,应特别注意道路沿线开口相关的交通安全设计。城市快速路和主干路两侧不宜设置出入口,次干路两侧开口数不宜大于10处/km。

2)进出口交通安全视距

进出交通的安全视距可参照无信号控制平面交叉口安全视距确定方法加以设计。

道路连接交通开口数与相对事故率　　　　　　　　　　表9-6

双向道路开口处(处/km)	相对事故率	双向道路开口处(处/km)	相对事故率
6	1	31	2.5
12	1.4	37	3
19	1.8	44	3.5
25	2.1		

注:相对事故率为事故数与每公里双向道路开口数为6处所对应的事故数的比值。

3)进出交通缓冲区设计

为缓和交通状态突变导致事故,道路开口处应设置缓冲区。出入口右侧的缓冲区还可视其需要兼顾出租车临时上下客使用。

4)开口交通组织设计

若主干路沿线出入口较为密集,其进出交通将对主干路产生较大影响,一方面严重降低主干路的通行能力,另一方面会危及交通安全。因此,主干路沿线若不得不开口且允许机动车进出,则应采取右进右出的方式对其交通流进行组织管理。

对于一般需要左转进入道路沿线地块的车辆,一般不允许在路段上直接左转,而是利用临近交叉口左转进入支路,通过交通组织进入目的地;或者利用道路沿线的掉头车道变左转为右进。

对于某些非主干路上出入交通的开口,或主干路沿线医院、消防等紧急交通可允许车辆直接左转进出,但需要设计合理的左转待行区。

5)进出交通绕行组织设计

两块板道路的中央分隔带宽度不小于4m或单向机动车道不少于3条时,可通过设置路段掉头车道以缓解路段上直接左转进出导致的交通流严重冲突问题。但需要注意的是,掉头通道不应正对路侧单位或支路开口,以避免部分车辆直接左转引发交通事故,如图9-8所示。

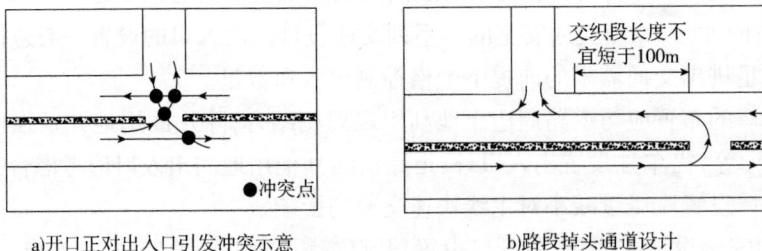

a)开口正对出入口引发冲突示意　　　　　　　b)路段掉头通道设计

图9-8　进出交通绕行组织设计

三、匝道交通安全设计

匝道是连接城市快速路与普通道路的纽带,也是互通式立交的进出车道。城市快速路交通通过出入口匝道进行加速、减速、变道进出普通道路。因此,出入口匝道设计时须充分考虑其交通的安全性。出入口匝道交通事故的成因可归纳如下:

(1)交通流的不断分流、合流导致车辆频繁变道甚至违法变道,当交织间距不足时,可能造成事故。

（2）高速行驶的车辆未充分减速而驶入出口匝道可能导致交通事故。国内外研究均表明，出口匝道的交通事故多于入口匝道。

（3）合流区车辆未充分减速而汇入高速行驶的主线车流时，可能影响主线行车安全，诱发事故。

研究表明，快速路出入口匝道的交通安全性主要与其设置位置、几何特征、设计速度、交通量等因素相关。因此，匝道交通安全设计应特别注意以下各要素的处理：

1）保障匝道视距

（1）主线上高速行驶的车辆驶入出口匝道时应具有良好的视距，以保证驾驶人可以提前看清限速标志和匝道情况。另应避免主线竖曲线对匝道视线的影响，确保视线通视。

（2）入口匝道车流汇入主线时应确保其具有良好的可视性，匝道和快速路间应满足视距三角形的要求。

2）车速过渡设计

（1）出口匝道渐变段长度应满足车辆减速距离要求。

（2）入口匝道加速车道亦满足渐变段长度的要求。

3）匝道间距要求

主线上需要连续设置两个出口或入口时，应满足设置交通标志和车辆分流、合流、变车道与变速的要求。按驾驶人辨认标志及反应所需时间来计算相邻出入口间的最小间距。

4）匝道与交叉口间交通协调设计

当快速路出入口设置于交叉口附近时，应特别注意：

（1）确保出入口与平面交叉口进出口道之间具有足够的交织段长度。

（2）根据出入口流量在交叉口的转向需求，选择合适的出入口横向位置。

对于已建成的快速道路，如何缓解或消除各种复杂的交织与冲突，是改善匝道交叉口间交通衔接问题的关键。总体而言，在时间上应分离存在交织、冲突的交通流；空间上应合理划定快速路和地面道路进口道的车道功能，并辅以相应的交通管理与控制措施，完善的交通标志、标线，以消除冲突、缓解或避免车流交织。

第二节　道路路侧安全设计

路侧是指从车道外边缘到道路红线边界的这一范围。路侧安全设计是指对这一区域进行安全设计，也称路外设计。路侧安全设计理念的核心是宽容设计，即要求工程师的设计具有"容错"的特性，能够最大程度降低路侧事故发生频次与事故的严重性。其设计要素众多，涉及边沟、边坡、排水设施、路侧植被、护栏、交通标志、公用设施杆柱、路侧相关结构物等。

一、概述

随着我国道路交通运输业的迅猛发展，道路路侧要素的设计也越来越重要，尤其是由于路侧要素设计的不合理而带来的交通事故越来越严重。许多重特大恶性交通事故都是由路侧安全问题引发的。

1.路侧交通安全的主要影响因素

1）边沟

我们现有道路路侧边沟普遍存在宽、深、大的特点，通常这些边沟的排水能力远超过实际需要。边沟距离行车道较近，给道路使用者带来了一系列安全隐患。如行人和自行车的使用空间受到限制，邻近车辆的车轮容易陷落造成机动车驶入边沟或发生翻车事故。

2）路肩

路肩是道路的重要组成部分，允许行人、停车、抛锚车辆和行驶缓慢的车辆在上面活动，以避开快速交通流；为驶出路外的驾驶人重新掌控车辆、返回正常行驶车道提供了安全的区域。但路肩不足，使道路使用者非常接近交通流，从而容易发生交通事故。如果路肩条件较差的话，行人、非机动车辆以及紧急停车就会占用行车道，使交通变得混乱，为安全埋下隐患。若路肩上存在危险物，对于行驶车辆则更具有危险性。

3）路侧防护

路侧防护是指在道路主体不能保证行驶安全性的前提下增设的一种道路附属设施。目前，路侧险要路段缺乏安全防护设施或防护设施的设置等级、类型与路侧特征不相符，其防护性能和可靠度不符合标准（防撞能力不足）的情况也经常存在。

4）路侧建筑物

路侧街道化、路宅不分、建筑退限不足是许多普通公路常见的现象，使得道路路侧净区非常狭窄，也增大了机动车与非机动车、行人间发生事故的可能性和严重性。

5）路侧构造物

在路侧安全空间范围内，不可避免地需要设置一些道路交通设施，例如交通标志、路灯、交通信号灯、道路标志、桥墩、行道树、电线杆柱等。而设计时通常只考虑到杆柱的牢固性，当发生驾驶过失而驶入路侧区域的失控车辆与这些路侧设施发生碰撞时，屡屡引发严重的交通事故。

2.路侧安全设计理念

1）宽容设计

宽容设计是路侧安全设计理念的核心，其主要宗旨是驾驶人在行车过程中的过错不应以生命为代价，路侧安全设计应为冲出路面的驾驶人提供可以重新控制车辆并返回路面的空间，或使其某种程度的过失在道路交通系统中化解。这就要求工程师设计时达到"预防、容错、纠错"的目的，能够最大限度地降低路侧事故发生频次与事故的严重性。

2）灵活设计

道路安全改善的工程实践表明：单一技术措施的采用，其效果往往不尽如人意，通常需要采取融合多种措施的技术对策。路侧安全设计是一种创造性的工作，它要求工程师在设计全过程中必须贯彻灵活的思路，才能做到因地制宜、经济有效。

3）和谐设计

路侧安全设计的要素非常多，如设计边沟、边坡、排水设施、路侧植被、护栏、交通标志、公用设施杆柱、路侧人造结构物等；路侧设计的范围也比较大，通常指行车道外边缘开始向外一直延伸到道路用地地界的区域。这就要求工程师在确保安全的前提下，对这样一个较大区域进行设计，以达到路侧安全设计理念的更高层次和要求，即实现路与人和谐、路与车和谐、路与环境和谐的理念。

二、路侧净区设计

路侧安全净区是指道路行车方向最右侧车行道以外、相对平坦、无障碍物、可供失控车辆重新返回正常行驶路线的带状区域,是从行车道边缘开始,车辆驶出路外后能够安全驶回车道的一个宽度范围,如图 9-9 所示。当安全区宽度范围存在障碍隐患时,可采用下列方法:

(1)去除行车净区内的障碍。

(2)将障碍至少排除在净空区外。

(3)控制障碍,降低障碍的危害程度。

(4)在危险区域内安装冲击衰减或再导向设备。

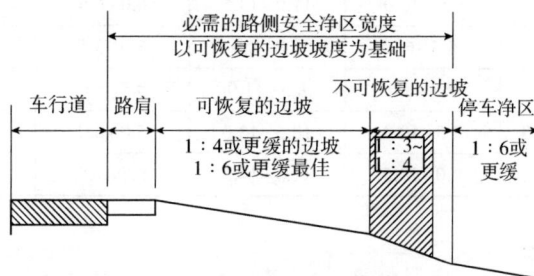

图 9-9 路侧安全净区范围图

路侧净区宽度的设计应综合考虑到交通量、设计速度和路基边坡坡率。设计人员在设计中应尽量考虑为失控车辆的救险提供适当的机会,可通过硬化路肩、放缓路基边坡、设置可逾越的排水设施、消除紧邻路侧范围内的危险物等技术手段来尽可能提供充足的路侧净区。美国国家高速公路和交通运输协会(American Association of State Highway and Transportation Officials,简称 AASHTO)在《路侧安全指南设计》中指出,高速公路行车道边缘以外不少于 9m 的宽度可使 80%的失控车辆得到恢复,大多数公路按照不少于 9m 的宽度来设置无障碍区。表 9-7 给出了路侧净区宽度的建议值。

不同条件下的路侧净区宽度值 表 9-7

设计速度	日均交通量	前 坡 比 率			后 坡 比 率		
		$1V:6H$	$1V:5H\sim1V:4H$	$1V:3H$	$1V:3H$	$1V:5H\sim1V:4H$	$1V:6H$
≤60	750	2.0~3.0	2.0~3.0	2.0~3.0	2.0~3.0	2.0~3.0	2.0~3.0
	750~1 500	3.0~3.5	3.5~4.5	3.0~3.5	3.0~3.5	3.0~3.5	3.0~3.5
	1 500~1 600	3.5~4.5	4.5~5.0	3.5~4.5	3.5~4.5	3.5~4.5	3.5~4.5
	6 000	4.5~5.0	5.0~5.5	4.5~5.0	4.5~5.0	4.5~5.0	4.5~5.0
70~80	750	3.0~3.5	3.5~4.5	2.0~3.0	2.5~3.0	3.0~3.5
	750~1 500	4.5~5.0	5.0~6.0	3.0~3.5	3.5~4.5	4.5~5.0
	1 500~1 600	5.0~5.5	6.0~8.0	3.5~4.5	4.5~5.0	5.0~5.5
	6 000	6.0~6.5	7.5~8.5	4.5~5.0	5.5~6.0	6.0~6.5

续上表

设计速度	日均交通量	前坡比率			后坡比率		
		$1V:6H$	$1V:5H\sim1V:4H$	$1V:3H$	$1V:5H\sim1V:4H$	$1V:6H$
90	750	3.5~4.5	4.5~5.5	2.5~3.0	3.0~3.5	3.0~3.5
	750~1 500	5.0~5.5	6.0~7.5	3.0~3.5	4.5~5.0	5.0~5.5
	1 500~1 600	6.0~6.5	7.5~9.0	4.5~5.0	5.0~5.5	6.0~6.5
	6 000	6.5~7.5	7.0~10.0	5.0~5.5	6.0~6.5	6.5~7.5
100	750	5.0~5.5	6.0~7.5	3.0~3.5	3.5~4.5	4.5~5.0
	750~1500	6.0~7.5	8.0~10.0	3.5~4.5	5.0~5.5	6.0~6.5
	1 500~1 600	8.0~9.0	10.0~12.0	4.5~5.5	5.5~6.5	7.5~8.0
	6 000	9.0~10.0	11.0~13.5	6.0~6.5	7.5~8.0	8.0~8.5
110	750	5.5~6.0	6.0~8.0	3.0~3.5	4.5~5.0	4.5~5.0
	750~1 500	7.5~8.0	8.5~11.0	3.5~5.0	5.5~6.0	6.0~6.5
	1 500~1 600	8.5~10.0	10.5~13.0	5.0~6.0	6.5~7.5	8.0~8.5
	6 000	9.0~10.5	11.5~14.0	6.5~7.5	8.0~9.0	8.5~9.0

三、路侧边坡设计

路侧净区通常是由路肩(硬路肩和土路肩)和缓和的边坡构成,而且大部分净区宽度是由缓和边坡提供的。因此,边坡无疑成为路侧设计的重要组成部分,设计人员需要知道造成翻车的临界坡率。

1.路堤边坡

1)可返回路堤边坡

可返回路堤边坡是指坡度小于等于1:4的边坡,这样的边坡相对平缓,车辆驶入可返回路堤边坡后一般能停车或减速后慢慢驶回到行车道。从安全的角度考虑,要求可返回边坡没有明显间断和没有凸起固定物,坡顶宜圆化处理,以使冲出路外的车辆能保持和路面接触,坡底也应圆化以使车辆顺利跨越。可返回边坡安全性最好,能够为冲出路外的车辆提供最大限度的安全保障,不需要设置护栏进行防护,可在必要位置设置视线诱导设施。

2)不可返回路堤边坡

不可返回路堤边坡是指坡度介于1:4~1:3的边坡。大多数车辆驶入后都无法停车或返回行车道,车辆通常会驶达坡底,所以此类边坡上不应存在固定障碍物。不可返回边坡具有较好的安全性,常见于微丘地区或山区地势较为平坦的谷地,通常不需要设置安全护栏,路基高度超过3m时可设置视线诱导设施或警示桩,交通量大、车速高的道路也可考虑设置护栏。

3)危险路堤边坡

危险路堤边坡是指坡度大于1:3的边坡。车辆冲入此类边坡时,驾驶人无法控制车辆,车辆发生倾覆的可能性非常大。如果该类边坡距车道的距离小于建议的路侧净区宽度,并且边坡无法进行改建,一般应考虑设置护栏。如果危险路堤边坡所处路段运营安全状况良好,且冲出路外的单车不会造成重特大事故的,可以不设置护栏,采取安装警示桩、设置轮廓标、施画车道边缘振动标线、设置路肩振动带等更为经济的措施或综合运用以上措施。

2.路堑边坡

当道路处于挖方路段时,路堑边坡对于驶出路外车辆的安全性取决于其平整程度和障碍物存在状况。如果路堤边坡坡度小于等于1:3,并且后坡上不存在障碍物,那么不管路堑边坡距离道路多远,路堑边坡本身都不会造成太大危险。国内目前对路堑边坡一般不进行防护,除非在行车道与路堑边坡之间存在危险的边沟时,可考虑对边沟进行防护。

四、路侧护栏设计

护栏是防止车辆驶出路外或者闯入对向车道而沿着道路路基边缘或中央隔离带设置的一种安全防护设施,它是世界各国道路上最主要的安全设施之一。

1.安全护栏的分类

1)路中护栏

路中护栏在行车道部分作为分隔车流、引导车辆行驶、保证行车安全之用。当中央分隔带较窄时,也有设置于中央分隔带内以阻止车辆闯入对向行车道的安全设施。路中护栏应能满足防撞(即车辆碰撞)、防跨(即行人跨越)的功能,通常采用较高的栏式缘石形式、混凝土隔离墩式或金属材料栅栏式。

2)栏杆

桥上的安全设施,要求坚固,并适当注意美观。栏杆高一般为0.8~1.2m,间距为1.6~2.7m。城市桥梁和大桥的栏杆应适当作艺术处理,以增加美观。栏杆和扶手常用钢筋混凝土、钢管或花岗岩石料制成。

3)行人护栏

行人护栏是指为保护行人安全,在人行道与车行道之间设置的隔离栏杆。一般在人行道的路缘石左侧边上安装高出地面90cm左右的栏杆,它可以控制行人任意横穿道路,也可以防止行人走上车行道或车辆失灵而闯入人行道。因行人护栏主要是为了控制行人任意横穿道路,所以在结构上不考虑车辆碰撞问题,一般多用钢管或网材等制成。

4)栏式缘石

栏式缘石形体较高,正面较陡,用来禁止或阻止车辆驶出路面,缘石高度一般为15~25cm。栏式缘石用于街道或桥梁两侧,起护栏作用,也可围绕桥台或护墙设置,起保护作用。在较窄的中央分隔带四周也可采用,以阻止汽车驶入中央分隔带内。

5)护柱

护柱是指在急坡、陡坡、悬崖、桥头、高路基处及过水路面,靠近道路边缘设置的安全设施,以诱导驾驶人的视线,引起其警惕。护柱一般用木、石或钢筋混凝土制成,间距为2~3m,高出地面80cm,外表涂以红白相间的颜色。

6)墙式护栏

在地形险峻路段的路肩挡土墙顶或岩石路基边缘上设置的整体式安全墙,是用片(块)石、(干)砌或混凝土浇筑而成的安全设施,其作用是引起驾驶人警惕,防止车辆驶出路肩。若墙身为间断式,则称为墩式护栏或护栏墩;若墙顶有柱,则称为横式护栏柱。

2.护栏的作用

当冲出路外的车辆不可避免地要发生翻车、坠车或碰撞事故时,通常采取设置路侧护栏的方法来进行防护,以尽可能地降低事故的严重性。路侧护栏是指设置于道路横断面两边土路肩上的护栏,可以实现以下功能:

(1)能够防止失控车辆驶出路外或者驶入对向车道发生交通事故。

(2)能使车辆恢复到正常行驶方向,不致发生二次事故。

(3)一旦失控车辆与护栏发生碰撞时,护栏能够吸收碰撞能量,减轻对驾驶人和乘客的损伤。

(4)能诱导驾驶人的视线,使驾驶人能清晰地看到道路的轮廓及前进方向的线形,增加行车的安全性,使道路更加美观。

(5)能够保护路边构造物和其他设施,也可以保护行人、非机动车等弱势交通群体的安全。

设置于路侧的护栏主要有缆索护栏、波形梁护栏、钢背木护栏、混凝土护栏等形式。《公路交通安全设施设计细则》(JTG/T D81—2006)规定路侧护栏防撞等级分为 B、A、SB、SA、SS 五级。

3.护栏的设置依据

路侧护栏设置与否取决于其是否能够减小事故的严重程度。如果一辆车碰撞某一固定物或驶离道路后比碰撞护栏更危险,则应设护栏。在设计过程中,护栏设置多依据路侧具体特征条件,所考虑的因素主要是路堤和路侧障碍物状况。

1)路堤

《公路交通安全设施设计细则》(JTG/T D81—2006)中给出由边坡、路堤高度决定的护栏设置条件,具体如下:二级及以上等级公路边坡坡度和路堤高度在Ⅰ区方格阴影范围之内的必须设置护栏;二级及以上等级公路边坡坡度和路堤高度在Ⅱ区斜线阴影范围之内的应设置护栏;二级及以上等级公路边坡坡度和路堤高度在Ⅲ区内的,三、四级公路边坡坡度和路堤高度在Ⅰ区内的宜设置护栏,如图 9-10 所示。

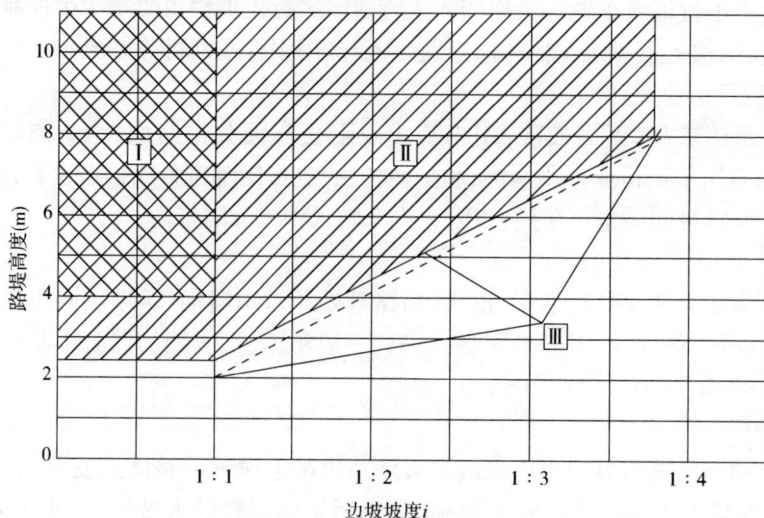

图 9-10　边坡、路堤高度与设置护栏的关系

2) 路侧障碍物

路侧障碍物包括车辆不能穿越的地形和固定危险物,固定危险物可以是人造的(如涵洞),也可以是自然的(如树)。护栏只应在车辆撞击护栏的严重性比撞击未设防护固定危险物的严重性低的情况下设置。

通常需要设置防护的车辆不能穿越的地形以及路侧障碍物列于表9-8。对不可穿越的地形或者路侧障碍物进行防护,通常只有在它们处在净区之内,并且从实际上或经济上来说它们不能被去除、移位,或者被设计成可解体的,才考虑设置护栏。

不可穿越地形和路侧障碍物护栏设置依据　　　　　　　　　表9-8

路侧障碍物	设置情况
桥墩、桥台和桥梁栏杆末端	通常需要防护
巨石	基于固定物的本身和碰撞的可能性判断决定
涵洞、排水管、涵洞端墙	基于障碍物的尺寸、形状和位置判断决定
挖方和填方边坡(平滑)	一般不需要防护
挖方和填方边坡(陡峭)	基于碰撞的可能性判断决定
边沟(纵向)	基于边坡的形式判断决定
边沟(横穿)	如果正面碰撞的可能性较高时通常需要防护
路堤	基于填方高度和坡度判断决定
挡土墙	基于墙壁的相对平滑和碰撞的期望最大角度判断决定
标志/照明支撑物	非解体支撑物时通常需要防护
交通信号支撑物	在高速乡村公路净空区内孤立的交通信号可能需要防护
树	基于特殊的环境判断决定
公共设施杆柱	防护需要具体情况具体对待
水域	基于水的位置和深度以及侵入的可能性判断决定

五、路侧排水设计

路侧排水设计是一个复杂的工程,其设施主要包括路缘石、边沟、涵洞等排水结构物。合理有效的排水设施设计是路侧安全设计的关键内容之一,其设计和建造需要考虑对路侧自然环境带来的影响。排水设施的设计总体上应遵循如下原则:

(1)在满足排水的条件下,去除不必要的排水结构物。

(2)在满足排水的条件下,将产生危险的排水结构物移至更远处。

(3)在无法去除和移走结构物时,应保证车辆能安全穿越排水结构物,不会直接冲撞结构物或因不可穿越而侧翻,保障车辆仍能安全地驶回道路。

(4)边沟应根据具体情况、路侧安全以及美观的要求进行评估后,灵活设置,尽量做到宽、浅、绿、隐(远)。

(5)在满足排水的条件下,倡导设置路侧浅碟式或暗埋式排水沟,尽量避免设置外露式路侧矩形或梯形边沟。

（6）当浅水沟不能满足排水要求时，如对于山区多雨和填挖工程量大的地区，可采取封盖边沟的办法，但要对封盖边沟的建设和养护进行经济分析，对盖板的强度进行重车荷载验算。

（7）在条件允许的情况下，结合路侧净区设计理念，路侧净区内不设突出的路缘石，不设护栏，倡导不设置路缘石或不全线连续设置路缘石。

1.路缘石

路缘石主要用于排水控制、道路边缘强化和轮廓标志、美化道路、人行道隔离以及减少道路维护工作量等。路缘石可以分为垂直型和斜坡型两类。垂直型路缘石指具有 15cm 或更高的垂直或接近垂直交通面的路缘石，这种路缘石主要用于阻挡驾驶人有意离开行车道；斜坡型路缘石指具有 15cm 或更低高度的与交通面不垂直的路缘石，在必要的情况下可以使车辆容易跨越它，但一般设计者在设计斜坡型路缘石的时候，会控制路缘石的高度不超过 10cm，因为过高的路缘石会剐蹭车辆的下部。

2.边沟

良好的边沟设计，在满足排水要求的同时，应尽量做到不导致驶出路外车辆翻入沟中或与边沟发生后果严重的碰撞。目前常用的两种边沟类型分别是浅碟形边沟和矩形边沟。浅碟形边沟是国内目前比较提倡的一种边沟形式，与传统的矩形、梯形边沟相比，其坡度较缓，可以保证足够的路侧净区宽度，并使失控车辆安全地回到行驶车道或不发生侧翻，同时宽展、平缓、带圆弧的边沟给人以开阔感，可达到边沟和自然环境融为一体的目的，但其汇水能力相对较小。而矩形边沟用于路侧条件有限或排水要求不能设置浅碟形边沟时，可采用加泄水孔盖板的矩形边沟或暗埋式矩形边沟等形式。这种边沟消除了车轮卡陷和边坡碎落堵塞等隐患，同时形成了流畅优美的路基轮廓线，增加路容美观。但需注意，设置的排水口应确保路面水流入边沟。道路横向排水通畅的地方还可以将边沟外移，让其位于路侧净区以外。

3.涵洞

涵洞在路侧安全中同样也是不容忽视的一个因素，其主要体现在进出口的结构特征上，结构较大的端部包括混凝土端墙和翼墙，而较小的管道则具有斜面型的端部。虽然这种设计可以使排水通畅的同时保证了设施的抗侵蚀能力，但在驾驶人驶出路面时，这些结构就很可能对驾驶人产生不利的影响。可供设计人员选择的涵洞安全处置对策，按照优先次序主要有如下几种：

（1）使用可穿越式设计方案。

（2）延长结构物或使之远离行车道，以降低被碰撞的可能性。

（3）对结构物进行防护。

（4）如果上述的措施都不合适，在一定程度上需要承担事故风险，可采取反光材料予以警示或标识其轮廓。

六、其他路侧设计

1.路侧危险物轮廓标识

当路侧危险物不能通过去除、移位、革新设计等手段进行处置时，可采取在危险物上涂刷反光漆或粘贴反光膜的方法识别其轮廓,或在危险物前方设置警告标志,起到及时提醒驾驶人的作用。轮廓标不得侵入道路建筑界限以内。

轮廓标设于路边或桥边,以显示行车道边界,指示道路前进方向,一般在主线两侧对称设置,一般设置间隔为50m。主曲线或匝道边上的设置间隔可按表9-9选用。在路基宽度及车道数量有变化的路段及竖曲线路段,应适当加大或减少轮廓标的间隔。

安装轮廓标时,反射体应面向交通流,其表面法线应与公路中心线成0°~25°的角度。各种类型的轮廓标设置高度宜保持一致,轮廓标反射体中心线距路面的高度为60~70cm。

轮廓标曲线段的设置间隔   表9-9

曲线半径(m)	89	90~179	180~274	275~374	375~999	1 000~1 999	2 000
设置间隔(m)	8	12	16	24	32	40	48

2.路侧照明

行驶中的车辆在路面亮度背景映衬下,首先被发现的是其轮廓。因此,道路照明的目的是使夜间行驶的车辆和行人以及障碍物能被清晰地发现,以改善其通行的安全性和舒适性、提高通行能力并降低交通事故。

道路照明质量是在人的视觉要求条件下确定其相应的技术标准。路段、交叉路口、场站、桥隧等道路工程设施以及所有的交通管理设施和服务设施,在夜间或光线不足的情况下,都需要借助道路照明来对交通起作用。交通管制的信号和标志也离不开光和色彩。因此,道路照明在交通系统中,起着便于各种信息传递的作用。为了保证驾驶人和行人在运动中反应和判断不会失误,必须保证道路的照明质量、达到辨认可靠和视觉舒适的基本要求,照明应满足亮度均匀和防眩光的要求,同时还应提供良好的引导性。与交通安全相关的照明设计基本要求为:

(1)照明不应对驾驶人、行人与非机动车骑车者的视线产生障碍。

(2)车道亮度水平适宜,亮度均匀,路面无光斑。

(3)避免光源的直接眩光、反射眩光及光幕反射。

(4)与道路景观相协调。

3.路侧绿化

道路绿化是指路侧带、中间分隔带、两侧分隔带、立体交叉路口、环形交叉路口、停车场、服务区、隧道口以及道路用地范围内的边角空地等处的绿化。进行道路绿化时,应处理好与道路照明、交通设施、地上杆线、地下管线等的关系,要综合考虑、协调配合。根据具体位置,可考虑乔木、灌木、草皮、花卉等综合种植。道路绿化应服从交通组织的要求,起到保持驾驶人具有良好视距和诱导视线的作用。

《城市道路绿化规划与设计规范》(CJJ 75—1997)对规划道路红线宽度时道路绿地率指标作了明确规定:

(1)园林景观路绿地率不得小于40%。

(2)线宽度大于50m的道路绿地率不得小于30%。

(3)红线宽度在40~50m的道路绿地率不得小于25%。

(4)红线宽度小于40m的道路绿地率不得小于20%。

这就从绿地率指标的角度,对道路绿化带宽度作了规范性的要求。通常,只要条件允许,路侧带都应安排一定的绿化带,供人行道两侧植树或种植灌木丛、花卉丛等,为行车及行人遮阴并提供优美的交通环境。绿化带若用作植树,其最小宽度为 1.5m;若用作植草皮、花丛或常青灌木丛,则为 0.8~1.5m。

➡第三节　交通控制安全设计

交通信号控制的目的不仅是提高交通流的运行效率,还包括提高交通的安全水平。因此,在实施交通信号控制时应满足交通安全的要求,进行包括交通管制类型、绿灯间隔时间、最短绿灯时间等设计。

一、平面交叉口交通管制类型与交通安全

根据我国近几年交通事故统计结果,可以发现在交通警察指挥或信号灯控制的情况下,道路交通安全水平较高;无信号控制或仅有标志管理的交叉口交通安全水平则较差,有近一半的交通死亡事故发生在无控制道路上。这也说明了交通管制类型与道路交通安全水平之间存在密切的联系。因此,在选择管制类型时需要考虑其与交通安全的关系。

1.减速让行和停车让行管制措施

当交通量较小时无管制交叉口的延误较小,但其交通安全性往往也是较差的。从安全性考虑,某些无控制交叉口当事故频发时,即使交通量较低也需实施控制管理措施。

我国国标《城市道路交通标志和标线设置规范》(GB 51038—2015)规定,如下情况下交叉口需使用"停车让行"和"减速让行"标志来管理:

(1)"停车让行"标志设置在:道路等级、车速相差较大的非信号控制交叉口,视距不足、容易发生交通事故的次要道路交叉口前;无人看守的铁路道口,车辆进出频繁的沿街单位、宾馆、饭店、路外停车场等出入口。

(2)"减速让行"标志设置在:道路等级、车速相差较大的非信号控制交叉口,视距良好、在危险情况下驾驶人能从容控制停车的次要道路交叉口前;快速路入口匝道后未设加速车道或加速车道长度不足时,或先入后出的匝道之间间距不满足规范要求时,应设置减速让行标志;其他需要设置的地方。

美国 2009 年版《统一交通控制设施手册》中规定:

(1)"停车让行"标志只许设在经调查后确定非用"停车让行"标志不可的交叉口进口道上。符合下列条件之一时,可考虑设置"停车让行"标志:在主要道路和次要道路相交的路口,应用一般的道路通行规则存在很大的危险性;通向干道视距严重受限、不停车却会出现危险的支路;在信号控制地区内的无信号控制交叉口;当车速较高、视距不良并且有严重的交通事故记录,表明需要设置"停车让行"标志的交叉口进口道。

(2)"减速让行"标志设置在:道路使用者能够看清交叉口内的所有潜在交通冲突,并能以 85% 车速或饱和车速通过交叉口或安全停下的交叉口;加速车道长度不足或视距不够的快速道路入口处;经交通调查研究,设置"减速让行"标志可以消除或缓解该处交叉口的交通问题。

从我国交通实际出发,可以适当借鉴国际的做法,设置相应的"让行"(减速或停车)标志。特别是,为了保证交叉口右转车辆在出口道处不与横向道路直行车辆产生合流冲突,应增加"停车让行"标志或"减速让行"标志。

2.交通信号灯的设计依据

(1)我国《道路交通信号灯设置与安装规范》(GB 14886—2006)给出了安装信号灯的条件,并分别对非机动车、行人流量等影响因素做出考虑。

(2)美国《统一交通控制设施手册》关于交通控制信号设置依据中还包括学童过街、事故记录等因素。

(3)《德国交通信号控制指南:德国现行规范(RiLSA)》中规定,在事故频繁出现的地点,尤其是可以通过交通信号控制防止事故发生并且其他措施已经证明无效时,必须要考虑设置交通信号控制设施。

二、信号配时安全设计

1.绿灯间隔时间

绿灯间隔时间(以下简称绿间隔),是指信号相位之间相互冲突的一股交通流的绿灯结束时刻和下一股交通流的绿灯开始时刻之间的时间间隔。通常,在一个相位绿灯时间结束之后,总要插入一段黄灯、红/黄灯或全红灯时间,这部分时间是用来清空已在交叉口内行驶的车辆,为下一股交通流创造通达顺畅安全的行驶条件,减少交叉口内不必要的冲突。绿间隔过短会导致前一股交通流不能完全清空,与下一股交通流还存在着冲突,即"绿灯头"与"绿灯尾"车辆发生冲突;过长则会引起道路资源的浪费和道路使用者的抱怨,所以对绿间隔的确定显得尤为重要。

1)确定绿间隔的一般方法

通常情况下以确保本相位"绿灯尾"的最后一辆机动车与另一相位"绿灯头"的第一辆机动车,在其冲突点处(图 9-11 中)可以安全交叉为条件来确定绿间隔。

按照我国现行的交通法规,黄灯信号启亮时制动后的车辆若越过停车线,仍可通过交叉口。所以,图中冲突点的交叉过程必须满足以下条件:

$$t_j = t_z + t_w + t_x - (t_q + t_h)$$

若不考虑安全间隔,则对交通流运行不利的条件为:

$$t_j = t_z + t_w - (t_q + t_h')$$

式中:t_z——进口道中正常行驶车辆的制动时间,机动车辆情况下可取2.0s;

$\quad t_w$——上一相位尾车由停车线驶至冲突点的行驶时间,由其行驶的距离和车速来确定,$t_w = S_c/v$,其中,S_c、v 分别为该尾车自停车线驶至冲突点的距离和速度;

$\quad t_x$——车辆安全交叉的时间,一般机动车间的安全交叉时间为5s;

$\quad t_j$——车辆绿灯间隔时间(包括黄灯时间)(s);

$\quad t_q$——车辆起动、反应时间,机动车一般取1.8~2.0s(不受行人与非机动车交通影响情况下),与车型关系明显,当大型车比例较大时,可另行计算;

$\quad t_h$——相交道路直行头车自停车线驶至冲突点所用的时间(s),由直行车头运行状态曲线(s-t 曲线)确定;

t'_h——相交道路直行头车自停车线驶至冲突点停车所用的时间(s)。

此时相交车流的运行状态将发生改变,即要强制减速停车,以避免发生冲突。

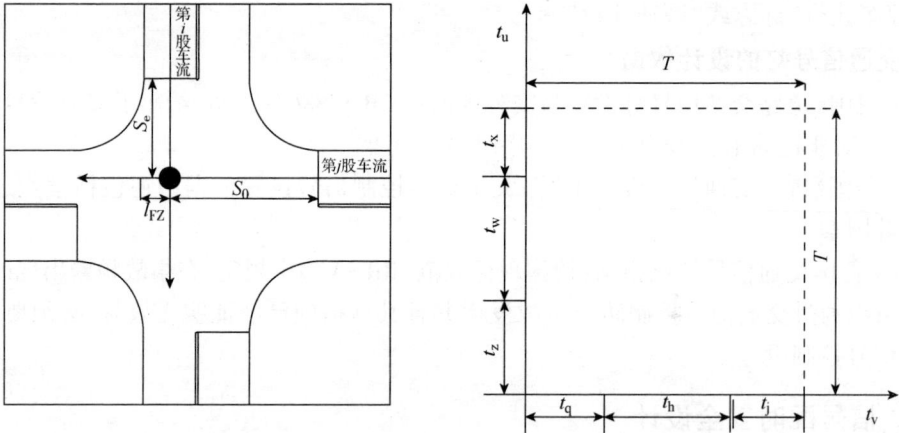

图 9-11　相位变换时机动车运行状态与参数关系图

绿间隔通常有一个低限值,国外一般取 4s,而且在设计和制造信号灯控制器时,通过内部电路将这一最低限值固定下来。不论在任何情况下,信号控制器都会保证相位之间不少于 4s 的绿间隔(3s 黄灯与 2s 红/黄灯有 1s 的搭接)。交叉口交通控制信号切换时的交通安全性及通行效率取决于冲突交通流间的道路与交通条件,而不是简单地将交叉口做得小一些或大一些,应基于实际的道路和交通条件进行优化设计。另外,这里给出的仅是机动车交通流间的绿间隔确定方法,还可比照此方法进一步确定机动车与行人和非机动车交通流之间的绿间隔,从而最终确定交叉口的最小绿间隔。

2)特殊条件下绿间隔确定方法

(1)黄灯时间。

虽然我国2004年颁布的《中华人民共和国道路交通安全法实施条例》规定"黄灯亮时,已越过停止线的车辆可以继续通行",但实际情况往往是黄灯期间仍有大量车辆继续驶过停车线,从而几乎形成了黄灯时间允许车辆通行的惯例。国外一般也允许在黄灯时间驶过停车线的车辆通过交叉口。因此,以往绿间隔确定方法中的基本假定应修订为按最不利情况考虑,上一相位(即绿灯刚刚结束的相位)最后通过交叉口的车辆应为黄灯结束时刚刚驶过停车线的车辆。因此,绿间隔可由下式确定:

$$t_j = y + t_w + t_x - (t_q + t_h) \tag{9-1}$$

式中:y——上一相位绿灯结束后紧接着的黄灯显示时间;

其余符号意义同前。

式(9-1)认为,上一相位最后通过停车线的车辆(即黄灯刚刚结束时驶出停车线的车辆)没有制动过程,即不存在时段 t_z。此外,还需要严格考察式中 t_x 和 t_q 的值。一般认为 t_x 应取 5s,研究发现该推荐值偏大,如何取定 t_x,还应结合实际作进一步的调查研究;t_q 一般取 1.8～2.0s。但要注意以下两种情况:第一,设置了红灯倒计时显示器,或"启动黄灯"(即某相位红灯快要结束时、黄灯启亮并以红——黄灯同时显示一小段时间作为结束)的交叉口;第二,红灯期间对应进口道无车辆排队,某车辆驶近该进口道停车线时恰遇该相位绿灯启亮,从而无停车过程,并以较快速度通过交叉口,驶近无排队进口道停车线恰遇绿灯的车辆甚至可能出现无制动过程,以全速通过交叉口的最不利情况,这也是设置倒计时器的问题所在。

对于上述第一种情况,即设置倒计时显示器或启动黄灯信号的交叉口,经过观察研究,约95%的车辆驾驶人在绿灯启亮前的最后几秒钟或启动黄灯期间已经做出了反应,从而使38.5%的车辆在绿灯启亮的瞬间已经获得了初速度,使56.5%的车辆在绿灯启亮的瞬间即开始从静止加速。按不利情况考虑,在设置倒计时显示器或启动黄灯信号的交叉口,应取 $t_q = 0$,即式(9-1)变为式(9-2),式中仍按直行头车运行状态 s-t 曲线确定:

$$t_j = y + t_w + t_x - t_h \tag{9-2}$$

对于上述第二种情况,也应按照式(9-2)计算其绿间隔,但是,t_h 的值与相应进口道的设计车速(新建交叉口)或85%车速(改建交叉口)一致。综上所述,绿间隔确定方法可以归纳为表9-10。

基于黄灯时间允许车辆有条件通行的绿间隔确定方法

表9-10

适　用　条　件	公　　式	备　　注
一般情况	$t_j = y + t_w + t_x - (t_q + t_h)$	—
设有倒计时器或启动黄灯	$t_j = y + t_w + t_x - t_h$	—
低峰段进口道无排队车辆	$t_j = y + t_w + t_x - t_h$	注意 t_h 的取值

在实际应用中,若对同一交叉口分时段采用不同的绿间隔,则很难把握时段划分的科学性;若绿间隔与实际的交通情况不符合,交叉口的交通将可能非常危险。因此,宜采用表9-10所确定的最大绿间隔作为交叉口统一的绿间隔,以确保其安全。

(2)路口附加清空时间。

根据交叉口通行安全的实际需要,基本绿间隔要比上述最低限制更长一些。在遇到下列情况时,皆应考虑增加绿间隔(这部分额外增加的时间称为"路口附加清空时间")。

①交叉口平面尺寸不对称,某一股车流通过交叉口冲突点所需要的行驶距离,远远大于与其相冲突车流到达该冲突点所要行驶的距离。

②交叉口进口道衔接路段车速较高。

③左转车所占比重较大,为了确保转弯车流通行安全有必要适当增加绿间隔。

④过街行人交通流量大,又未设置行人专用信号相位的交叉口。

⑤非机动车交通流量大,又未设置非机动车交通专用信号相位的交叉口。

对于上述各种情况,可根据两股冲突车流分别从各自停车线到达同一冲突点所需行驶时间差来确定路口附加清空时间。当然,若考虑车辆通过交叉口的实际行驶轨迹,其冲突点可能不是一个"点",而是一个冲突"区"。这不仅是因为车辆本身有一定的长度和宽度,而且也由于车辆在通过路口时其轨迹变化有很大的随机性。例如:车辆可能急速转向、制动或加速等。虽然确定路口附加清空时间时,无法将这些实际情况都考虑进去,但实践表明,按上述方法确定的附加清空时间,所得的结果是令人满意的。

(3)设置倒计时器可能引发的问题。

交通信号倒计时装置被国外一些城市所采用,虽然能够使驾驶人及时地了解信号灯的运作情况,对于提高交通效率有一定的积极作用,但是也带来了安全隐患。

首先,倒计时会诱发驾驶人在绿灯末尾加速通过路口,或者因缩短了驾驶人的反应时间而导致绿灯初期头车提前高速到达冲突点,形成严重冲突,引发重特大交通事故;其次,为了改善设立倒计时装置交叉口的交通安全性,则需要更长的绿间隔,导致信号周期损失时间的增加、通行能力下降。因此,从交通安全和效率的角度考虑,应特别谨慎地使用机动车信号灯倒计时装置。在设有机动车倒计时信号的交叉口,应在低峰时段或进口道车辆排队较少时,关闭倒计时或增加其绿间隔。

2.最短绿灯时间

最短绿灯时间是对各信号阶段或各个相位规定的最低绿灯时间限值。不论任何信号阶段或相位,其绿灯时间都不得短于规定的最短绿灯时间,以确保交叉口交通安全。当某一相位获得绿灯信号后,如果绿灯信号时间过短,信号末期停车线后面已经启动并正在加速的车辆会来不及制动,因而可能酿成事故。

在英国,规定相位最短绿灯时间不短于4s。由于感应式信号控制交叉口,其灯色的变化将受车辆探测器所检测到的车辆到达信息所控制。若分配的绿灯时间过短的话,已经越过车辆感应探测装置的车辆,可能无法通过停车线,不得不在缺乏准备的情况下紧急制动,从而可能导致事故,因此规定其最短绿灯时间具有更重要的意义。另一方面,停车线后如果已经停有上一周期滞留的车辆,则这部分车辆有可能占用全部的绿灯时间,使得刚刚越过感应检测装置的车辆不能正常通过交叉口,所以,在这类交叉口,一定要根据停车线与车辆感应装置之间可容纳的车辆数确定一个最短的绿灯时间,通常为7~13s。

上述的最短绿灯时间仅考虑了机动车交通,实际中更应确保行人和非机动车交通有足够的过街时间。该时间应满足:行人相位开始后,第一批走上人行横道的过街行人到对面人行道或路中行人驻足安全岛的时间。若无专用行人信号灯,亦即行人受机动车信号灯控制,则机动车信号的最短绿灯时间应满足行人安全过街的要求。所以,考虑行人安全过街要求的最短绿灯信号时间可按下式计算:

$$g_{min} = 7 + \frac{L_p}{v_p} - I \tag{9-3}$$

式中:L_p——行人过街横道长度(m);

v_p——行人过街步速,取1.2m/s;

I——绿灯间隔时间(s)。

需要特别注意的是,在老年人比较集中区域的交叉口,行人过街速度应取最小值。

3.右转车辆控制

在我国,允许右转的交叉口无特别限制时,在不影响主流向通行的前提下,整个周期内均允许右转车辆行驶。因此,红灯期间右转的车辆极易与横向过街非机动车和行人产生冲突。特别是在城市道路交叉口行人与非机动车过街流量较大时,由RTOR产生的冲突更为普遍。虽然《中华人民共和国道路交通安全法(2011年修正)》明确规定,人行横道上的行人在获得通行权的相位里具有高于机动车的通行权,但由于长期的"车不让人"的驾驶习惯以及按规则让行管理的难度,现实中互相争道抢行的现象仍较普遍,从而增加了右转车与行人或非机动车间发生冲突、右转车辆间发生追尾事故的可能性。

因此,为了减少冲突,提高交叉口的通行效率,有必要在右转车和慢行交通冲突严重的交叉口设置右转机动车控制信号,对行人和非机动车通行期间的右转机动车实施红灯控制。

三、交通控制设施布置安全设计

交通信号灯是道路交叉口交通管理的有效手段。交通信号是在道路空间上无法实现分离原则的地方,主要是在平面交叉口上,用来在时间上给交通流分配通行权的一种交通指挥措施。研究表明,无论是十字形交叉口还是T形交叉口,有信号灯控制的交叉口比无信号灯控制的交叉口的事故率低。

1.交通信号灯分类

在道路上用来传送具有法定意义指挥交通流通行或停止的光、声、手势等,都是交通信号。交通信号是在道路交叉口分配车辆通行权的设施,其作用是在时间上将相互冲突的交通流进行分离,使之能安全、迅速地通过交叉口。道路上常用的交通信号有灯光信号和手势信号。灯光信号通过手动、电动或电子计算机操作,以信号灯光指挥交通;手势信号则由交通管理人员通过法定的手臂动作姿势或指挥棒的指向来指挥交通。手势信号仅在交通信号灯出现故障或无交通信号灯的地方使用。

随着交通控制技术的发展,现代信号灯在原来红、黄、绿3色基本信号灯外,又增加了2种信号灯:

1)箭头信号灯

箭头信号灯是在灯头上加一个指示方向的箭头,可以有左、直、右3个方向。它是专为分离各种不同方向的交通流,并对其提供专用通行时间的信号灯。这种信号灯只在专用转弯车道的交叉口上使用才能有效。在一组灯具上,具备左、直、右3个箭头信号灯时,就可以取代普通的绿色信号灯。

2)闪烁灯

普通红、黄、绿或者绿色箭头灯在点亮时,按一定的频率闪烁,可以补充特定的交通指挥意义。

2.信号灯布设方式与位置

若信号灯具位置不当,将导致驾驶人不易看清信号灯色的变换,行人和非机动车也不易发现相冲突的车辆。因此,信号灯具的位置应满足下列要求:信号灯必须安装在车辆驾驶人在近停车线前能看清楚的位置,为了避免信号灯被遮挡及预防交通事故,应同时设置远灯和近灯。此时,即使停车线前方有大车遮挡,后车无法看到远处的信号灯,但可以通过近灯了解交通控制信号的状态。

3.设置交通信号控制的利弊

合理设计信号控制的交叉口,通行能力比没有停车或者让路标志的交叉口大。设有停车或让路标志交叉口的交通量接近其通行能力时,车流就会不畅,这会大大增加车辆的停车与延误,特别是次要道路上的车辆,停车、延误更加严重。这时,把设有停车标志的交叉口改为信号控制的交叉口可改善次要道路上的通行状况,减少其停车与延误。如果交通量没有达到需要设置信号灯时,不合理地将停车标志交叉口改为信号控制交叉口,结果就可能适得其反。

但是如果在交叉口盲目设置交通控制信号,由于主要道路驾驶人遇到红灯而停车,但他在相当长的时间内并未看到次要道路上有车辆通行,就往往会引起故意或无意地闯红灯。大量事故统计数据显示,信号控制交叉口的交通事故,往往多发在交通量较低的交叉口或是交通量较低的时间段内。因此,研究制定合理设置交通信号灯的依据对交通安全的保障有着重要的意义。

第四节　道路交通宁静化安全设计

一、概述

交通宁静化是为了降低机动车辆使用的负面效应、改变驾驶人行为及改善非机动车辆使用者的交通环境,所采取的各种交通安全工程措施及其组合的总称。交通宁静化设计常用于居住区、生活区内部道路及其他需要保障交通安全、改善交通环境的区域。

西方发达国家结合城市规划、交通规划,在社区越来越多地使用交通宁静技术,改善社区的交通、生活环境,提高社区交通安全,并且取得了良好效果。随着我国国民收入的增加,当人均GDP达到3 000~8 000美元时,人均拥有机动车数量将急剧上升。据统计,2014年我国人均GDP已经达到7 575美元,可以预见在将来的10年里,机动车的增长将是急剧膨胀的过程,由此带来的交通拥堵、交通事故、交通污染将是极其严重的。而交通宁静化,对于我国不断增长的机动车发展趋势所带来的市内居民区街道交通问题有积极作用。并且,交通宁静化的理念同我国当代交通理念是十分接近的,即以人为本、绿色交通。因此有必要在此阶段开始着手进行交通宁静化的研究,应对将要出现的一系列问题。

二、交通宁静措施及实施方法

交通宁静化措施的实施会导致通行能力下降、减速设施增大噪声等负面效应。因此在设立永久性交通宁静化设施之前,可先设置临时性设施,实际运行一段时间后视其实施效果再确定是否实施永久性措施。在实施宁静化措施前后,应做好宣传和说明工作。速度管制措施通过垂直式、水平式与路宽缩减式3类措施实现。

1.水平速度控制措施

水平速度控制措施是改变传统的直线行驶方式以降低车速,即利用侧向减速度力的作用来强制车辆减速。典型的措施包括交通花坛、交通环岛、曲折行车道及变形交叉口。

图9-12　交通花坛示意图

1)交通花坛

交通花坛是设置在交叉口中心位置的圆形交通岛,用来渠化交通流的一个凸起的圆岛设施,车辆沿其周围环绕行驶,如图9-12所示,交通花坛外形呈圆形,并且在其凸起的平台上进行绿化。交通花坛一般适用于社区内部道路,特别是交通量不大、大型车较少,而注重降低车速和交通安全的地点。

(1)优点:在降低车速和提高交叉口通行安全性方面效果明显;设计合理时,可增强道路美观性;它还能够同时对两条道路起到"交通宁静"的作用。

(2)缺点:不利于大型载货汽车(如消防车)通行;设置时,需避免通行车辆侵犯人行横道,同时需排除路边停车问题;还需要注意交通花坛中景观的养护。

2)交通环岛

交通环岛与交通花坛形状相似,不同之处在于环岛占地面积较大,一般设置在交通流量较大、车速较高的交叉口,车辆通过时逆时针环绕行驶,如图9-13所示。交通环岛适用于:发生事故较多的交叉口;需减少车辆排队的交叉口;不规则交叉口;不宜采用信号控制的交叉口。

(1)优点:可应用于干线道路,以此降低车速,设计合理时,会增加道路的美观性;与一般控制相比,更能增强交叉口的安全性;它可以减少交叉口的排队等待时间;与信号灯控制相比,成本要小。

(2)缺点:不利于大型车辆(如消防车)通行,设置时,需避免通行车辆侵犯人行横道;同时,设置中需排除路边停车问题。此外,交通环岛中景观植物需要养护。

3)曲折车行道

交替延伸道路两侧的路缘,从而使得车行道呈S形,如图9-14所示。实现曲折车行道的另一个方法是在道路两侧交替设置斜向或平行的路边停车泊位。它适用于车速和噪声都需要控制的地点。

图9-13 交通环岛示意图

图9-14 曲折行车道示意图

(1)优点:能够降低车辆速度;还能方便大型载货汽车(如消防车)通行。

(2)缺点:需防止车辆驶离车道;还需重新铺设线路及相关的景观维护工作,投资较大;此外,路边停车需停放在规划的停车位内,不允许存在占用车道临时停车等行为。

2.垂直速度控制措施

垂直速度控制措施主要利用垂直方向减速度力的作用来强制车辆减速。典型的措施包括减速丘、减速台、凸起的人行横道、凸起的交叉口等。

1)减速丘

减速丘是一个横穿车行道的圆拱形凸起区域。一般沿行车方向宽度为3~4.3m,高度为7.6~10cm,其纵断面形式有圆曲线、抛物线及正弦曲线3种,主要设置于要求降低车速、对噪声和污染排放标准要求不高的区域,如图9-15所示。

(1)优点:工程投资相对较小;若设计合理,自行车易于通行;降低机动车速度效果明显。

（2）缺点：降低驾驶舒适性；大型车辆（如急救车辆）需要减速才能通行；增加噪声和汽车尾气排放量；与道路景观不协调。

2）减速台

减速台与减速丘所起到的作用相似，不同之处在于减速台采用的是平顶结构，减速丘采用的是圆弧或抛物线结构。减速台一般用砖或者具有纹理的材料铺设，平顶长度与车辆轴距大致相同，能够停留一辆小型载客汽车，主要用于需要降低小型载客汽车行车速度，但降低幅度又不是很大的区域。如图9-16所示。

图9-15　减速丘示意图

图9-16　减速台示意图

（1）优点：比减速丘平坦，大型车辆（如急救车辆）易于通行；但降低车辆行驶幅度不如减速丘，适合于行驶速度较高的路段。

（2）缺点：不采用纹理材料，造价较低，但会影响道路美观；而采用纹理材料，造价会很高，诱导提示性和美观性却较好；增强噪声和汽车尾气排放。

3）凸起人行横道

凸起人行横道是配有人行横道标线的减速台，以渠化行人过街，使机动车驾驶人更容易发现过街行人。适用于车速过高、行人横穿马路较多的路段及交叉口进口处，如图9-17所示。

（1）优点：改善行人和车辆的安全状况；如果设计合理，能增强道路美观。

（2）缺点：若采用纹理材料，投资相对较高；对道路排水有影响；会产生噪声，增加尾气排放。

4）凸起交叉口

凸起交叉口是把整个交叉口区域全部平凸起的一种交叉口，且四周与各进口道斜坡过渡，平凸部分一般用砖或有纹理的材料建造。适用于行人穿越道路活动较多或由于缺乏停车位空间，不适合使用其他交通宁静设施的区域，如图9-18所示。

优点：提高行人和车辆的安全性；如果设计合理，会与周边环境和谐自然；它还可以同时对两条道路起到"交通宁静"的作用。

5）纹理路面

纹理路面和有颜色路面一般用压印图案或者交替使用不同铺路材料来创造不平的道路表面。这种路面往往用在整个交叉口或者人行横道，甚至有时用于社区的全部道路。适用于行人活动频繁且对噪声不关心的主要街道区域。对于其安全效果目前还没有明确的结论，如图9-19所示。

图9-17 凸起人行道示意图

图9-18 凸起交叉口示意图

（1）优点：可在长距离范围内降低车速；如果设计合理，它能增加道路美观性；它还能够同时对两条道路起到"交通宁静"的作用。

（2）缺点：投资较高；它如果铺设在人行道上，就不便于轮椅使用者通行。此外，可视效果也不好。

3.车道断面窄化措施

车道断面窄化措施包括交叉口瓶颈化、中心岛窄化和路面窄化。

1）交叉口瓶颈化

交叉口瓶颈化是指交叉口处两侧路缘向中间延伸，从而减少进口宽度的交叉口。通过缩短行人穿越交叉口距离和凸起的交通岛使得机动车驾驶人更容易注意到行人，如图9-20所示。

图9-19 纹理路面示意图

图9-20 交叉口瓶颈化示意图

（1）优点：改善了行人穿越道路的安全环境；大型车辆在直行和左转上易于通行；对路边停车有适当的保护作用；能降低行车速度，特别是右转车辆。

（2）缺点：降低了紧急车辆右转时的通行速度；在交叉口附近不允许路边停车；造成机非混行局面。

2）中心岛窄化

交叉口瓶颈化是在街道中线上设置凸起的中心交通岛，以窄化两侧的车行道。中心岛往往进行绿化以提高视觉美感。适用于社区出入口处和街道较宽、行人过街需要较长时间的地点，如图9-21所示。

（1）优点：增强行人的人身安全；设计合理时，可提高道路的美观性；还能降低交通量。

（2）缺点：缺乏速度管制措施，不能达到降低车速的目的；不允许路边停车。

3）路段宽度缩减

路段宽度缩减是指通过扩展人行道或设置绿化带，使路缘带扩宽，形成行车道窄化的措施。它适用于需要进行速度控制且停车空间较充分的区域。如图9-22所示。

图9-21　中心岛窄化示意图

图9-22　路段宽度缩减示意图

（1）优点：增强行人的人身安全；设计合理时，可提高道路的美观性；同时，可降低交通量；还可进行路边停车。

（2）缺点：缺乏速度管制措施，影响降低车速的效果。

4.交通宁静措施的实施方法

在实施交通宁静化的过程中，运用的方法包括：

（1）垂直式速率管制方法，主要利用垂直方向减速度力，强制车辆减速。

（2）水平式速率管制方法则利用侧向方向减速度力，强制车辆减速。

（3）标志式管制方法，主要依靠驾驶人自觉，达到减速目的。

（4）景观式策略，主要针对营造社区舒适环境，同时兼顾行人交通安全。

需要强调的是，交通宁静化安全设计没有一个固定的模式，应针对不同的情况灵活运用。交通宁静化更多的是一个系统的理念，基于提高居民区域的舒适生活、人行环境和交通安全为出发点，运用规划、法规、交通管治措施来疏导、管理小区车辆行为。

复习思考题

1.简述道路交通安全设计的意义。

2.路侧安全设计理念有哪些？主要包括哪些内容？

3.简述信号灯的分类以及布设原则。

4.交通宁静化策略有哪些？

第十章 道路交通安全审计

　　道路交通安全审计是在现有或未来的道路上,分析事故发生的可能性和道路的安全能力。其过程是应用一种规定的方式,由具有道路交通安全审计资格的审计人员独立进行,并作出审计报告。道路交通安全审计可以有针对性地消除安全隐患,更全面地分析安全影响因素,从而有效地扩展道路的安全空间。

➡第一节 概　　述

一、道路交通安全审计的起源与发展

1.道路交通安全审计的概念

　　道路交通安全审计的理念是在道路规划设计、道路建设与运营的实践中逐步形成的。当道路交通的正常运行与发展受到日益增长的交通事故影响时,人们开始从各方面研究交通事故的规律,寻找减少交通事故的方法。大量的交通事故资料和研究表明,道路交通安全水平与道路条件存在着密切的关系。在更进一步的研究历程中发现,如果在道路的规划与设计阶段,采用一定的方法,通过一定的程序,考察道路的安全性能,发现并修正项目方案中的安全隐患,制定出具备更强安全性的道路设计方案,是一种有效的交通安全治理途径,起到防患于未然的作用。这一认知继续扩展到了道路规划、设计、建设、运营的全寿命周期内,业界人士逐渐在上述各个阶段开展了针对道路交通系统的安全检查与修补,并将其固化为体制内的专项安全分析环节。

　　在上述理念的引导下,一些国外道路建设相对成熟的发达国家,开始研发各种不同的理论与方法体系,并在对道路交通系统的安全检查中加以应用,道路交通安全审计应运而生。

　　道路交通安全审计是对现有道路、规划道路、交通工程及与道路使用者有关的所有工程的一个正式的审查,以评价道路发生交通事故的潜在危险性及安全性能,它通常由一个或一组独立的、有资格的检查者来进行,并作出审计报告。道路交通安全审计可以有针对性地消除安全隐患,更全面地分析安全影响因素,从而有效地扩展道路的安全空间。还有一些概念与道路交通安全审计相似,例如"道路或交通安全审查(或称检核、核查、预审等)",它们在外延与内涵上均与道路交通安全审计一致,本书统一使用"道路交通安全审计"这一名称。

　　如今道路交通安全审计已经成为道路交通安全保障系统的重要组成部分。

2.国外道路交通安全审计概况

20世纪80年代末,英国率先实行了道路交通安全审计的工作,继英国之后,澳大利亚、新西兰、美国、德国、西班牙、泰国以及菲律宾等国家和地区都开始了道路交通安全审计方面的研究。英国的公路与运输研究所(Institution of highways and transportation,简称IHT)在1980年编制了对主干道进行安全检查的《事故率降低与防治指标书》,引进了"安全审查"(Checking)的概念,开始重视对道路安全性能的考察。1988年英国政府的"道路交通计划"建议对道路实施有效的、强制性的安全评价。1989年,苏格兰发表技术通报(报第23/1989号),公布了道路安全评价方法。1991年IHT在英国较广泛地开展了道路安全评价,制定了详细的安全评价指标书,英国版的《公路安全审计指南》(Guideline for the Safety Audit of Highways)问世,并于1996年得到进一步修正。这标志着道路交通安全审计有了完整的体系、方法与程序的支持。从1991年4月起,道路交通安全审计成为英国全境主干道、高速公路建设与养护工程项目必须进行的程序,道路交通安全审计的功能与作用在立法层次上得以确认,使英国成为道路交通安全审计重要的发起与发展国。

澳大利亚、新西兰是实施道路交通安全审计较早、发展较成熟的国家。AUSTROADS(国家道路交通协会)是澳大利亚和新西兰的道路运输与交通的权威管理机构,致力于制定国家的安全审计指南。1994年,AUSTROADS出版发行了澳大利亚道路交通安全审计指南。2002年的指南(Road Safety Audit)是最新版,该指南确定的道路交通审计的指导方针统一了澳大利亚、新西兰和其他地方现有的行为,为各州的高速公路管理机构、地方政府和咨询部门的从业者和决策者提供解决道路安全问题的一般方法。目前澳大利亚各个州都不同程度地开始采用道路安全审计,各地区每年有二十几个不同规模的工程在不同的阶段进行安全审计。新西兰道路交通安全审计开始于1991年,到1993年有20%的州级公路项目被要求必须进行交通安全审计。

美国提出正式的安全审计的名词不算早,但在进行正式的道路交通安全审计之前,已开展了包括微观安全评价模型、危险区段识别与改造、各种交通设施安全性能分析等相关性研究。美国联邦公路局(Federal Highway Administration,简称FHWA)2000年推出了辅助进行相关工作的"交互式公路安全设计模型"(Interactive Highway Safety Design Model)的测试版,可以作为实施道路交通安全审计的辅助决策平台。该模型集成了美国迄今为止最核心的交通安全微观数学模型。之后,美国又全力推动了《道路安全手册》(Highway Safety Manual,HSM)的研究与编制。2006年,美国联邦公路局首次颁布了《道路安全审计手册》(Road Safety Audits Guidelines),对美国道路安全审计的继续开展,起到了很好的指导作用。

在澳大利亚、丹麦、英国、挪威和冰岛等国,目前已经定期地执行道路交通安全审计,德国、芬兰、法国、意大利、荷兰、葡萄牙、泰国等正处于试验或试行阶段。其他许多国家也在就道路交通安全审计的引入进行检验,比如希腊、爱尔兰、奥地利、波兰、捷克等。

3.我国道路交通安全审计的发展概况

20世纪90年代中期,道路交通安全审计通过两种平行的方式引入我国。第一种方式,以高等院校为主,从理论体系角度引入道路交通安全审计的理念,并着手开展理论与应用研究。研究的重心是支持道路交通安全审计的各种技术方法与定量指标,获得了一系列符合我国道路状况的道路几何线形设计、交通工程设施设置与使用、交叉口设计等的道路安全微观模型。第二种方式,通过世界银行贷款项目的配套科研项目,在工程领域开展道路交通安全审计实践。

我国较早的有关道路安全审计方法研究等基础性工作,主要是由同济大学、长安大学、交通部公路科学研究院等单位进行的。近年来,在世界银行和亚洲银行的推动下,我国许多省份陆续开展了道路安全审计工作并引起了全国性的广泛关注。其中,比较有代表性的文献包括2000年湖南省交通工程学会冯桂炎教授主编的《公路设计交通安全审查手册》以及由交通部主持的2004年正式发表的《公路建设项目安全性评价指南》。2012年国务院第 20 号令中要求加快修订完善公路安全设施设计、施工、安全性评价等技术规范和行业标准,科学设置安全防护设施。鼓励地方在国家和行业标准的基础上,进一步提高本地区公路安全设施建设标准。严格落实交通安全设施与道路建设主体工程同时设计、同时施工、同时投入使用的"三同时"制度,新建、改建、扩建道路工程在竣(交)工验收时要吸收公安、安全监管等部门人员参加,严格安全评价,交通安全设施验收不合格的不得通车运行。对因交通安全设施缺失导致重大事故的,要限期进行整改,整改到位前暂停该区域新建道路项目的审批。

二、道路交通安全审计的目的和意义

1.道路交通安全审计的目的

道路安全审计的目的是为道路使用者以及受道路工程影响的其他人识别道路潜在的事故问题,以确保所采取的措施能根除或减少交通事故。具体说,道路安全审计的目的有以下几点:

(1)使道路或道路网的交通事故的危险性和严重性降到最低。

(2)使运营后补救工作降到最低。

(3)降低整个工程的成本费用。

(4)增强人们在道路规划、设计、施工以及养护方面的安全设计实践意识。

2.道路交通安全审计的意义

传统的道路工程规范与道路路线技术标准是建立在汽车动力学基础上的,遵照传统的设计与建造规程。道路作为行车的载体,能够保障汽车运动的力学稳定性与行驶的基本支撑条件,具有基本的安全性能。为了提高整个交通系统的道路交通安全水平,需要将"道路交通安全审计"引入道路网的规划设计中,在规划设计阶段就重视安全因素,使道路设计能有效地控制潜在或可能事故的发生。其意义在于以下几个方面:

1)能够有针对性地消除安全隐患

现有的道路,除极少数路段外,绝大多数都符合规范与技术标准的要求,但在运营一段时间后,往往出现事故明显集中的事故多发段和事故多发点。事故多发点(段)的存在,说明道路规范或技术标准不能解决道路交通系统所有的安全问题,只有进行安全的专项分析,才能最大限度地消除路段可能出现的安全隐患。这是实施道路交通安全审计的基本意义所在。

2)能够更全面地分析安全影响因素

在传统的设计规程之外附加道路交通安全审计,可以专门针对道路交通安全进行深入的探讨和研究,能够设想各种车辆运营中可能的安全隐患,并且考虑道路各种设施之间的适配性及其在运营中呈现的动态特性。这一点只有在专项的交通安全审计程序中才能够实现。

3)能够有效地扩展道路的安全空间和"宽容度"

道路交通安全审计通过对道路技术指标的回溯,能够发现碰撞风险较高的区段,然后有针对性地采用一些补救措施,从而降低碰撞发生的概率或者减轻碰撞的严重程度。

三、道路交通安全审计的实施与监督机制

道路交通安全审计的定义指出,道路交通安全审计的实施者必须是一个独立小组。这是因为在传统的道路设计规程中,虽然已经包含了一些安全的考察指标,但道路交通安全审计的实施是专项的安全研究,因此它必须脱离常规的道路设计规程,设置一个专门的小组加以实施。道路交通安全审计在小组成员选择、组织机构、业务运作方面有如下的必要条件:

1.道路交通安全审计必须保持独立性

道路交通安全审计小组的成员,应该是独立的、训练有素的安全专家,他们通常是具有多年道路工程与道路交通安全实践经验的资深人士。尽管许多国家规定道路交通安全审计应该作为一个制度化的步骤写入道路设计的合同中,但道路交通安全审计小组必须是脱离道路设计或施工单位的独立机构,这样才能全面地、客观地开展道路交通安全审计工作。

2.对审计人员必须实行严格的认定制度

长期和制度化实行道路交通安全审计工作需要有一个正规的运行机制,其中对道路交通安全审计员的遴选机制是保障道路交通安全审计质量与成效的基础。因此,道路交通安全审计员应该处在国家机构的监督和管理之下。例如,澳大利亚联邦交通机构认定道路交通安全审计员的注册应该以州为单位进行,并且注册的管理机构由州议会负责。澳大利亚政府要求各州在道路交通安全审计进行一段时间后,建立道路交通安全审计员的认定机制。

需要强调的是,道路交通安全审计的注册与认定对象一定是审计员个人,而不是实施审计的单位或机构。

3.审计小组必须保持"多专业"的结构

道路交通安全审计的一个特有功能,就是对多方式、多层次道路交通系统中的安全问题进行集成化处理,这是传统的设计规程所不具备的。例如,从公路和铁路两种方式的路线优化中寻求公路、铁路交叉的安全;在道路网络中协调联络线与不同等级道路由于车速与现行标准差异所造成的冲突等。上述任务的完成,要求道路审计员必须来自不同交通方式机构,具备多重专业背景,这样才可以协同考虑安全问题。通常情况下,道路交通安全审计员应包含道路规划、道路设计、交通组织与管理等不同部门。同时,道路交通安全审计的成员又要来自不同层次,能够协调微观和宏观的安全需求,将各不同层次衔接理顺。

4.审计人员的培训

在国际通行的培训计划中,培训的核心内容都是训练有关人员对道路交通安全审计程序和技术的认知、领悟与掌握,并进行大量的案例分析,包括:

(1)道路安全工程。

(2)道路交通事故多发点(段)的鉴别与勘察技术。

(3)路侧安全分析技术。

（4）施工区的安全评估、组织与管理。

（5）道路交通事故风险评估与管理技术。

（6）道路交通安全审计报告的编制办法。

四、道路交通安全审计的流程

道路交通安全审计的实施，一般是由拟建项目（或现有项目）的主管部门（或业主）将项目的设计成果委托给一支审计队伍进行的。委托方和项目的设计方将审计项目的相关资料提交给审计人员，审计人员通过对图纸资料审查和现场考察，利用安全检查表逐项鉴别设计中存在的不安全因素，提出修改建议，写成审计报告。通过和设计人员及委托方交换意见、讨论修改意见后，将审计报告提交给委托方。委托方对审计提出的修改意见做出裁决，将裁决意见反馈给审计人员和设计者，设计者按裁决意见对设计进行修改。

一个成功的安全审计，其关键的程序是：

（1）选择合适的审计队伍。

（2）取得足够的背景资料。

（3）进行有效的现场考察。

（4）提供清晰的审计报告。

表10-1列出了道路交通安全审计工作八个步骤的工作内容以及相应的参与者，每个步骤中的细节内容必须与具体审计项目的性质和规模相适应。审计组提交的书面报告应当尽可能简洁，对于规模较小、道路交通安全问题较清楚的项目，有的步骤可以简化，但不能省略，在审计过程中，总的流程次序不能改变。对于大型道路的安全审计，其过程可能会包括若干会议的召开、大量的计划以及详细的最终评审文字报告。道路交通安全审计实施流程如表10-1所示。

道路交通安全审计实施流程　　　　表 10-1

审计步骤	主 要 内 容	参 与 方
选择审计队伍	选择合适审计人员或审计单位,他们应具备要求的审计技术、审计经验并与设计无关,对设计审计的项目能达到公正、公平、可靠、客观	委托方或设计者
收集背景信息	为审计人员提供相关的报告、说明书、设计图纸、勘测资料和调查统计数据,不同的审计阶段,要求的背景资料也不相同	委托方和设计者
开工会议	参与审计的三方责任人会见,商议审计事项和交接资料	委托方、审查人员和设计者
评价分析	参考已有的安全审计表、相关资料、事故记录的统计分析,指出设计图纸或现有道路上的安全问题	审计人员 （此两步骤同时交叉进行）
现场考察	考虑各种类型的道路使用者,现场观测分析,辨别不安全因素	
编写审计报告	根据规定的格式,逐项阐明鉴定的不安全因素,提出修改建议	审计人员
完工会议	交换观点,提交审计报告,讨论修改建议	委托方、审计人员和设计者
跟踪测评	委托人考虑每一项审计建议和意见,对采纳和不采纳的建议提出确认理由,将报告副本反馈给审计人员和设计者;设计者按裁决意见对设计进行修改	委托方、设计者

五、道路交通安全审计的各阶段及其主要内容

由于道路交通安全审计所要解决的问题广泛分布在道路生命周期的各个阶段,因此,世界各国一致认为道路交通安全审计可以在道路规划、设计、建造与运营的各个环节上介入。通常按照进程的不同,道路交通安全审计可以划分为规划与可行性研究阶段、初步设计阶段、详细设计(施工图设计)阶段、施工阶段、运营前的验收和运营后的审计五个阶段。每个阶段都与道路建设的程序相对应,其对应关系如表 10-2 所示。

道路交通安全审计实施阶段 表 10-2

实 施 阶 段	对应工程建设阶段
规划与可行性研究阶段	道路规划、道路项目建议书、道路可行性研究
初步设计阶段	初步设计
施工图设计阶段	施工图设计
施工阶段	道路施工
运营前的验收和运营后的审计阶段	道路完工

当然,各个阶段具有不同的研究内容和核心问题,也有不同的审计模式和支撑技术。

1.规划与可行性研究阶段

在规划阶段,从安全的角度,考察道路网络的功能适配性、不同层次路网衔接的顺适性以及多方式交通系统转换的平滑性。在可行性研究阶段,重点评析项目的控制点、路线方案、设计标准等是否可能导致安全问题,以及备选方案的路线连续与平顺性,立体交叉、平面交叉、道路出入口分布(针对交通安全)的合理性等。

2.初步设计阶段

该阶段进行安全性能评估的对象包括平纵线形、视距特征、平面交叉口、立交设计方案、车道与路肩宽度、路面横坡与超高值、超车道特性、停车设施、非机动车与行人设施。其他评估对象包括设计方案与设计规范的偏差所带来的影响、预测施工中可能发生的安全问题等。此阶段的安全审计值得特别重视,因为一旦道路征地拆迁完成后,再进行大规模的修改将变得比较困难。

3.详细设计阶段

该阶段进行安全性能审计的要素包括标志、标线、信号控制、照明、交叉口细节设计与交通组织方案、护栏设计方案、路侧设计、路侧净距、路侧景观、施工中的交通管制方案等。

4.施工阶段

该阶段安全性能审计的重点包括施工区、施工组织与管理、施工准备与实施方案,以及与施工过程密切相关的交通疏导方案、临时交通控制设施等。另外,在该阶段应特别关注施工相关人员与车辆、施工区域道路使用者的安全保障问题。

5.运营前的验收和运营后的审计阶段

运营前的测试项目包括在路上驾车、骑自行车及步行进行现场试验,以确保所有用路者的安全需求都得到满足。这些现场测试应该分别在白天与夜间、晴天与雨天进行。在道路

通车后,对其安全状况进行系统的监视与评估,找出存在的安全隐患点,并进行改进。

综上,安全核查工作在道路设计建设与运营的各阶段都应当进行,其基本作用是提高道路安全性能,降低事故损失,使道路整体的建设与运营成本下降,获得较高的经济效益与社会效益。

六、道路交通安全审计效益分析

1.道路交通安全审计的直接效益

道路交通安全审计以实质性地提高道路安全性能、发现并消除道路交通系统中的安全隐患为宗旨,它所取得的直接成效包括:

(1)通过在规划阶段的道路交通安全审计,将道路网中特定地点要素或网络特征所引发的事故发生频率与严重程度降至最低。

(2)能够防患于未然,避免在道路运营之后用生命或鲜血的代价来发现道路的安全性能缺陷。同时,将项目实际运营开始后所进行的安全补救工作降至最低程度。

(3)通过预期评估与适当的投入,使项目的全寿命周期(规划、设计、建设与运营期)的总成本降低。

(4)增强项目规划、设计、施工、运营、维修各方面参与者的安全设计意识。

(5)将多种交通方式、多层交通系统内的安全事务集成化处理。

(6)在道路设计的各个方面都引进"以人为本"的理念。

2.道路交通安全审计的间接效益

道路交通安全审计的广义成效远远超出上述直接成效,其间接效益主要有:

(1)通过道路交通安全审计的实践,推动道路交通事故机理与交通安全理论、方法、技术的研究与应用。陆续推出的道路交通安全相关模型以及逐渐成熟的道路交通安全分析软件,都是道路交通安全审计推广所催生的科技成果。

(2)在道路交通安全审计的探索与应用过程中所积累的代表性成果,可以丰富和扩充道路工程的设计规范,并提高交通管理水平。其中,对于道路几何线形的组合与动态设计,以及交通工程设施设计规范的改进是最直接的成效。

(3)道路交通安全审计的实践与研究,能够促进许多新设施、新材料的应用,不仅能够带来明显的社会效益,也能够产生可观的经济效益。

(4)道路交通安全审计在直接带来安全成效的同时,也提高了道路交通系统的运行效率。由于道路交通事故是导致交通拥堵与系统效率下降的重要原因,道路交通安全审计在避免了一定的交通事故发生的同时,也使得交通系统的运行更加平稳和顺畅。

(5)道路交通安全审计不仅使交通事故的当事人受益,还能够提升所有用路者的安全空间尤其在传统的道路建造与运营环节中,容易被忽略的非机动车交通和行人。

➡第二节 道路规划及可行性研究阶段的交通安全审计

道路规划及可行性研究环节是道路交通安全审计介入的第一个阶段,此时安全审计的实施是在宏观层面,其对象是道路网络、路线与网络的适配性、路线技术标准的选取、新建或改建项目对现有路网的安全影响、路线连接、起终点与进出口设置,以及道路建设对环境等的宏观影响。

一、道路规划阶段的交通安全审计

路网规划阶段的交通安全审计是所有安全审计中的"顶层任务",主要是对规划方案进行宏观的、战略性的把握。在这个层次上开展的审计,跨越了工程的局限,目的在于从交通系统整体出发,为区域经济发展提供安全保障。

路网规划所追求的目标,除了被动的项目安全评估与完善外,应使规划方案达到"认知安全规划"的程度。这是一种主动型的道路交通安全审计,即在规划之前就建立一个路网安全效能目标,并将其渗透到规划各环节的安全维护与保障进程中,确保道路具备更高的宏观安全性能。

1.路网规划中的安全要点

1)采取"安全性能指标"优先的原则

路网规划中,如果仅以通行能力、饱和度等作为预测指标,则没有达到"认知安全规划"的程度,必须使道路系统安全性能作为未来预测的一个关键指标,并判定这一规划项目是否促进和提高了系统的道路交通安全性,而不只是在个别点与线上实施局部的安全改造。

2)系统考察与其他方式交通网络的节点安全

国内外广泛存在着道路网络与铁路网络交叉的问题。如随着我国铁路的提建,公路铁路交叉道口,尤其是城市道路与铁路交叉道口的安全问题日益突出。在路网规划中应系统地考虑与铁路的交叉节点,使立体交叉道口、平面交叉道口服从系统的布局方案,并在道路、铁路各自系统内部新建路线的规划中相互协调与合作,以消除安全隐患。

3)各层次道路网络间保持安全衔接

现阶段我国在道路网规划中存在着一个突出的安全问题,即公路与城市道路衔接的不适配性。集中体现在公路与城市道路执行独立的技术标准,从而造成公路与城市道路的衔接区段行车不顺畅,产生了"速度梯度"。这就要求对路网规划实施层次衔接的安全审计,保持平滑过渡。

4)避免路网规划与区域开发间的安全冲突

路网规划一般服从并服务于区域的社会经济开发计划,过去只是从可达性的指标来进行路网规划,以满足其区域发展的需求。在路网规划的安全审计中,要求从安全角度考察这两方面的协调性。其中的重要指标是保证道路服务功能与其相连通区域的活动和开发性质相一致,不造成潜在的冲突。例如,社会服务型的道路应该避开军事区、高危物质的研究与生产区域等。高等级公路应尽量避免穿越动物保护区或动物频繁活动区域,如果需要穿越,则要有相应的动物通道规划与建设项目。

5)应急道路交通系统规划

应急道路交通系统的基本性能是能够保障在紧急状态时实施快速反应与应用,这个安全性能需要在网络规划层面上加以考虑,并作为路网规划的重要环节。例如,对于有重要意义的干线道路,必须在规划阶段考虑其替代道路,当主线道路由于交通事故、自然灾害或紧急状态而不能实施其功能时,可用替代道路作为临时疏散交通的通道。

2.交通安全审计的基本原则

在道路规划过程中实施交通安全审计,直至达到主动性的"认知安全的道路规划",要遵循以下基本原则:

(1)建立一个固定的机制,使交通安全管理者与研究者参与到道路规划的过程之中。

(2)在国家与地区的道路网络规划中,都设置安全目标与阶段性指标。

(3)将安全审计作为一个基本要素与必经环节,纳入规划项目的评审程序之中,并作为优先实施特定规划项目的标准。

(4)促使建设投资与其他资源根据规划方案的安全性能进行重新分配。

(5)将安全指标作为核心参数,纳入道路设施的规范之中。

(6)研究并开发道路规划方案的安全影响评估算法与模型。

(7)加强后评估环节。每次经过安全审计的道路规划方案实现之后,都要评估安全审计的效果,包括对道路系统的改进以及所产生出的安全效能,逐渐推广安全审计的理念。

(8)在道路规划的方案决策环节中,纳入多方式交通系统集成化的安全性能作为评判标准。

(9)制定并实施各层次道路系统衔接规划的规程,并逐渐将其纳入正式的规范体系之中。

3.交通安全审计的实施过程

在国际上,将安全集成到道路规划阶段的实践存在两种方式:第一种方式是从现有道路交通系统的安全问题及未来可能的安全隐患出发,制定相应的道路规划项目,从而有目的地解决这些交通安全问题;第二种是将与安全性能相关的道路技术指标,提前纳入规划过程中,使之成为规划的控制性指标,以防止产生安全隐患。这两种方式的实施,都遵循如下步骤:

(1)在道路规划方案制定之初,即采取措施,使道路规划的管理、投资、实施机构充分认识到安全的重要性。

(2)鉴别、收集并分析事故数据,以便明确有突出安全隐患的地点或区域。

(3)召集道路规划的管理、投资与实施机构,讨论系统中的安全隐患,并探讨可能解决方案的成本效益特性。

(4)规划并实施特定的道路建设项目或发展计划,以落实安全目标。

(5)评估项目的成效,并公布规划项目实施的结果,进一步拓展道路规划环节实施安全审计的共识。

4.交通安全审计的实施案例

表10-3所示为一项在英国实施的针对城市道路网络规划阶段的安全审计清单,以说明路网规划阶段安全审计的主要内容。

道路网络规划的安全审计清单 表10-3

道路交通安全审计清单:道路网络规划	是	否
(1)该道路网是否具有完整层次,包括主干道路、集散道路、地区集散道路、进出支路		
(2)主干道路能否真正形成整个城市的首要道路网络,并承担绝大多数的过境交通		

道路交通安全审计清单:道路网络规划	是	否
(3)当主干道路每一个行车方向具有两个或更多的车道时,其双向交通是否总有中央分隔带进行划分		
(4)地区集散道路是否只服务于一个社区、村庄或相似地区的交通		
(5)是否所有的道路都只与其相同等级的道路相交或只与其上一级或下一级的道路交叉		
(6)地方的进出支路是否已经设计成不适用于过境交通		
(7)是否所有地方的进出支路都不长于200m		
(8)是否所有的主干道路与主干道路的交叉口都已经渠化,或有信号灯控制,或者有环岛(当交通量很多时,它已经建立了立体交叉)		
(9)是否所有的主干道路与集散道路的交叉口都设置了主路优先的T形交叉口或信号控制,或者设置了环岛		
(10)是否所有的集散道路与进出支路的交叉口,都设置了集散道路优先的控制方式		
(11)主干道路与集散道路的交叉口,是否都已经在主干道路上设置了"港湾式"的转弯车道		
(12)主干道路上的交叉口间距是否至少250m(交叉点的期望最大密度是3个/km)		
(13)地方停车场是否只能从地方的进出支路进入(当停车场为医院、购物中心、加油站以及其他吸引较大车流的情况下,可以例外地由集散道路进入)		
(14)设施的进出口是否都开在了距离交叉口至少50m的地方		
(15)交叉口的标志是否可以让用路者明确地区分哪条道路具有优先通行权,并且这个标志没有视线障碍		
(16)交通量大的主干道路上是否禁止停车或有严格的控制		
(17)公交站点的位置是否设置在安全区域		

二、工程可行性研究阶段的交通安全审计

道路网规划阶段的安全审计,其视角是"面上"的整体安全性能审查,而对于建设项目的工程可行性研究阶段,安全审计的视角则是"线上"的安全性能考察。

现阶段我国实施建设项目的可行性研究,主要是确认项目建设的必要性,探讨路线可能的走向,明确技术标准及建设规模,并初步制订项目的技术方案。包括确认起终点、确定道路各区段的技术参数、选择主要控制点、制订与节点的衔接方案等内容。因此,这个阶段的道路交通安全审计,伴随工程可行性研究的框架而实施。

1.交通安全审计的实施原则

在工程可行性研究阶段,安全审计的主要对象是技术标准、工程技术方案、路线节点等。在这一阶段,由于路线技术参数的精度不高,因此不必进行定量化的安全性能指标预测,而应将审计的重心放在定性分析与方案优选上,充分发挥在这一阶段道路方案可调空间较大的优势,分析对比各种可能方案的安全性能。

尽管是以定性分析为主,但本阶段的安全审计却是构建道路安全框架的重要环节。虽然道的微观设计参数是直接影响行车状态的指标,但其作用是在可行性研究中所确定的

技术标准与规模、技术方案的框架内实施的，因此这一阶段的安全审计应当遵循"承前启后"的原则，即"前"与路网规划中的安全审计相衔接，"后"能指导下一阶段的技术设计。这就需要针对本阶段安全审计所确定的改进方案，推测其在后续的设计阶段可能出现的安全形态。同时还要避免在接下来的工作中，对本阶段形成的安全要点产生遗漏或曲解。

2.技术标准

1）公路等级

公路等级选择的基本标准是预测交通量，在工程可行性研究阶段应分析交通量总规模、交通构成以及拟定的技术等级的通行能力，预测未来该道路的运营状况，例如负荷度、交通流构成、特定车辆对于该等级道路的适应性等，以便从中发掘潜在的安全隐患。

我国2015年1月1日实施的《公路工程技术标准》（JTG B01—2014）中规定，公路根据功能和适应的交通量分为5个等级：高速公路、一级公路、二级公路、三级公路、四级公路。

公路的安全审计不能替代公路等级划分标准，在实际的工程中，应根据预测交通量的规模，参照相关标准确定道路的技术等级，但在审计中应根据项目沿线城镇及人口分布情况、预测交通量、交通组成、项目功能以及在路网中的地位等，对拟定的公路等级从适应行车安全要求方面进行评价，并对其等级的选用进行评估和必要的校正。

2）设计速度

《公路工程技术标准》（JTG B01—2014）对设计速度的选用原则，如表10-4所示。

各级公路设计速度   表10-4

公路等级	高速公路			一级公路			二级公路		三级公路		四级公路	
设计速度（km/h）	120	100	80	100	80	60	80	60	40	30	30	20

由表10-4可见，同一技术等级的道路允许采用不同的设计速度，这主要取决于地形、土石方工程量以及工程投资等。因此，设计速度的选择不仅是以交通安全性能作为考虑因素，同时在初步确定了道路各段的设计速度的取值后，应对其可能潜在的安全隐患进行核查和评估。

除了《公路工程技术标准》（JTG B01—2014）中已有的对设计速度选用的安全认知外，在本环节的安全审计中，还应关注以下原则和要点：

（1）检查设计车速与路线各区段技术指标的取值，考察该处能否适应高出设计速度一定限额以内的车辆的基本稳定行驶需要。在平原微丘区，以小汽车高出设计速度30%的运行速度来考察道路方案各区段的技术指标，检验车辆在平曲线区段是否能保持正常的横向稳定，并且从汽车动力学角度分析不会驶出行车道之外，同时在纵坡坡段不致发生车辆纵向滑溜，这是安全审计可接受的下限。

（2）相邻路段的设计速度差不宜大于20km/h，在设计速度差大于20km/h的相邻路段间应设置过渡路段。过渡路段的长度应能够保证线形指标的过渡需要，并设置交通设施引导驾驶人员调整运行速度。

（3）平纵线形指标应与设计速度的一般值相适应，并至少在15km长的范围内保持连续性和均匀性。

3）路基横断面宽度

除技术标准中的指标外，在本阶段，安全审计主要考察横断面宽度在不同区段的变化。

新建项目应根据预测交通量及其组成，从行车安全角度评价新建项目路基横断面形式及其行车道、硬路肩、中央分隔带、路缘带等宽度的适应情况；分期实施项目应根据远景规划评价前期实施工程与后期预留工程对行车安全性的影响，改扩建项目应根据路基宽度和设施变化的协调性等情况，评价其对行车安全性的影响。

3.工程技术方案

1）技术指标

平、纵线形指标应与设计速度相适应。以大、中型货车通行为主的项目应尽量提高纵断面、横断面及平面设计指标值。分期建设的项目应注意近期工程对行车安全性的影响，改建项目应注意改建前后技术指标的协调性以及对行车安全的影响。

2）起终点的选择

根据预测交通量对路线起终点与接续道路的连接方式、交通组织等进行评价。就公路而言，起终点有两类，第一类是城镇，第二类是已有公路的起终点。

如果起终点为城镇，在安全审计中要确保公路与城市道路衔接时保持道路运行特性的平滑过渡，包括线形指标、设计速度、路面类型等方面的协调性。要避免城镇附近公路起终点过度商业化，如果短途车辆和本地车辆过多，则考虑设置绕城迂回段。如果起终点是已有道路的端点，应避免在起终点处造成错位交叉，如果形成了平面交叉口，也应尽量保证垂直相交。

起终点与其他道路相接时，应避免出现设计速度高于20km/h的落差，如果不能满足这一要求，要设置过渡段，使设计速度呈现"阶梯形"的变化形态，并且在未来的运营中加强速度管理。

3）平面交叉

根据地形条件、主线技术标准、相交道路状况、预测交通量等情况，对平面交叉口设置的必要性、形式、交通组织及交叉口间距等进行评价，其评价标准为尽量减少行车冲突点的数量。

公路路线平面交叉点的密度，最基本的控制要素是不能在基本路段上形成交织区。具体密度应以是否满足转弯交通量的需求为基准，但应考虑将来路网规划中可能新建的相交道路，考虑预留或分期修建的必要。主要道路上"T形"或"Y形"的支路进出口，应设置在距离四路交叉口至少50m以外的地方。封闭型高等级道路的路线方案，如果造成了相交的道路阻断，必须以辅道的形式加以接续。

4）互通式立交

根据路网条件、出入交通量及沿线城镇布局等情况，对互通式立交设置的必要性、形式、与被交道路连接方式，相邻互通立交、互通立交与隧道等大型构造物以及其他管理服务设施的间距等进行评价。当最小间距不满足现行规范要求时，应增设辅助车道及标志标线等安全设施。

5）跨线桥及通道

对于转向交通量不大或可忽略，但有一定穿行交通量的节点，应设置分离式立交，为地方交通提供机动车通道（包括下穿和上跨两种形式）。对未能设置平面交叉或互通立交的其他路线交叉口,应评价跨线桥或通道设置的必要性及设置间距的合理性。

6)施工期间的交通组织

公路改建项目在施工期间不中断交通或将主线交通量分流到相关道路时,应对施工组织方案的行车安全性影响及其采取的相应安全措施进行评价。

4.环境影响

1)气候

根据降雨、冰冻、积雪、雾、侧风等自然气候条件,对工程方案中不利自然气候条件下采取的安全措施进行评价。

2)不良地质

根据不良地质情况,对工程方案中不良地质条件下所采取的安全性措施进行评价。特别注意对路侧安全的审计,比如路线与地质裂隙的空间走向必须相交而不能平行,尤其是在深挖或半填半挖区段;高陡边坡的填方路段注意避免沿水库、河流、悬崖平行展布;山区公路急弯陡坡路段下方避免出现密集居住区,尤其是学校等。

3)动物

根据动物活动区域及动物迁徙路线,对设置隔离栅或动物通道的必要性进行评价。如果道路路线无法避绕野生动物保护区或动物频繁活动区域,则应设置足够的供动物自由通过的安全通道。

➡第三节 道路设计阶段的交通安全审计

道路设计一般可分为路线设计、路基设计、路面设计、道路构造物设计和平面交叉口设计。因此,道路设计阶段的交通安全审计可根据不同的设计内容分开进行。

一、路线设计的交通安全审计

道路路线设计(即几何线形设计)的交通安全审计,是国内外道路交通安全审计的核心环节,绝大多数的数量化模型及应用程序都针对这一阶段展开。

这个阶段交通安全审计的基本思路是根据路线设计方案,预测车辆在方案实施后的动态运行状况。根据多年的统计研究、机理研究、实验研究的成果,对道路几何线形的安全性能进行预测与评估,指出安全隐患的位置与形式,然后有针对性地消除隐患或推荐出更好的方案。

本阶段的安全审计,是根据传统设计规程初步确定道路线形方案后,再利用相关技术对这个方案进行安全性专项分析,因此它不能替代传统的设计规程,只是嵌入其中的一个增补环节。

1.技术标准回顾与评析

理论上,所有的路线设计方案在进行安全审计前都应该满足技术标准的要求,或者说至少没有违反技术标准所规定的指标。但就实践而言,以上要求难以完全保证。在路线设计的安全审计中,会发现若干违反技术标准的要素或方案,还会发现在一些技术标准中虽然没有明确条款,但却被经验或研究成果证明是不安全的设计方式。这是进行路线设计方案技术标准回顾的第一个目的。第二个目的是,如果没有出现上述情况,那么就分析路线方案中指标的取值与技术标准阈值之间的关系,它在规范允许区间内所处的位置以及这一位置所代表的安全取向特性等。这是进行技术标准回顾的关键作用所在,并且可以在此基础上探索改变某些设计指标,评估由于方案在规范区间内的调整所产生的安全性能的波动及其相关的成本效益分析,从而寻求更优的方案。

迄今为止,比较系统的技术标准回顾体系,是美国互动式公路安全设计模型(Interactive Highway Safety Design Model,简称 IHSDM)中的规范回顾模块(Policy Review Module,简称 PRM)。借鉴其思路,下面介绍一些能够普遍适用于各国安全审计实践的通用指标体系与审计内容。

1)通用指标体系

一个系统的技术标准回顾,一般包括横断面、平面线形、纵断面线形及视距四部分。

(1)横断面技术标准回顾。

主要内容有:行车道宽度(包括直线段以及带有加宽的平曲线段的行车道宽度),辅助车道的宽度(包括爬坡车道、超车车道、左转车道、右转车道),路肩宽度,路肩类型,标准行车道横坡坡度(核查对象为直线段的行车道横坡坡度),标准路肩横坡度,路侧净空宽度及边坡横坡度,标准边沟设计,桥梁宽度等。

(2)平面线形技术标准回顾。

包括平曲线半径、超高、超高渐变段、平曲线长度、偏角、合成坡度及直线长度。

(3)纵断面线形技术标准回顾。

包括纵坡坡度、坡长及竖曲线。

(4)视距技术标准回顾。

包括停车视距、超车视距及决策视距。美国各州公路与运输工作者协会(American Association of State Highway and Transportation Officials,简称 AASHTO)在2001年的规范中规定,决策视距是指驾驶所需要的某种特定的视线长度,以满足其侦测到一个预料之外的,或难以察觉的,或处于纷乱的道路视觉环境中的目标,并且能够及时认知其所处环境与潜在的危险,选择适当的速度与路径,正常地起动和操纵车辆并最终安全有效地完成驾驶行为。

2)技术标准回顾的通用步骤

技术标准回顾的实施,按照其应用技术可以分为人工与计算机辅助决策两种方式,不论是何种方式,都应包括如下步骤:

(1)制定技术标准推荐指标的清单。

以本国或本地区的技术标准、规范为蓝本,以技术标准回顾所需要的指标体系为框架,列举各指标的规范推荐值,包括极限最大值、极限最小值以及一般取值区间。

(2)路线设计方案的信息输入。

不论采用人工还是计算机软件,都需要按照特定指标的要求,将道路方案进行分段,然后再采集各区段的设计方案中的指标取值,以备对比分析使用。路线区段的划分应该包括两个层次;第一层次,按照设计标准或建设规模对路线加以整区段划分,以便区别不同的分析段落;第二个层次,按照几何线形对路线段落进行更详细的分解。完成区段划分后,即应按照技术标准回顾的指标体系采集方案的取值,并对其进行整理,然后添加到技术标准推荐取值清单中的对应位置。

（3）对比分析并给出结论。

将方案的实际取值与技术标准中的推荐值进行对比，并遵循从标准设计方案到特殊路段分析的逻辑顺序，对方案与技术标准的符合程度进行评估。在此基础上，给出评估结论，这个结论可以采用表格形式。表格中信息的主要内容包括经过规范回顾后的评注以及状态描述。评注是对某一个道路区段的方案取值与规范推荐值对比特性的总结与概括，而状态描述是对评注的解释。通常的技术标准回顾的结论如表 10-5 所示。

技术标准回顾的结论　　　　　　　　　　　表 10-5

评　　注	状 态 描 述
路线方案取值位于控制性技术标准区间以内	所有分段的取值都位于技术标准的推荐区间以内
路线方案取值超出了控制性技术标准，但可按照特殊情况加以接纳	区段的取值位于技术标准的推荐区间以外，但它符合特定的技术标准的特殊规定
方案中没有数据或安全审计人员无法获得	进行技术回顾所需要的数据缺失
无技术标准控制性取值	针对特定的情况，没有在该国或该地区技术标准中寻找到相应的规定

2.路线设计一致性审计

在道路设计中，设计者使用了许多技术来保障道路的安全性能，设计一致性的审计就是提高道路安全性能的方法。设计一致性是指道路几何线形设计既不违背驾驶人的期望，又不超越驾驶人安全操作车辆能力极限的特性。研究表明，如果道路的线形设计符合驾驶人的期望，驾驶人就很少发生驾驶错误。不一致的设计，可以被描述为道路的几何线形指标，或指标的组合方式对驾驶人的工作负荷或驾驶工作量要求异常偏高，超过了正常驾驶能力界限，致使驾驶操作紊乱失序，最终导致道路交通事故的发生。

最初的道路设计一致性研究方法来源于美国联邦公路局的早期研究"乡村双车道公路的平面线形设计一致性"，其核心成果是开发了基于平面线形指标的设计一致性分析模型，这是一个速度轨迹线模型。随后又进行拓展研究，除了继续拓展速度轨迹模型以外，还研究了另外三种一致性分析方式，即速度分布法、线形指数法、驾驶工作量与视线需求法。这三种方法已得到广泛的认可。

道路的设计一致性评价指标采用相邻路段运行速度的差值 Δv_{85} 及运行速度梯度的绝对值 $|\Delta I_v|$。运行车速的预测方法参考《公路项目安全性评价规范》（JTG B05—2015），评价标准如下：

（1）$|\Delta v_{85}| < 10 \text{km/h}$ 且 $|\Delta I_v| \leqslant 10 \text{km/(h·m)}$，运行速度协调性好。

（2）$|\Delta v_{85}| = 10 \sim 20 \text{km/h}$ 且 $|\Delta I_v| \leqslant 10 \text{km/(h·m)}$，运行速度协调性较好，条件允许时宜适当调整相邻路段技术指标，使运行车速的差值小于或等于 10km/h。

（3）$|\Delta v_{85}| > 20 \text{km/h}$ 或 $|\Delta I_v| > 10 \text{km/(h·m)}$，运行速度协调性不良，相邻路段需要重新调整平、纵面设计。

二、道路几何设计要素的交通安全审计

1.横断面设计安全审计

横断面设计方案中的安全审计项目有：行车道宽度（包括直线段以及带有加宽的平曲线

段的行车道宽度),辅助车道宽度(包括爬坡车道、超车车道、左转车道、右转车道、加速车道、减速车道、匝道等),路肩宽度,路肩类型,标准行车道横坡坡度(审计对象为直线段的行车道横坡坡度),标准路肩横坡坡度等。

各等级道路在横断面设计方案的安全审计在具体实践时具有不同的侧重。

(1)根据我国公路的特点,高速公路的审计重点应当放在中间带的宽度、中央分隔带的形式选择上,以及是否设置连续的紧急停车带。山区高速公路应重点审计爬坡车道设置的必要性。

(2)一级公路的审计重点是进出口区段。针对横断面设计的审计项目是转弯车道的必要性,转弯车道是否需要设置为港湾形式并设置交通岛。

(3)双车道公路横断面设计的审计重点为路肩宽度和路肩形式的选择,是否存在安全隐患。山区双车道公路的审计重点为平曲线段的加宽是否设置充分。

(4)城市道路横断面的安全审计必须根据道路的性能加以区分。城市主干路的审计内容与高等级公路相似。针对生活性的道路,如穿越社区的道路,需要根据机动车、非机动车、行人的共同安全利益进行审计,审计的重点是对混合交通安全的考虑。

道路横断面宽度发生改变的区段,对于各等级道路都是安全审计的重点。

2.平面线形设计安全审计

平面线形指标的审计项目包括:直线长度、平曲线半径、偏角、超高、超高渐变段、平曲线长度以及合成坡度等。

平面线形的审计重点是直线长度和平曲线参数。

(1)直线长度。《公路工程技术标准》(JTG B01—2014)规定直线的最大与最小长度应有所限制,并没有规定量化指标。但在其说明中指出,根据"西部地区公路运行速度设计方法和安全性评价与检验技术"等相关研究成果,评价公路平曲线中直线段长度的安全性,应主要依据检验直线段与相邻路段的运行速度的协调性。对于不得已采用长直线的路段,应注意采取限速、警示等管理措施。有条件时,视条件增加路侧视线诱导设施。

(2)平曲线段。高等级公路和城市快速干道,以前后区段的平曲线半径的顺适性作为审计重点,另外注意审计其超高渐变段的设置,尤其是存在突变点的位置需重点分析,看其是否存在安全隐患。高速公路应加强对过长曲线段和小偏角的安全审计。山区公路除审计曲线半径外,还要注意审计未设超高或超高不足的区段,是否存在安全隐患。山区公路的另一个审计重点是合成坡度。深挖方公路路段、建筑物密集区域的城市道路,重点审计平曲线段有无视距障碍。公路穿越城镇的曲线区段,则应分析其决策视距,重点分析该路段对横向干扰和其他突发干扰的可察觉特性。

3.纵断面线形设计安全审计

纵断面线形的审计项目包括纵坡坡度、纵坡坡长和竖曲线设计。

纵断面线形的审计重点是山区公路连续下坡的长度,专项评估重载车辆的行车特性。注意纵坡坡长与坡度的联合作用,避免出现坡度与坡长均未超标,但组合后形成"超级"坡道的现象。城市道路的纵坡坡度评估应考虑非机动车的行车需要。凸形竖曲线除传统的视距审计外,对于变坡点之外有支路汇入的,须重点审计其决策视距是否满足安全标准。

4.线形组合设计安全审计

除规范中建议的线形组合设计的注意事项外,对于组合设计进行分析的直接手段是对道路方案实施三维仿真。目前的道路勘测设计一体化软件,如德国的 CARD/1 已经可以实现互动的、实时的三维模型展现,在此基础上可以进行道路三维场景、视野、景观等的分析。

三、路基设计阶段的交通安全审计

1.审计项目

路基设计的审计项目为路基边坡、路侧净空区、路侧类型等。

2.审计重点

此处提及的路基,特指行车道之外的路基部分,即路肩边缘之外的区域,其中最主要的是路侧区域。路基安全审计的重点为:在求取特定路段的路侧净空区的需求宽度后,对比该路段在相应的路侧宽度范围内是否有障碍物。如果有,则应清除,避免车辆驶入净空区后,与坚硬的物体碰撞而发生交通事故。

除此之外,路段的车辆越出行车道界线之外的风险程度,也是审计的重点,因其是路侧碰撞的根源。

3.审计方法与规程

1)新建项目路基设计的交通安全审计

《公路项目安全性评价规范》(JTG B05—2015)中提出了路侧净空区(需求)宽度的计算方法,即计算路侧净空区宽度需要考虑的影响因素有运行速度、单向道路的 AADT、路基形式(填方与挖方)。如果道路为平面曲线段,还应附加调整系数。填方直线段的路侧净空区的测算如图 10-1 所示,挖方直线段的标准参见图 10-2,而平曲线段路侧净空区宽度调整系数(FC)参见图 10-3,曲线的净空带宽度采用直线段净空带宽度乘以曲线调整系数 FC 而获得。

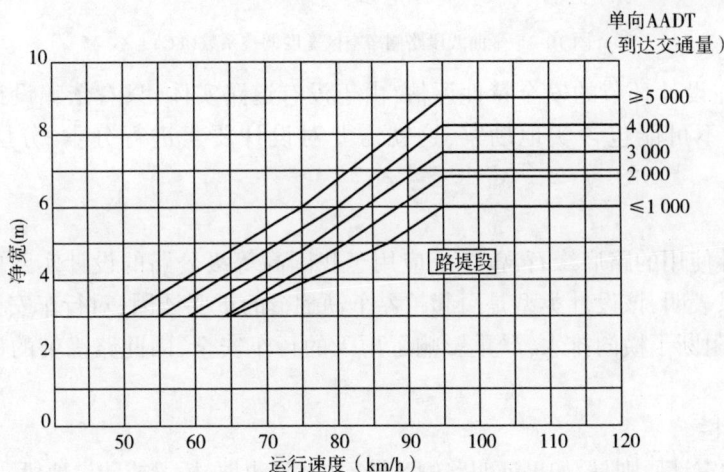

图 10-1　填方直线路段路侧净空区宽度

路侧净空区的宽度还受到路基边坡坡度的影响。《公路项目安全性评价规范》(JTG B05—2015)规定:填方坡度陡于 1:3.5 的边坡上不能行车,故该段路侧区域不能作为有效的净空区;当填方边坡在 1:3.5 和 1:5.5 之间时,驾驶人就有较多的机会控制车辆下坡,故可以利用 1/2 宽度的边坡作为净空区;当边坡坡度为 1∶6 或更缓时,整个坡面宽度均可作为净空区。

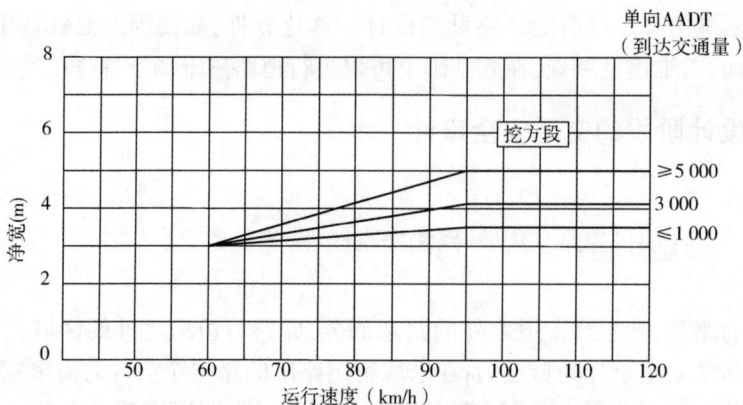

图 10-2　挖方直线路段路侧净空区宽度

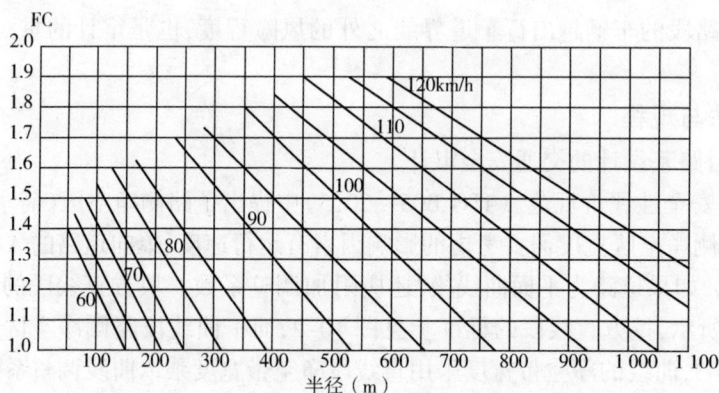

图 10-3　平曲线路段路侧净空区宽度调整系数(FC)

　　路侧区域在设计环节的安全特性评估,由于没有道路实体,只有依赖设计图纸和方案进行分析,因此不可能包含实地勘察,这就需要对设计要素进行分类、分层次进行逐个排查。

　　(1)路缘带。

　　为连续设计使用的路肩缘石,曾广泛应用于我国高等级公路的设计实践中。但国内外的安全研究结果表明,该设计类型是引起越界车辆翻覆的重要诱因,对行车安全构成比较明显的威胁,并且阻断了横向排水,严重影响了雨天的行车安全,因此路缘带的设计并不适用于公路。

　　(2)路边护栏。

　　路边护栏的审计原则是,如果证明路侧区域(如高陡边坡、桥梁或陡崖地段)是产生危险的重点,应以防护为主,重点测试设计方案所采用护栏的强度和消能特性,并且以大型载重车辆为实验对象。如果证明路侧区域没有较高的碰撞风险,则应以开放设计为原则。

　　路边护栏的端部设计是安全审计的关键部位。应避免尖锐的端头设计,必要时增加消能设施的设计,并且考虑护栏渐变段是否存在翻车的风险。

（3）路基边坡。

针对我国的工程实践，审计的重点是预防高陡边坡的频繁使用。我国形成的高等级公路采用高路堤的设计惯例，不但增加了工程数量，而且也是行车安全的隐患。在平原地区，应着重纠正这种设计趋势。

（4）边沟。

铺砌的边沟，如果是矩形横断面，可能成为车辆卡塞或翻车的危险点，因此在安全审计中要以重型货车为对象，考察上述现象的可能风险。

（5）路侧区域。

根据路线设计方案与地形、地物特征，应用路侧区域危险分级标准，对路侧设计方案进行预测性的安全分级，如表10-6所示。

路侧危险分级标准表　　　　　　　　　　表10-6

危险等级	分级标准
1级危险	自路面边缘线以外拥有≥9m的路侧净空区；边坡坡度缓于1∶4；路侧表面可复原（有草本植被）
2级危险	路面边缘线以外的路侧净空区的宽度介于6~7.5m；边坡坡度大约为1∶4；冲入路侧的车辆能够返回行车道
3级危险	路侧净空区宽度约为3m；边坡地皮大约为1∶3或1∶4；路侧表面粗糙（土质表面）；路侧边界构造物允许冲入路侧的车辆返回行车道
4级危险	路侧净空区的宽度介于1.5~3m；边坡坡度大约为1∶3或1∶4；可能有护栏（距离路面边缘1.5~2m）；净区间可能有树木、柱杆或者其他物体（距离路面边缘1~3m）；路侧边界构造物不会与车辆碰撞，但增加了车辆翻覆的概率
5级危险	路侧净空区的宽度介于1.5~3m；边坡坡度大约为1∶3；可能有护栏（距离路面边缘0~1.5m）；路面边缘线外2~3m处可能是路堤边缘，或者有坚硬的障碍物；冲入路侧的车辆不能返回行车道
6级危险	路侧净空区的宽度≤1.5m；边坡坡度为1∶2；无护栏；路面边缘外0~2m范围内有坚硬的障碍物；冲入路侧的车辆不能返回行车道
7级危险	路侧净空区的宽度≤1.5m；边坡坡度为1∶2或更陡；路侧有峭壁或陡直的悬崖；无护栏；冲入路侧的车辆不能返回行车道，且有发生严重碰撞的高危险性

对于危险等级为4、5的路侧方案，重点考虑路侧交通标志的柱杆是否应该外移，路边护栏是否必要，以及改变路侧绿化的方案，将大型树木外移，并且在路侧区域的表面增加草本植被。

对于危险等级为6的路侧方案，考虑改变边坡坡度，或增加护栏的强度与高度，或改变护栏的材料。

对于危险等级为7的路侧方案，重点从路线与路侧联合设计的思路解决问题，减少车辆越界的概率。对于路堑区段，应增加警告标志和防撞设施。对于高陡路堤区段，如果路外是山崖或河湖水体，应考虑增设防护墙的必要性。

2）改建项目路基设计的安全审计

（1）路基高度的调整。

旧路路线经过稻田、沼泽地、塔头地等潮湿地带，如果路基高度不够，路基会长期受地表水和地下水的影响。这时应提高路基高度，使路槽底80cm范围距水位尽量远一些，以保证路基的强度和稳定性,必要时还应因地制宜,采取疏通措施或增加排水设施,以降低地下水的高度和防止地表水的渗透。

(2)沿河路基的调整。

对于水害严重的沿河路基路段,除采取提高线位的措施外,必要时需考虑改变横断面设计,使道路中线内移,以消除水害威胁。

(3)边坡处理。

旧路路基的边坡,由于受自然因素及人为因素的影响,常产生变形、塌方,既直接危及路基的稳定,又使其边沟阻塞。改建时,根据路段的实际情况,采用刷坡、护面、放缓边坡、增设截水沟等措施。如边沟经常出现碎落、塌方等现象,致使边沟阻塞时,应采取增设碎落台或放缓、加固边坡等措施。

(4)路基加宽。

公路如需加宽路基时,加宽方式有单侧加宽和双侧加宽两种,各有优劣,适用于不同场合。若为山区公路路基,地表横坡不大,为保证路基稳定性,通常将设计中线移向山坡上方,使用挖方地带加宽路基。

四、路面设计阶段的交通安全审计

1.审计项目

路面设计阶段的审计项目包括路面类型、路面等级、路面排水、路面性能等指标的预测与评估。

当路面类型改变时,过渡段是安全审计的重点;旧路改建时,路面病害是安全审计的重点。

2.审计内容、原则与方法

1)路面等级的选用

路面等级的选用遵循表10-7的原则,在审计中须将路面设计方案与该原则进行比较。

路面等级选用原则 表10-7

公路等级	高速公路	一级	二级	三级	四级
路面等级	高级	高级	高级或次高级	次高级	中级或低级

2)路面面层类型的选用

路面面层类型的选用遵循表10-8的原则,在审计过程中,须将路面设计方案与该原则进行对比。

路面面层类型选用原则 表10-8

面层类型	适用范围
沥青混凝土	高速、一级、二级、四级公路
水泥混凝土	高速、一级、二级、四级公路
沥青灌入式、沥青碎石、沥青表面处理	三级、四级公路
碎石路面	四级公路

3）预测特殊状态下的路面制动性能

路面设计阶段，除按规范要求对路面材料和面层结构进行取样和实验分析之外，在安全审计环节中，还应重点对特殊状态下路面制动特性的改变加以分析。

4）审计平曲线段路面的横向抗滑特性

在路面设计的安全审计中，应当结合平曲线的线形设计，考虑特定路段是否存在车辆横向滑移的危险，并且在积水、积雪的情况下，这种危险会增加到何种程度。如果必要，则需要调整几何线形指标，或改变路面面层的材料与结构，增大横向附着系数。

5）路面过渡段

对于路面类型发生变化的区段，如由公路的沥青混凝土路面，转变为城市道路的水泥混凝土路面时，应设置路面过渡段。路面设计审计时，应预测过渡段纵向及横向摩擦系数的变化情况，总的审计原则是力求摩擦系数平滑渐变，不应有跳跃。不同类型的路面分段长度不应小于 500m。

6）路面排水

城市道路中应当考察平坡的长度及其路拱横坡度，必要时应有意识地设置纵坡起伏，以利于纵向排水，减少雨天的事故隐患。

7）改建项目的路面设计

当车辆内外侧车轮处在不同摩擦系数的路面时，会影响正常的行车方向，从而造成危险。因此，部分路面进行重新铺装时，应当进行安全审计，避免出现路幅横向范围内摩擦系数有梯度的情况。

五、道路构造物的交通安全审计

1.桥梁

1）审计项目与要点

桥梁的安全审计项目包括桥头跳车、桥面铺装、桥头接线、桥上护栏、桥梁基座的端口设计等。

检查结构物与路基的连接，是否会出现桥头跳车情况。低等级公路的桥梁护栏必须增加防撞强度或改变桥头接线的设计，即改变桥梁护栏的刚度，使其具备物理性的防撞功能，或者消除桥头接线的弯道，将桥梁的前后接线均置于直线段。

桥面铺装的材料与结构在设计阶段需进行试验，评估它与邻接道路路面的摩擦系数特性是否存在显著差异。如果有，则应改变其中之一的路面设计方案，以满足顺适的要求。

考察桥梁基座的碰撞概率，必要时应该在桥梁端头设置防撞设施。

当桥梁由于工程造价或其他技术难题导致不能设置硬路肩时，应根据行车安全的需要，评价设置紧急停车带的必要性及其合理间距。

根据桥梁所处位置与相邻地区的行人交通需求，考察在桥梁上设置人行道的必要性。如果条件允许，均应将人行道作平台式设计，使其与行车道有高差，设置人行道的桥梁护栏，其高度要以行人的安全心理感受为准。

城市跨线桥下如有平面交叉口，应核查该交叉口的视线是否受到了桥墩及其他构造物的遮挡。

桥头或桥头接线段有凸形竖曲线的情况,其桥下接线段不宜设置平面交叉口,尤其是不能引入支线的进出口。如果受道路网的限制必须设置,则应在变坡点之前加以警告。

2)设计一致性检验

桥梁段设计速度按批准的项目技术标准采用;桥梁两端接线路段运行速度按两端接线路段加无桥梁状态下相同技术指标的等长度路段连续计算。根据运行速度预测方法对接线路段的线形特点(直线起终点、平曲线起终点及中点、竖曲线变坡点)进行双向运行速度预测。

桥梁设计速度与接线路段的运行速度之差大于或等于 20km/h,说明桥梁设计的一致性较差,需要重新设计接线路段。桥梁设计速度与接线路段的运行速度之差为 10~20km/h,桥梁设计的一致性基本合格。条件允许时,可适当提高接线路段的平面、纵断面、横断面技术指标;条件困难时,应在接线路段设置减速措施。若桥梁设计速度与接线路段的运行速度差小于或等于 10km/h,说明桥梁设计一致性较好。

2.隧道

1)一般审计项目

隧道的审计,首先要实施与桥梁审计相似的项目。具体包括隧道路面、隧道横断面设计中对行人与养护作业必要性的考察、隧道与紧急停车带或路肩的设置、隧道端口的安全防护等。

隧道的设计一致性判定,采用与桥梁设计一致性相似的方法与标准。

2)特殊安全审计

(1)衬砌。

隧道壁的衬砌划分为无衬砌、单一衬砌及复杂衬砌 3 种方式。需要根据隧道的长度、所处道路的等级、隧道设计方案的成本效益指标及景观效果来确定。

在项目投资允许,并且成本效益指标较好(交通量大的隧道,其国民经济效益与财务效益可能较好,因此允许进行更大的投资)的前提下,复杂衬砌的安全性优于单一衬砌。对于特大型隧道,可以对衬砌方案进行三维模拟分析,评估特定方案下驾驶人的工作量及用路者的行车感受,选择优化的方案。

(2)通风及照明。

根据隧道的位置、长度和交通量状况,评价设置通风、照明设施的必要性和合理性。其中隧道照明必须实行亮度过渡设计。

(3)隧道内的交叉。

隧道技术比较发达的西方国家,在隧道内设有平面交叉。在此情况下,隧道内的交叉口应相互拓宽,并且加强照明和标志。其中的标志须多层次、多方位、多角度地设置。

隧道内的平面交叉口必须设置信号灯,以时间分隔方式疏导相交车流。

(4)控制与服务设施。

除上述隧道内的信号灯控制外,长隧道内必须设置消防与自我救援设施。特长的隧道内,需要设置拓宽的临时停车区。跨海隧道等超级隧道,须设置加油站及休息区,同时,跨海隧道还应设置备用通道。

3.收费站

收费站的安全性能主要在于它与线形设计的适配性。在设计阶段,要根据初步拟订的收费方案,利用排队论的方法,推算收费站的排队长度,以此评估收费站的进口通道宽度、收费口数量、等候区长度等是否满足需要。

收费站进口与出口区域均需设计速度控制与车距引导方案,需分析标志、标线、速度限制以及减速路面设置的必要性。

收费站交通岛前应设置防撞设施。同时,应核查收费站设计方案中照明设施的充分性。

4.其他交通服务设施

高速公路服务区、停车区的间距以连续行车的控制性时限为准,具体间距的把握除以规范为准外,还应对车流构成、不同通车年限内的交通流量变化水平及不同的速度区段加以定量化的推算。服务区内的进入区域、停车区域、服务区域、驶出区域,必须在空间上有充分的分离,并且增强标志、标线,以疏导车流。

高等级公路的观景平台必须设置为路外的港湾形式,以预测交通量为基础,以大型货车为对象,分析停车区域的宽度、长度是否合适。

六、交叉口的交通安全审计

在道路网中,各种道路纵横交错,必然形成许多交叉口。交汇道路上的各种车辆和行人都要在交叉口汇集、通过或转换方向,由于它们之间相互干扰,会使行车速度降低,通行能力减小,交通事故风险增大,因此,交叉口是道路交通的咽喉。统计表明,不论是公路还是城市道路,平面交叉口都是碰撞风险较为显著的地点,因此对它的安全审计也是整个审计体系中的一个重点。

采用立体交叉是解决交叉口交通问题最彻底的方法。它将相互冲突的车流从空间上分离,使其互不干扰,为高速、安全、大量行车提供了可靠保障。立体交叉主要由跨线构造物、正线、匝道、端部(道口)以及交通设施等部分组成。由于跨线构造物和正线同时也是道路路段的一部分,其安全审计应当在道路规划设计中解决。

交叉口安全审计主要对以下项目进行安全审计:

1.平面交叉口

(1)平面交叉形式(加铺转角、分道转弯、扩宽路口、环行、渠化)所采取的设计原则,是否能适应相交道路的交通量?

安全审计要点:平面交叉设计所采用的形式,其位置是否与地形相适应,相交角度太小时,采取了哪些技术措施,是否适应道路等级要求,以及车流流向能否达到安全畅通等,对这些方面均应作出适当的评价。

(2)平面交叉范围内的纵坡,受地形限制而采用较大纵坡时,有无安全措施?

安全审计要点:在平面交叉范围内相交道路的纵坡及竖曲线,能否满足规范要求;连接端路拱高程的变化是否平顺及排水是否通畅;紧接该段的纵坡采用较大值时所采取的技术措施是否合适。

(3)平面交叉点前后,各相交道路的停车视距长度所构成的视距三角形范围内,是否保证通视?

安全审计要点:根据相交道路等级的设计速度计算停车视距绘制视距三角形,在三角形内的障碍物(如土堆、建筑物等)是否清除以达到通视的要求;检查相交道路的平、纵、横三面是否满足各等级道路的设计速度所需求的识别距离。

(4)平面交叉的圆曲线半径,是否能适应相交道路的设计车速?

安全审计要点:相交道路的等级及所采用的设计速度,与采用的圆曲线半径是否相适应;按渠化设计或扩宽路口设计,车辆变速的加、减速车道长度是否能满足要求。

(5)加铺转角边缘的圆曲线半径,是否能限制车速,达到停让的效果?

安全审计要点:加铺转角的边缘半径(如圆曲线、回旋线与复曲线),对不同路基宽度所构成的圆滑弧形,是否满足设计车辆的行驶轨迹要求;对斜交的处理,是否形成平面交叉的路面过大,是否能有效地约束车辆的行驶轨迹。

(6)交通量大,转弯车辆多,对分道转弯是否采取了相应设计措施?

安全审计要点:了解相交道路等级、交通量大小及相交角度等,是否适合分道转弯。对交通量大、转弯车辆多的交叉口,所采取的设计措施能否适应车流安全出入交叉口。

(7)附加车道的设置条件,是否能适应相交道路等级及相应交通量的需求?各项技术指标是否满足规范要求?

安全审计要点:转弯车道的车速与线形应协调;左转弯需扩展主线的渐变段长度,不致使主线车速发生偏移感;变速车道与相交道路的等级是否相适应。

(8)渠化设计中,所采取的交通岛及分隔带设施,能否达到疏导车流的目的?

安全审计要点:检验导流岛的位置、大小及数量,以使其安全而准确地诱导交通流;导流车道的宽度是否恰当;分隔带设计的原则及效果如何。

(9)导流岛的细部设计和端部处理,是否能安全而准确地引导交通流?

安全审计要点:导流岛的偏移距和内移距,旨在使车辆分流时避免碰撞导流岛,而且在发现错误分流时有返回的余地。如果主干线硬路肩大于偏移距时,也可以取硬路肩作为偏移距。导流岛的尺寸不宜过小,一般不应小于 $7m^2$。

(10)环行交叉处的地形,平、纵面线形及交角等条件,是否能满足环道设计要求?

安全审计要点:环形交叉的交角、平纵线形是影响环道运行及排水的主要因素,可结合地形,使其视距良好、排水通畅、行车顺适及与环境协调,并注意环道外缘的线形变化。

(11)环形交叉中心岛的形状和尺寸、交织长度、交织角及车道数,是否能适应交通量及车速的安全行驶?

安全审计要点:对环道设计的计算,主要取决于环道设计速度,可根据相交道路等级选取;其次还取决于相交角度及相交道路数,依此选定环岛的形状和大小。从而检验进环、出环车辆在环道行驶时,互相交换车道所需的交织距离、交织角及环道车道数和宽度,以期适应交通量及车辆的安全行驶。

(12)平面交叉转弯处的纵坡、横坡和高程,是否与相交道路相适应,保证路面和边沟排水流畅?相交道路路面径流和边沟水会不会流到交叉口路面上?

安全审计要点:平交转弯车道的转变端部,纵、横坡与高程应与主干路协调。否则将会影响主干路的路面平整度,造成行车颠簸的不安全感;其次由于平交处路面面积较大,应做好竖向设计,疏导路表水及径流水。

(13)平面交叉口范围内的路面铺装,其连续性是否一致,是否影响路面整洁?

安全审计要点:当交叉口范围均为水泥混凝土路面时,对交叉口接缝的布置是否恰当;当主干路为水泥混凝土路面,交叉口为沥青路面时,其相接处的处理措施能否满足要求。

(14)道路与铁道相交时,道口两侧的道路水平路段长度、纵坡及其视距,能否满足汽车停放和安全制动、起动的要求?

安全审计要点:道路与铁路平交时,除注意各项技术指标外,还必须设置相应的信号灯、各项标志及防护措施。

2.互通式立交

(1)交叉选型是否满足交通功能要求? 连接主要交通源是否便捷畅通?

(2)两相交公路的平纵线形指标、相互位置、视距要求是否能满足技术标准、不影响安全行车?

(3)匝道进出口及匝道的线形指标是否能适应该等级互通式立交的设计速度和服务水平?

(4)加减速车道、渐变段等设计及其与主线的连接是否合适?

(5)匝道横断面设计是否能适应通行能力?

(6)立交是否具有一定的容错能力?

3.可视性

(1)进入交叉口的平纵线形是否满足可视性的要求?

(2)是否能保证驾驶人进出交叉口和在交叉口内的视距?

(3)道路使用者的视线是否会被下列物体遮挡:安全护栏;隔离设施;交叉口周围的建筑物或其他物体;停车设施;交通控制设施及安装结构物;道路景观;桥台;广告牌。

(4)铁路道口、桥梁和其他危险路段对道路使用者是否明显?

(5)是否有局部特征影响可视性?

(6)交叉口视线是否会被永久或临时设施如路侧停车区的车辆、停止交通或排队交通等遮挡?

4.可读性

(1)驾驶人是否有适当的时间识别交叉口类型、功能和主要交通管理与控制设施而不影响道路安全?

(2)是否存在让道路使用者误解或难以理解的交通信息?

(3)交叉口周围及内部有无分散驾驶人注意力的物体?

5.排水

(1)交叉口有无积水的可能性?

(2)排水是否畅通而不影响路面抗滑阻力?

第四节　道路施工阶段的交通安全审计

一、道路施工阶段交通安全审计的意义

在公路与城市道路新建、改建、扩建、重建以及维修养护项目中,施工阶段是一个十分重

要的环节。对于新建道路工程,其施工阶段的交通安全问题主要发生在施工作业区范围以内。对于其他性质的施工项目,在多数情况下,施工过程中不中断原有道路的交通,施工作业区本身即成为该路段的交通障碍和事故隐患危险源。这时,施工阶段的交通安全问题就不能局限于施工作业区内,还需要扩展到周边区域。如图 10-4 所示,由于局部道路养护施工,对远行车辆造成障碍,如果没有完善的交通组织和安全设施,很容易引发交通事故。因此,有必要对道路施工阶段进行安全审计,采取完备的安全防范措施,减少交通事故的发生。

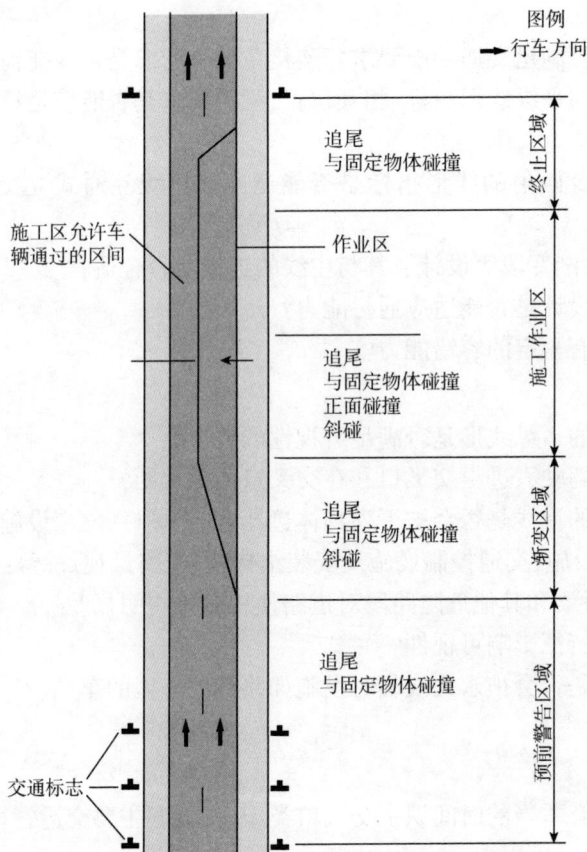

图 10-4 养护施工区的构成及典型的交通事故示意图

二、道路施工阶段交通安全审计的内容

道路施工阶段的交通安全审计分为新建道路时的交通安全审计和养护施工时的交通安全审计。审计的内容主要包括:施工场地安全布置审计、工地运输道路交通安全审计、临时维修养护施工的交通组织设计安全审计。

1.施工场地安全布置审计

(1)施工现场的临时设施布置,是否符合防洪、防水、防风、防雷、防泥石流、无崩塌的安全场地条件?

(2)易燃易爆仓库,炸药库、油库等与其他建筑物是否保持有一定距离? 有无安全防护设施?

(3)生产生活用房、临时锅炉房、发电机房、变电室、铁工房等,是否按防火规定保持安全距离? 有无安全预防措施?

(4)施工现场内的坑、沟、水塘等边缘有无安全护栏?

(5)生产生活用水水质是否经过鉴定符合标准? 水源是否有防污措施?

2.工地运输道路

(1)各种运输道路的路线技术标准是否符合安全行车标准?

(2)各种运输道路是否设有安全标志? 繁忙路段是否有人指挥交通?

(3)各种运输道路与铁路交叉处是否有人看管? 是否设有信号和落杆?

(4)夜间施工运输道路是否有照明、防护设施?

(5)临时便桥是否经过设计、牢固可靠?

3.临时维修养护施工的交通组织设计安全审计

(1)当道路施工影响范围放大时,交通组织是否利用了报纸、电视等新闻媒体,提前做好宣传工作?

(2)是否根据需要设置了道路交通安全设施?

(3)交通标志是否放置在易见的位置?

(4)在夜晚或出现恶劣天气时,警告标志和其他设施相应位置是否设置了闪烁警告灯?

(5)在大型的施工项目中,是否考虑了设置雷达测速设施的必要性?

(6)交通导流方案是否考虑了转移道路的通行能力,能否满足需求?

三、施工区交通安全审计支持技术

施工区的安全审计,在比较复杂的案例中,需要借助于一定的数据采集与定量化分析技术、辅助安全审计员对施工组织方案进行评估,确定它的风险程度、对交通流的干扰程度以及安全保障设施的功能等。

根据施工区对安全的主要影响,确定需要进行定量分析的主要指标包括:第一,施工区的车速变化形态,这反映出交通流由于施工所产生的波动,而这个波动正是车辆碰撞的直接诱因,速度波动的形态,能够反映出施工区潜在的风险程度。第二,施工区交通流的冲突及车道占用状况。如果能够借助一定的仪器设备,采用一定的技术,收集施工区周边地区的交通冲突现象,以及在施工区前端车道的占用情况。第三,施工区物体及人员的识认特性。从驾驶人的角度检测施工区内的车辆、设备及人员的可辨识特性。第四,对施工人员的调查分析。从施工人员角度,对施工区安全状况进行评估和分析。

1.数据采集的方法

1)车速

车速数据的采集主要采用两种手段:雷达枪测速仪和交通流检测器。雷达枪采集的数据,用以确定通过施工区的车辆在自由流状态下的行车速度。利用在施工区不同地点所采集的数据,可以对比自由流状态下车辆的速度变化。交通流检测器用来监测在各种非自由流状态下车流的状况,包括车速及车型。通常使用的检测设备有:气压管式或压电式传感器、微波检测器、激光检测器等。在不同的地点,使用多套检测器同时运作,可以掌握施工区各点的交通流状态。

2）视频数据

视频数据的采集，可采用两种不同的方案检测交通流冲突及车道分布数据：第一种是移动的视频采集，即在拖车上设置一个标杆，其上装有摄像头，在车辆运行过程中采集周边的视频信息；第二种是手持式的摄像机，用以获取近距离的影像。

在施工区进行的视频数据采集的目标有两个：第一为冲突现象，这是交通风险的最直接体现。在施工区的安全分析中，所需要关注的冲突行为包括超车冲突和变换车道冲突。第二为车道占用情况，主要是监测封闭车道的上游车道上的车辆比例，以分析需要变换车道车辆的比重及可能造成交通紊乱的程度。

3）识认性检测

以驾驶人为起始点，以施工区的人或物体作为观察目标，评估它们在驾驶人视野中的方位及色彩对比等特点，进而评估施工区人员和设施的可识别性水平。

4）施工人员调查

直接访问施工人员，记录他们对待定设施、施工组织方案的评价，从中掌握该施工项目的安全特性。

2.数据分析

在现场数据采集的基础上，对数据的分析一般围绕所要评估的目标开展。例如，车速数据常用于对某项限速标志的功能进行评估，首先采集标志"设置前"和"设置后"两种情况下的车速，然后以该设施上下游的"速度落差"为评估指标，对车速进行"前后对比分析"。如果设置后的速度落差显著大于设置前，说明该标志的功效明显。反之，则认为该标志的功效较差，需要对它的设置方案，如设置方位、色彩、文字、其他标志的匹配方案等进行调整。速度分析的过程需要循环进行，直到取得满意的结果。

如图 10-5 所示为对"振动减速带"设置方案而进行的速度分析，速度数据利用压电式检测器获取。图中虚线代表设置振动减速带后的速度曲线，而实线代表设置前的情况。

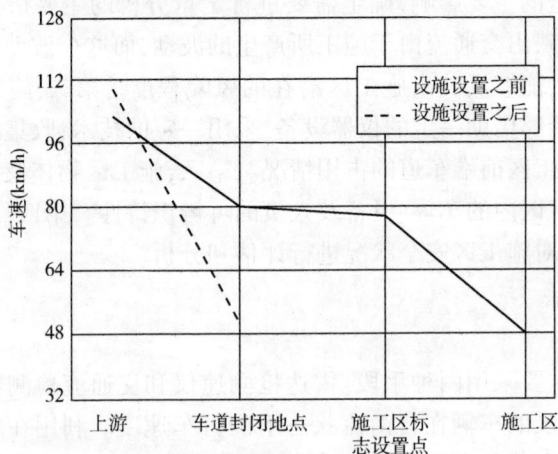

图 10-5　某施工区"振动减速带"设置前后的车速数据对比

图 10-5 中的分析结果表明，在这个案例中，振动减速带起到了非常显著的效果。在设置前，从施工区上游到标志设置地点时，速度才下降到大约 80km/h；而设置后，在车道封闭

点,车速就已经下降到了 48km/h 左右。未设置振动减速带时,在施工标志牌之后,车速才有明显的下降。这种发生在施工作业区的车速大幅度波动正是事故风险提高的征候。因此,可以认为设置了振动减速带后,该施工区的潜在安全特性得到了改善。

对于施工区交通冲突等现象的评估,需要对视频数据进行统计分析。同样采用"前后对比法",评估某项安全带措施应用前后冲突现象有无明显好转,冲突指标采用该项设施上游、下游冲突数目的落差。

对于施工区识认特性的判断,除进行现场检测外,也可借助图像分析技术。将现场的光度检测变为照相取样,然后利用计算机图像分析技术检测不同施工区组织方案,在相同背景下的"视觉对比"效果,以确定方案识认特性的优劣。对于规模较小的施工项目,可以简化定量化的光度检测和计算机图像分析,以人工分析图形的方法,定性地分析不同的施工标志、不同的渠化或不同的人员着装方案,最终选择视觉指标较佳的方案。

四、施工区的施工组织设计

工程开工前,施工单位必须先进行施工组织设计。施工组织设计需考虑到施工地段的地形、地质、水文、气象等情况。在编制施工组织设计时不仅要注意自身的施工安全,而且必须保证其影响范围内的道路交通安全。因此在施工组织设计时需注意以下几点:

(1)施工单位必须按照规范规定,建立健全的各级安全管理机构,设立专职或兼职安全审计人员。

(2)参加施工的人员应接受安全技术教育,熟知和遵守本工种的各项安全技术规程。

(3)施工人员在施工中必须按照规定穿戴防护用品,不遵守规定者不得上岗。

(4)施工现场必须设置足够的消防设备,施工人员应熟悉消防设备的性能和使用方法,组织起一支经过训练的义务消防队伍。

(5)重要的安全设施必须执行与主体工程同步设计、同步施工、同步验收、同步投入使用的原则。

➡第五节 道路运营阶段的交通安全审计

一、道路运营前的交通安全审计与验收

在道路运营前,安全审计员需对道路进行认真的现场勘查,并且作为项目验收的必要环节之一,需纳入项目的评审报告。

道路运营前的验收周期一般较短,并且在设计环节中已经对各个安全项目进行了定量分析。因此,在道路运营前的安全审计中,不应该遵循道路设计阶段与道路施工阶段的安全审计思路,否则会造成审计活动本身的重叠,延误使用。道路运营前的安全审计,重点应以现场检验为主。

1.路线安全检验

道路运营前,安全审计员应该分别乘小汽车、大型货车在道路上实地运行,考察路线的一致性。考察的内容包括:在设计阶段经过了重点核查,并被认为可能存在的潜在隐患的路

段;记录车速表上显示的车速值,并将前后区段的数值加以对比,分析在实际行车中的车速波动。

在路线勘查过程中,有条件时,安全审计员应自行驾车,完成道路试用全过程。这样,他可以记录自己驾驶工作量产生较大波动的地点,并及时停车,记录此处的驾驶感受,然后与该处的道路条件及环境条件相对照。

对于在设计阶段中没有定量化深入研究的指标,如长直线段的速度是否会上升、长下坡段的制动性能是否会衰减等进行重点体验,并且记录特定地点的车速数值。

视距特征是检验的另一个主要项目。在重点路段,可以采用模拟试验的方式,体会弯道、凸形竖曲线等特定路段是否存在视线障碍,分别体验超车、会车时的视距特征,描述道路视距的实际情况。

2.路面及路侧净空的安全检验

在重点路段,可使用摩擦系数测量仪,测定路面的抗滑特性。如果条件和时间允许,应当在雨天对路面重新进行重点检验,确定道路在雨天的运行特性。

重点考察路侧净空区的宽度与潜在隐患。对于重点路段,需要进行精确丈量,体会路侧的容错程度,并记录重点路段可能存在的风险。

3.平面交叉口的安全检验

平面交叉口未正式投入运营前,仅由审计员乘坐或者驾驶车辆无法体会到交叉口内的交通冲突,也难以评估设施的供需性能。关于这方面的特性,必须在之前的设计环节中,通过定性的方案分析和定量的模型预测,必要时结合微观仿真手段加以深入研究。而在运营前的检验中,应以体会交叉口的视距特征为主,分别从不同的转弯方向上体会交叉口的视距状况,必要时应丈量行车轨迹线与障碍物的距离。

4.立交桥的安全检验

立交桥运营前检验重点是分流点、合流点、匝道和辅助车道,体会立交桥主线与匝道的纵坡和平曲线半径是否顺适。在北方地区,应预测其在结冰、积雪环境下的运营特性。

城市跨线桥的进出口和桥下区域的视距是检查的重点。对于进出口,应着重分析其加速车道或减速车道的长度,及其与行车道的分隔方式是否充分安全。

5.非机动车及行人的安全检验

除驾车检验外,另外一个不可缺少的重要环节是在城市道路及公路的城镇化区段,分别进行自行车、行人的安全检验。其中,行人需要分别考察穿越道路的安全性以及人行横道的安全性能。

对于城市道路,要关注弱势群体的交通需求,考察与此相关的安全隐患。考察交叉口信号灯配时方案,看其能否满足行人过街的通行需要。

6.景观体验

道路景观与行车安全之间存在着一定的关系。因此,在道路投入运营前,应结合景观分析,考察其安全特性。重要的道路,还应对动态景观进行实验研究。必要时,可采用视频监视器或其他的设备,记录驾驶人的视线和生理、心理波动等,对道路景观中存在的单调、干扰、压抑等隐患进行排查。

二、道路运营阶段交通安全审计的内容

1.道路技术指标安全性能的监控与审计

1)路面平整度安全审计

检查路面平整度,可以用路面平整度测量仪进行测量,通过计算得到平整度指标 Prl,用于衡量路面平整度的优劣。道路平整度安全监控,如表10-9 所示。

道路平整度安全监控 表10-9

路面平整度指标 Prl(cm/km)	路面平整特性	相 应 措 施
3~16	优良	—
16~85	合格	加强日常维护质量
>85	低劣	采取路面改造措施,或利用限速标志等手段确保行车安全

2)道路横坡安全审计

经过运营后,道路横坡出现下述问题应采取改造措施,保证行车安全:

(1)道路横坡小于 1%或大于 3%时。

(2)中线产生偏移。

(3)应设超高而未设或出现反超高时。

3)沥青混凝土路面的安全缺陷

(1)翻浆。

路面、路基湿软,出现弹簧、破裂、翻浆等现象,对行车安全危害较大,在冬末春初时应特别注意。

(2)波浪与搓板。

路面纵向产生连续起伏,峰谷高差大于1.5cm 的变形,将使车辆产生颠簸。这种颠簸随着车辆前行而叠加、加剧,最终可能导致车辆失控。

(3)沉陷。

路基、路面的竖向变形,路面下凹深度在 3cm 以上。沉陷是跳车的诱因,严重危及行车安全,在坡底、桥头、雨天等特定情况下的影响更为严重。

(4)车辙。

轮迹处沥青层厚度减薄,削弱了面层及其路面结构的整体强度,易于诱发其他病害;雨天车辙内积水易导致车辆出现飘滑,影响行车安全;在冬季车辙槽内聚冰,降低路面的抗滑能力,影响行车安全。

4)水泥混凝土路面的安全缺陷

(1)沉降。

软土地基是产生沉降较为严重的地点,可考虑改用沥青混凝土。

(2)裂缝。

路面板内长于 1m 的开裂,不同程度地影响着行车安全。

(3)错台。

接缝处相邻两块板垂直高差在 8mm 以上,造成车辆侧向颠簸。

2.安全设施的维护

1）设置位置

指路标志设置位置与所指地点间的距离，称为先行距离，其值影响着标志效用的发挥。先行距离必须取值合理，不合理时应予以调整。例如，平面交叉口指示标志一般超前约30m，预告地名一般在300m左右。

安全标志柱位置与行车道横向距离过近，易引发碰撞立柱事故，应将标志位置适当外移。当收费站等处标志杆频繁受撞时，可尝试采用"摆脱式"标志柱（柱体下部铰接，车辆碰撞后标志上部脱离，可减轻事故后果）。

2）支撑类型

标志的支柱种类有单柱、双柱、悬臂式、门式和附着式，共5种。

采用门式支撑，标志位于行车道上方，识认性较强，适用于重要的指示信息。因此，识认性差的标志，可改用门式支撑。

附着式支撑，即利用支撑物（如灯杆等）作为标志柱，不增加路侧支柱个数，对于行车安全性比较有利。建议在易发生事故处采用适宜的附着式支撑。

3.交通环境维持

1）街道化公路的处理

运营中的公路出现街道化趋势，将导致过境交通与地方交通、混合交通、横向交通干扰，从而产生安全隐患。

针对已经街道化的公路，如果非机动车交通流发展到混合干扰明显的程度，建议设置条形分隔岛或绿化带，将机动车道与非机动车道隔离。当本地交通量达到与过境交通量相近的水平时，建议修建城镇以外的公路绕行线。当公路两边街道化形成城镇规模时，应在镇中的交叉口设置信号灯。交通冲突进一步加剧时，应予以渠化处理。

2）支路管理

公路对区域经济的拉动作用，将促使与公路交叉的支路增多，忽略支路的管理将给公路安全运营带来不利的影响。当支路交通量形成一定规模时，应在支路上强化标志作用，提醒公路出口的位置。

注意监控道路运营期间新增加的交叉支路，以道路设计中的原则逐一对比排查，避免在运营周期内出现新的安全威胁。

3）道路抗滑处理

采用不同类型的沥青表面处置，可提高路面抗滑力，尤其是急弯、陡坡处，每隔一段时间建议用适当粒料重新罩面，以减少事故。

已被磨光的沥青混凝土路面，用压路机适量地压入预涂沥青的石屑，可增强抗滑性；已被磨光的水泥混凝土路面，可用凿毛机横向、纵向拉毛，可提高抗滑效能。降雨、降雪天气对路面造成滑溜，易引发事故。针对一般道路，可简单地采用撒粗砂以增加路面摩擦力；对于高等级公路和重要的路段，降雪时应撒融雪剂，以促使冰雪迅速融化。

4.事故多发点的辨别与改造

运用事故多发点的鉴别方法，排查出运营道路上的事故多发点，并运用综合措施对事故多发点进行整治，从而消除已有事故多发点，保障交通运营的安全。

三、运营道路的交通安全改造

排查出运营道路的事故多发点后,需采取措施对其进行改造,改造措施分为完善交通工程设施和工程改造措施。

通常情况下,由于完善交通工程设施成本较工程改造低,因此最先考虑采用交通工程措施或交通控制设施,弥补交通安全缺陷,提高现有道路的安全性能,即利用"修补型"的措施来实现安全目标。在采用交通工程措施后还不能保障道路交通安全的情况下,才运用工程改造措施,通过道路线形的调整来提高安全性能,工程改造措施是道路安全改造最彻底的方法,也是投资最大的方法。工程改造的效益为改造后由于道路交通事故下降所产生的损失的减少。而要确定改造措施的效益,需要比较准确地预测改造后道路交通事故的下降数及各类道路交通事故损失的国民经济计量值。为了对进一步的研究积累基础数据,应当对每一个工程改造项目的效果进行前后对比分析。

复习思考题

1.道路交通安全审计的作用和意义是什么?

2.简述道路安全审计的各个阶段及其主要内容。

3.简述道路施工阶段交通安全审计的主要内容。

4.道路交通安全审计的直接效益包括哪些?

第十一章 交通安全管理法规与安全教育

道路交通安全管理法规与道路交通安全教育是保障道路交通安全的两大支柱。根据交通安全管理的实际需要,提出解决交通安全问题的措施,旨在提高道路交通安全水平和交通参与者的交通安全意识,普及交通安全道德、法律、法规等知识。

➡第一节 概 述

一、道路交通安全管理法规的概念

道路交通安全管理法规是指维护交通秩序,保障交通安全的交通规则、交通违法罚款以及其他有关交通安全的法律法规等。道路交通安全管理法规内容涉及面广,适用范围大,形式多种多样,具有科学性、社会性、自然性。道路交通管理法规赋予交通指挥者一定的权威。

二、道路交通安全管理法规的作用

1.道路交通安全管理法规的作用

(1)实现现代化道路交通安全管理的重要手段。

(2)维护交通秩序,保障交通安全,提高运输效益。

(3)保护合法,制裁违法,用法律的强制手段增强交通参与者的交通安全意识。

(4)解决交通纠纷,处理交通事故,保护当事人合法权益。

(5)道路交通安全管理法规的实施起到了交通安全教育的作用。

2.道路交通安全管理法规的主要内容

1)道路交通秩序管理

(1)道路通行条件:为保障道路交通有序、安全、畅通,而对道路、交通信号、交通标志、交通标线以及其他交通设施提出的基本要求,是保障"道路为交通所用"的基本出发点。

(2)道路通行规定:从道路通行的一般规定、机动车通行规定、非机动车通行规定、行人和乘车人通行规定、高速公路的特别规定五个方面对道路通行作了基本的规范,提出了道路通行中最具稳定性、社会效果性的合理解决办法。

2) 车辆和驾驶人安全管理

道路交通安全管理法规中关于车辆和驾驶人安全管理方面的内容主要涉及车辆登记、检验、报废、保险和特种车辆使用，以及驾驶人驾驶资格、培训、审验、记分和驾驶车辆上路行驶前的要求等。

3) 道路交通事故调查与处理

交通事故处理是指公安机关交通管理部门依据《中华人民共和国道路交通安全法（2011年修正）》及有关行政法规、规章的规定，对发生的交通事故勘查现场、收集证据、认定交通事故、处罚当事人、对损害赔偿进行调节的过程。

4) 道路交通安全管理行政处罚

道路交通安全管理行政处罚是对违反道路交通安全法律、法规行为人应当承担法律责任的规定。从责任主体角度分为两类：一类是违法者承担责任，另一类是执法者违反规定应承担的责任。

5) 道路交通管理执法监督

对公安机关交通管理部门及其交通警察的监督有多种形式，主要有党的监督、权力机关的监督、司法机关的监督、新闻媒体的监督、群众的监督以及行政机关内部的监督。

6) 交通科技

大力持久地开展交通科技教育，是提高交通管理部门的交通管理水平、交通警察个体的业务素质和法制水平关键手段之一。

三、道路交通安全管理法规的突出特点

1) 交通事故受害者可得到及时救助

道路交通事故社会救助基金由办理机动车第三者责任强制保险的保险公司在收取的保险费中，按国家规定的比例抽取。道路交通事故社会救助基金将为事故受害人先行垫付抢救费用，并有权向交通事故责任人追偿。

机动车第三者责任强制保险制度建立后，需要同时建立道路交通事故社会救助基金，用于支付尚未参保的机动车造成的交通事故和肇事逃逸机动车造成的交通事故受害人的抢救、赔偿费用。

为了切实保障人民群众的生命安全，使交通事故导致的人身伤亡得到及时补偿，《中华人民共和国道路交通安全法（2011年修正）》规定：肇事车辆已参加机动车第三者责任强制保险或者肇事后逃逸的，由道路交通事故社会救助基金先行垫付抢救费用，道路交通事故社会救助基金有权向交通事故责任人追偿。同时，医疗机构应当及时抢救交通事故中的受伤人员。

2) "带病"车辆、超载车辆禁止上路

《中华人民共和国道路交通安全法（2011年修正）》通过采取对机动车实行严格的准入制度和强制报废等措施，从制度上杜绝"带病"车辆上路行驶，有效预防重大交通事故发生。此外，还针对不同用途的机动车规定了不同的安全技术检验间隔时间；规定了机动车强制报废制度，要求应当报废的机动车必须及时办理注销登记；严禁报废和非法拼装、改装、组装的机动车上路；报废的大客车应当在公安交通管理部门的监督下拆解。

《中华人民共和国道路交通安全法（2011年修正）》中规定机动车装载应当符合核定的载人数、载质量，严禁超载。超载车辆首先必须消除违法状态，再根据不同的情节给予处罚。严重超载（公路客运车辆载客超过额定乘员20%以上）危及乘车人生命安全，货运机动车严重超载拒不消除违法状态或者责令恢复原状的改装机动车到期未恢复原状的，可以对驾驶人处以15d以下行政拘留。

3）禁止性规定

《中华人民共和国道路交通安全法（2011年修正）》中针对滥发证照、滥用职权、徇私枉法等职务违法行为，作出了多项明确的禁止性规定：公安交通管理部门及其交通警察不得为不符合法定条件的机动车发放号牌、行驶证或者检验合格标志；不得在非执行公务时拦截搭乘机动车，使用警报器、标志灯具；不得违法扣留车辆、行驶证、驾驶证；不得举办或者参与举办驾驶学校或者驾驶培训班、机动车修理厂、收费停车场等经营活动；不得利用职务上的便利收受他人财物或者好处等。

《中华人民共和国道路交通安全法（2011年修正）》规定，对违反上述行为的，根据其危害程度将分别给予开除、撤除、降级、记大过、记过的行政处分；对受到行政处分的交通警察，还可以分别给予禁闭、取消警衔、降级警衔等处理；构成犯罪的，依法追究刑事责任；给当事人造成损失的，依法承担赔偿责任。针对超标收费，收取的费用必须全部上缴国库，实施罚款决定与罚款收缴分离，从而彻底切断公安交通管理部门行使职权与经济利益的联系。

4）交通事故处理办法将做重大改革

据统计，70%以上的交通事故仅造成车辆及少量物品的轻微损伤，但事故发生后，当事人都要等交通警察到现场处理，因此规定，未造成人员伤亡，当事人对事实无争议的道路交通事故，可以即行撤离现场，恢复交通，由当事人自行协商处理损害赔偿事宜。

现行道路交通事故处理办法将公安交通管理部门对交通事故损害赔偿纠纷的调解作为当事人提起民事诉讼的前置程序，既限制了当事人的诉讼权利，又影响了纠纷的处理效率。《中华人民共和国道路交通安全法（2011年修正）》规定不再将此作为前置程序，对于道路交通事故损害赔偿的争议，当事人可以请求公安交通管理部门调解，也可以直接向人民法院提起民事诉讼。经公安交通管理部门调解，当事人未达成协议或调解生效后不履行的，当事人可以向人民法院提起民事诉讼。

➡第二节　车辆和驾驶人安全管理法规

一、车辆和驾驶人安全管理法规的分类

车辆和驾驶人安全管理法规依其所发布机关的不同，可分为：

（1）全国人民代表大会或者常委会制定并由主席发布的命令。如《中华人民共和国治安管理处罚条例》、《中华人民共和国警察法》、《中华人民共和国道路交通安全法（2011年修正）》等。

（2）国务院制定和发布的法规、办法、决定、命令等。如《国务院关于改革道路交通管理体制的通知》等。

（3）国家行政机关如公安部及其他部位联合发出的标准、通知、规定等。

（4）省、直辖市、自治区人民代表大会及其常委会所制定和发布的地方法规。

（5）各级地方人民政府制定和发布的适用于当地车辆管理情况的规定、办法、实施细则等。

（6）各地公安机关根据法律的规定和地方人民政府的批准，在自己职权范围内制定和发布的关于当地车辆管理的规定等。

二、车辆和驾驶人安全管理法规的内容

1.《中华人民共和国道路交通安全法（2011年修正）》中关于车辆的管理内容

（1）机动车注册、变更、转移、抵押注销等登记规定，包括机动车的号牌申领、登记程序、登记材料等内容。

（2）机动车检验管理规定，包括检验时限、检验项目、检验程序等内容。

（3）机动车报废规定，包括废旧机动车的回收单位、报废时间、报废过程等内容。

（4）警车、救护车、消防车、工程救险车等特殊车辆的使用管理规定。

（5）境外机动车进入我国境内的管理规定。

（6）非机动车的登记及行驶条件等。

2.《中华人民共和国道路交通安全法（2011年修正）》对机动车驾驶人的规定

（1）机动车驾驶证的申领资格。

（2）机动车驾驶的注意事项，如事先学习交通安全法律法规、学习驾驶由教练陪同等内容。

（3）机动车驾驶人违法行为的处理。

（4）机动车驾驶证的使用。

三、校车安全管理条例的内容

为了加强校车安全管理，保障校车通行和乘坐校车学生的安全，《校车安全管理条例》（国务院令第617号）于2012年3月28日起施行。其主要内容包括以下几个方面：

（1）对确实难以保障就近入学，并且公共交通不能满足学生上下学需要的农村地区，要采取措施以保障接受义务教育的学生获得校车服务。

（2）明确校车安全管理体制，强化政府及有关部门的校车安全管理责任。

（3）明确学校和校车服务提供单位各自的安全管理责任，落实校车运行安全管理措施。

（4）设定了校车使用许可，对校车安全技术条件和校车驾驶人资格条件规定了比一般驾驶人更为严格的要求。

（5）严格校车驾驶人取得校车驾驶资格条件和驾驶行为规范。

（6）严格赋予校车通行优先权。

（7）配备照管人员随车全程照管乘车学生。

（8）加大对涉校车违法行为处罚力度。

四、常见驾驶违法行为的管理规定

1.酒后驾车行为管理法规

由于酒精对人体和生理的影响特别大，因此，国家法规严禁酒后驾车。

交通警察在执法中对酒后驾车违法行为的查验,执行国家质量监督检验检疫局2011年1月14日发布的国家标准《车辆驾驶人员血液、呼气酒精含量阈值与检验》(GB 19522—2010),车辆驾驶人员每百毫升血液中的酒精含量大于或等于20mg、小于80mg为饮酒驾车,每百毫升血液中的酒精含量大于或等于80mg为醉酒驾车。

《中华人民共和国道路交通安全法(2011年修正)》第二十二条规定:"饮酒、服用国家管制的精神药品或者麻醉药品,或者患有妨碍安全驾驶机动车的疾病,或者过度疲劳影响安全驾驶的,不得驾驶机动车。"

2011年5月1日起,将醉驾入刑引入《中华人民共和国道路交通安全法(2011年修正)》,其中规定:饮酒后驾驶机动车的,处暂扣六个月机动车驾驶证,并处一千元以上二千元以下罚款。因饮酒后驾驶机动车被处罚,再次饮酒后驾驶机动车的,处十日以下拘留,并处一千元以上二千元以下罚款,吊销机动车驾驶证。饮酒后驾驶营运机动车的,处十五日拘留,并处五千元罚款,吊销机动车驾驶证,五年内不得重新取得机动车驾驶证。醉酒驾驶机动车的,由公安机关交通管理部门约束至酒醒,吊销机动车驾驶证,依法追究刑事责任;五年内不得重新取得机动车驾驶证。醉酒驾驶营运机动车的,由公安机关交通管理部门约束至酒醒,吊销机动车驾驶证,依法追究刑事责任;十年内不得重新取得机动车驾驶证,重新取得机动车驾驶证后,不得驾驶营运机动车。饮酒后或者醉酒驾驶机动车发生重大交通事故,构成犯罪的,依法追究刑事责任,并由公安机关交通管理部门吊销机动车驾驶证,终生不得重新取得机动车驾驶证。

2.连续驾驶时间限制

为防止驾驶人因过度疲劳造成交通事故,每一次连续行车的时间不能太长,每天的工作时间也不可过长,根据《中华人民共和国道路交通安全法实施条例》第六十二条:连续驾驶机动车超过4h应停车休息,停车休息时间不少于20min。日本学者随车调查长途载货汽车驾驶人的疲劳情况后认为,驾驶人每天行车时间不宜超过10h,每次连续驾驶2h后应稍事休息,累计行车时间未超过5h之前,要安排一次1h左右的休息,1d之内总累计行车时间以不超过8h为宜,这样可以使驾驶人始终在精力充沛的状态下驾驶车辆。若出现判断不够准确、不时瞌睡的现象,必须强迫驾驶人停车休息。

在安排运输任务时,必须考虑驾驶人的身体承受能力,尽量做到劳逸结合。长途运输必须安排正副两个驾驶人交替驾驶;对于驾驶重载车、大型载货车、拖挂车的驾驶人以及女驾驶人,连续驾驶时间应再缩短些;年纪大的驾驶人,恢复精力比青年人慢,所以疲劳后的休息时间可略长些。

3.限制车速管理对策

合理地限制车速是确保道路安全、高效运营必不可少的措施。确定车速限制值的方法有很多,各国的确定方法通常考虑下列因素:85%位车速、交通法规、安全状况、道路两侧土地开发的程度、停车和行人、交通量和车辆组成、设计速度、公众意见、曲线的安全速度、可见度限制、路面特性和道路宽度、路肩类型和宽度、交叉口数量、现有的交通控制设施及平均车速等。

其中,85%位车速法通常被用来确定车速限制值。研究表明,85%位车速处于事故率最低的车速范围。平均车速加上1倍的车速标准差值大约等于85%位车速,若车速以高于平均车速2倍标准差的速度行驶,则事故率将明显提高。

➡第三节 道路交通秩序安全管理法规

一、道路交通秩序管理法规的发展

道路交通秩序管理法规是调整道路交通秩序管理过程中所产生的社会关系法律规范的总称,既包括静态交通秩序管理的各种法令、规定,又包括各种交通秩序控制措施的技术性法律规范。

我国调整道路交通秩序管理的法规很多,除《中华人民共和国道路交通安全法(2011年修正)》中对通行原则、交通信号、交通标志和交通标线、车辆行驶安全时速、安全距离、会车、超车等道路交通秩序管理作了规定外,公安部等主管机关还发布了一系列道路交通管理秩序法规。1984年1月14日城乡建设环境保护部、公安部印发《城市公共交通车船乘坐规则》。1984年11月10日铁道部、交通部、公安部发布《铁路道口通行规定》。1986年3月31日国家经济委员会、铁道部、交通部、公安部、农牧渔业部、城乡建设环境保护部、劳动人事部经交1986 161号文印发《铁路道口管理暂行规定》。1988年10月3日公安部、建设部印发《停车场建设和管理暂行规定》、《停车场规划设计规则》试行。1988年9月16日公安部发布《关于公路交通检查人员实行统一标志的通知》。1990年3月26日公安部发布《高速公路交通管理暂行规则》(第5号令)。1994年12月22日公安部发布《高速公路交通管理办法》(第20号令)。2003年10月28日十届全国人大常委会第五次会议通过《中华人民共和国道路交通安全法》。《中华人民共和国道路交通安全法实施条例》于2004年4月18日国务院第49次常务会议通过,自2004年5月1日起施行。2007年12月29日第十届全国人大常委会第三十一次会议通过《中华人民共和国道路交通安全法》第一次修正,2011年4月22日第十一届人民代表大会常务委员会第二十次会议通过第二次修正,自2011年5月1日起执行。这些规定构成了我国道路交通秩序管理的法律基础,使我国道路交通秩序管理步入了法制轨道。

二、道路交通秩序管理法规的对象

道路交通管理法规的对象可分为两个方面:一是路面动态交通秩序管理;二是路面静态交通秩序管理。

1.路面动态交通秩序管理

路面动态交通秩序管理是道路交通秩序管理法规的重要内容,包括对机动车行驶秩序、非机动车行驶秩序、行人和乘车人交通秩序等的管理。

1)机动车行驶秩序管理

机动车行驶秩序管理是指依据道路交通规则对机动车行驶、装载、机件安全设备等实施的管理行为。这其中包括对机动车行驶路线的管理、机动车转弯和通过交叉路口的管理、机动车行驶速度的管理。在这方面道路交通秩序管理主要规定了"各行其道","车不越线","交通信号、交通标志","速度限制"等内容来调整机动车行驶秩序。

2)非机动车行驶秩序管理

非机动车在道路上行驶的特点是灵活、易变、稳定性差、对其他车辆干扰大。在非机动车流量比较大的城区道路上常因非机动车强行猛拐、违章载物、逆行等违规行驶造成交通秩序的混乱。非机动车的行驶秩序对道路交通秩序管理影响较大,因此《中华人民共和国道路交通安全法(2011年修正)》中明确规定在道路上划有分车道的非机动车在非机动车道内行驶,在没划分车道的情况下非机动车靠道路右边行驶。

3)行人、乘车人交通秩序管理

行人包含一切通行道路的步行者,对行人的管理主要是秩序的管理。因为行人走路时其心理状态是尽可能方便,很少顾及其他,所以道路交通管理法规对通行道路的行人也作了规定。即行人走路的行为规范主要从两个方面提出要求:一是行人在道路上正确通行;二是在道路上通行时不许从事的交通违法行为。例如行人应当在人行道内行走,没有人行道的靠路边行走,行人横过街道要走人行横道等。

乘车人是行人的一种特殊情况。乘车人在乘坐公共汽车、电车、旅游客车、出租汽车等时,若不分地点随意拦乘车辆必然会扰乱交通秩序,所以乘车人乘车秩序也应视为道路交通秩序管理的重要组成部分。如道路交通秩序管理法规规定乘车应在站台或者靠近站牌的人行道上排队依次候乘,乘车人不得携带易燃易爆等危险物品,不得向车外抛洒物品,不得有影响驾驶人安全驾驶的行为等。

2.路面静态交通秩序管理

路面静态交通秩序管理主要包括对道路施工作业、占用从事非交通活动及对车辆停放的管理。

施工作业、占用从事非交通活动的管理是道路交通秩序管理的重要内容。这里所指的各项活动均是指在道路范围内的活动。城市道路公安交通管理部门管理的范围是:已实现规划的道路管理范围是整个规划断面,未实现规划的道路管理范围是从道路一侧建筑物到另一侧建筑物之间。公路管理的范围是以道路两侧边沟或公路界之间,在管理范围内任何占用道路的行为都在管理之列。由于占用道路直接影响道路的安全、畅通加之道路交通发展使得车辆、流量增长快与道路建设慢的矛盾十分突出。为了有效地利用现有道路,需要对除交通运输活动外的其他活动加以必要限制,尽可能不占用或少占用、短时间占用道路以保证交通运输的正常活动。对此,《中华人民共和国道路交通安全法(2011年修正)》明确规定任何单位和个人不得占用道路从事非交通活动,因工程建设需要占用、挖掘道路或者跨越、穿越道路架设、增设管线设施应当事先征得道路主管部门的同意,影响交通安全的还应当报备公安机关交通管理部门并及时给出交通管控措施。

三、道路交通秩序管理法规的任务

道路交通秩序管理的基本任务可以表述为:根据道路交通秩序的基本特征和发展规律,制定和不断完善管理目标,实现全面、系统的控制管理。同时,通过执行交通安全行为规范,正确协调道路交通过程中的各种关系,保障道路交通的顺利进行和稳步发展。可以归纳为以下五个方面:

(1)对机动车、非机动车行驶秩序的管理。

(2)对行人、乘车人和候车人的秩序管理。

(3)对非交通性障碍的管理。

（4）道路交通安全违法行为处理。

（5）道路治安管理。

→第四节　道路交通事故处理相关法规

一、道路交通事故处理程序

交通事故处理工作程序分为简易程序和普通程序。《道路交通事故处理程序规定》还就管辖、回避、时限等做出了明确具体的规定。

1.管辖、回避、时限

1）管辖

管辖是指各级人民法院之间以及同级人民法院之间受理第一审民事案件的权限和分工,可以分为职能管辖、地域管辖、移送管辖、指定管辖、委托管辖和专属管辖。

（1）职能管辖,亦称部门管辖,是指公安机关按职能对刑事案件和治安案件的分工。

（2）地域管辖,是指不同地区的同级人民法院之间受理第一审民事案件的权限和分工。

（3）移送管辖,是指人民法院发现受理的案件不属于本院管辖时,应当移送有管辖权的人民法院,受移送的人民法院应当受理。但如受移送的人民法院认为移送来的案件依照规定也不属于本院管辖的,应当报请上级人民法院制定管辖,不得再自行移送。

（4）指定管辖,是指上级公安交通管理机关对某一交通事故案件以行政命令方式确定由某一下级公安交通管理机关负责处理。

（5）委托管辖,是指上级公安交通管理机关将自己处理的部分交通事故案件交给下级公共交通管理机关处理。

（6）专属管辖,是一种特殊管辖,是指某些交通事故必须由指定的机关管辖,其他机关无权处理。

2）回避

回避是指司法人员由于对本案有利害关系或其他关系而不参加该案的侦察、审判等活动。司法人员因与案件或案件当事人有某种特殊关系而不得办理该案件,目的是防止徇私舞弊或发生偏见,以有利于案件的公正审理。审判人员、检察人员、侦察人员以及其他有关人员不参加与本人有利害关系或其他关系的案件的审判、检察或侦察。

3）时限

民事申诉案件,一般都有一个指定的时限,时限过后,必须要得到法庭的特别批准,才可以进行有关的申诉或者程序。一般的合约纠纷时限为 6 年,但涉及契约的纠纷则有 12 年时限,雇员工伤索偿的时限是由意外发生日起的 2 年内进行,而其他受伤索偿的时限则有 3 年。

2.简易程序

对于案件简单、因果关系明确、当事人争议不大的轻微和一般事故,可由一名交通事故人员处理。执勤的交通民警在事故现场处理轻微事故的,适用简易程序。

（1）受理。受理之后,将有关事故情况予以登记。

（2）调查。调查主要包括现场勘查、讯问、访问、证据收集等。

（3）责任分析认定。责任分析认定是指当事人交通事故责任的认定和行政责任的认定。

（4）处罚。造成轻微和一般交通事故的,应当按照当场处罚规定予以处罚。

（5）调解。需要对损害赔偿进行调解时,办事人可当场进行调解。达成协议的,制作调解书;达不成协议的,制作调解终结书,分送当事人。

（6）注意事项。当事人不同意使用简易程序的,不使用简易程序。当场调解未达成协议或者调解书生效后任何一方不履行的,当事人可以持公安交通管辖机关的调解书或者调解终结书依法予以民事诉讼。

3.一般程序

当一起交通事故不能按简易程序进行处理时,便按一般程序进行处理。

根据《中华人民共和国道路交通安全法（2011年修正）》和有关法律、法规的规定,公安交通管理部门对道路交通事故责任处理的一般程序主要包括事故立案、事故调查、责任与分析与认定、赔偿与调解等步骤。

（1）事故立案,是在受理的基础上进行的,是进行交通事故处理的前提。

（2）现场勘察,包括时间调查、空间调查、书证记录。

（3）原因分析,分析造成事故原因、引起后果的原因。

（4）责任鉴定,以现场勘察为基础,以客观事实为依据,以交通法规为准绳。

（5）处理权限,按行政区划分处理、军车事故处理、涉外事故处理。

（6）善后处理。

（7）当事人报告。

（8）事故报告,符合基本要求、内容完整、简明扼要、层次分明、用词准确、意见明确。

二、道路交通事故责任认定

公安机关在查明交通事故原因后,应当根据当事人的违法行为与交通事故之间的因果关系,以及违法行为在交通事故中的作用,认定当事人的交通事故责任。当事人有违法行为,其违法行为与交通事故有因果关系的,应当负交通事故责任。当事人没有违法行为,或者虽有违法行为,但违法行为与交通事故无因果关系的,不负交通事故责任。

1.交通事故责任分类

交通事故责任分为全部责任、主要责任、次要责任、同等责任。

1）全部责任

完全由当事人中一方违章造成的事故,由违法者负全部责任,而与事故无直接因果关系的另一方无责任。

2）主要责任和次要责任

因一方违法,另一方或第三方也有违法行为造成的事故,主要违法者要负主要责任,另一方或第三方负次要责任。

3）同等责任

造成交通事故的各方当事人均有违法行为,情节相当,各方负同等责任。

2.交通事故责任认定的基本原则

1）以事实为依据

客观事实是认定交通事故责任的基础,以事实为依据是事故处理人员必须遵循的一项基本原则。它要求事故处理人员在进行责任认定时,首先要查明事故真实情况,任何主观臆想或凭经验的推断,都可能掩盖交通事故真相,而导致责任认定的错误结论。

2）依法定责

依法定责就是要求事故处理人员要严格依照交通法规认定责任,把交通法规作为认定责任的依据和标准。认定责任实体方面的法规主要是《中华人民共和国道路交通安全法(2011年修正)》;认定责任程序方面的法规主要是《中华人民共和国道路交通安全法实施条例》、《道路交通事故处理程序规定》。

3）分析因果关系

《中华人民共和国道路交通安全法实施条例》规定,公安机关交通管理部门应当根据交通事故当事人的行为对发生交通事故所起的作用以及过错的严重程度,确定当事人的责任。因此,当事人负交通事故责任应具备两个条件:当事人必须有违章行为存在;当事人的违章行为与交通事故之间存在因果关系。若当事人没有违章行为或虽有违章行为,但违章行为与交通事故无因果关系的,不负交通事故责任。

4）推定交通事故责任

所谓责任推定,是指在预先设定的某种情况下,当事人应当负某种责任。责任推定也是公安机关在进行交通事故责任认定时必须遵循的一个原则。

3.交通事故责任认定的方法

道路交通事故车辆因过错或者意外导致的人员伤亡或者财产损失的事件。交通事故责任者应当按照所负交通事故责任,承担相应的赔偿责任。认定道路交通事故责任的原则主要有以下三点:

(1)当事人有违法行为。即交通事故的当事人有违反道路交通法规的行为,也就是俗称的违法行为。如不存在违法行为,就不属于交通事故。

(2)违法行为与损害结果之间存在因果关系。交通违法行为与交通事故之间有因果关系的,要负相应交通事故责任。当事人没有违法行为或者虽有违法行为,但违法行为与交通事故无因果关系的,不负交通事故责任。

(3)根据当事人违法行为在交通事故中作用的大小,认定当事人应负交通事故责任的大小。一方当事人的违法行为造成交通事故的,有违法行为的一方负事故的全部责任。两方当事人的违法行为共同造成交通事故的,违法行为在交通事故中作用大的一方负主要责任,另一方负次要责任;违法行为在交通事故中作用基本相当的,两方负同等责任。三方以上当事人的违法行为共同造成交通事故的,根据各自的违法行为在交通事故中的作用大小划分责任。

4.交通事故责任认定的程序

交通事故责任认定程序,如图11-1所示。

```
                         ┌──────────┐
                         │ 审核材料 │
                         └────┬─────┘
                              │
  ┌──────────┐          ┌────┴─────┐          ┌──────────┐
  │ 分析交通行为 │◄─────│ 确定当事方 │─────►│ 确定违章行为 │
  └────┬─────┘          └────┬─────┘          └────┬─────┘
       │                     │                     │
       │                ┌────┴─────┐               │
       └───────────────►│ 分析因果关系 │◄──────────────┘
                        └────┬─────┘
                             │
                        ┌────┴─────┐
                        │ 确定是否有责任 │
                        └────┬─────┘
                             │
                        ┌────┴─────┐
                        │ 确定责任大小 │
                        └────┬─────┘
                             │
                        ┌────┴─────┐
                        │ 综合评判责任 │
                        └────┬─────┘
                             │
                        ┌────┴─────┐
                        │ 上报审批 │
                        └──────────┘
```

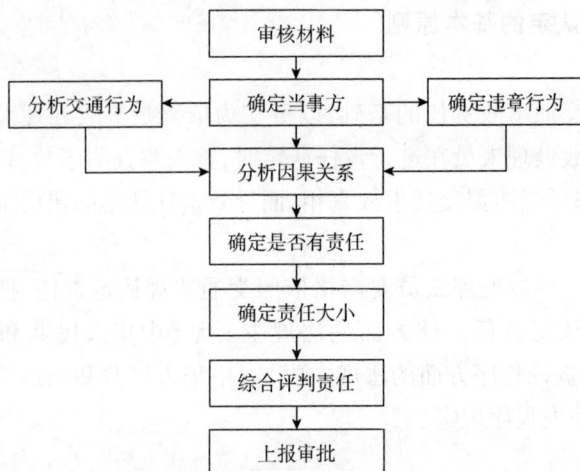

图 11-1　交通事故责任认定程序

三、交通事故处理的处罚与调解

1.处罚

造成交通事故构成交通肇事罪的,依法追究刑事责任;需要对机动车驾驶人追究刑事责任的,应当吊销机动车驾驶证。造成交通事故尚不构成刑事处罚的,对其违法行为依照《中华人民共和国道路交通安全法(2011年修正)》和其他道路交通管理法规、规章的规定处罚,符合下列第一、二项的,处十日以上十五日以下拘留或者一百五十元以上二百元以下罚款;符合下列第三、四项的,处十日以下拘留或者五十元以上一百五十元以下罚款;符合下列第五、六项的,处五十元以下罚款或者警告:

(1)造成特大事故,负次要责任以上的。

(2)造成重大事故,负同等责任以上的。

(3)造成重大事故,负次要责任的。

(4)造成一般事故,负主要责任以上的。

(5)造成一般事故,负同等责任以下的。

(6)造成轻微事故,负有交通事故责任的。

2.调解

调解,是指双方当事人以外的第三者,以国家法律、法规和政策以及社会公德为依据,对纠纷双方进行疏导、劝说,促使他们相互谅解,进行协商,自愿达成协议,解决纠纷的活动。

1)调解方式

调解员可以采用其认为有利于当事人达成和解的方式对争议进行调解。这种方式包括但不限于:调解程序开始之后,调解员可以单独或同时会见当事人及其代理人进行调解;调解员单独会见一方当事人的,可向他方当事人通报单独会见的情况,当事人另有要求的除外;调解员可以对争议进行面对面的调解,也可以进行背对背的调解;在调解过程中,调解员可以要求当事人,提出书面或口头的建议或方案;调解员可以根据具体案情,在征得当事人同意后,聘请有关专家就技术性问题提供咨询建议或鉴定意见;调解员可以要求当事人提交补充材料;在调解过程中,调解员可以根据已掌握的情况,依据公平合理的原则,向当事人提出解决争议的建议;经过调解,在当事人之间仍无法达成和解的情况下,调解员可以提出最后的建议或方案。调解在调解中心所在地进行。如当事人另有约定,经调解中心同意,或由调解中心建议并经当事人一致同意,亦可在其他地点进行。由此产生的费用,由当事人承担。聘请有关行业的专家参与调解工作,所产生的费用,由当事人承担,经过调解,如当事人达成和解协议,由各方当事人在和解协议上签字及/或盖章。应当事人的要求,调解员可根据和解协议的内容,做出调解书,由调解员在调解书上签字并加盖调解中心的印章。除非为执行或履行之目的,和解协议或调解书不得公开。双方当事人签订和解协议时,可以在和解协议中加入仲裁条款。该仲裁条款的内容如下:"本协议书对各方当事人均有约束力。任何一方均可将本和解协议提交中国国际经济贸易仲裁委员会,请求该会按照现行有效的仲裁规则进行仲裁。各方同意由仲裁委员会主任指定一名独任仲裁员,组成仲裁庭,进行书面审理。仲裁庭有权按照适当的方式快捷地进行仲裁程序,仲裁庭根据本和解协议的内容作出裁决书。仲裁裁决是终局的,对各方当事人均有约束力。"

2)调解程序

调解中心根据当事人在争议发生之前或者在争议发生之后达成的调解协议和任何一方、双方或多方当事人的申请受理案件。调解协议是指当事人在合同中订明的调解条款,或者以其他方式达成的同意以调解方式解决争议的协议。当事人之间没有调解协议,一方当事人申请调解的,调解中心也可以受理,并征求对方当事人的意见。凡当事人同意将争议提交调解中心进行调解的,均视为同意按照调解中心的调解规则进行调解。但当事人另有约定且调解中心同意的,从其约定。当事人向调解中心提出调解申请时,按下述要求办理:提交调解申请书(一式四份),其中应写明及/或提供:申请人和被申请人的名称(姓名)和地址、邮政编码、电话、传真、电子邮件等;调解所依据的调解协议争议事实、证据材料和调解请求;其他应当写明的事项。如聘请代理人参与调解程序,应提交书面授权委托书。在调解中心调解员名册中,选定或委托调解中心代为指定一名调解员。如当事人在争议发生前或发生后达成调解协议或就以调解的方式解决争议达成一致,则由申请人及被申请人按照本规则所附调解收费表的规定分别预交调解费的50%。如申请人在提出调解申请时尚未与被申请人取得联系,或双方尚未就以调解的方式解决争议达成一致,则申请人在提交前述材料的同时按照本规则所附调解收费表的规定先预交调解费的50%。调解中心收到调解申请书及其附件后,经审查完毕,立即转送给被申请人一式一份。被申请人应在收到上述文件之日起15日内确认同意调解,并在调解中心的调解员名册中选定或委托调解中心代为指定一名调解员,同时按照本规则所附调解收费表的规定预交调解费的50%。调解被申请人未在第十四条规定的期限内确认同意调解的,视为拒绝调解;在规定期限届满后确认同意调解的,是否接受,由调解中心决定。

➡第五节　道路交通安全教育

一、道路交通安全教育的地位和作用

1.道路交通安全教育的地位

从交通系统的构成要素来看,道路交通是由人、车、路(环境)三个基本要素构成的。其

中,人是交通安全最重要的因素。车辆、道路、环境是客观的、无意识的,而人是主动的、有意识的。因此,交通安全的关键在于人,人是交通安全的核心。所以,加强人的工作,做好对人的宣传,提高全民遵守交通法律、法规的意识,使广大交通参与者能够自觉遵守交通道德,自觉遵守交通法律规范,才能保证交通秩序井然有序,从而最大限度地减少交通事故的发生。

从交通管理的构成要素看,交通管理是由法规、工程和教育组成的"三E"科学,其中交通法规是保证,工程是基础,教育是根本。法规、工程、教育共同构成了交通管理工作系统。从三者的关系中不难看出,法规只有经过宣传教育,才能被人们所了解、理解、遵守和执行,工程只有通过宣传教育才能被人们接受并得到正确的应用。所以宣传教育在"三E"科学中起的是根本性的保障作用。

2.道路交通安全教育的作用

(1)道路交通安全教育是交通安全管理工作的先导。交通安全管理是一个复杂的系统,交通安全宣传教育则是这个系统中各项工作的先导。各项道路交通安全法律规范的公布实施,都必须做好宣传教育工作,使大家明确法律规范的意义,了解法律规范的内容,掌握法律规范的精神,以便更好地执行法律规范。否则,就难以增强人们的法制观念和遵守法律规范的自觉性,难以收到制定法律规范的预期效果。同时,随着道路交通的迅速发展,管理规范和管理方式的不断改善,也要求人们的交通安全法制观念同步发展。有效地安全教育在提高人们的交通安全法制观念方面,具有不可替代的决定性作用。

(2)道路交通安全教育是交通安全管理工作的基础。交通是人们衣、食、住、行四大要素之一,它涉及每个部门、每个单位、每个人。人们出行需要有良好的交通秩序。国家经济建设更需要交通"先行官"能充分发挥作用,尽可能提高经济效益,而所有这些必须依靠每个人自觉遵守交通法律、法规来实现。所以,道路交通安全教育具有广泛的社会性和群众性,是道路交通安全管理的工作基础。

(3)道路交通安全教育是预防交通事故的前提。交通事故直接危害人民群众的生命财产安全,在预防交通事故的过程中必须做到"标本兼治,重在治本"。这里的治标主要指路面的执法管理,通过执法,减少路面的违法行为。但这种方式只能约束其行为而不能触动其内心,不能从根本上消除违法心理。一旦出现漏洞,违法行为依旧会出现,所以路面执法是一项"治标"的措施。所谓"治本",是指群众自觉守法的发展观念和交通安全意识的培养和教育。公安交通管理部门通过对交通参与者的教育,使其从内心深处认识到交通违法行为对国家和个人的危害,同时意识到守法行为对国家和个人的重要性和必要性,使他们自觉遵章守纪,积极主动地配合公安交通管理的工作,从根本上提出预防交通事故的措施。

当然,在强调道路交通安全教育治本作用的过程中,也绝不能忽视路面的执法管理,一定要把二者有机结合起来,在管理中体现教育,在教育中实现管理,把违法行为和交通事故的隐患杜绝在上路之前,这才是解决交通安全问题的关键所在。

二、道路交通安全教育的重要性

1.对社会公众进行交通安全公共教育的重要性和必要性

首先,对社会公众实施交通安全公共教育可有效缩短社会公众对机动化时代道路交通安全知识的认知时间。其次,对社会公众实施交通安全公共教育可加快现代道路交通安全知识的普及速度和普及程度。

对社会公众进行交通安全公共教育的出发点,是使每个社会成员掌握机动化时代所要求的最基本的道路交通安全知识与交通安全技能。

进行道路交通安全公共教育的落脚点,是使每个社会成员在参与交通活动时都具有机动化时代所需的正确、安全的交通行为方式,从而提高社会成员在参与交通活动过程中预防交通事故及其伤害程度的自我防范能力。

2.对社会公众进行交通安全公共教育应重视教育效果

人既是交通事故的制造者,也是交通事故的受害者,实际中绝大多数交通事故都是因人的原因而引起,因而,做好"人"的工作才是交通事故预防的重点和核心。对于道路交通安全宣传教育,注重效果比注重形式更为重要。应建立完备的道路交通安全宣传教育效果跟踪与检查制度,道路交通安全宣传教育需要全社会重视。

就学习效果而言,自觉、主动地接受宣传教育的学习效果肯定要比被动状态下采取应付态度时的效果要好。

3.强化社会公众参与交通活动过程中社会责任意识教育的重要性

所谓社会责任意识,是指每个社会成员对自己所应承担的社会职责、任务和使命的自觉意识,它要求每个社会成员的所有行为除对自身负责外,还必须对他所处的集体及社会负责,正确处理好社会成员自身与集体、他人、社会的关系。

对于社会公众而言,参与交通活动过程中的社会责任意识就是要求对自己在参与交通活动过程中的一切行为除对自己负责外,还必须对他人、对社会负责;除把自己的生命财产安全放在重要位置外,还需要把他人的生命财产安全放在重要位置。

三、道路交通安全教育的工作主体及责任

道路交通安全管理涉及社会的各个方面,是社会性很强的工作,它不应仅依靠公安机关,而必须依靠各级政府、各单位的重视和支持,依靠社会的共同努力。《中华人民共和国道路交通安全法(2011年修正)》第6条从法律的高度规定了广泛的交通安全教育工作义务主体,即各级政府、公安机关交通管理部门、机关、部队、企事业单位、社会团体及其他组织都有进行道路交通安全教育活动的义务。

1.政府和主管机关的责任

各级人民政府应当经常进行道路交通安全教育,提高公民的道路交通安全意识。公安机关交通管理部门及其交通警察在履行职责时,也应加强道路交通安全法律、法规的宣传,并规范遵守交通安全法律、法规。

根据我国《宪法》规定,国务院统一领导全国和地方的行政工作,地方各级人民政府管理本行政区域内的各项行政管理工作。人民政府的地位决定了它在道路交通安全管理和教育工作中的组织、决策、督促、协调和监督职责。公安机关交通管理部门是道路交通安全工作的主管部门,各级交通管理机关及其工作人员不但要组织专门的宣传活动,还要通过纠正交通安全违法行为达到安全教育的目的。

2.新闻、出版、文化、教育及其他组织的责任

进行交通安全教育,新闻、出版、文化、广播、电视、电影等有关部门具有得天独厚的优

势,可以进行最及时、最广泛、最深入的安全教育工作。《中华人民共和国道路交通安全法(2011年修正)》已将这一工作规定为这些部门的义务。

教育行政部门,学校应当将道路交通安全教育作为法治教育的内容纳入学校教育教学计划,做好青少年的交通安全教育。这对于祖国和民族的兴旺,维护社会的稳定,维护人民群众的利益,确保社会正常的交通秩序具有十分重要的意义。因此,交通安全教育要从儿童、青少年抓起,教育部门和学校具有义不容辞的责任。

除上述单位外,机关、部队、企事业单位、社会团体以及其他组织也应当对本单位的人员进行道路交通安全教育。各相关部门的职责:公安部门负责——道路交通安全立法、维护交通秩序、处理交通事故、车辆安全检验、驾驶人考核与发牌发证以及交通安全宣传教育等;交通部门负责——公路的发展规划、科研设计、建设养护、规费征收、路政、运政及有关上述工作的法规建设等。

四、道路交通安全教育的内容与对象

1.道路交通安全教育的内容

(1)交通法律、法规教育。交通安全教育的目的是使所有的交通参与者都能依法行车走路。规范的交通行为本身就会带来良好的交通秩序,从而保障交通的安全畅通。因此,交通安全宣传教育工作要不断适应形势发展的要求,及时把交通法规及有关规定传达给每个交通参与者,使他们不断调整交通行为,以适应交通管理工作的需要。

(2)交通道德教育。人们的交通道德水准直接关系着交通秩序和交通安全。因此,必须加强对全社会的交通道德宣传教育,提高全社会的交通道德水准,特别是驾驶人的职业道德对交通的安全、顺畅、有序具有重要影响,应成为交通道德宣传教育的重点。

(3)交通安全知识教育。交通安全是一门科学,让交通参与者掌握必要的科学交通知识,对减少事故的发生具有重要的作用。对此,交通安全教育宣传工作者经过不懈的努力,总结了大量的安全预防知识。交通安全宣传工作应根据不同的宣传对象,采取不同的方式,有重点地把这些知识传授给每一个交通参与者,使他们在各种情况下,采取正确有效的措施,避免交通事故的发生。

(4)交通安全心理教育。道路交通安全心理宣传教育,是向人们传授道路交通安全心理知识,培养人们良好的心理素质和道路交通适应能力的。人的交通活动要受其心理支配,从心理学的角度看,由于受人体身心功能的限制,人们在道路交通活动中,辨别各种目标物,获取有关信息,进行准确判断,做出适当反应的能力是有限的,特别是在紧急情况下,回避危险的能力更是有限。因此,为了保证交通的安全,就需要将人们的交通行为调节在一般人的能力可以确保交通安全的范围内。道路交通安全法律规范中很多条款体现了对人们交通行为的合理规定。

2.道路交通安全教育的形式

(1)影视宣传教育。安全教育工作者要充分利用现代声电技术,通过电影、电视等途径,结合交通安全工作的特点,适应教育对象的需要,注重实效,精心制作,认真按照善于转化、便于推广、易于接受的要求,突出交通安全影视教育的生动性、真实性和普及性,积极探索新形势下影视宣传工作的创新之路,及时将具有典型意义的题材加工转化成高质量的影视作品,不断发挥影视宣传教育在交通安全管理工作中的独特作用。

(2)会议宣传教育。各种会议宣传教育,就是通过定期召开交通安全工作例会、事故分析、安全行车座谈会、安全行车经验报告会、社区居委会、村委会等,进行交通安全教育。

(3)报刊宣传教育。报刊作为大众传播媒介的主要形式,具有覆盖面广、信息容量大、及时传播、形式灵活多样等特点。充分利用报刊在新闻宣传的主渠道作用,把交通管理的有关政策、规定、发展的状况及面临的问题、正反典型、事故案例、交通常识等,以新闻、通信、通知、通告、知识介绍等形式随时告知广大的交通参与者,增加透明度,对他们了解、理解并自觉遵守交通安全法律规范具有重要作用。

(4)社区宣传教育。各级交管部门要按照创建"交通安全村"、"交通安全社区"、"交通安全学校"的标准和要求,对位于国道、省道、重要县道、高速公路沿线的村庄,采取送宣传品、发资料流动广播、贴标语、挂横幅等形式开展宣传教育活动。

(5)街头宣传教育。在交通安全教育中,传统宣传形式依然具有十分重要的作用。应继续在市场、车站、码头和机关单位等人口聚集地区设立咨询宣传点,通过发资料、送卡片、挂横幅、贴标语、播放电视宣传教育片等形式,使交通安全宣传教育深入群众、深入基层、深入人心。

复习思考题

1.简述道路交通安全法规的概念、作用和特点。

2.简述道路交通秩序管理法规的任务。

3.简述制定校车管理条例的内容以及意义。

4.阐述道路交通事故处理的基本步骤。

5.简述道路交通安全教育的重要性。

参 考 文 献

［1］中华人民共和国行业推荐性标准.JTG/T D81—2006　公路交通安全设施设计细则［S］.北京：人民交通出版社，2006.

［2］中华人民共和国行业标准.JTG D20—2006　公路路线设计规范［S］.北京：人民交通出版社，2006.

［3］中华人民共和国行业推荐性标准.JTG/T B05—2004　公路项目安全性评价指南［S］.北京：人民交通出版社，2004.

［4］中华人民共和国国家标准.GB 50647—2011　城市道路交叉口规划规范［S］.北京：中国计划出版社，2011.

［5］中华人民共和国行业标准.JTG D70—2004　公路隧道设计规范［S］.北京：人民交通出版社，2004.

［6］中华人民共和国行业推荐性标准.JTG/T D70—2010　公路隧道设计细则［S］.北京：人民交通出版社，2010.

［7］中华人民共和国行业标准.CJJ 152—2010　城市道路交叉口设计规程［S］.北京：中国建筑工业出版社，2010.

［8］中华人民共和国行业标准.JTG B01—2014　公路工程技术标准［S］.北京：人民交通出版社，2014.

［9］中华人民共和国行业标准.CJJ 75—1997　城市道路绿化规划与设计规范［S］.北京：中国建筑工业出版社，1998.

［10］中华人民共和国行业推荐性标准.JTG/T D70/2-01—2014　公路隧道照明设计细则［S］.北京：人民交通出版社，2014.

［11］中华人民共和国行业推荐性标准.JTG/T D70/2-02—2014　公路隧道通风设计细则［S］.北京：人民交通出版社，2014.

［12］中华人民共和国行业推荐性标准.JTG/T B05—2004　公路项目安全性评价指南［S］.北京：人民交通出版社，2004.

［13］中华人民共和国国家标准.GB 4599—2007　汽车用灯丝灯泡前照灯［S］.北京：中国标准出版社，2008.

［14］中华人民共和国国家标准.GB 4660—2007　汽车用灯丝灯泡前雾灯［S］.北京：中国标准出版社，2008.

［15］中华人民共和国国家标准.GB 51038—2015　城市道路交通标志和标线设置规范［S］.北京：中国计划出版社，2015.

［16］中华人民共和国公共安全行业标准.GA 41—2014　道路交通事故痕迹物证勘验［S］.北京：中国标准出版社，2015.

［17］中华人民共和国公共安全行业标准.GA/T 900—2010　城市道路施工作业交通组织规范［S］.北京：中国标准出版社，2011.

[18] 中华人民共和国公共安全行业标准.GA/T 643—2006 典型道路交通事故形态车辆行驶速度技术鉴定[S].北京:中国标准出版社,2006.

[19] 裴玉龙.道路交通安全[M].北京:人民交通出版社,2007.

[20] 过秀成.道路交通安全学[M].南京:东南大学出版社,2011.

[21] 陈焕江.汽车运用工程学[M].北京:机械工业出版社,2010.

[22] 张金换.汽车碰撞安全性设计[M].北京:清华大学出版社,2010.

[23] 吕红明,吴钟鸣.汽车电器与电子技术[M].北京:国防工业出版社,2012.

[24] 杨晓光.交通设计[M].北京:人民交通出版社,2010.

[25] 刘志强,赵艳萍.道路交通安全工程[M].北京:高等教育出版社,2012.

[26] 徐建闽.交通管理与控制[M].北京:人民交通出版社,2007.

[27] 肖敏敏,苗聪.道路交通安全工程[M].北京:中国建筑工业出版社,2012.

[28] 刘浩学.道路交通安全工程[M].北京:人民交通出版社,2013.

[29] 路峰,马社强.道路交通安全工程[M].北京:中国人民公安大学出版社,2013.

[30] 徐重岐.道路交通安全工程[M].成都:西南交通大学出版社,2014.

[31] 郑安文,苑红伟.道路交通安全概论[M].北京:机械工业出版社,2009.

[32] 交通部公路司.新理念公路设计指南[M].北京:人民交通出版社,2005.

[33] 霍正保.交通安全概论[M].北京:人民交通出版社,2010.

[34] 陆建,张国强,等.公路交通安全设计理论与方法[M].北京:科学出版社,2011.

[35] 杨建明.道路交叉设计[M].北京:中国建筑工业出版社,2013.

[36] 邵祖峰.道路交通管理安全防范技术[M].北京:中国人民公安大学出版社,2006.

[37] 牛学军.道路交通事故现场勘查[M].北京:中国人民公安大学出版社,2010.

[38] 德国道路与交通工程研究学会.交通信号控制指南:德国现行规范[M].李克平,译.北京:中国建筑工业出版社,2006.

[39] 高海龙,李长城.路侧安全设计指南[M].北京:人民交通出版社,2008.

[40] 李信义.行车安全隐患与事故防范[M].北京:中国人民公安大学出版社,2004.

[41] 交通部公路司.新理念公路设计指南[M].北京:人民交通出版社,2005.

[42] 于长吉,陶沙.道路交通事故技术鉴定方法[M].大连:大连理工大学出版社,2011.

[43] 田文艺.道路交通事故现场取证、痕迹鉴定与证据运用适用手册[M].北京:中国人民公安大学出版社,2010.

[44] 沈斐敏,张荣贵.道路交通事故预测与预防[M].北京:人民交通出版社,2007.

[45] 沈斐敏.道路交通安全[M].北京:机械工业出版社,2007.

[46] 张进华.高速公路隧道设计与交通安全[J].中南公路工程,1998,23(2):26-28.

[47] 李保.隧道线形设计的安全性分析[J].山西建筑,2009,35(18):310-311.

[48] 郝俊园.隧道线形设计的探讨[J].山西建筑,2009,35(28):325-326.

[49] 杜岩,黎美清.行人交通行为与交通安全关系的研究进展[J].华夏医学,2012,25(6):931-933.

[50] 李志斌.快速道路可变限速控制技术[D].南京:东南大学,2014.

［51］李文权,王炜.交通事故的时间分布规律[J].中国安全科学学报,2005,15(4):56-62.

［52］王锟,张卫华,卫立阳.基于绿间隔矩阵的信号配时计算方法研究及应用[J].交通科技,2014(2):131-134.

［53］裴玉龙.道路交通事故成因分析及预防对策研究[D].南京:东南大学,2002.

［54］黄云.电动自行车管理对策研究[J].城市交通,2010(10):122-124.

［55］Seo,Takuya.Akagi,Yukiharu.Traffic accident analysis system[J].Pacific Rim TransTech Conference,1993.

［56］S.P.Hoogendoorn,P.H.L.Bovy.Pedestrian route-choice and activity scheduling theory and models[J].Transportation Research Part B,2004.

［57］Yong Luo,Zhang Shibo.The fuzzy regression prediction of the city road traffic accident[J].IEEE CONFERENCE PUBLICATIONS,2009.

［58］韩燕华.宽容性理念在路侧设计的具体体现[J].道路工程西部交通科技,2011.

［59］阚伟生,李长城,汤筠筠.公路路侧安全问题对策研究[J].公路,2007(3).

［60］韩燕华.宽容性理念在路侧设计的具体体现[J].西部交通科技,2011(8):17-19.

［61］宋惠苹,丁雪峰,张银峰.公路路侧设计优化建议[J].路桥建设,2007:69-70.

［62］潘福全.道路交通静化在交通安全中的应用[J].道路交通与安全,2006(7):1-8.

［63］Dennis Daughters.Traffic Calming Manual[R].City of Sarasota Engineering Department,2003.

［64］Smith D T,Appleyard D.STATE OF THE ART:Residential Traffic Management[J].National Technical Information Service,1980.

［65］Smith D T,Appleyard D.Improving the Residential Street Environment Final Report[R].Federal Highway Administration,1981.

［66］Transportation Association of Canada,Canadian Institute of Transportation Engineer.Canadian Guide to Neighborhood Traffic Calming[R].Ottawa:Transportation Association of Canada,1998.

［67］Ewing R.Traffic Calming:State of the Practice[M].Regulatory Constraints,1999.

［68］Lockwood I M.ITE Traffic Calming Definition[J].ITE Journal,1997(67):22-24.

［69］Public Works Department of Traffic Engineering.Neighborhood Traffic Calming Manual[R].Hillsborough County Public Works Department,2003.

［70］Federal Highway Administration.Roundabouts AnInformational Guide[R].U.S.Department of Transportation,2000.

［71］Litman T.Traffic Calming Benefits Costs and Equity Impacts[R].Victoria Transport Policy Institute,1999.

［72］黄合来,许鹏鹏,马明,ABDEL—ATY M.道路交通安全规划理论研究前沿[J].中国公路学报,2014,27(9):90-97.

［73］张爱霞,朱明,赵亮.道路交通事故预测模型的构建与应用[J].河北理工学院学报,2011,29(2):136-139.

［74］UK Highways Agency.M25 Controlled Motorways:Summary Report[R].Issue 1,2004.

［75］Harbord B,White J,McCabe K,et al.A flexible approach to motorway control[C].The 13th

ITS World Congress,London,Oct.13,2006.

［76］ UK Highway Agency.M25 Controller Motorways：Summary Report［R］.2007.

［77］ Weik S,Bogenberger K,Bertini R.Empirical Assessment of Traffic Management Effects of a Variable Speed Limit System on a German Autobahn：Before and After［C］.92th Annual Meeting of the Transportation Research Board.Washington,DC,2013.

［78］ Rivey F.Evaluation of the Dynamic Speed Limit System on the A13 motorway in France［C］. EasyWay Annual Forum,Lisboa,2010.

［79］ Van den Hoogen E,Smulders S,Advies H.Control by variable speed signs：the results of the Dutch Experiment［C］.IEE Conf.on Road Monitoring & Control,1994.

［80］ Pilli-Sihvola Y,Rama P.Speed Limits［J］.ITS International,1997,13：72-73.

［81］ Luoma J,Rämä P,Penttinen M,et al.Effects of variable message signs for slippery road conditions on reported driver behavior［J］.Transportation Research Part F：Traffic Psychology and Behaviour,2000,3(2)：75-84.